ARSÈNE LUPIN,
DER GENTLEMAN-DIEB

Manga Classic Literature: Arsène Lupin by Maurice Leblanc

Text und Zeichnungen: Lime Studio

Übersetzung aus dem Koreanischen: Renate Seo
Redaktion und Lektorat: Daniel Fischer
Satz: Noch & Noch, Datteln
Gesamtherstellung: Ullmann Medien GmbH, Rolandsecker Weg 30, 53619 Rheinbreitbach

ISBN 978-3-7415-2793-7

10 9 8 7 6 5 4 3 2 1

www.ullmannmedien.com

MANHWA – Klassiker für Kids

ARSÈNE LUPIN, DER GENTLEMAN-DIEB

Original: Maurice Leblanc • Text und Zeichnungen: Lime Studio

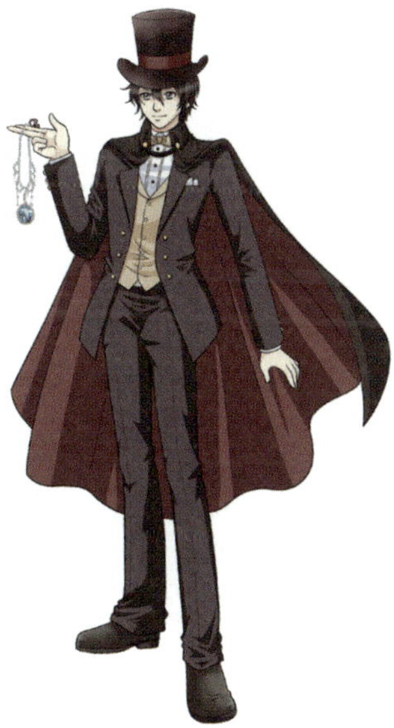

ULLMANN

Die Figuren

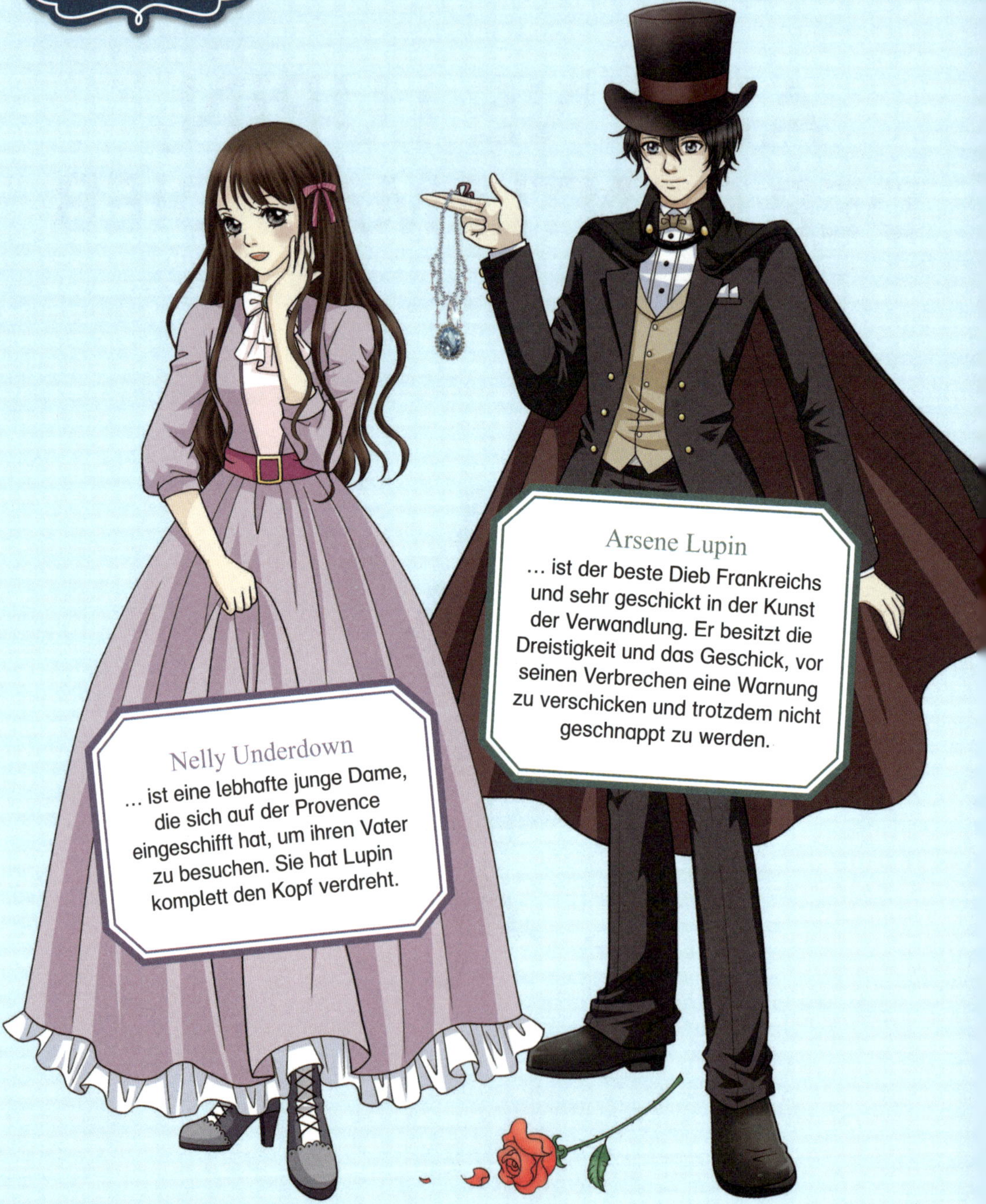

Nelly Underdown

… ist eine lebhafte junge Dame, die sich auf der Provence eingeschifft hat, um ihren Vater zu besuchen. Sie hat Lupin komplett den Kopf verdreht.

Arsene Lupin

… ist der beste Dieb Frankreichs und sehr geschickt in der Kunst der Verwandlung. Er besitzt die Dreistigkeit und das Geschick, vor seinen Verbrechen eine Warnung zu verschicken und trotzdem nicht geschnappt zu werden.

* Herlock Sholmes: Figur, die auf „Sherlock Holmes“, dem von dem britischen Krimiautoren Arthur Conan Doyle erfundenen Detektiv, beruht.

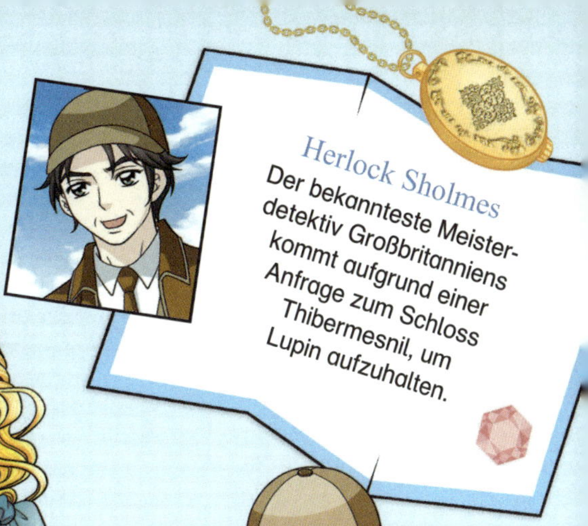

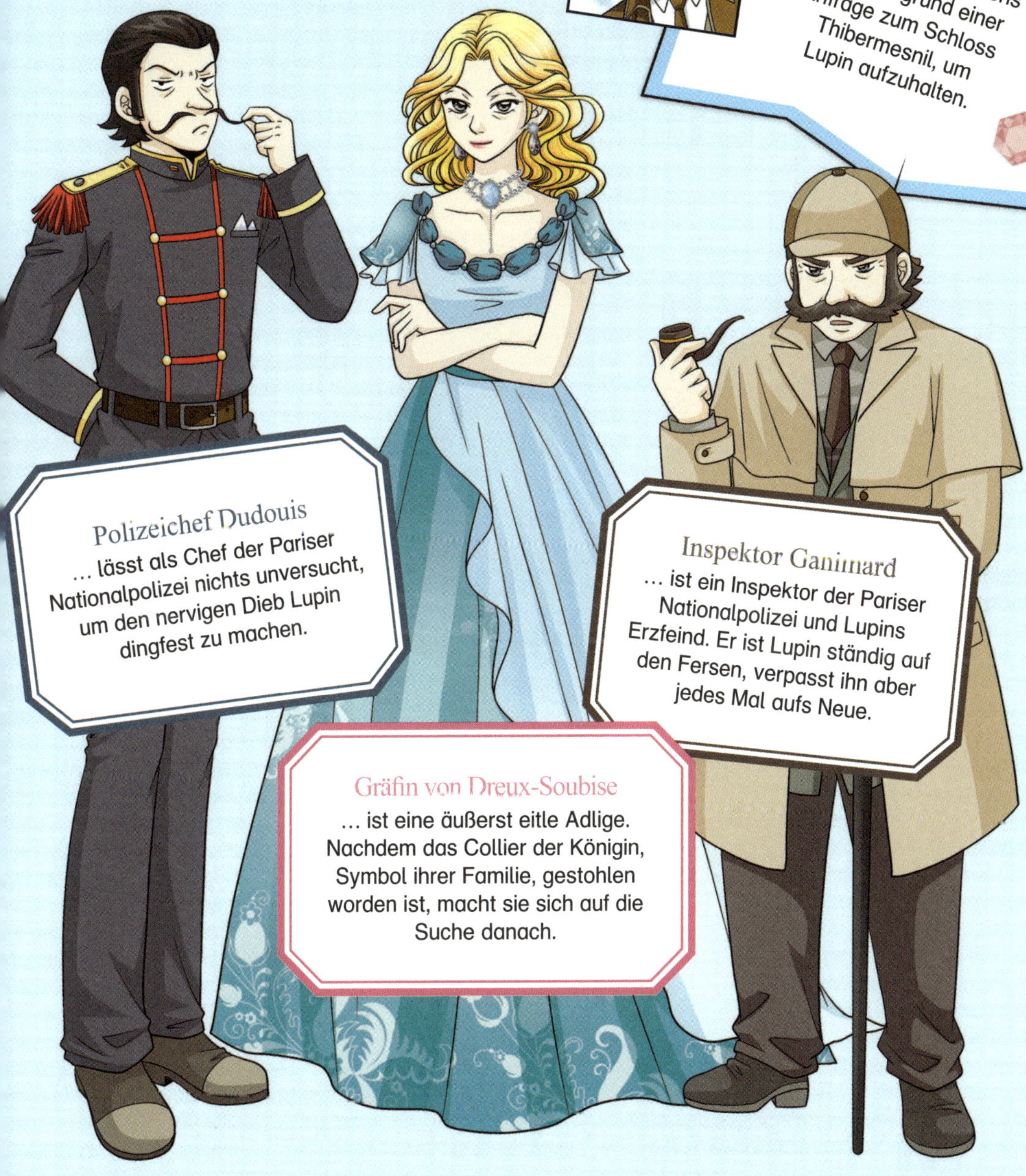

Inhalt

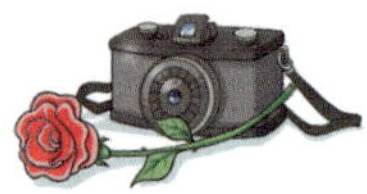

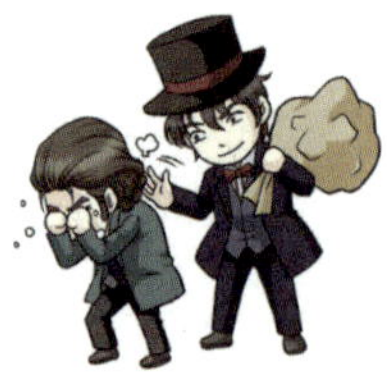

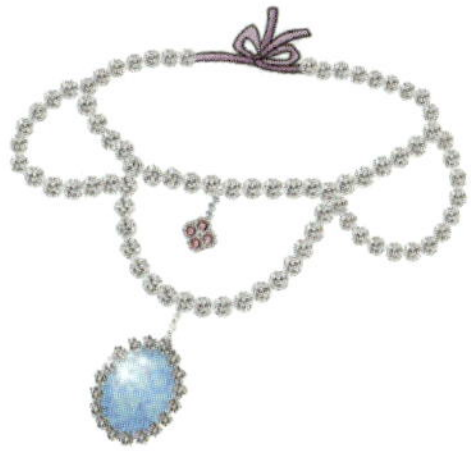

Vierte Gaunerei

Das Collier der Königin

Fünfte Gaunerei

Herlock Sholmes kommt zu spät

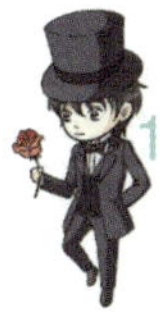

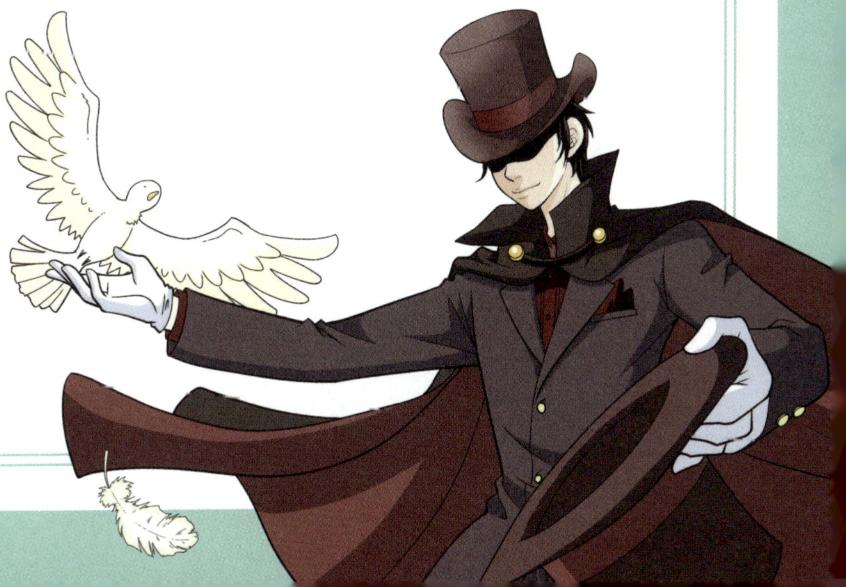

Erste Gaunerei

Arsène Lupin wird verhaftet

1. Dieb Lupin an Bord

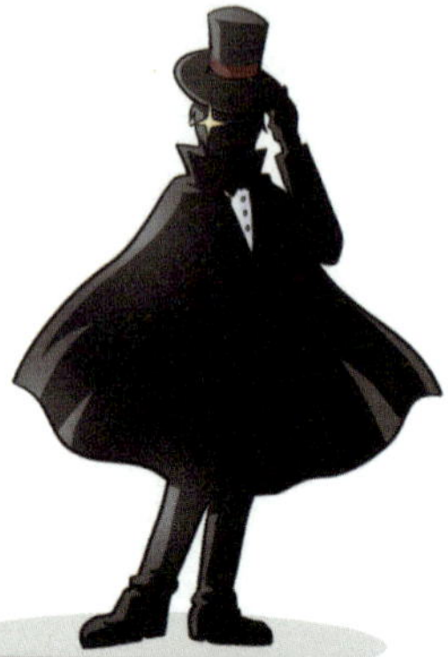

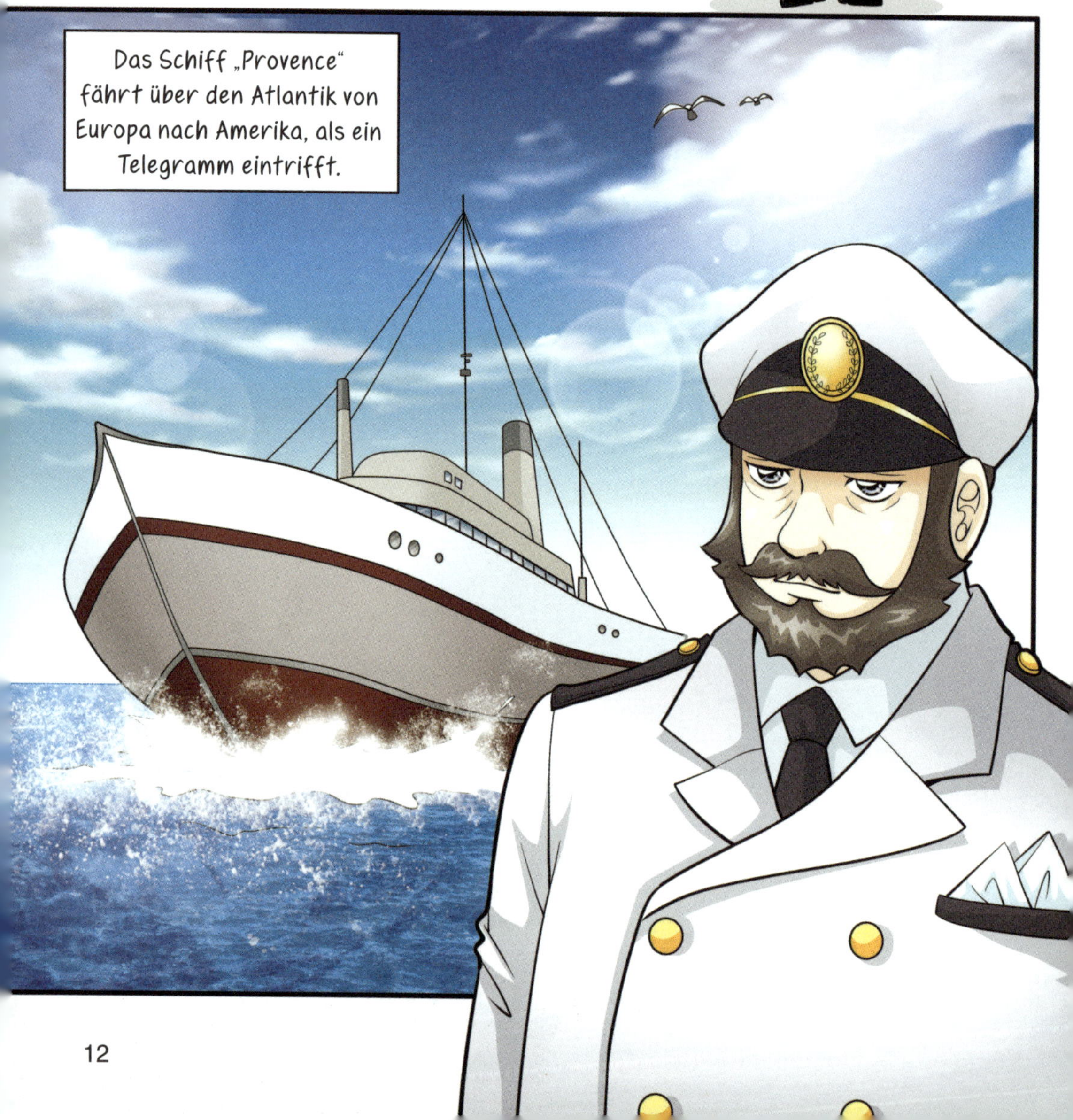

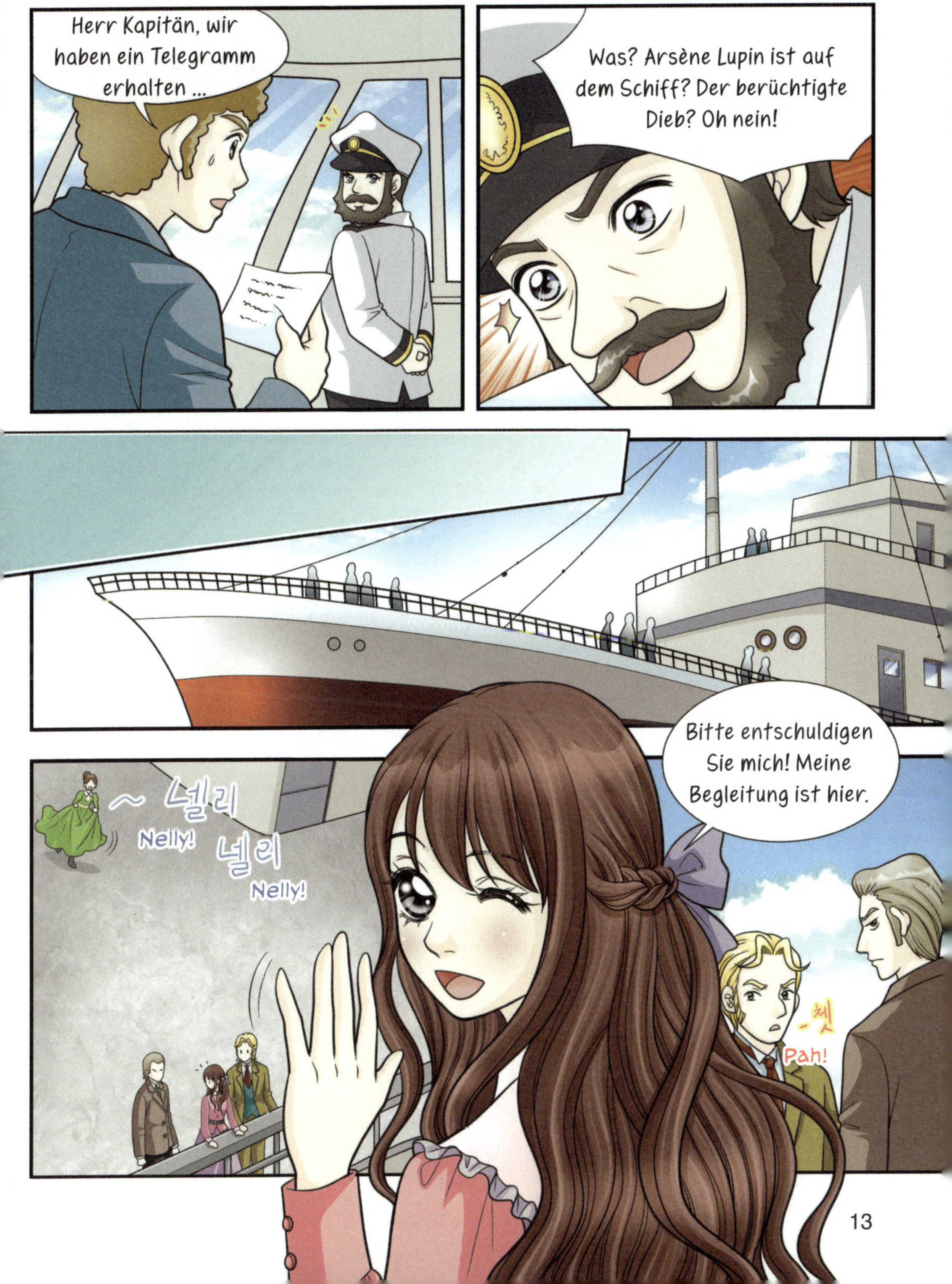

Herr Kapitän, wir haben ein Telegramm erhalten ...
Was? Arsène Lupin ist auf dem Schiff? Der berüchtigte Dieb? Oh nein!
~ 넬리
Nelly!
넬리
Nelly!
Bitte entschuldigen Sie mich! Meine Begleitung ist hier.
- 쳇
Pah!

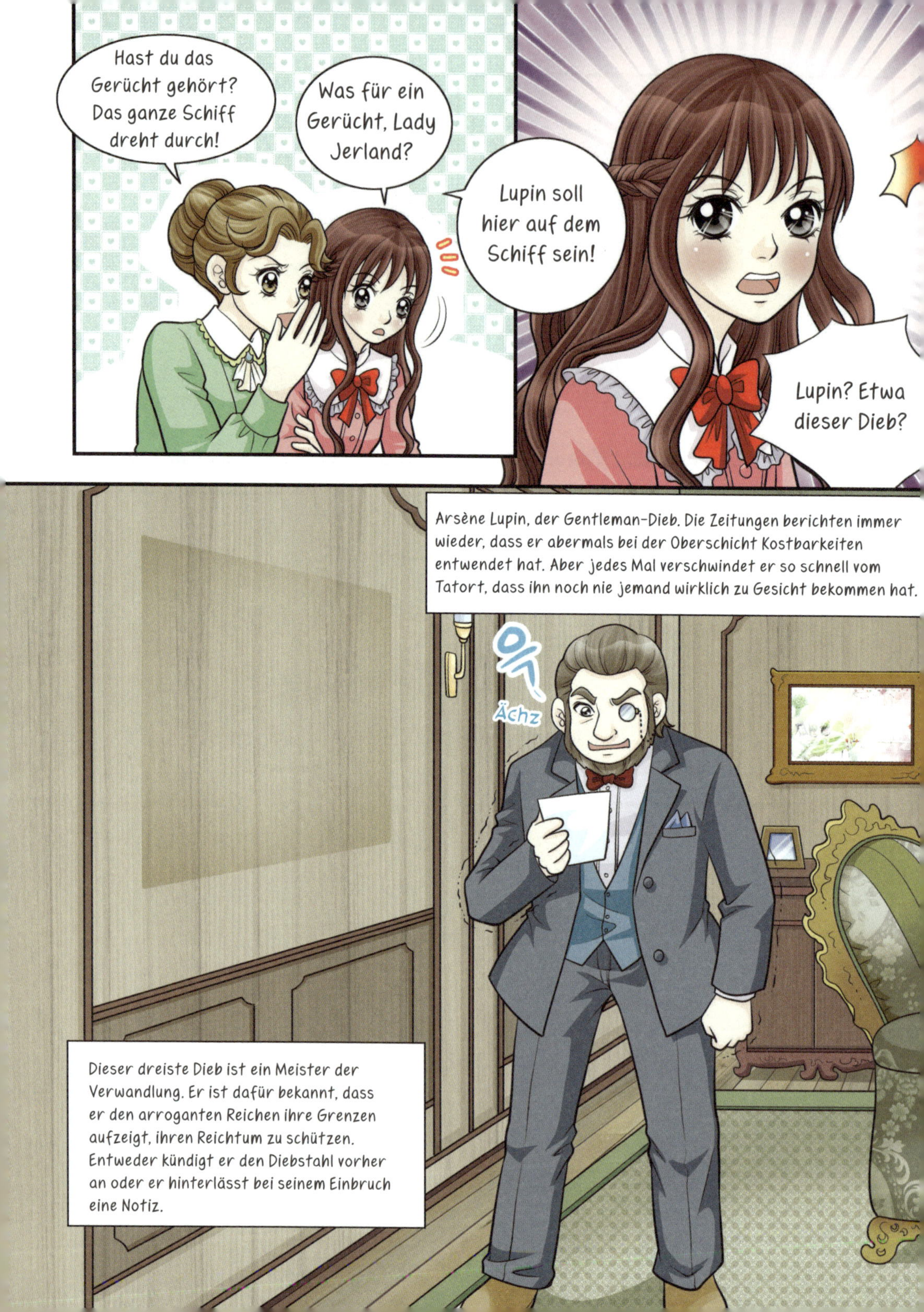
Hast du das Gerücht gehört? Das ganze Schiff dreht durch!
Was für ein Gerücht, Lady Jerland?
Lupin soll hier auf dem Schiff sein!
Lupin? Etwa dieser Dieb?
Arsène Lupin, der Gentleman-Dieb. Die Zeitungen berichten immer wieder, dass er abermals bei der Oberschicht Kostbarkeiten entwendet hat. Aber jedes Mal verschwindet er so schnell vom Tatort, dass ihn noch nie jemand wirklich zu Gesicht bekommen hat.
Ächz
Dieser dreiste Dieb ist ein Meister der Verwandlung. Er ist dafür bekannt, dass er den arroganten Reichen ihre Grenzen aufzeigt, ihren Reichtum zu schützen. Entweder kündigt er den Diebstahl vorher an oder er hinterlässt bei seinem Einbruch eine Notiz.

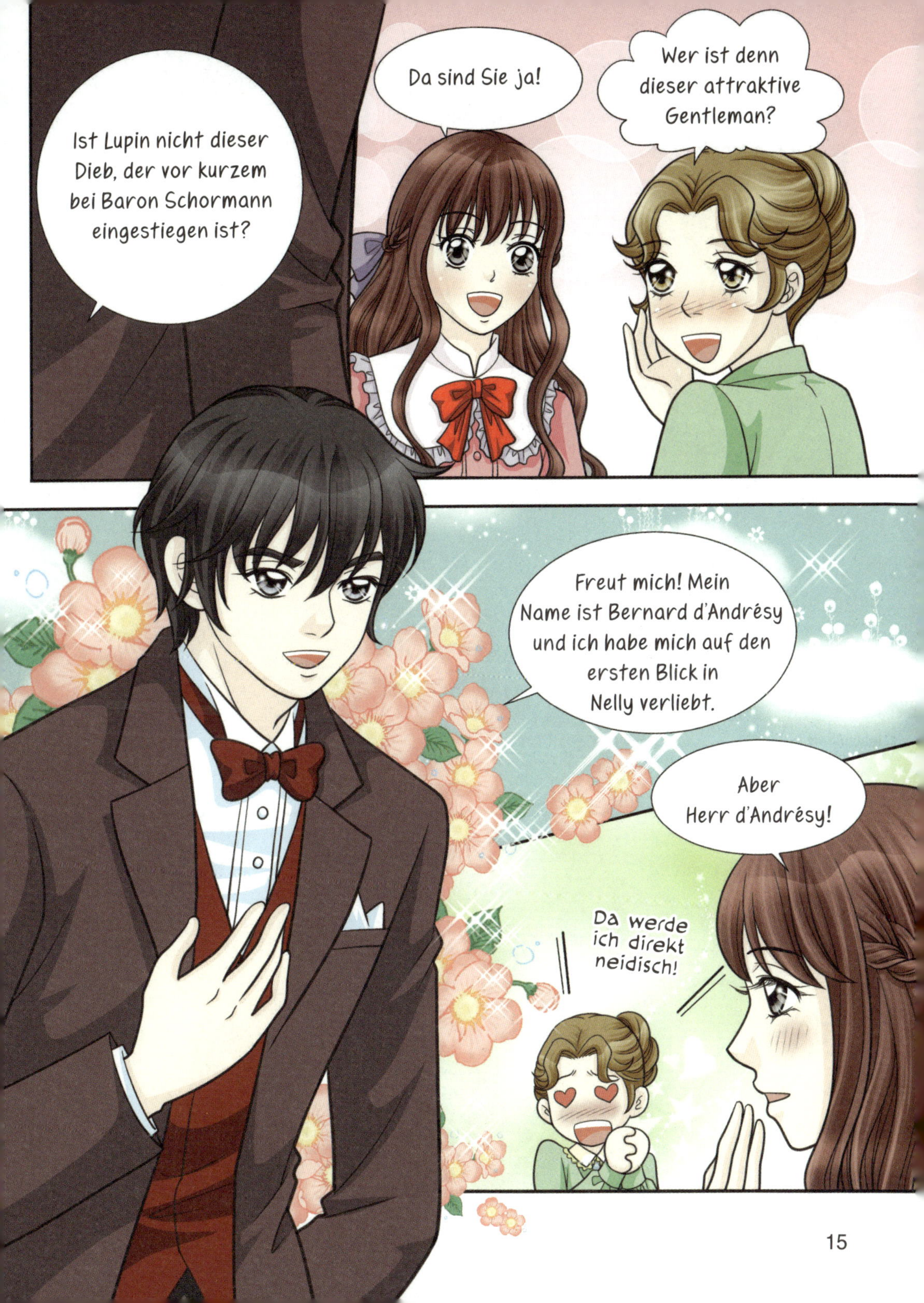

Ist Lupin nicht dieser Dieb, der vor kurzem bei Baron Schormann eingestiegen ist?
Da sind Sie ja!
Wer ist denn dieser attraktive Gentleman?
Freut mich! Mein Name ist Bernard d'Andrésy und ich habe mich auf den ersten Blick in Nelly verliebt.
Aber Herr d'Andrésy!
Da werde ich direkt neidisch!

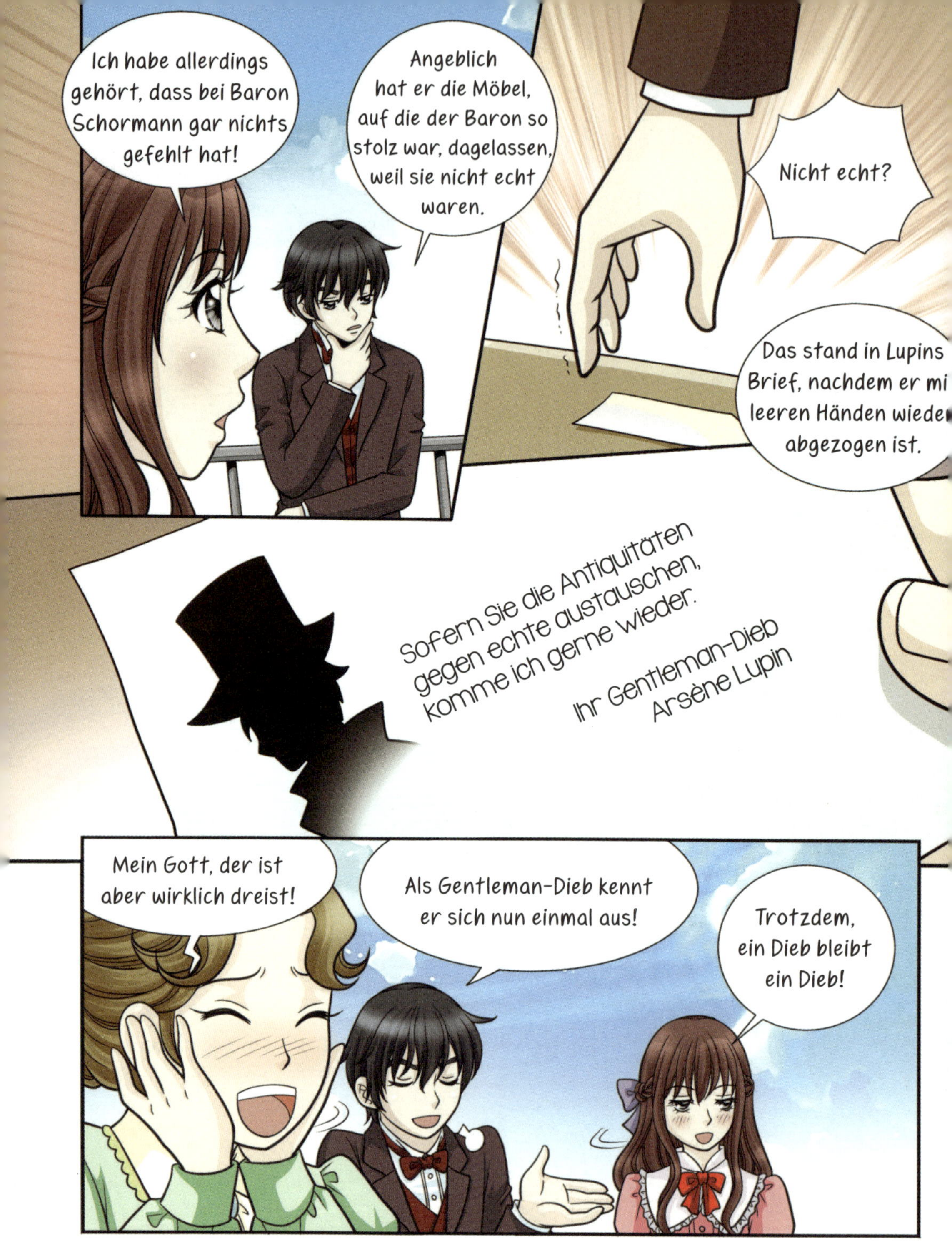
Ich habe allerdings gehört, dass bei Baron Schormann gar nichts gefehlt hat!
Angeblich hat er die Möbel, auf die der Baron so stolz war, dagelassen, weil sie nicht echt waren.
Nicht echt?
Das stand in Lupins Brief, nachdem er mi leeren Händen wiede abgezogen ist.
Sofern Sie die Antiquitäten gegen echte austauschen, komme ich gerne wieder.
Ihr Gentleman-Dieb Arsène Lupin
Mein Gott, der ist aber wirklich dreist!
Als Gentleman-Dieb kennt er sich nun einmal aus!
Trotzdem, ein Dieb bleibt ein Dieb!

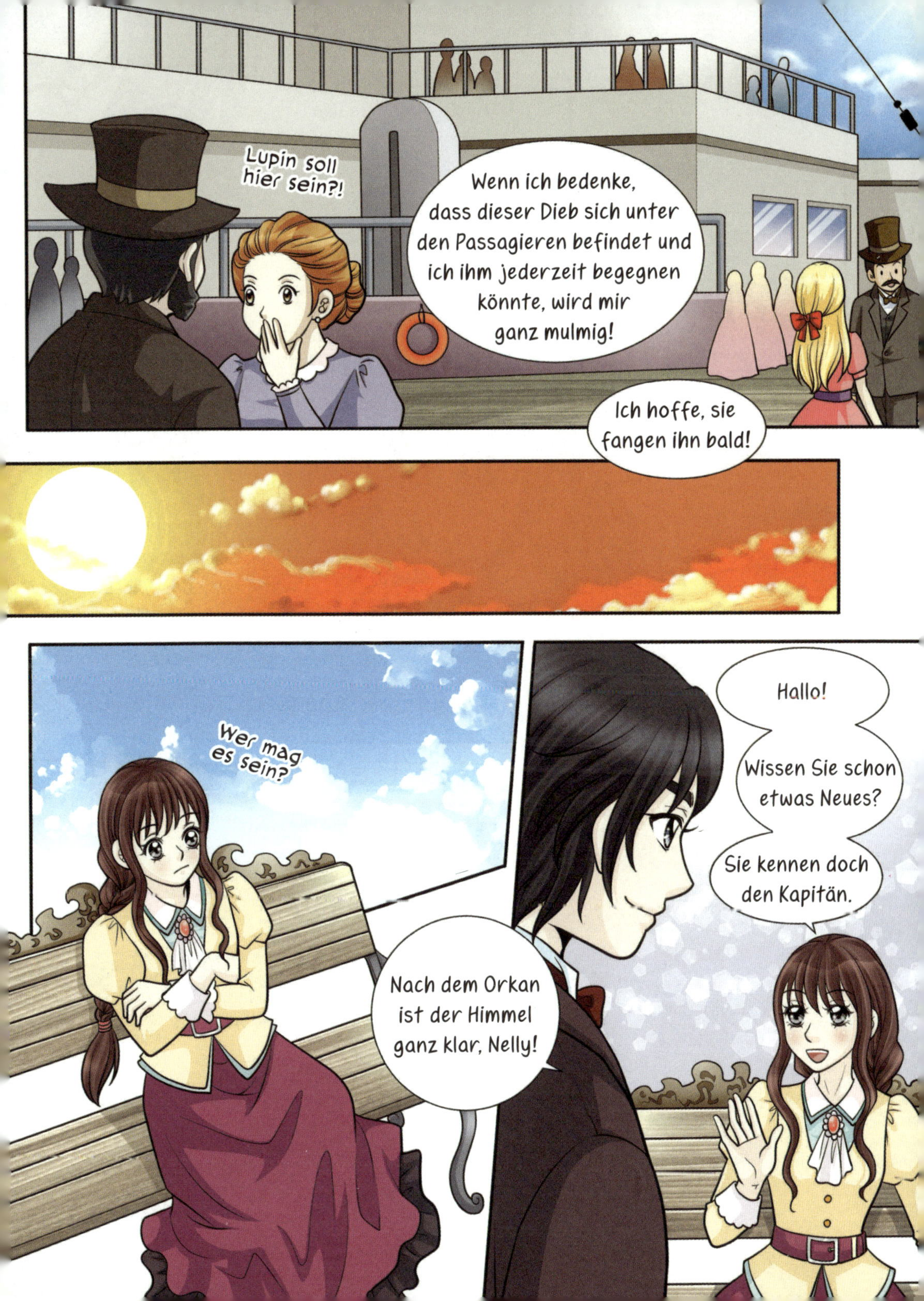
Lupin soll hier sein?!
Wenn ich bedenke, dass dieser Dieb sich unter den Passagieren befindet und ich ihm jederzeit begegnen könnte, wird mir ganz mulmig!
Ich hoffe, sie fangen ihn bald!
Wer mag es sein?
Nach dem Orkan ist der Himmel ganz klar, Nelly!
Hallo!
Wissen Sie schon etwas Neues?
Sie kennen doch den Kapitän.

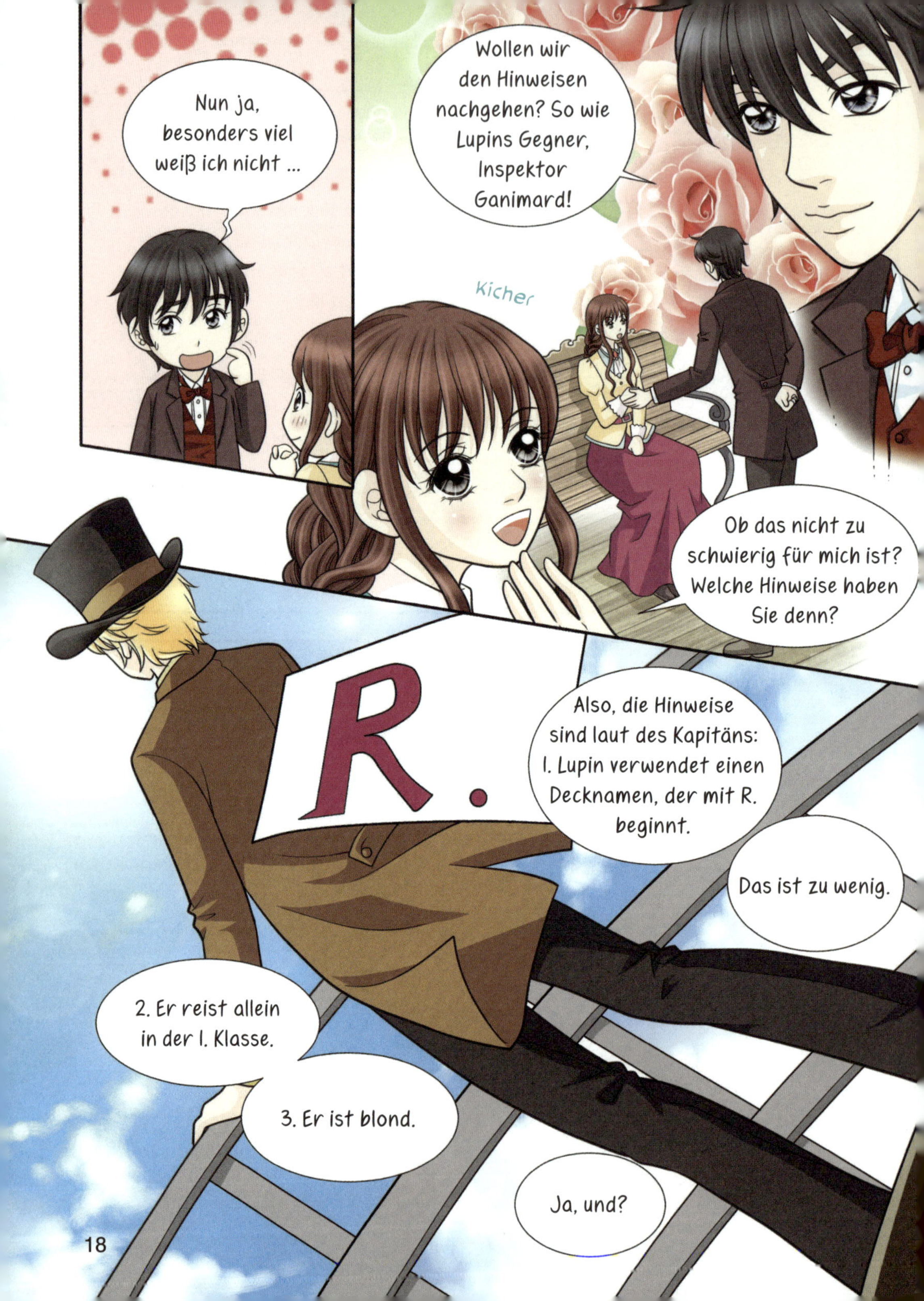
Nun ja, besonders viel weiß ich nicht ...
Wollen wir den Hinweisen nachgehen? So wie Lupins Gegner, Inspektor Ganimard!
Kicher
Ob das nicht zu schwierig für mich ist? Welche Hinweise haben Sie denn?
R.
Also, die Hinweise sind laut des Kapitäns: 1. Lupin verwendet einen Decknamen, der mit R. beginnt.
Das ist zu wenig.
2. Er reist allein in der 1. Klasse.
3. Er ist blond.
Ja, und?

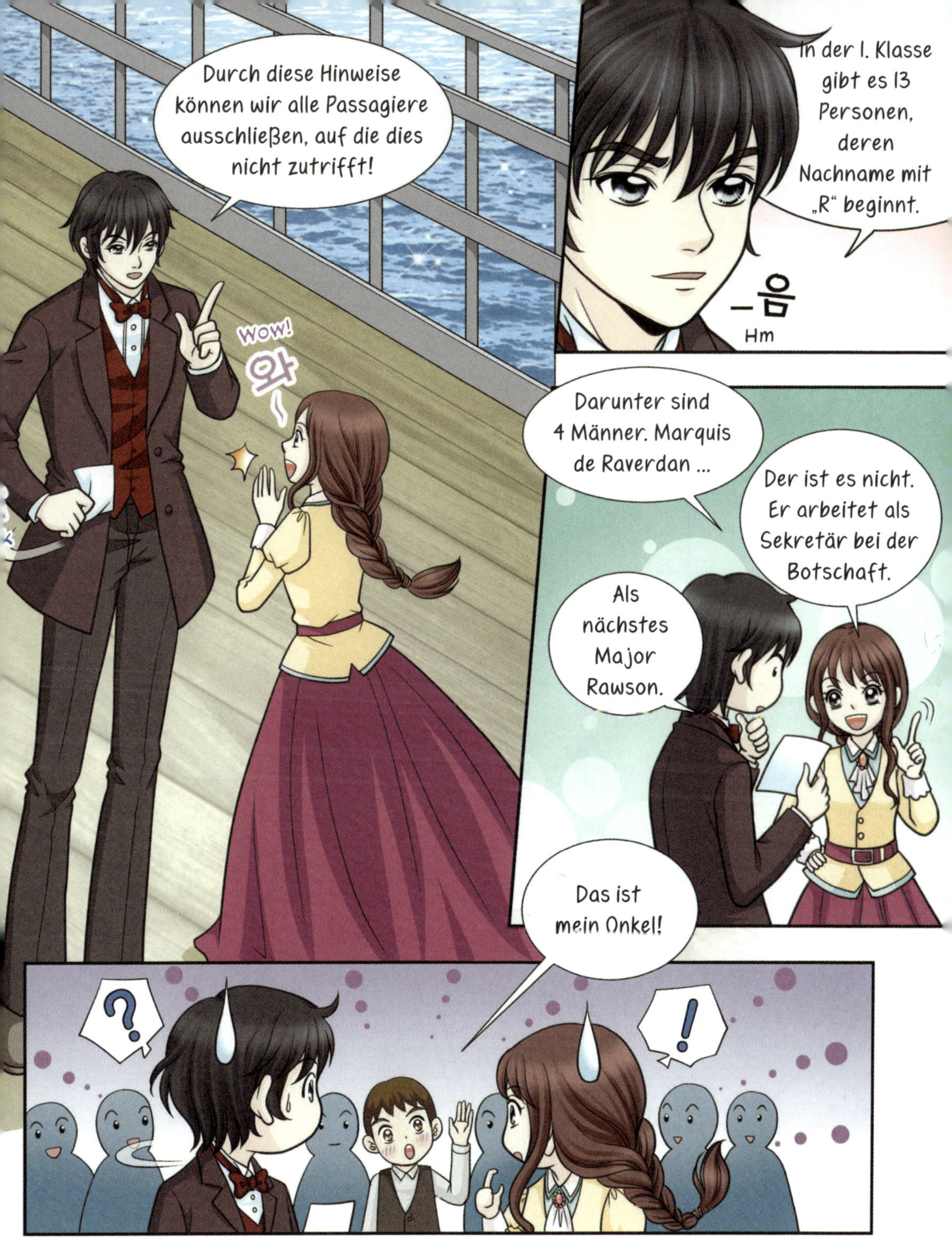
Durch diese Hinweise können wir alle Passagiere ausschließen, auf die dies nicht zutrifft!
WOW!
와
In der 1. Klasse gibt es 13 Personen, deren Nachname mit „R“ beginnt.
음
Hm
Darunter sind 4 Männer. Marquis de Raverdan …
Der ist es nicht. Er arbeitet als Sekretär bei der Botschaft.
Als nächstes Major Rawson.
Das ist mein Onkel!
?
!

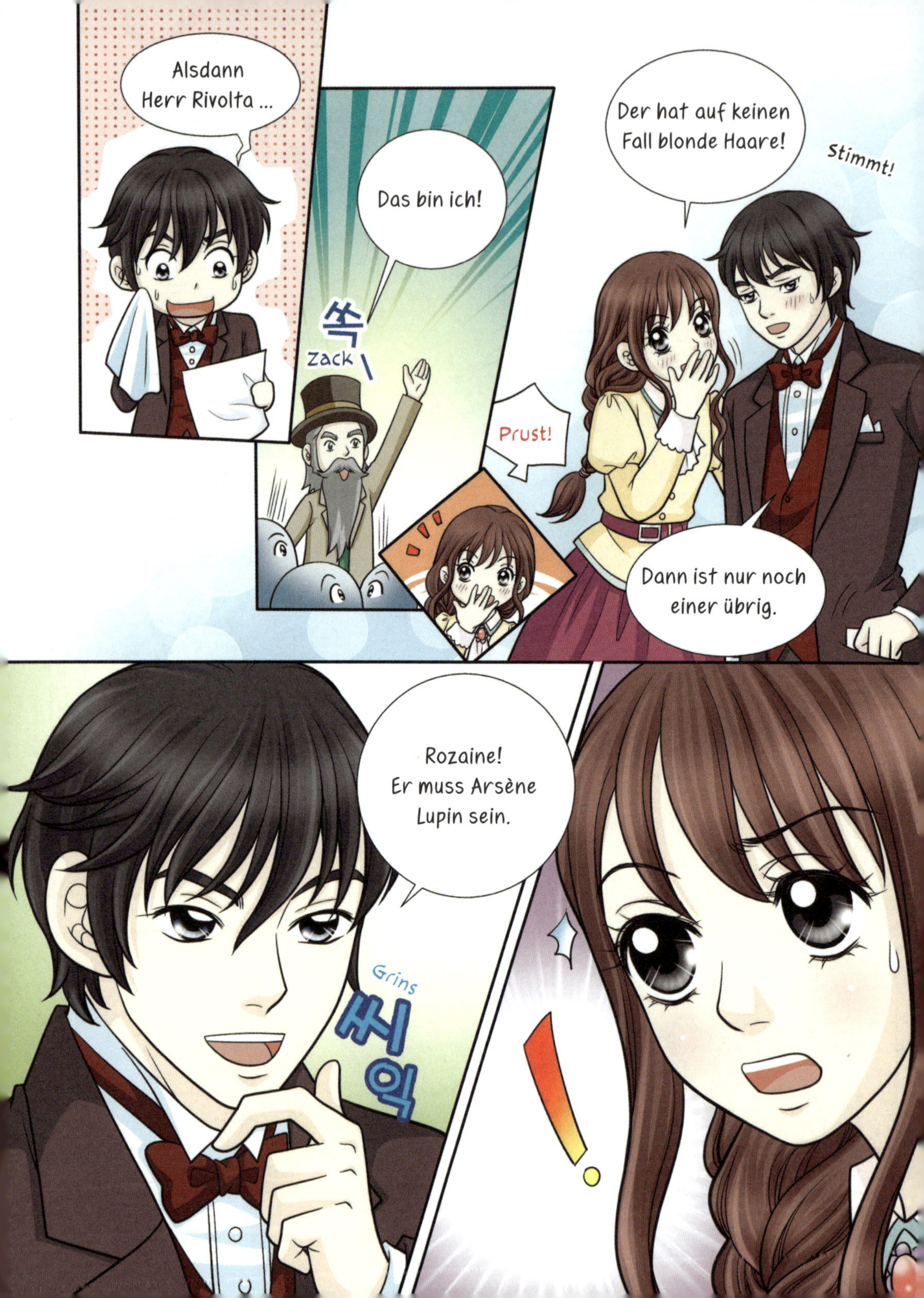
Alsdann Herr Rivolta ...
Das bin ich!
쏙
Zack
Der hat auf keinen Fall blonde Haare!
Stimmt!
Prust!
Dann ist nur noch einer übrig.
Rozaine! Er muss Arsène Lupin sein.
Grins
씨익

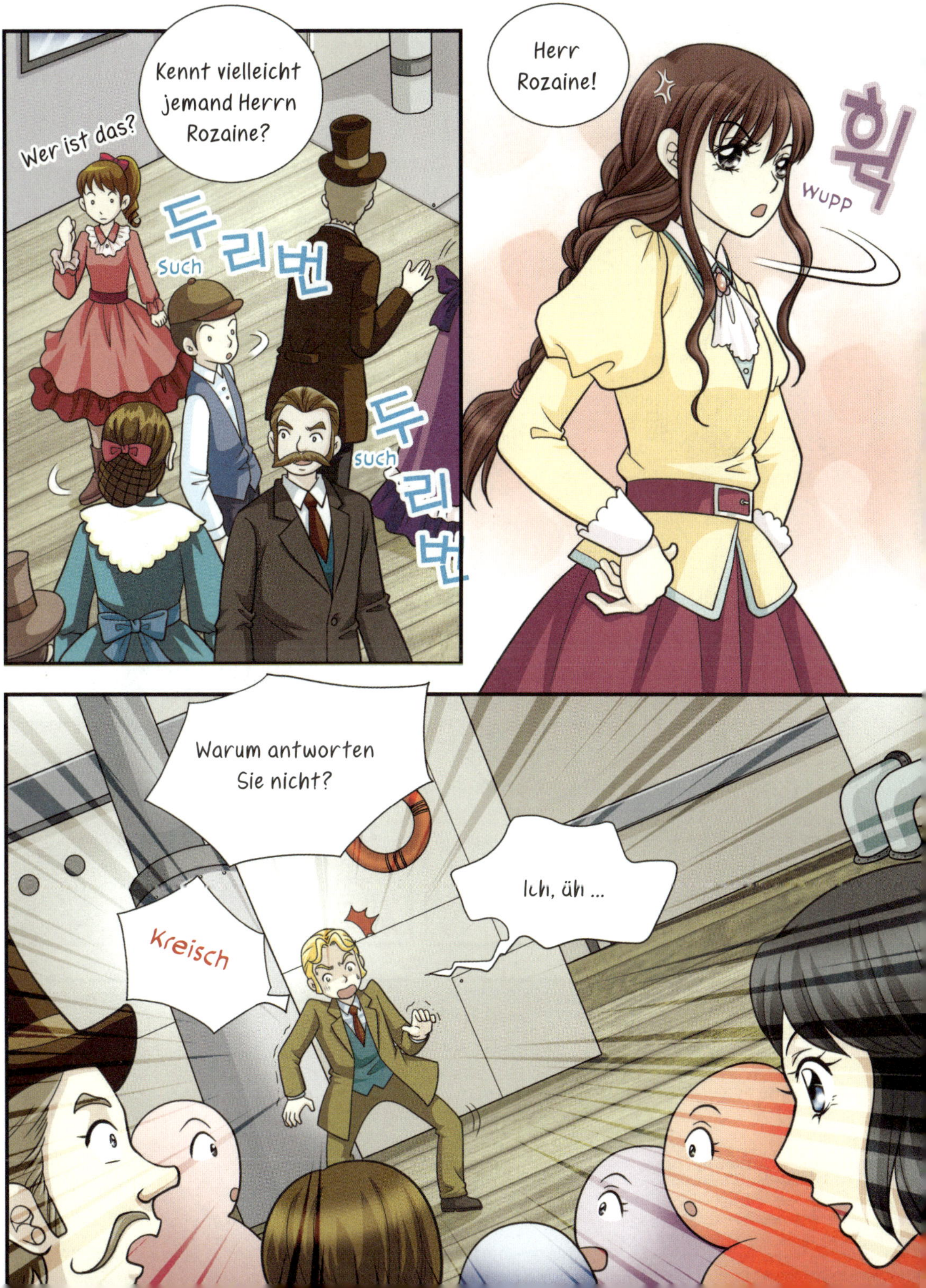
Kennt vielleicht jemand Herrn Rozaine?
Wer ist das?
두리번
such
두리번
such
Herr Rozaine!
휙
wupp
Warum antworten Sie nicht?
Kreisch
Ich, äh ...

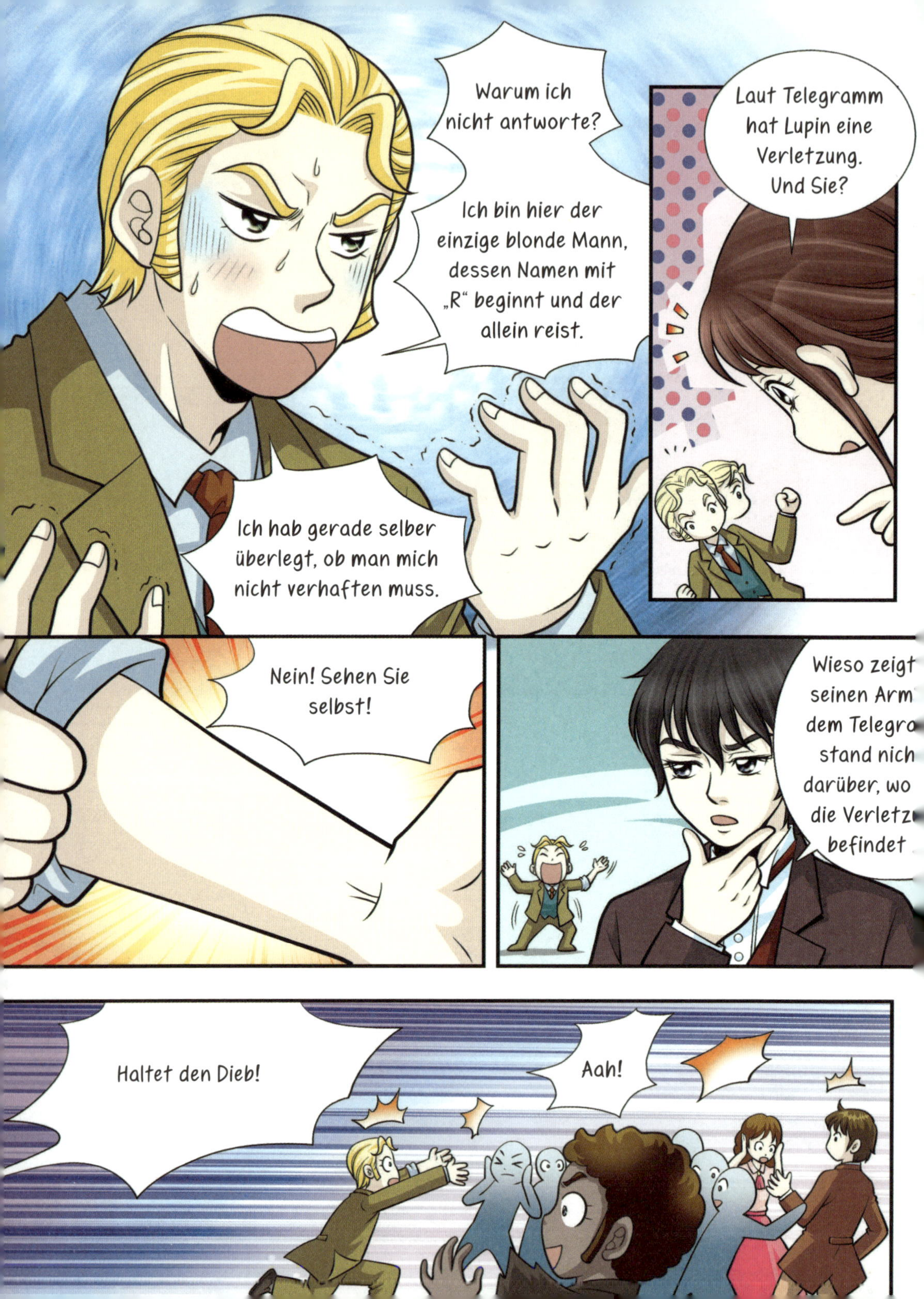
Warum ich nicht antworte?
Ich bin hier der einzige blonde Mann, dessen Namen mit „R“ beginnt und der allein reist.
Ich hab gerade selber überlegt, ob man mich nicht verhaften muss.
Laut Telegramm hat Lupin eine Verletzung. Und Sie?
Nein! Sehen Sie selbst!
Haltet den Dieb!
Aah!

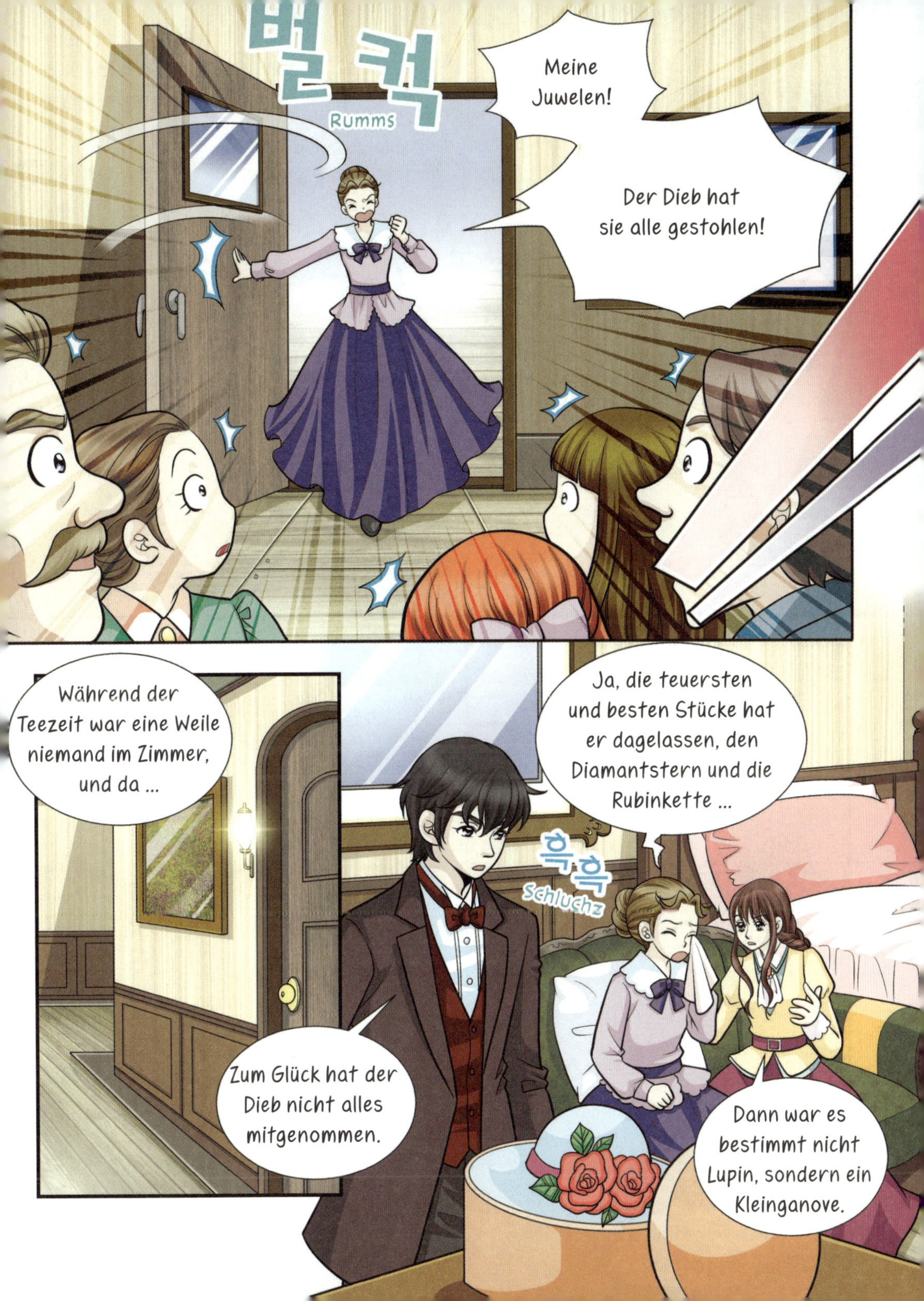
벌컥
Rumms
Meine Juwelen!
Der Dieb hat sie alle gestohlen!
Während der Teezeit war eine Weile niemand im Zimmer, und da ...
Ja, die teuersten und besten Stücke hat er dagelassen, den Diamantstern und die Rubinkette ...
흑흑
Schluchz
Zum Glück hat der Dieb nicht alles mitgenommen.
Dann war es bestimmt nicht Lupin, sondern ein Kleinganove.

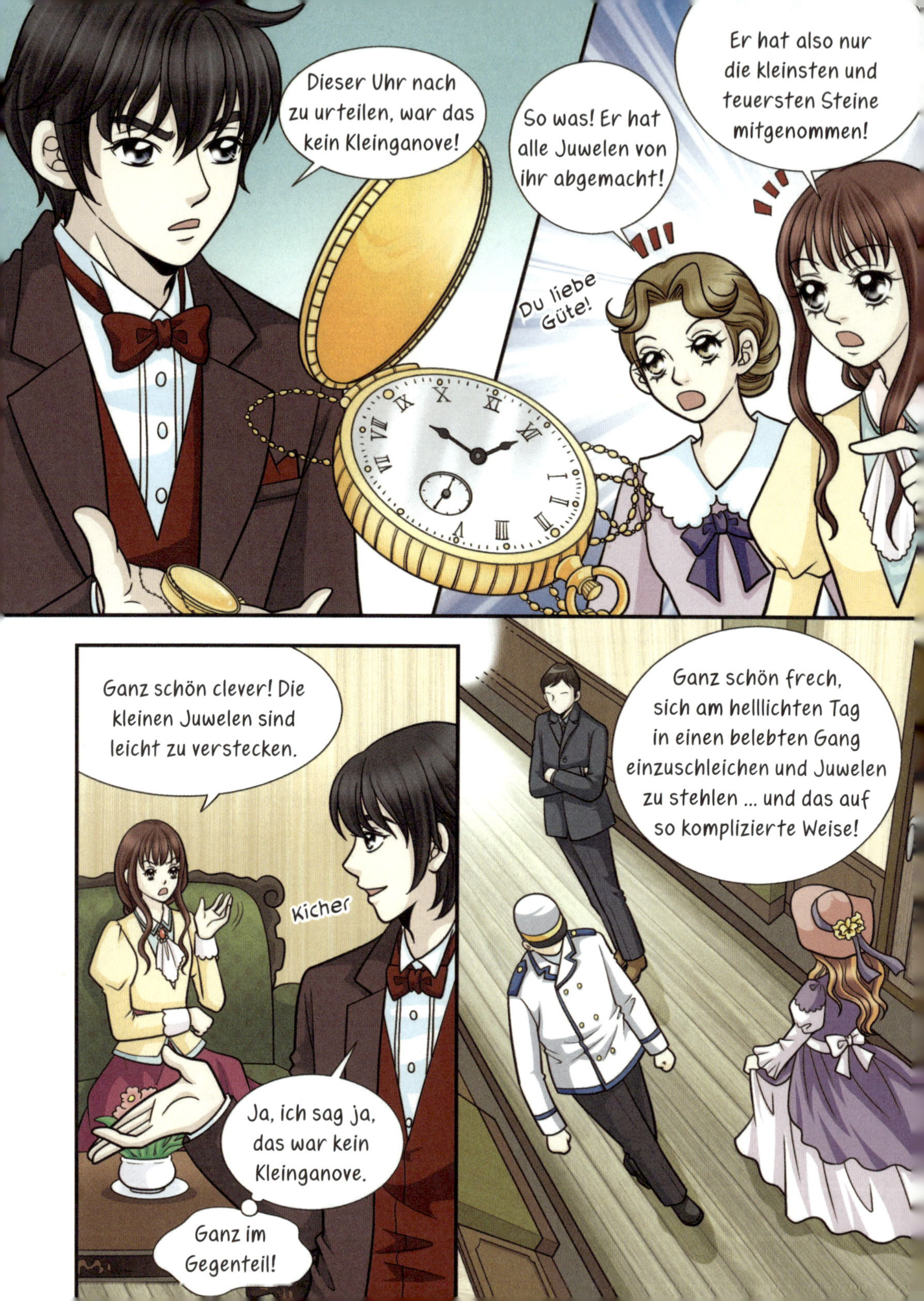
Dieser Uhr nach zu urteilen, war das kein Kleinganove!
So was! Er hat alle Juwelen von ihr abgemacht!
Du liebe Güte!
Er hat also nur die kleinsten und teuersten Steine mitgenommen!
Ganz schön clever! Die kleinen Juwelen sind leicht zu verstecken.
Kicher
Ja, ich sag ja, das war kein Kleinganove.
Ganz im Gegenteil!
Ganz schön frech, sich am helllichten Tag in einen belebten Gang einzuschleichen und Juwelen zu stehlen ... und das auf so komplizierte Weise!

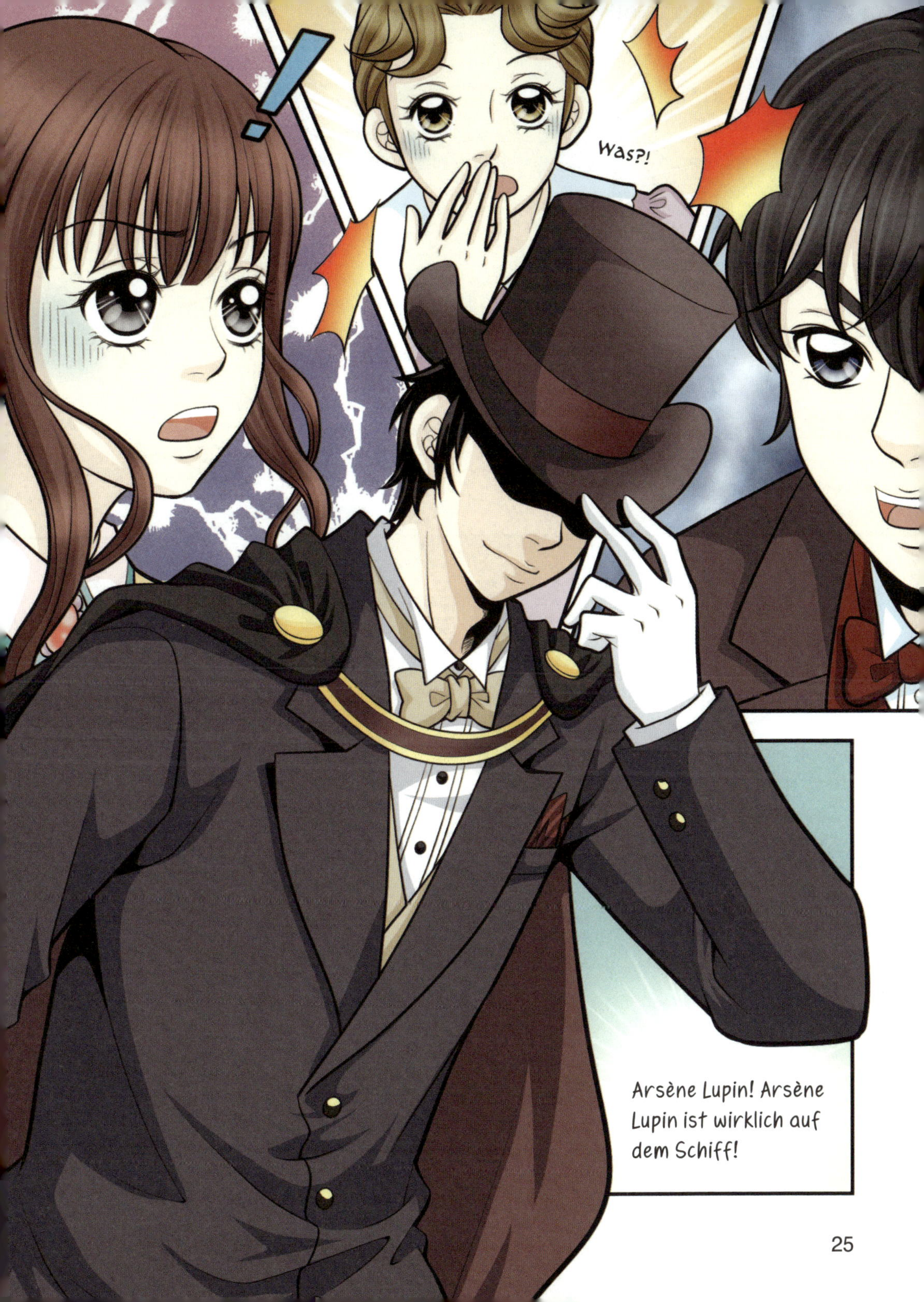
Was?!
Arsène Lupin! Arsène Lupin ist wirklich auf dem Schiff!

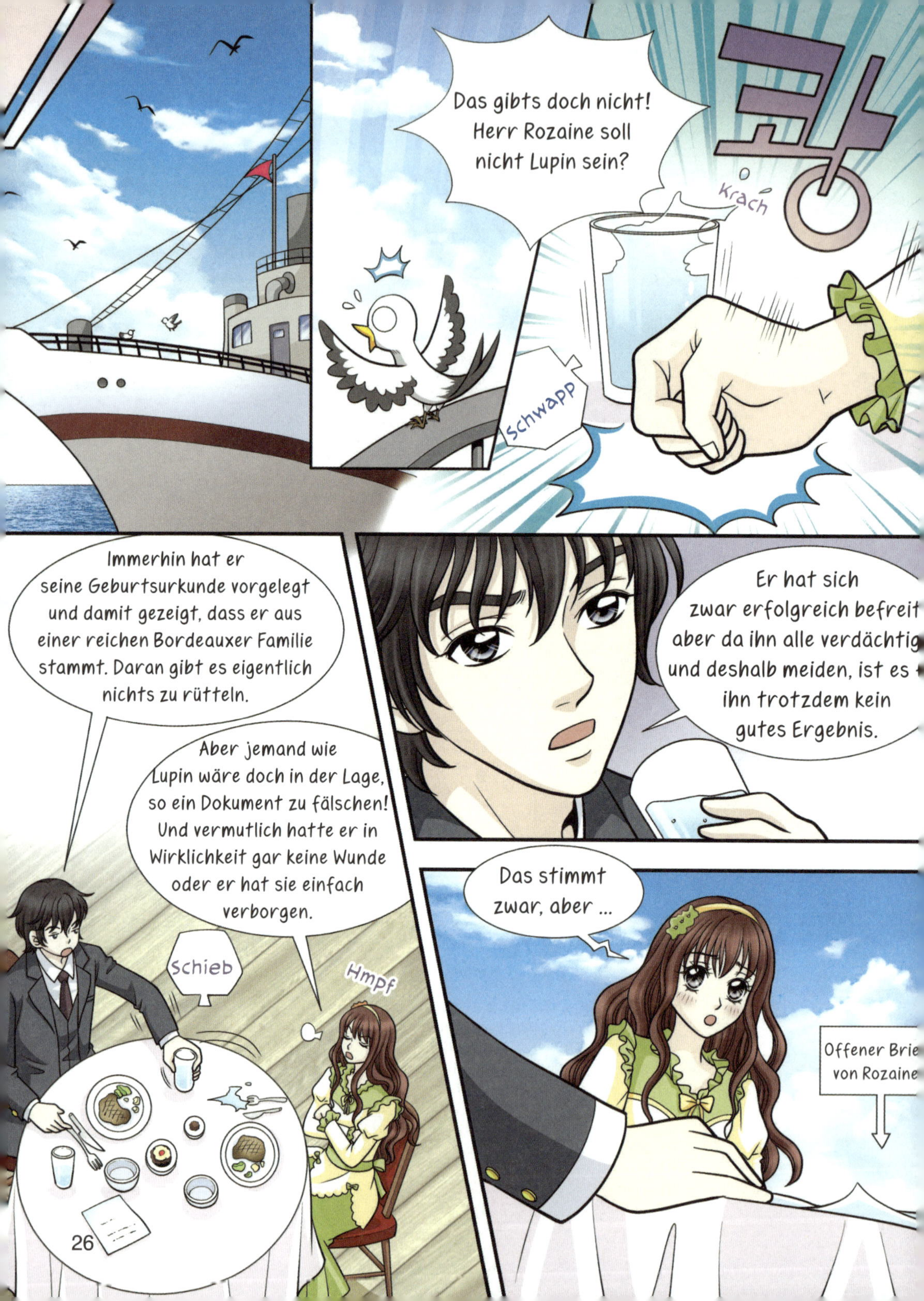

Das gibts doch nicht! Herr Rozaine soll nicht Lupin sein?
Krach
Schwapp
Immerhin hat er seine Geburtsurkunde vorgelegt und damit gezeigt, dass er aus einer reichen Bordeauxer Familie stammt. Daran gibt es eigentlich nichts zu rütteln.
Aber jemand wie Lupin wäre doch in der Lage, so ein Dokument zu fälschen! Und vermutlich hatte er in Wirklichkeit gar keine Wunde oder er hat sie einfach verborgen.
Schieb
Hmpf
Er hat sich zwar erfolgreich befreit
aber da ihn alle verdächtig
und deshalb meiden, ist es
ihn trotzdem kein gutes Ergebnis.
Das stimmt zwar, aber ...
Offener Brie
von Rozaine

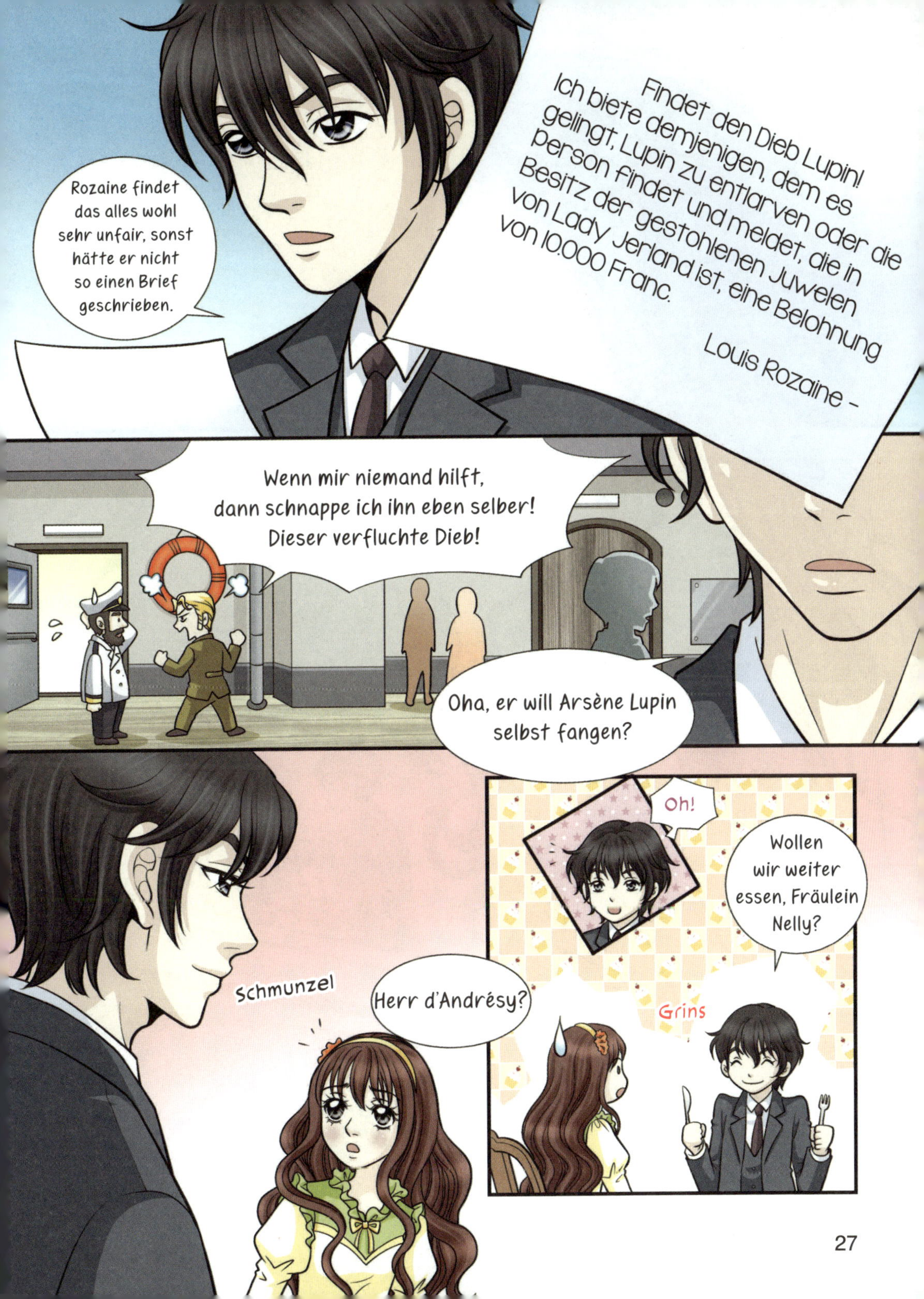
Findet den Dieb Lupin!
Ich biete demjenigen, dem es gelingt, Lupin zu entlarven oder die Person findet und meldet, die in Besitz der gestohlenen Juwelen von Lady Jerland ist, eine Belohnung von 10.000 Franc.
Louis Rozaine –
Rozaine findet das alles wohl sehr unfair, sonst hätte er nicht so einen Brief geschrieben.
Wenn mir niemand hilft, dann schnappe ich ihn eben selber! Dieser verfluchte Dieb!
Oha, er will Arsène Lupin selbst fangen?
Schmunzel
Herr d'Andrésy?
Oh!
Wollen wir weiter essen, Fräulein Nelly?
Grins

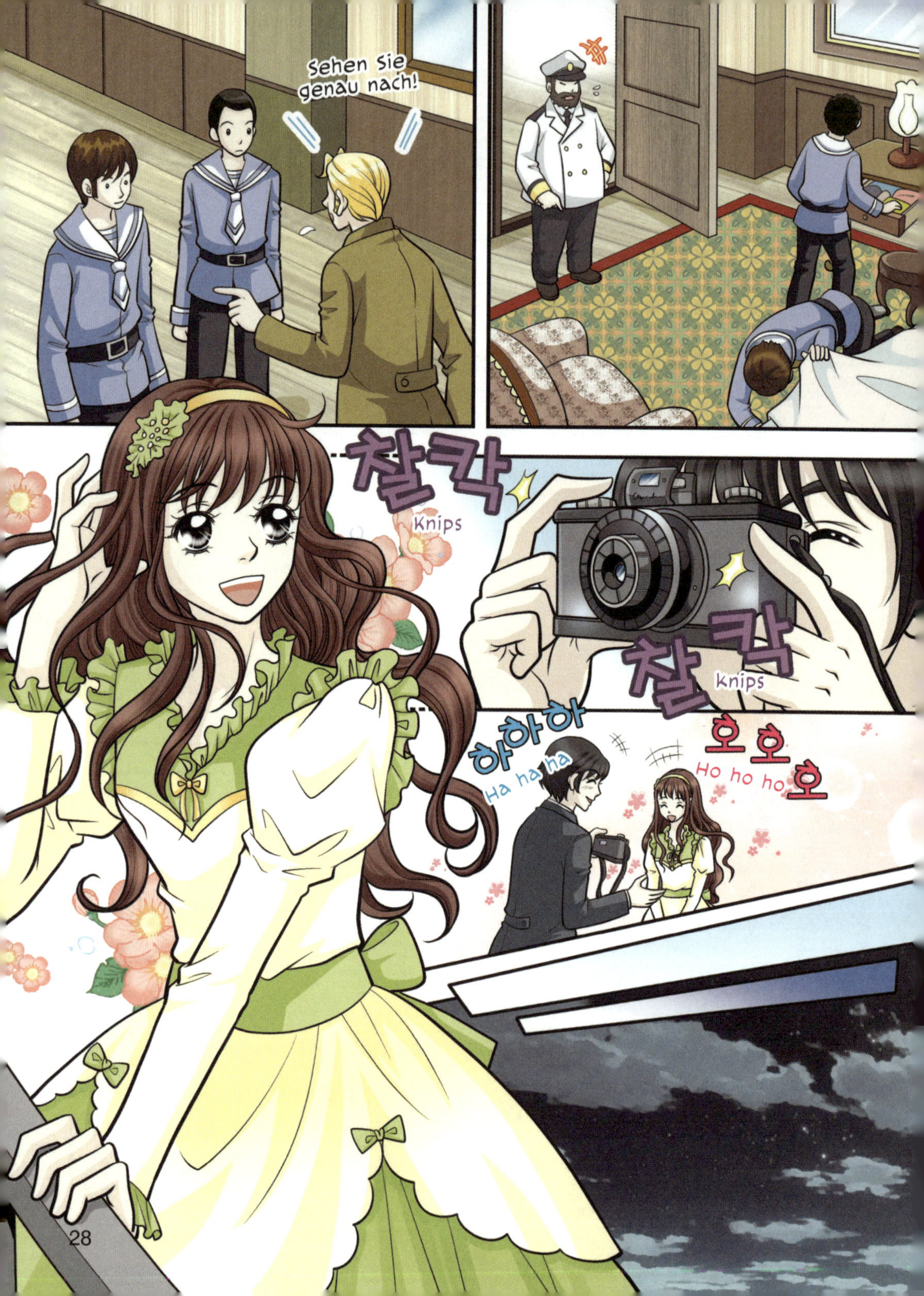
Sehen Sie genau nach!
찰칵
Knips
찰칵
knips
하하하
Ha ha ha
호호호
Ho ho ho

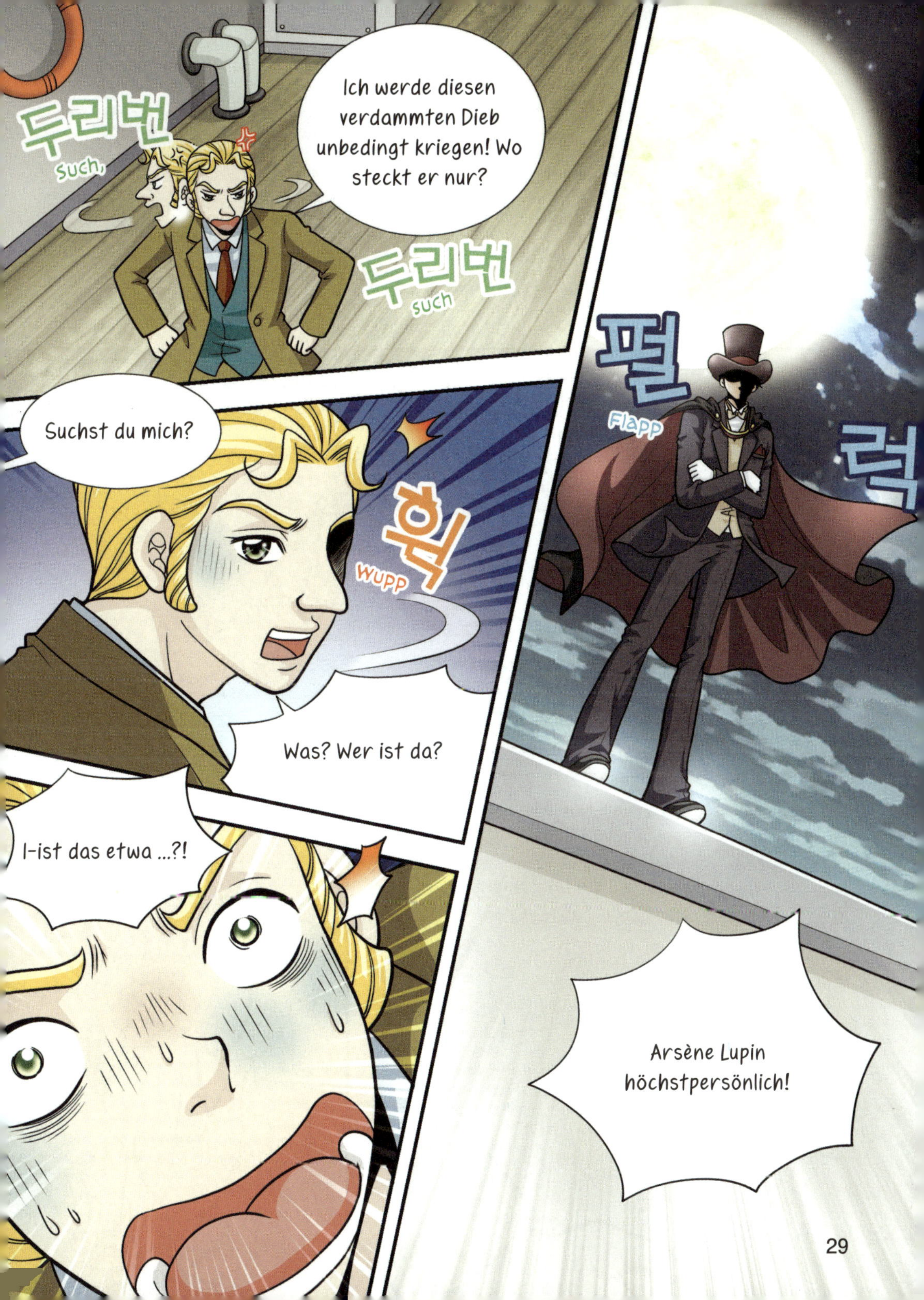

두리번
Such,
Ich werde diesen verdammten Dieb unbedingt kriegen! Wo steckt er nur?
두리번
Such
Suchst du mich?
헉
Wupp
Was? Wer ist da?
I-ist das etwa ...?!
펄
Flapp
럭
Arsène Lupin höchstpersönlich!

Erste Gaunerei

Arsène Lupin
wird verhaftet

2. Enttarnung

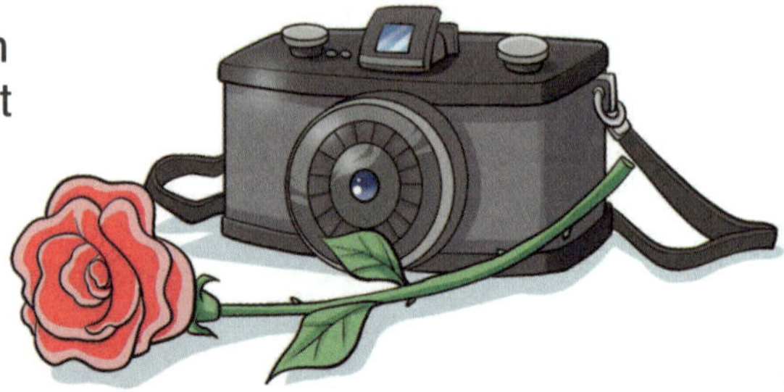

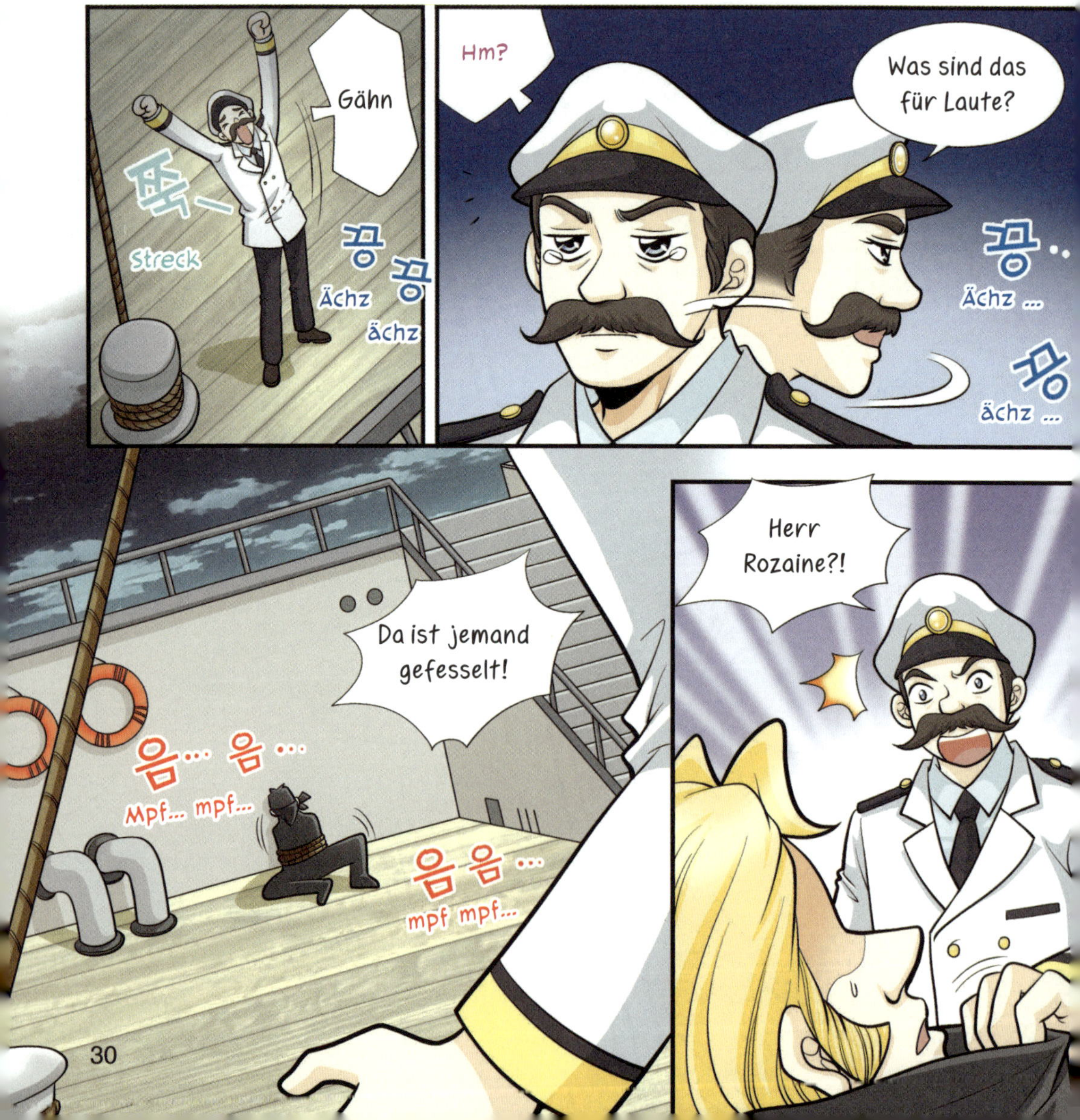

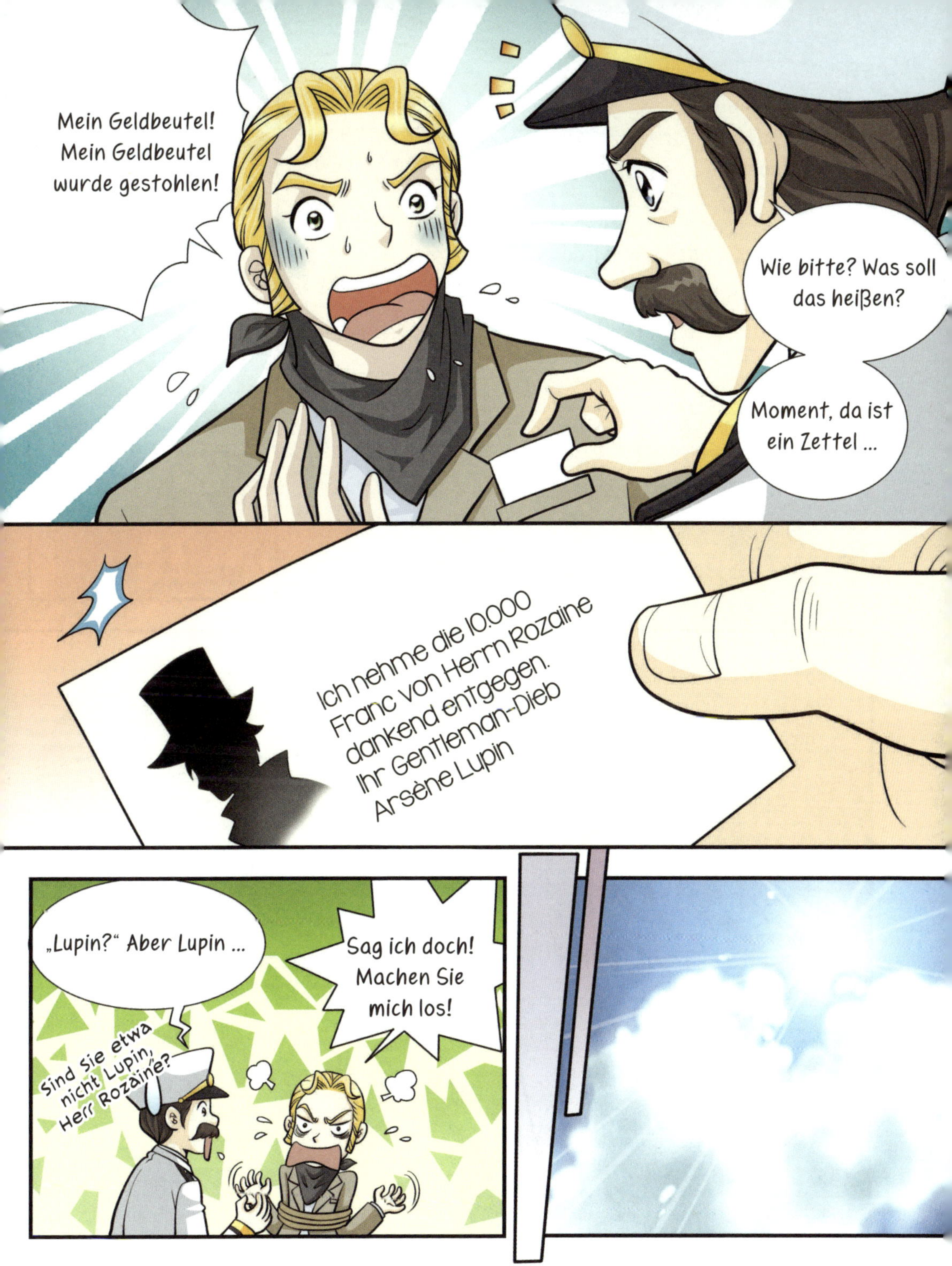
Mein Geldbeutel! Mein Geldbeutel wurde gestohlen!
Wie bitte? Was soll das heißen?
Moment, da ist ein Zettel ...
Ich nehme die 10.000 Franc von Herrn Rozaine dankend entgegen. Ihr Gentleman-Dieb Arsène Lupin
„Lupin?“ Aber Lupin ...
Sind Sie etwa nicht Lupin, Herr Rozaine?
Sag ich doch! Machen Sie mich los!

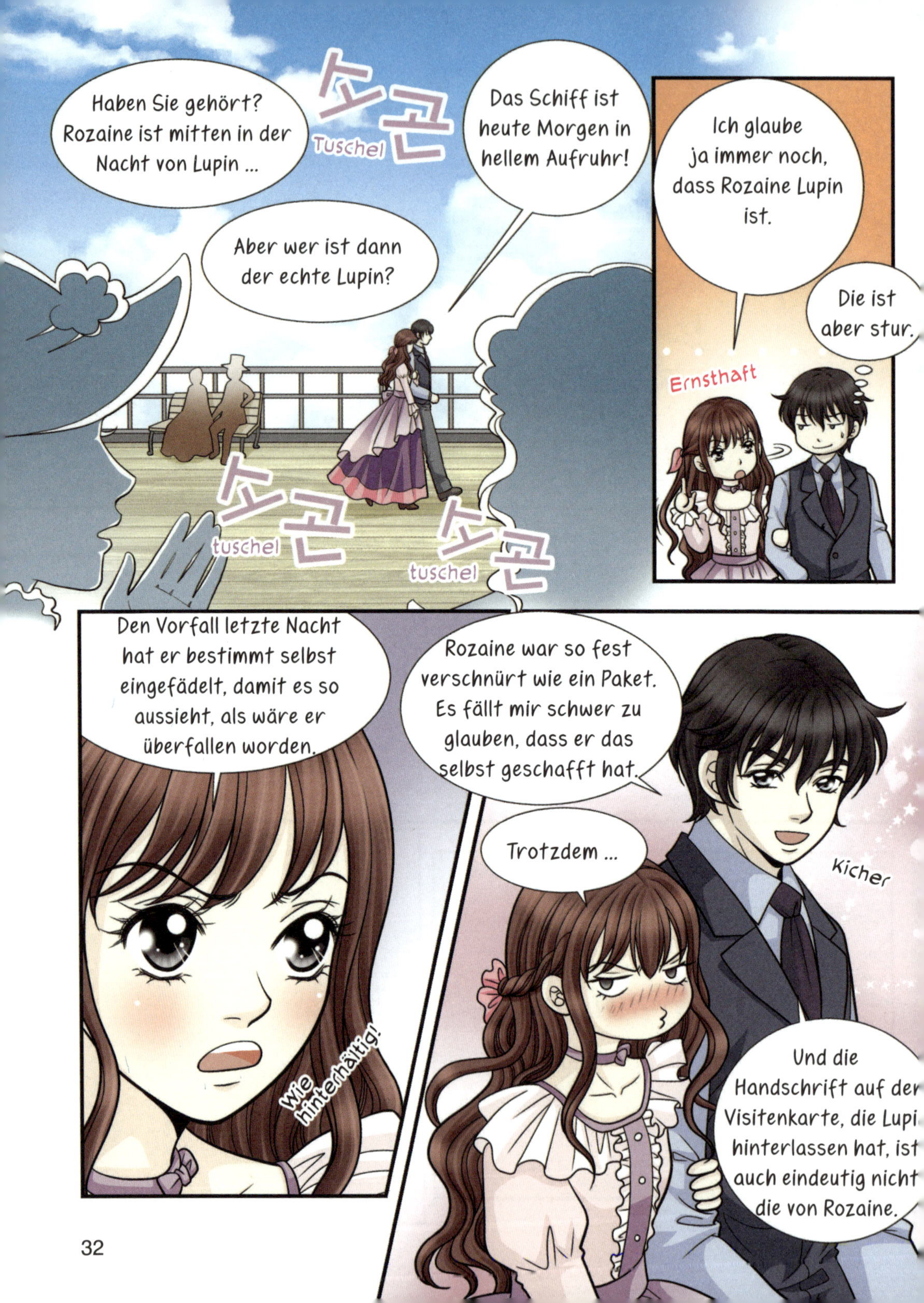
Haben Sie gehört? Rozaine ist mitten in der Nacht von Lupin ...
Tuschel
Das Schiff ist heute Morgen in hellem Aufruhr!
Aber wer ist dann der echte Lupin?
tuschel
tuschel
Ich glaube ja immer noch, dass Rozaine Lupin ist.
Die ist aber stur.
Ernsthaft
Den Vorfall letzte Nacht hat er bestimmt selbst eingefädelt, damit es so aussieht, als wäre er überfallen worden.
Wie hinterhältig!
Rozaine war so fest verschnürt wie ein Paket. Es fällt mir schwer zu glauben, dass er das selbst geschafft hat.
Trotzdem ...
Kicher
Und die Handschrift auf der Visitenkarte, die Lupi hinterlassen hat, ist auch eindeutig nicht die von Rozaine.

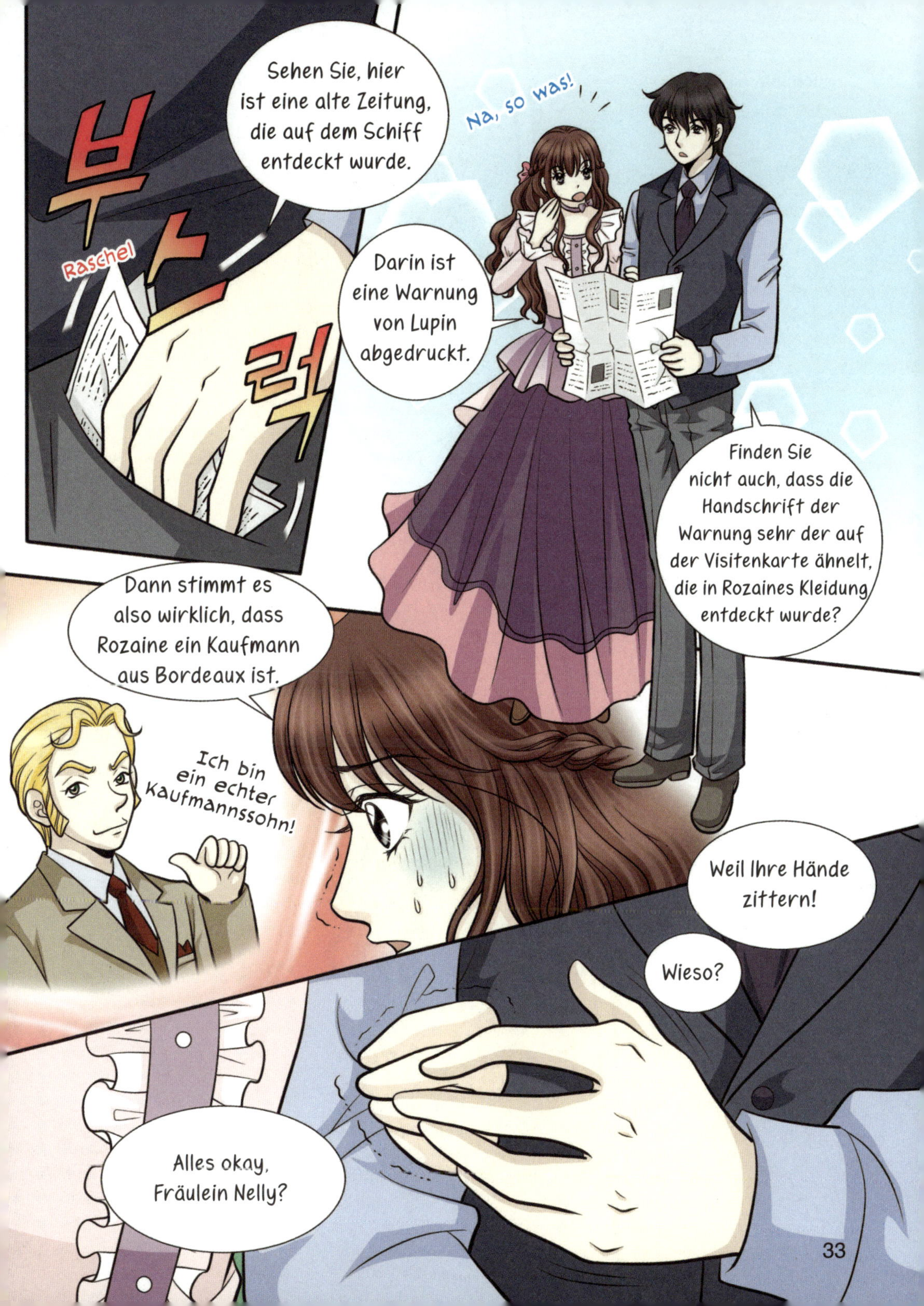

부스럭
Raschel
Sehen Sie, hier ist eine alte Zeitung, die auf dem Schiff entdeckt wurde.
Na, so was!
Darin ist eine Warnung von Lupin abgedruckt.
Finden Sie nicht auch, dass die Handschrift der Warnung sehr der auf der Visitenkarte ähnelt, die in Rozaines Kleidung entdeckt wurde?
Dann stimmt es also wirklich, dass Rozaine ein Kaufmann aus Bordeaux ist.
Ich bin ein echter Kaufmannssohn!
Weil Ihre Hände zittern!
Wieso?
Alles okay, Fräulein Nelly?

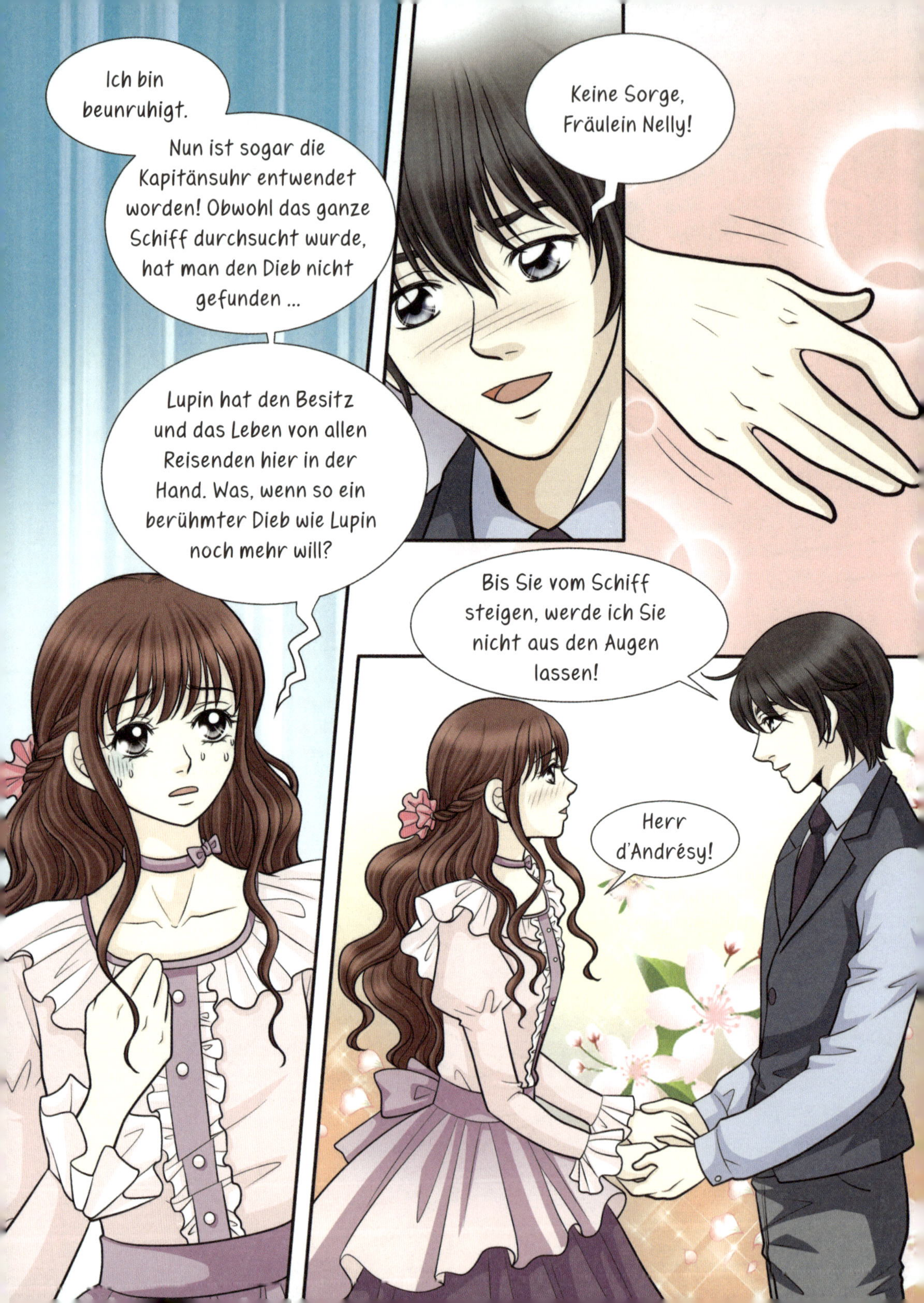
Ich bin beunruhigt.
Nun ist sogar die Kapitänsuhr entwendet worden! Obwohl das ganze Schiff durchsucht wurde, hat man den Dieb nicht gefunden ...
Lupin hat den Besitz und das Leben von allen Reisenden hier in der Hand. Was, wenn so ein berühmter Dieb wie Lupin noch mehr will?
Keine Sorge, Fräulein Nelly!
Bis Sie vom Schiff steigen, werde ich Sie nicht aus den Augen lassen!
Herr d'Andrésy!

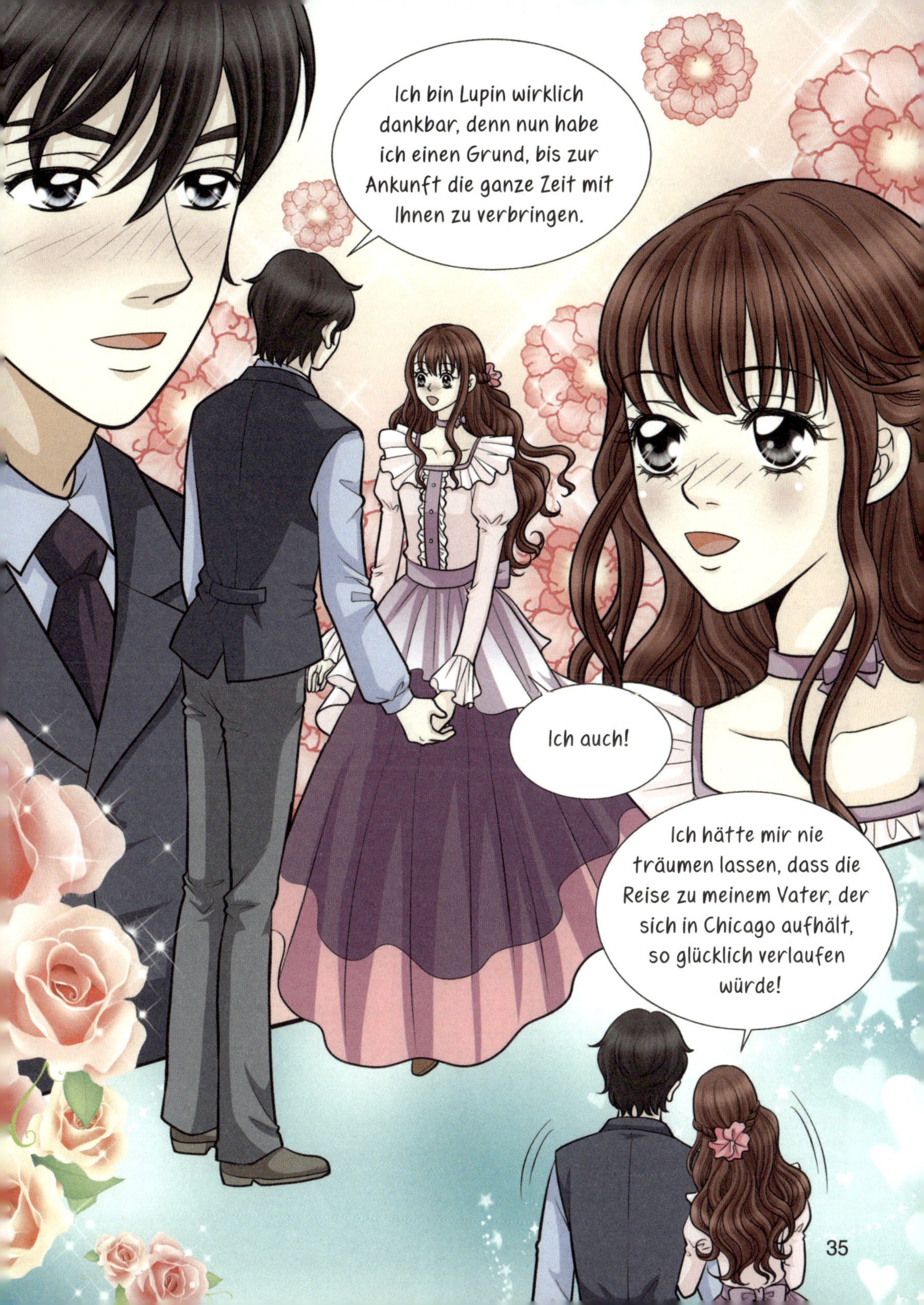
Ich bin Lupin wirklich dankbar, denn nun habe ich einen Grund, bis zur Ankunft die ganze Zeit mit Ihnen zu verbringen.
Ich auch!
Ich hätte mir nie träumen lassen, dass die Reise zu meinem Vater, der sich in Chicago aufhält, so glücklich verlaufen würde!

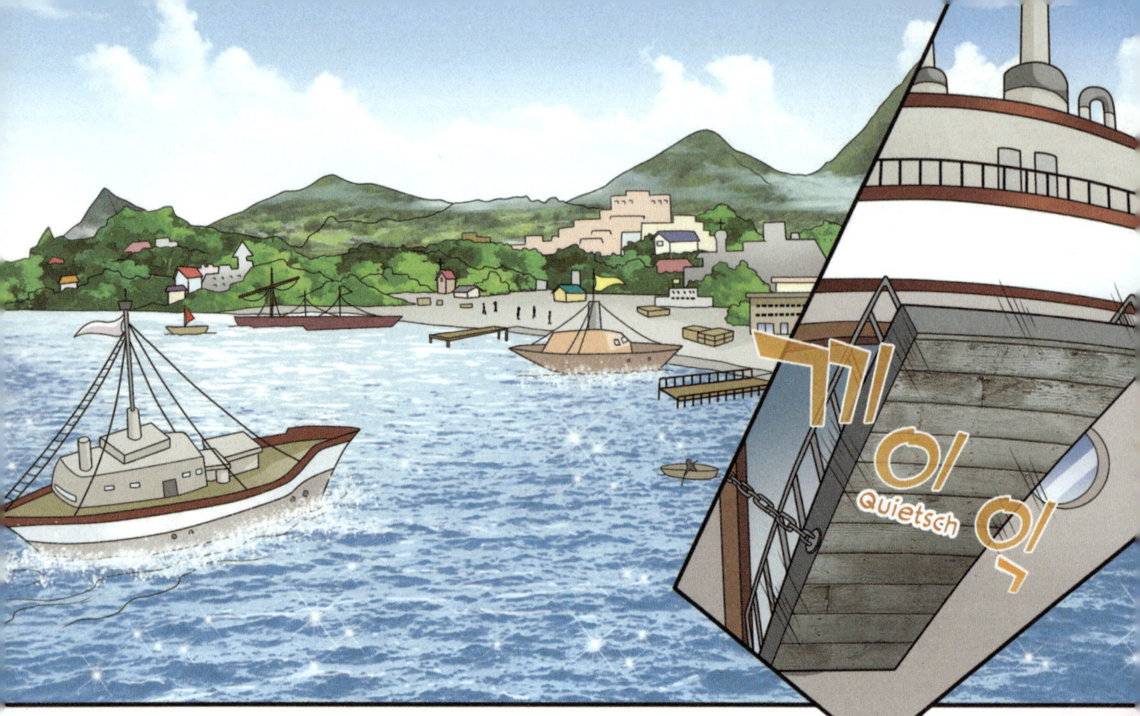
끼이익
Quietsch

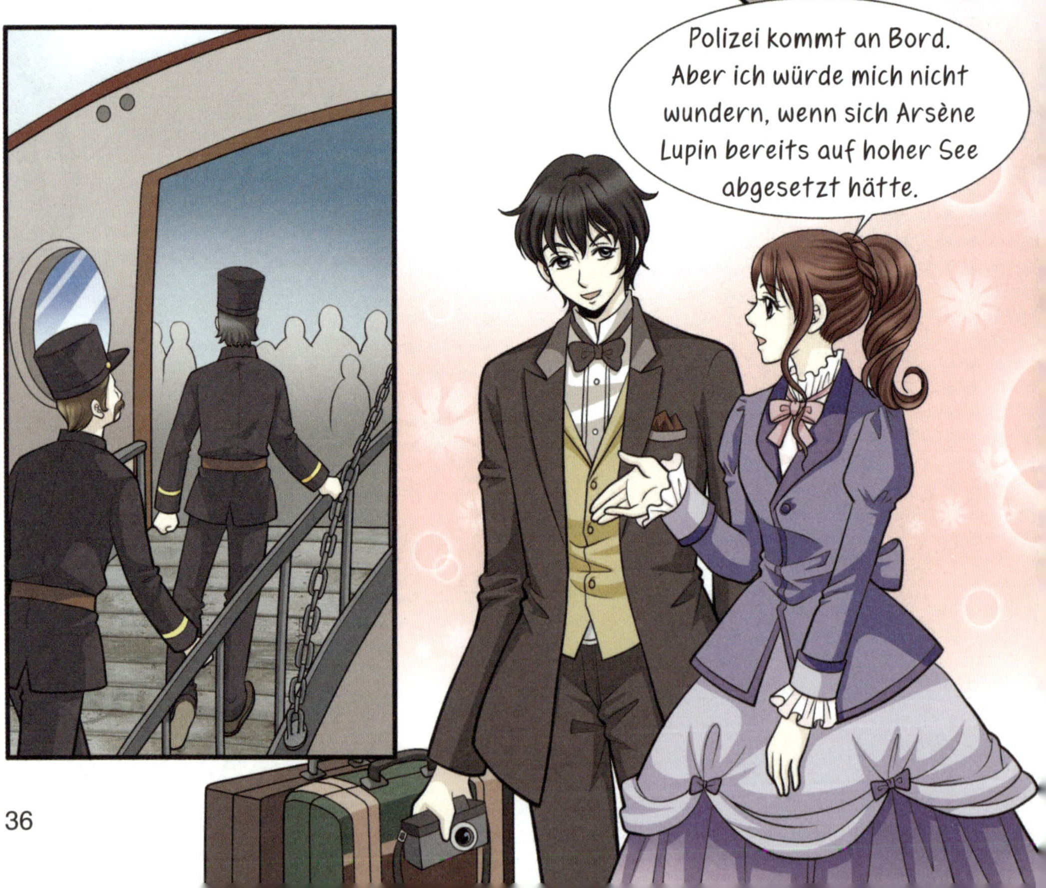
Polizei kommt an Bord. Aber ich würde mich nicht wundern, wenn sich Arsène Lupin bereits auf hoher See abgesetzt hätte.

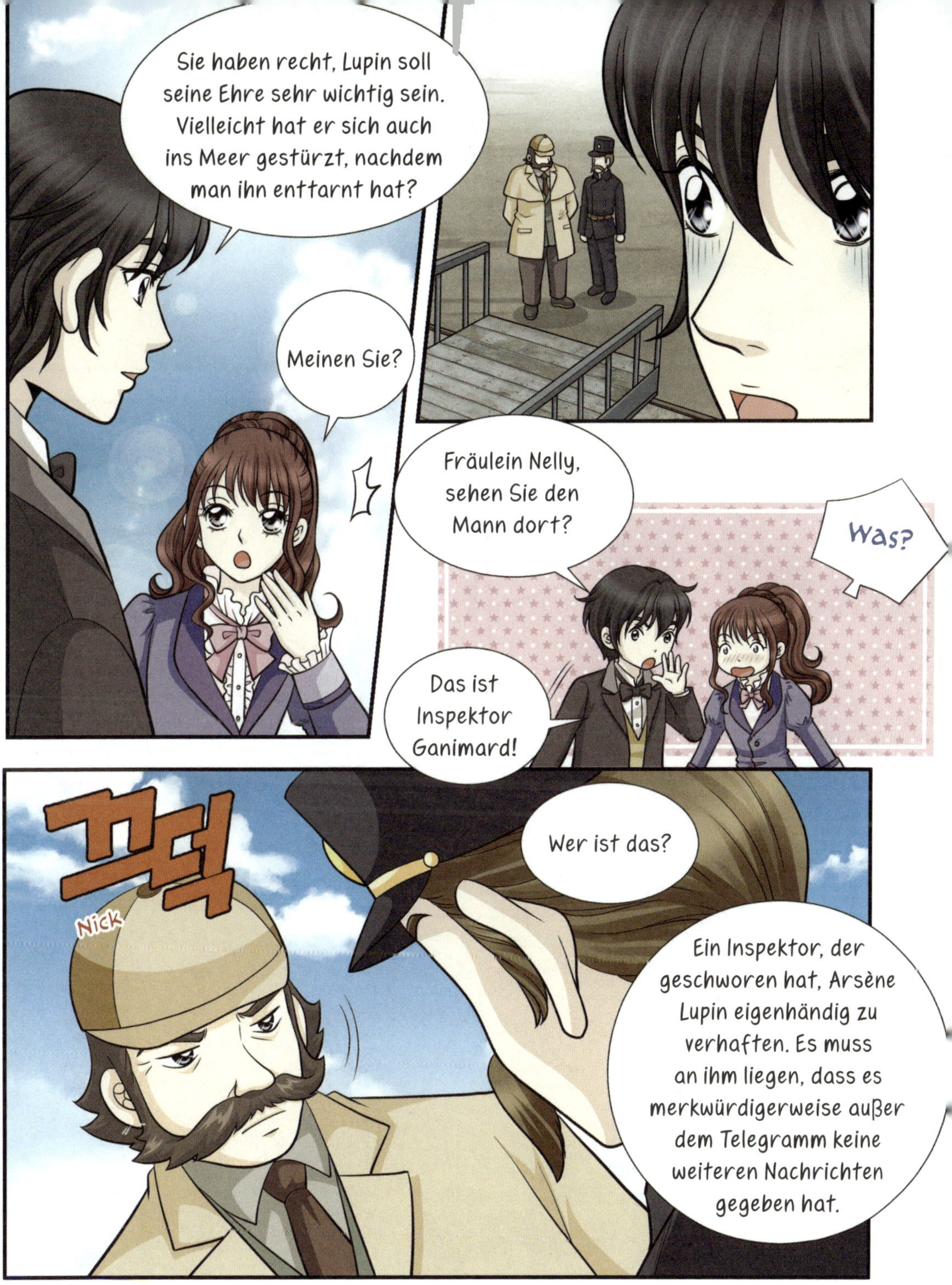
Sie haben recht, Lupin soll seine Ehre sehr wichtig sein. Vielleicht hat er sich auch ins Meer gestürzt, nachdem man ihn enttarnt hat?
Meinen Sie?
Fräulein Nelly, sehen Sie den Mann dort?
Was?
Das ist Inspektor Ganimard!
Nick
Wer ist das?
Ein Inspektor, der geschworen hat, Arsène Lupin eigenhändig zu verhaften. Es muss an ihm liegen, dass es merkwürdigerweise außer dem Telegramm keine weiteren Nachrichten gegeben hat.

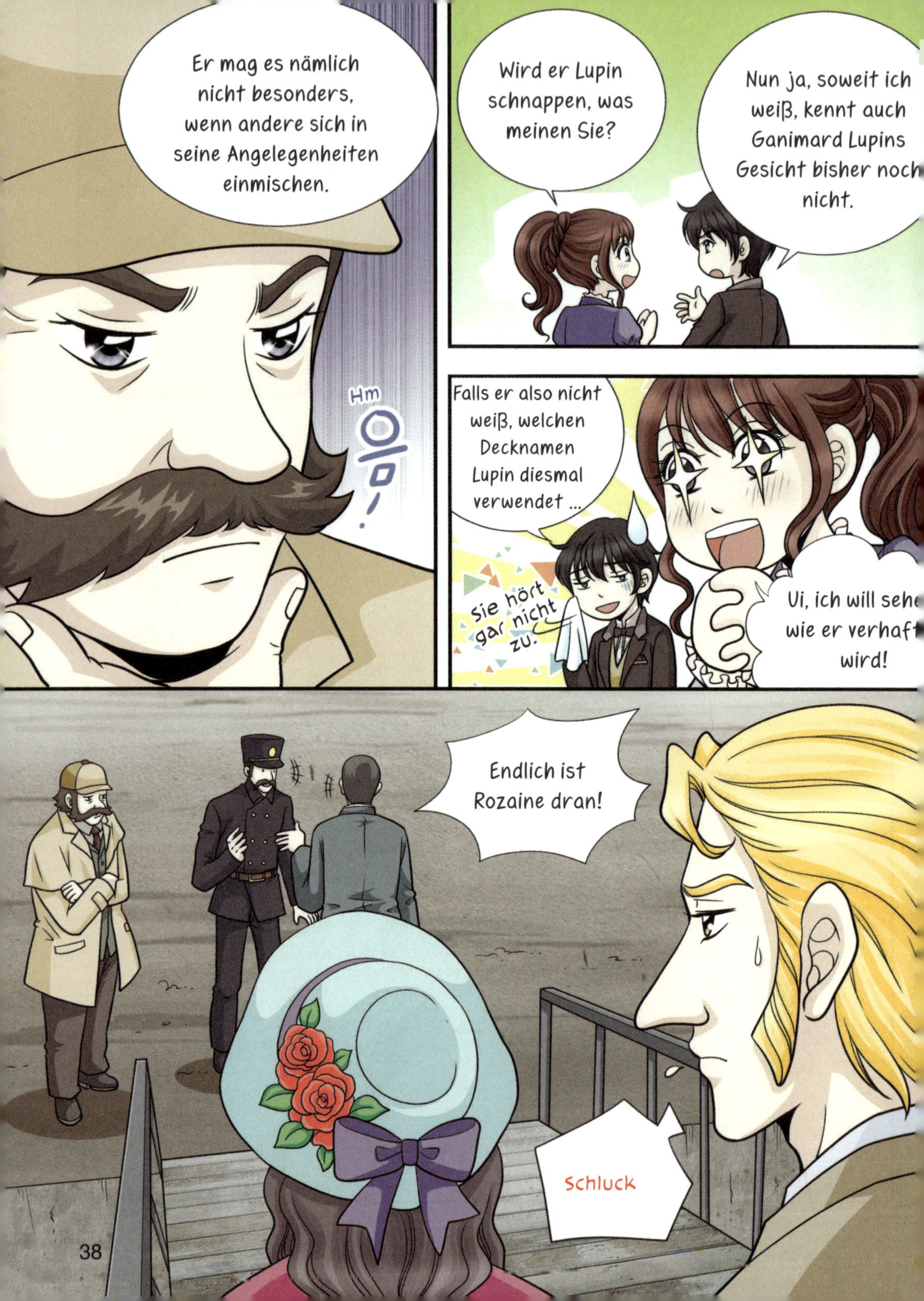
Er mag es nämlich nicht besonders, wenn andere sich in seine Angelegenheiten einmischen.
Hm
Wird er Lupin schnappen, was meinen Sie?
Nun ja, soweit ich weiß, kennt auch Ganimard Lupins Gesicht bisher noch nicht.
Falls er also nicht weiß, welchen Decknamen Lupin diesmal verwendet ...
Ui, ich will sehe wie er verhaft wird!
Sie hört gar nicht zu.
Endlich ist Rozaine dran!
Schluck

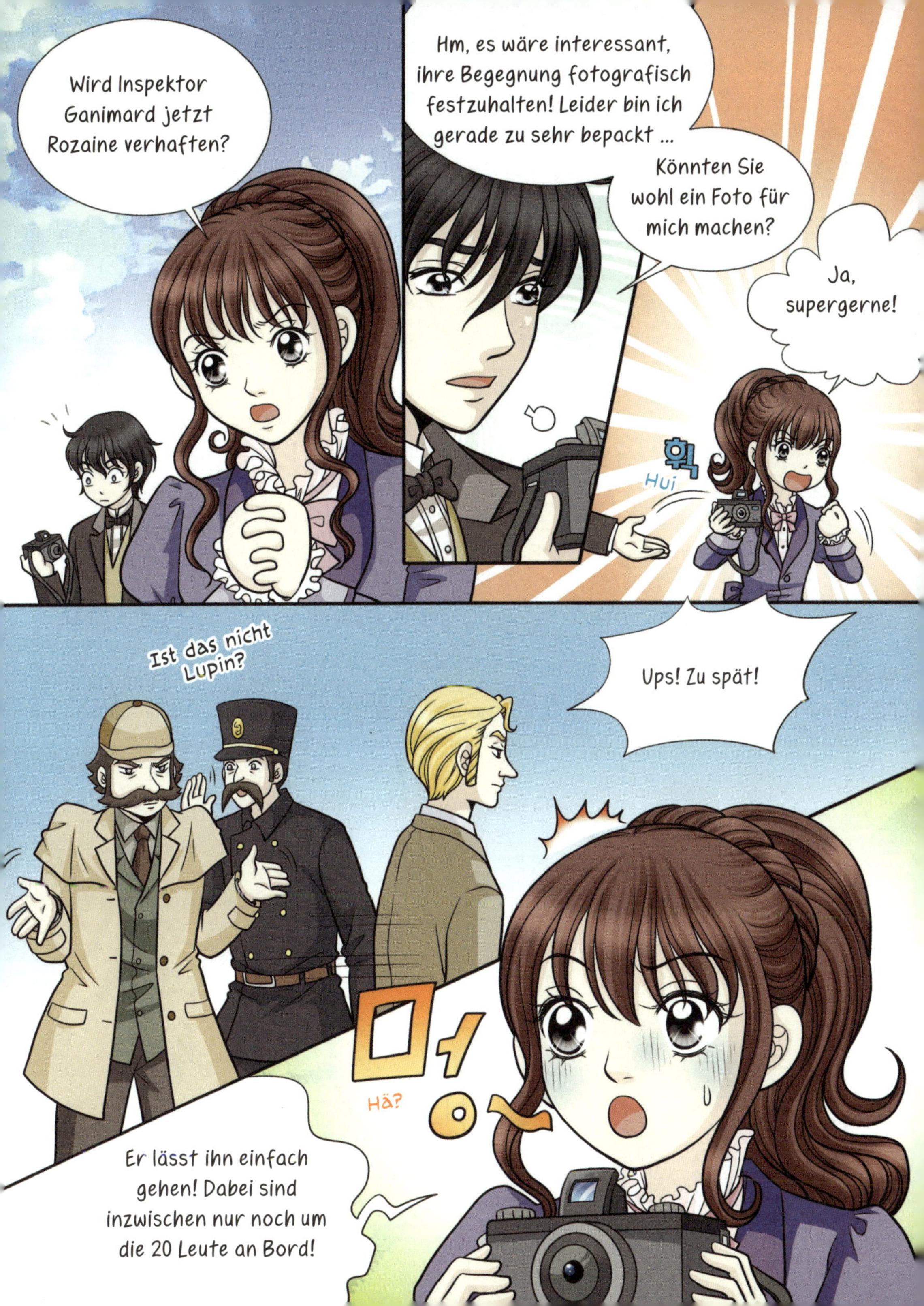
Wird Inspektor Ganimard jetzt Rozaine verhaften?
Hm, es wäre interessant, ihre Begegnung fotografisch festzuhalten! Leider bin ich gerade zu sehr bepackt ...
Könnten Sie wohl ein Foto für mich machen?
Ja, supergerne!
휙
Hui
Ist das nicht Lupin?
Ups! Zu spät!
Hä?
Er lässt ihn einfach gehen! Dabei sind inzwischen nur noch um die 20 Leute an Bord!

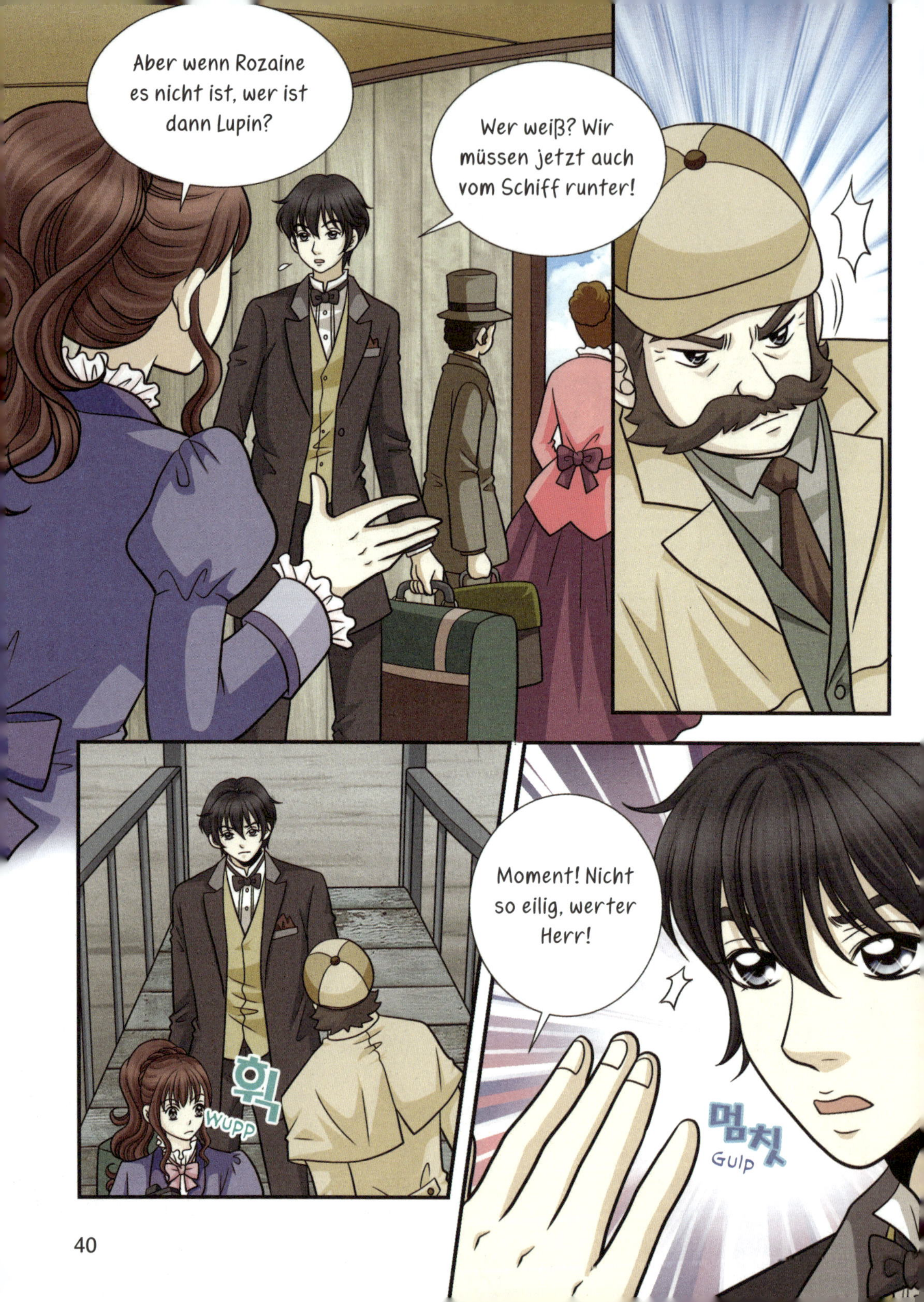
Aber wenn Rozaine es nicht ist, wer ist dann Lupin?
Wer weiß? Wir müssen jetzt auch vom Schiff runter!
휙
WUPP
Moment! Nicht so eilig, werter Herr!
멈칫
GULP

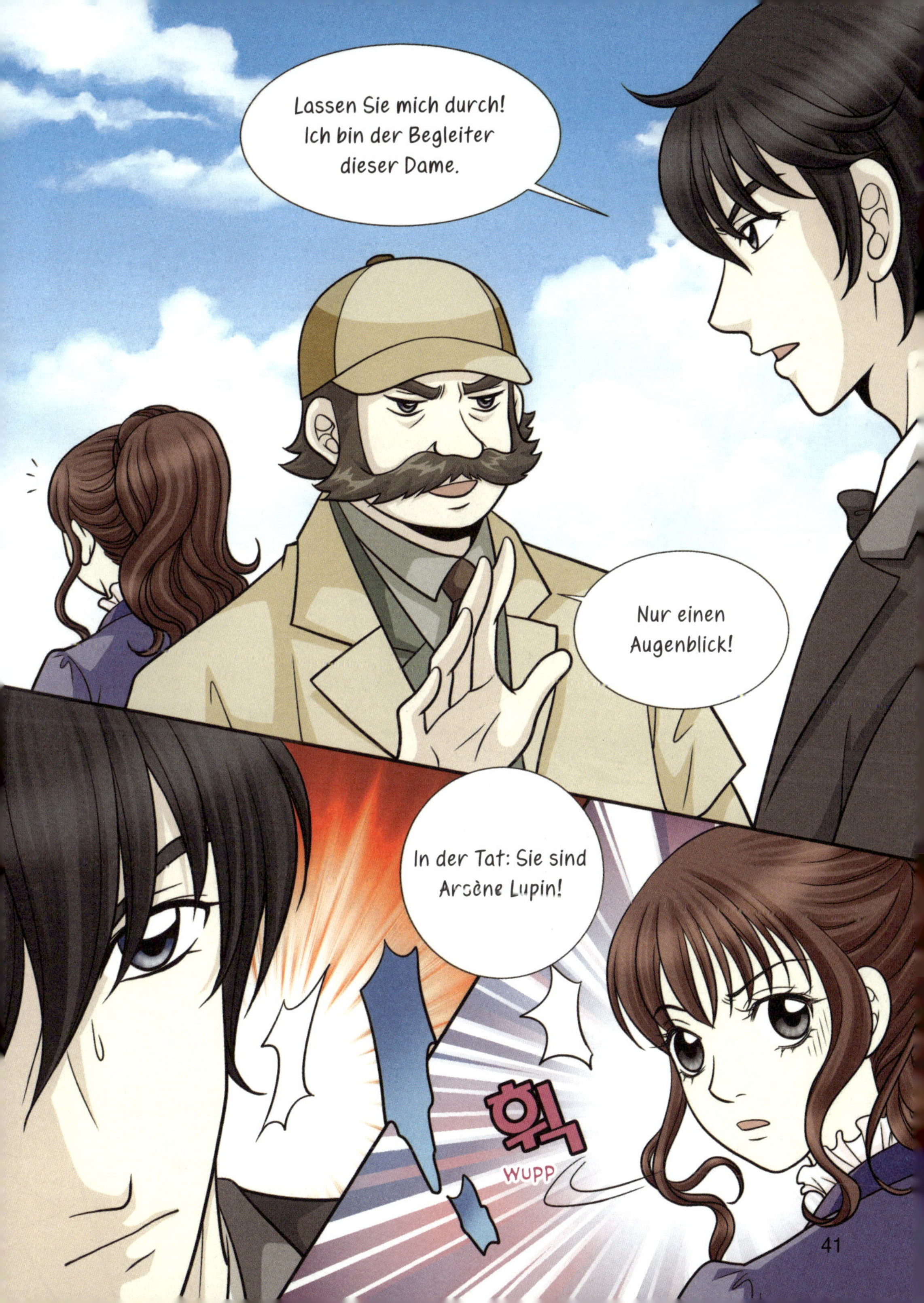
Lassen Sie mich durch! Ich bin der Begleiter dieser Dame.
Nur einen Augenblick!
In der Tat: Sie sind Arsène Lupin!
훅
WUPP

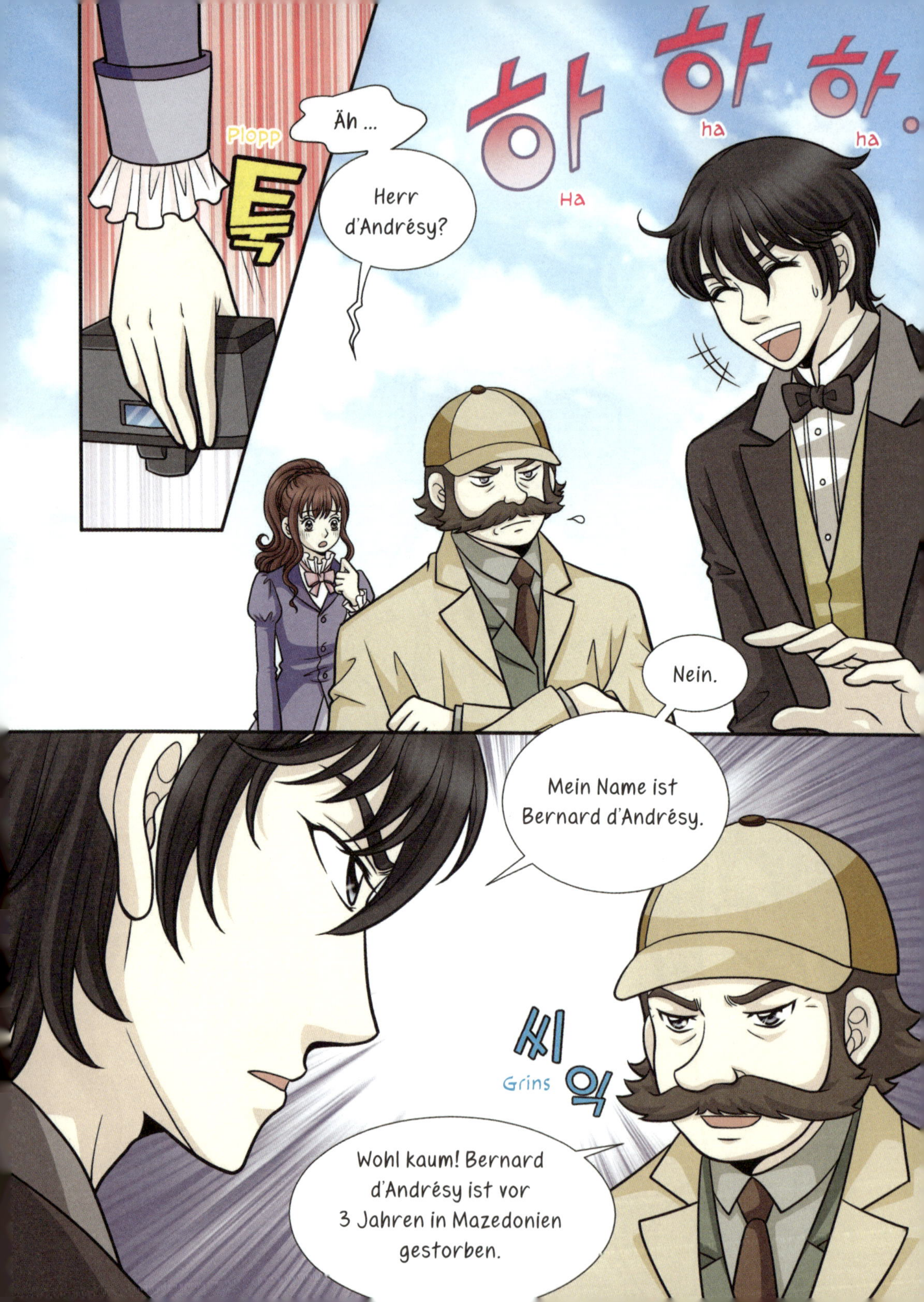

Plopp
Äh ...
Herr d'Andrésy?
하 하 하.
Ha
ha
ha
Nein.
Mein Name ist Bernard d'Andrésy.
씨익
Grins
Wohl kaum! Bernard d'Andrésy ist vor 3 Jahren in Mazedonien gestorben.

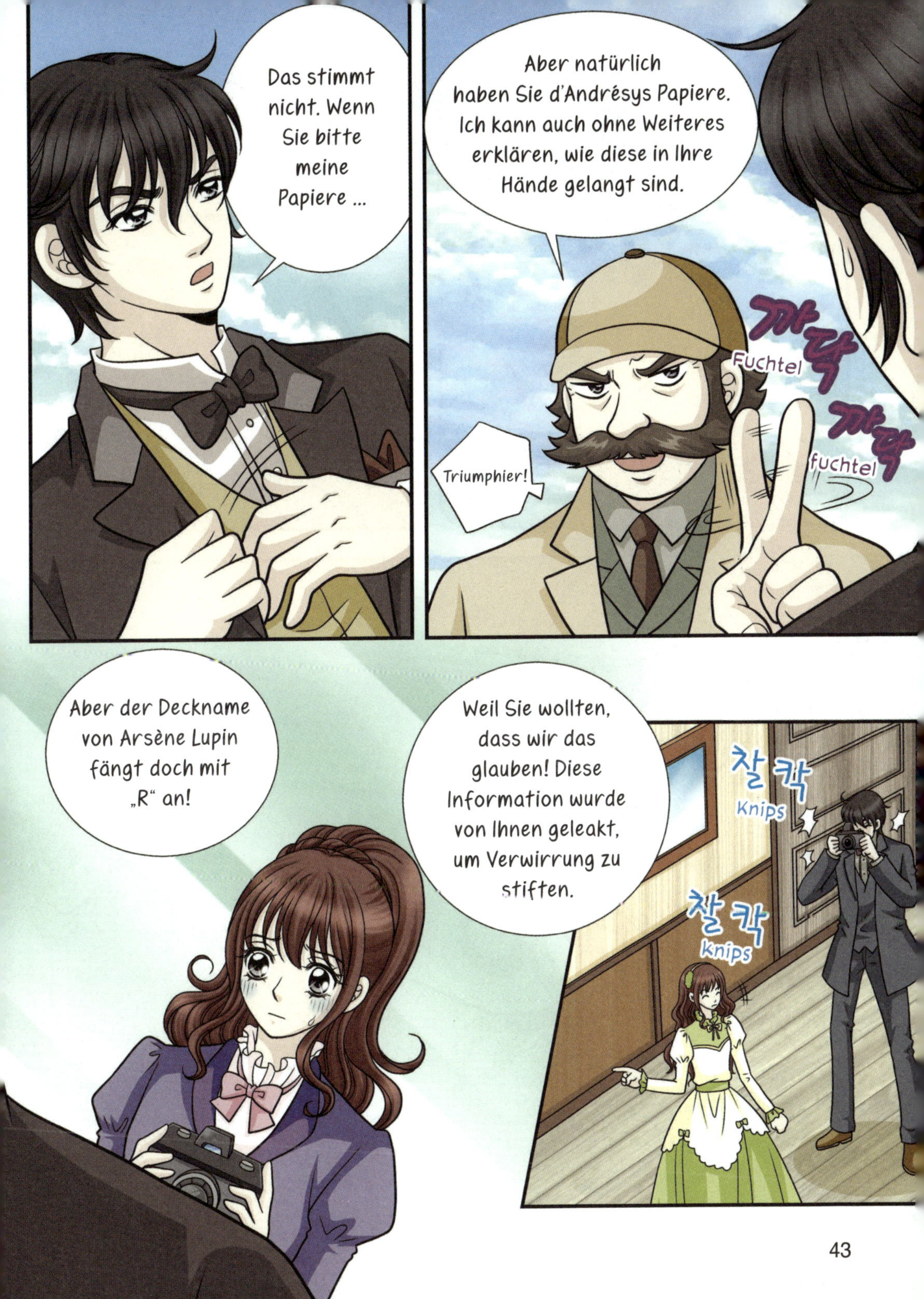
Das stimmt nicht. Wenn Sie bitte meine Papiere ...
Aber natürlich haben Sie d'Andrésys Papiere. Ich kann auch ohne Weiteres erklären, wie diese in Ihre Hände gelangt sind.
Triumphier!
까딱
Fuchtel
까딱
fuchtel
Aber der Deckname von Arsène Lupin fängt doch mit „R" an!
Weil Sie wollten, dass wir das glauben! Diese Information wurde von Ihnen geleakt, um Verwirrung zu stiften.
찰칵
Knips
찰칵
Knips

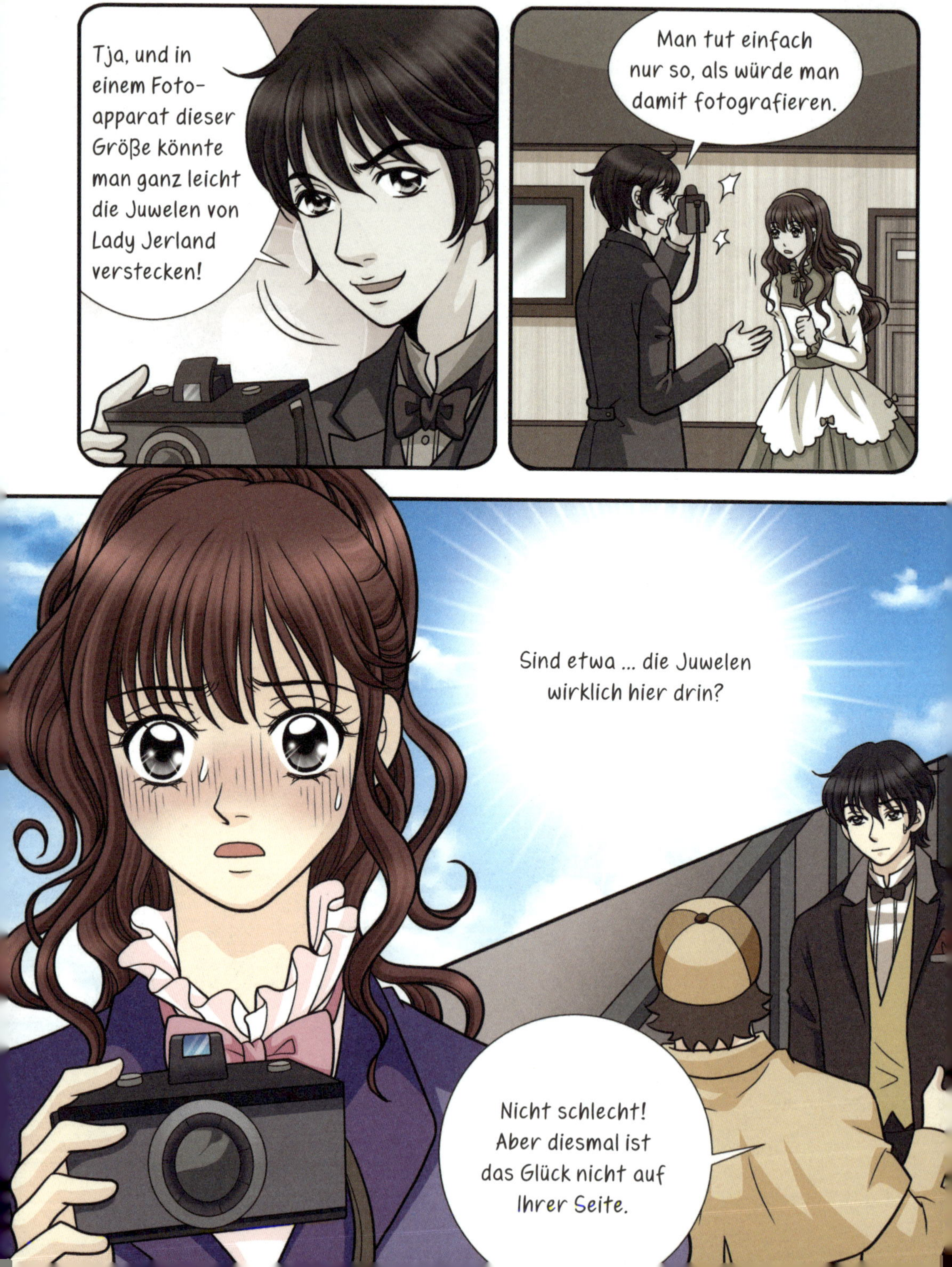
Tja, und in einem Fotoapparat dieser Größe könnte man ganz leicht die Juwelen von Lady Jerland verstecken!
Man tut einfach nur so, als würde man damit fotografieren.
Sind etwa ... die Juwelen wirklich hier drin?
Nicht schlecht! Aber diesmal ist das Glück nicht auf Ihrer Seite.

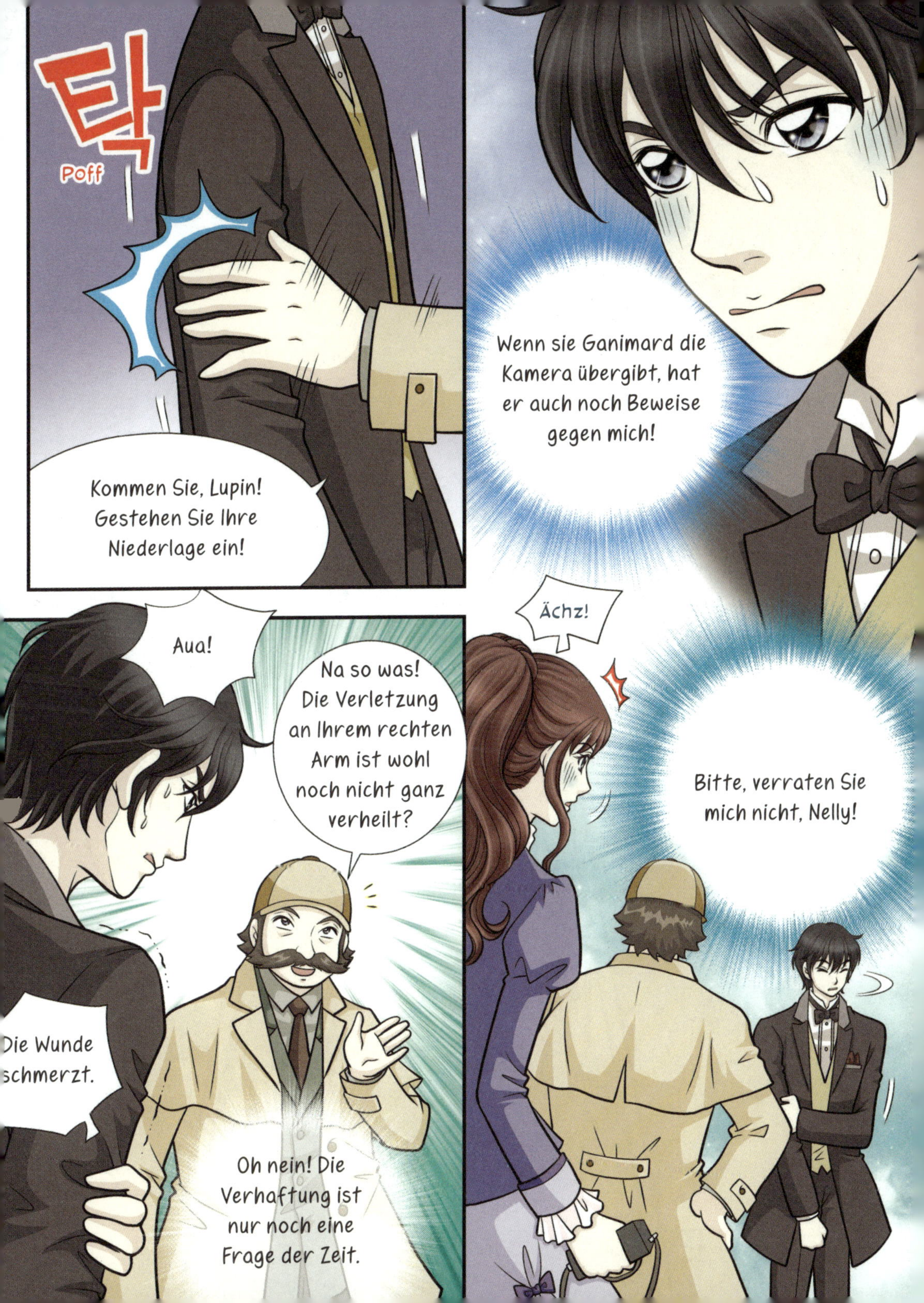
탁
Poff
Kommen Sie, Lupin! Gestehen Sie Ihre Niederlage ein!
Wenn sie Ganimard die Kamera übergibt, hat er auch noch Beweise gegen mich!
Aua!
Na so was! Die Verletzung an Ihrem rechten Arm ist wohl noch nicht ganz verheilt?
Die Wunde schmerzt.
Oh nein! Die Verhaftung ist nur noch eine Frage der Zeit.
Ächz!
Bitte, verraten Sie mich nicht, Nelly!

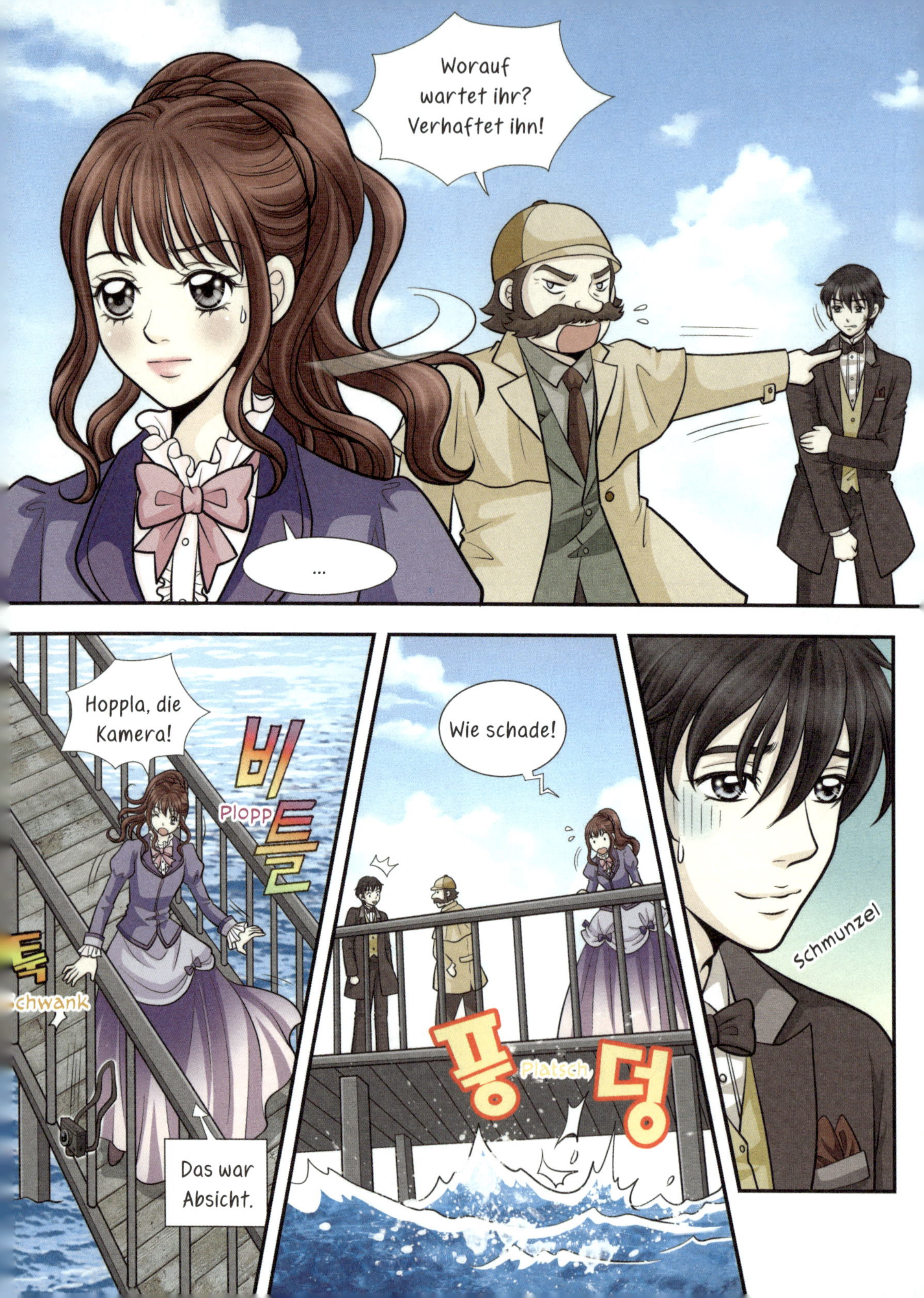

Worauf wartet ihr? Verhaftet ihn!
...
Hoppla, die Kamera!
비틀
Plopp
툭
Schwank
Das war Absicht.
Wie schade!
풍덩
Platsch
Schmunzel

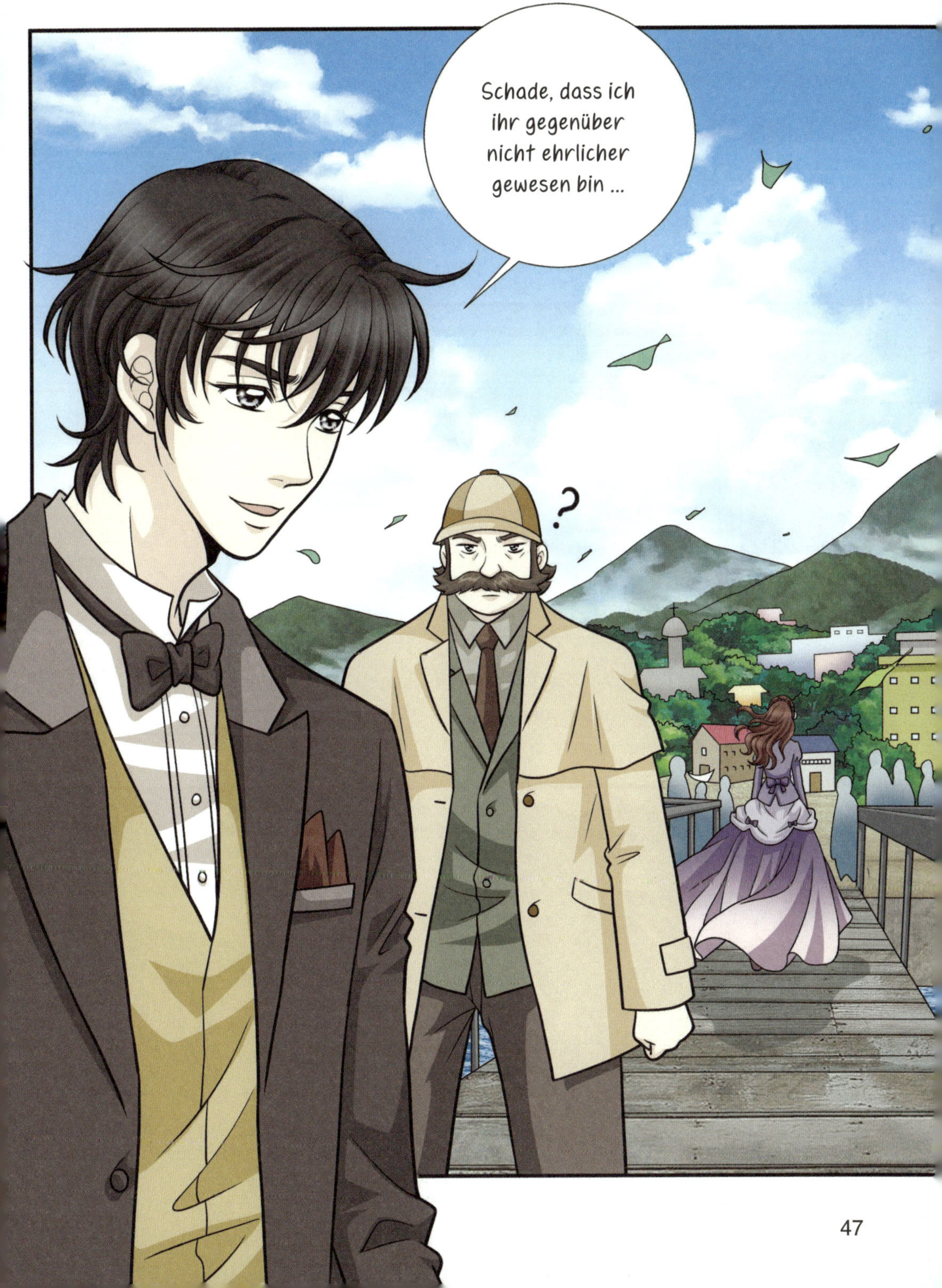
Schade, dass ich ihr gegenüber nicht ehrlicher gewesen bin ...
?

Zweite Gaunerei

Lupin im Gefängnis

1. Eine Warnung erreicht das Schloss Malaquis

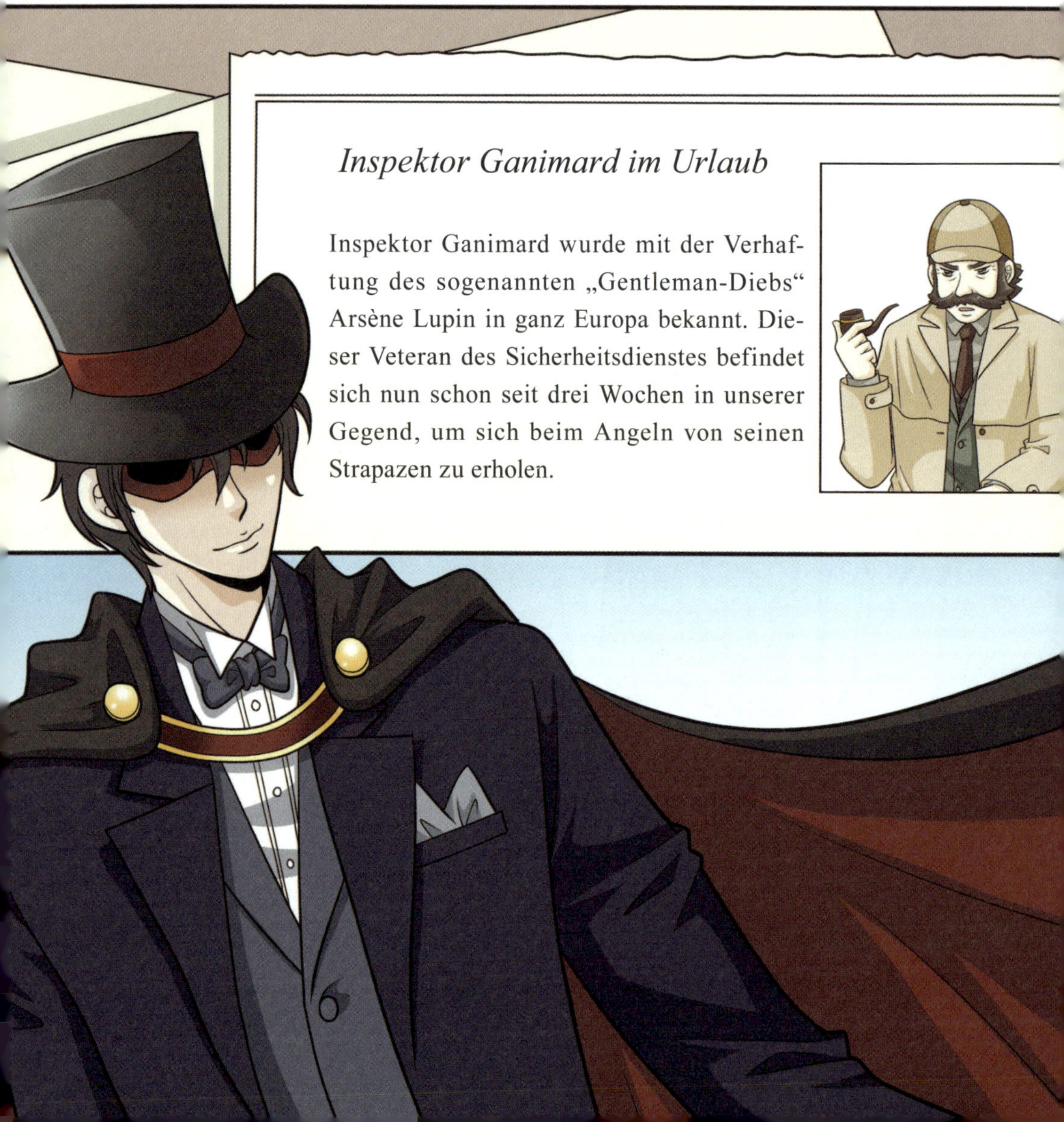

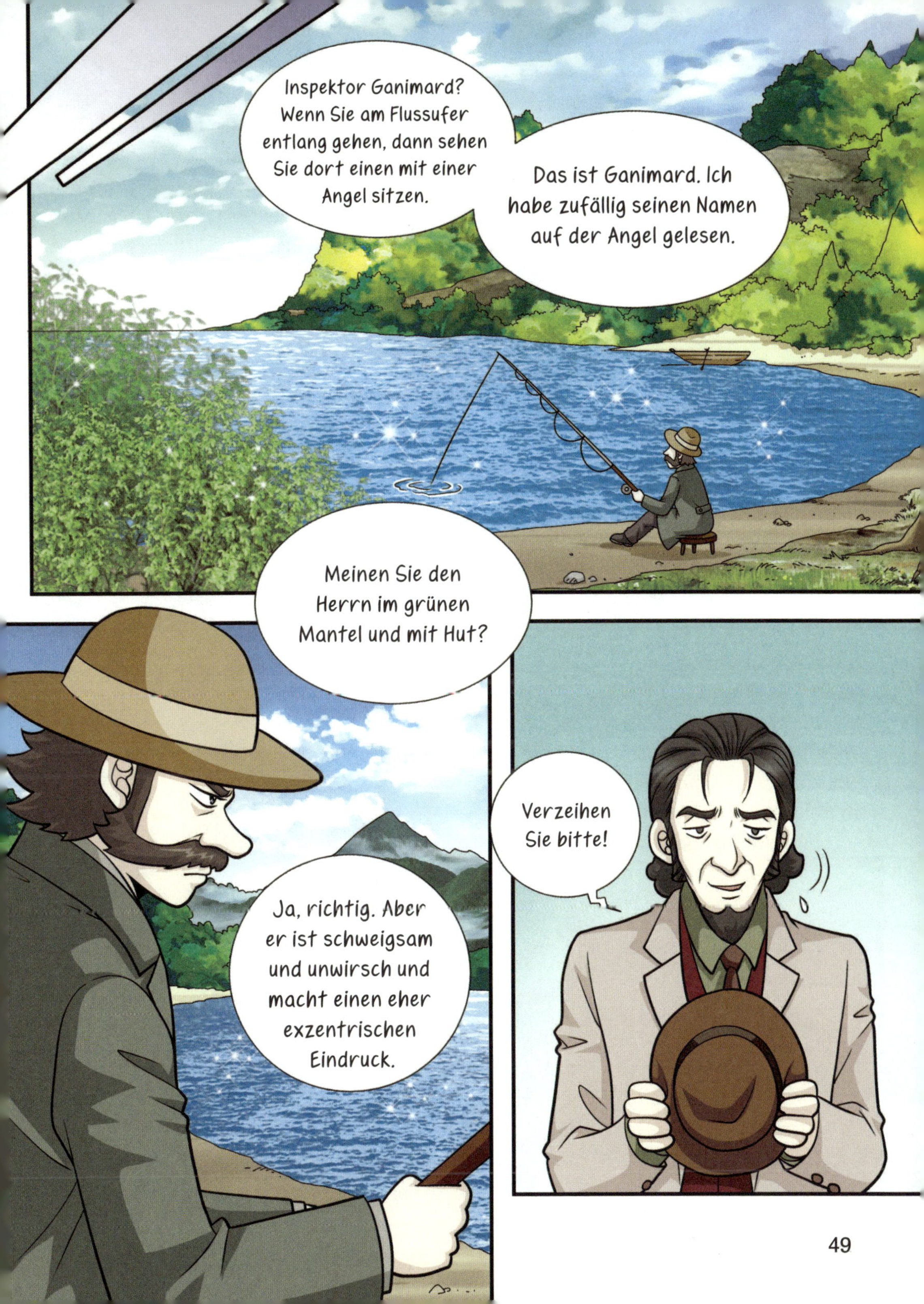
Inspektor Ganimard? Wenn Sie am Flussufer entlang gehen, dann sehen Sie dort einen mit einer Angel sitzen.
Das ist Ganimard. Ich habe zufällig seinen Namen auf der Angel gelesen.
Meinen Sie den Herrn im grünen Mantel und mit Hut?
Ja, richtig. Aber er ist schweigsam und unwirsch und macht einen eher exzentrischen Eindruck.
Verzeihen Sie bitte!

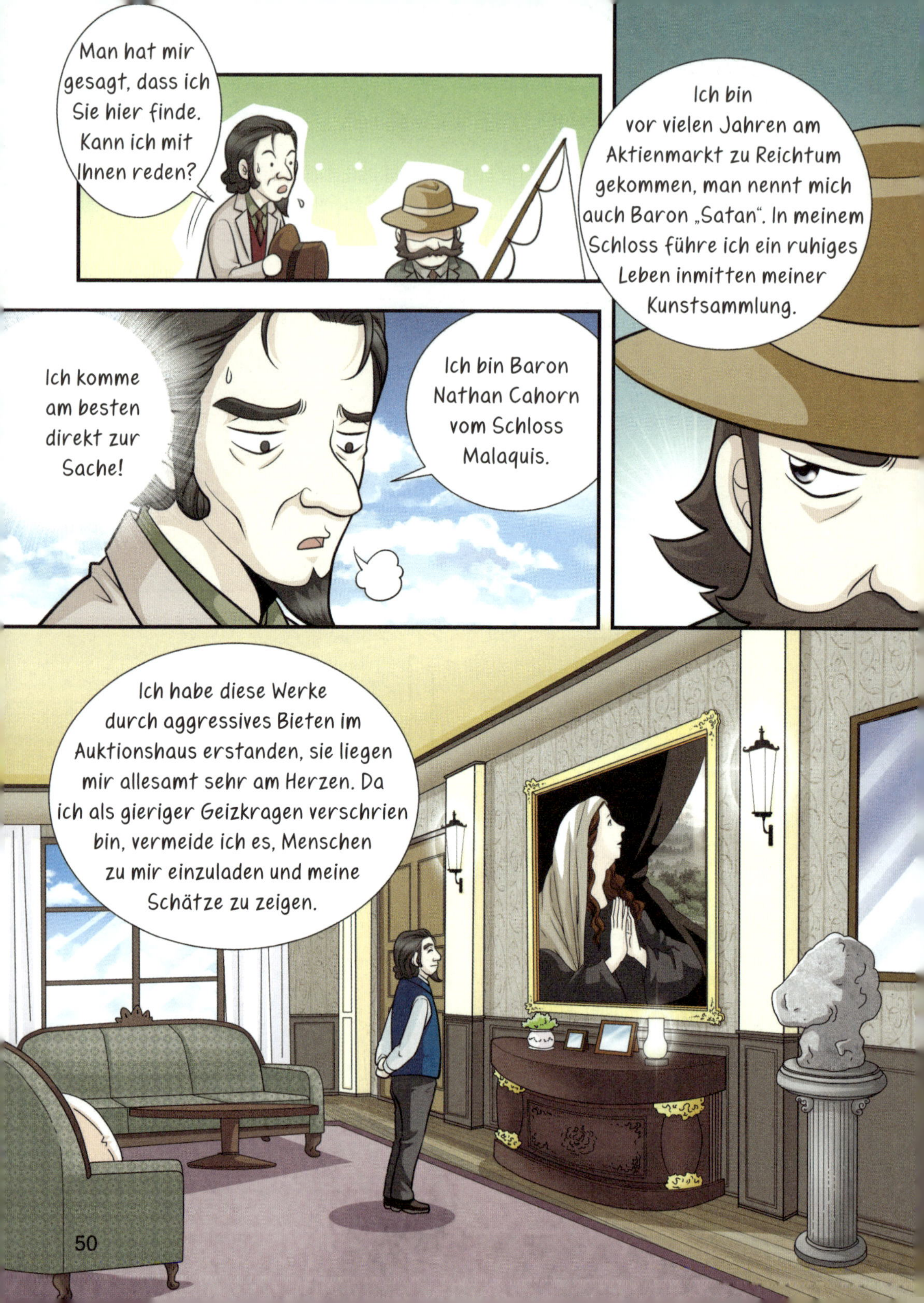
Man hat mir gesagt, dass ich Sie hier finde. Kann ich mit Ihnen reden?
Ich bin vor vielen Jahren am Aktienmarkt zu Reichtum gekommen, man nennt mich auch Baron „Satan". In meinem Schloss führe ich ein ruhiges Leben inmitten meiner Kunstsammlung.
Ich komme am besten direkt zur Sache!
Ich bin Baron Nathan Cahorn vom Schloss Malaquis.
Ich habe diese Werke durch aggressives Bieten im Auktionshaus erstanden, sie liegen mir allesamt sehr am Herzen. Da ich als gieriger Geizkragen verschrien bin, vermeide ich es, Menschen zu mir einzuladen und meine Schätze zu zeigen.

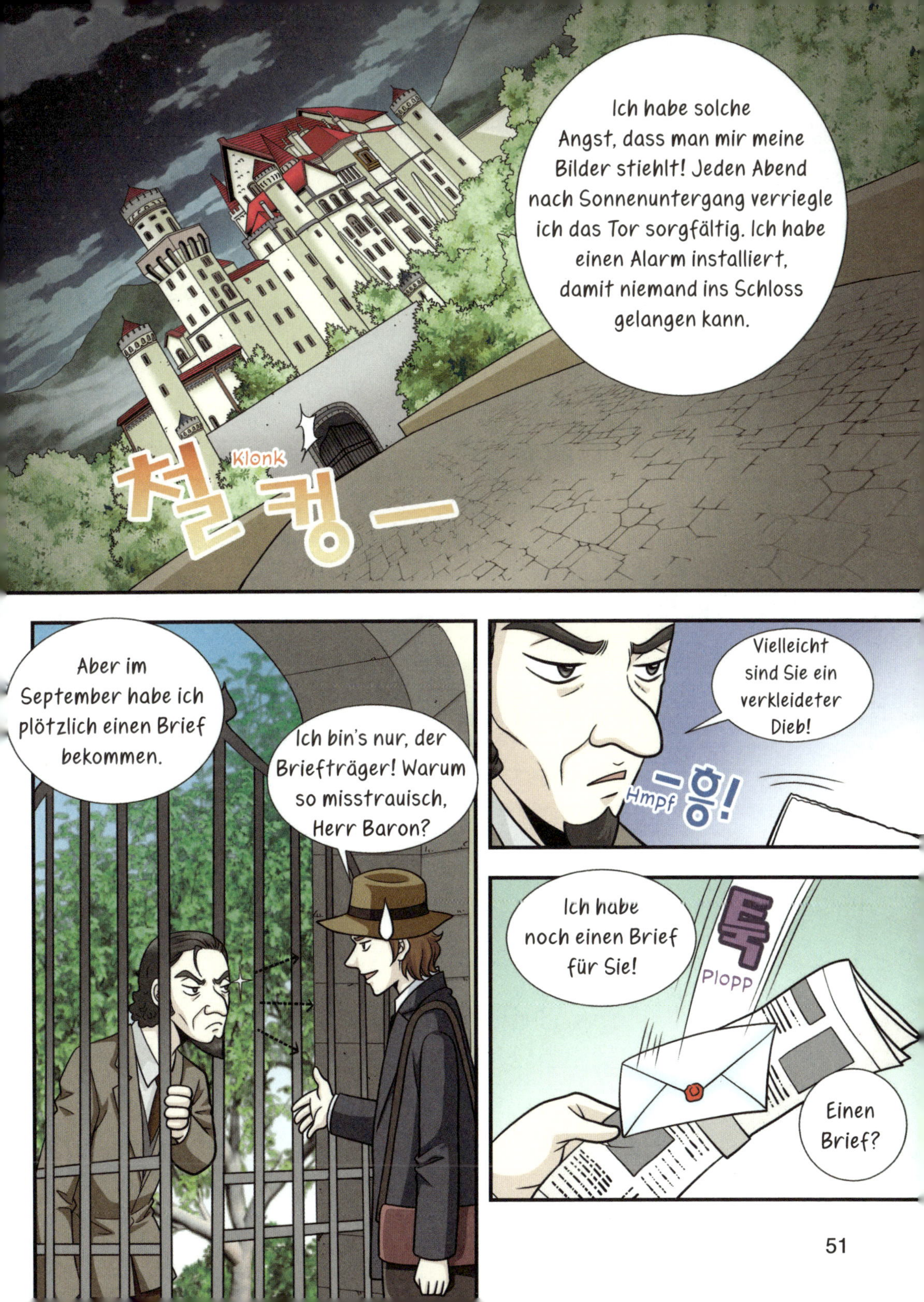
Ich habe solche Angst, dass man mir meine Bilder stiehlt! Jeden Abend nach Sonnenuntergang verriegle ich das Tor sorgfältig. Ich habe einen Alarm installiert, damit niemand ins Schloss gelangen kann.
Klonk
철컹ー
Aber im September habe ich plötzlich einen Brief bekommen.
Ich bin's nur, der Briefträger! Warum so misstrauisch, Herr Baron?
Vielleicht sind Sie ein verkleideter Dieb!
Hmpf
ー흥!
Ich habe noch einen Brief für Sie!
툭
Plopp
Einen Brief?

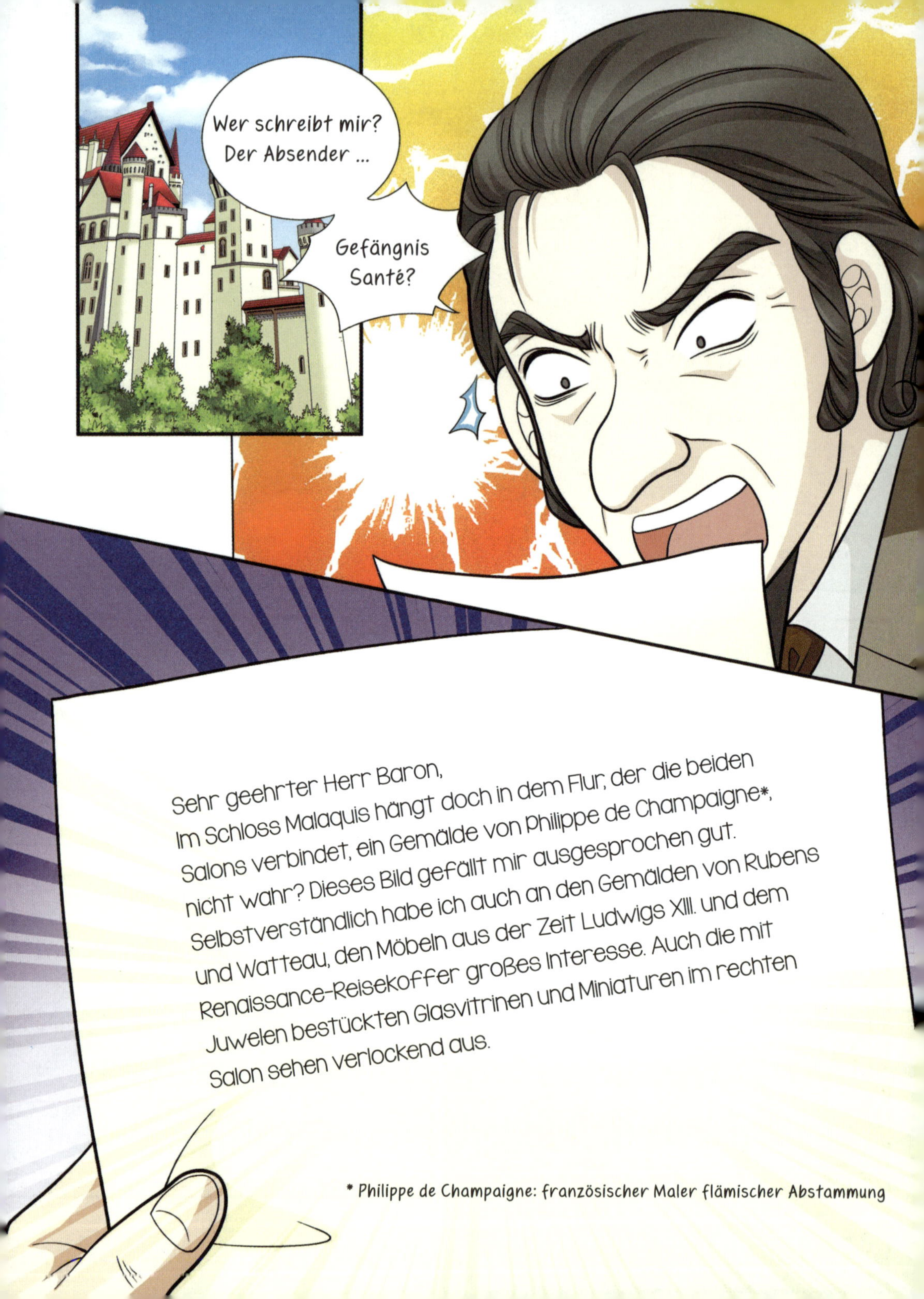

* Philippe de Champaigne: französischer Maler flämischer Abstammung

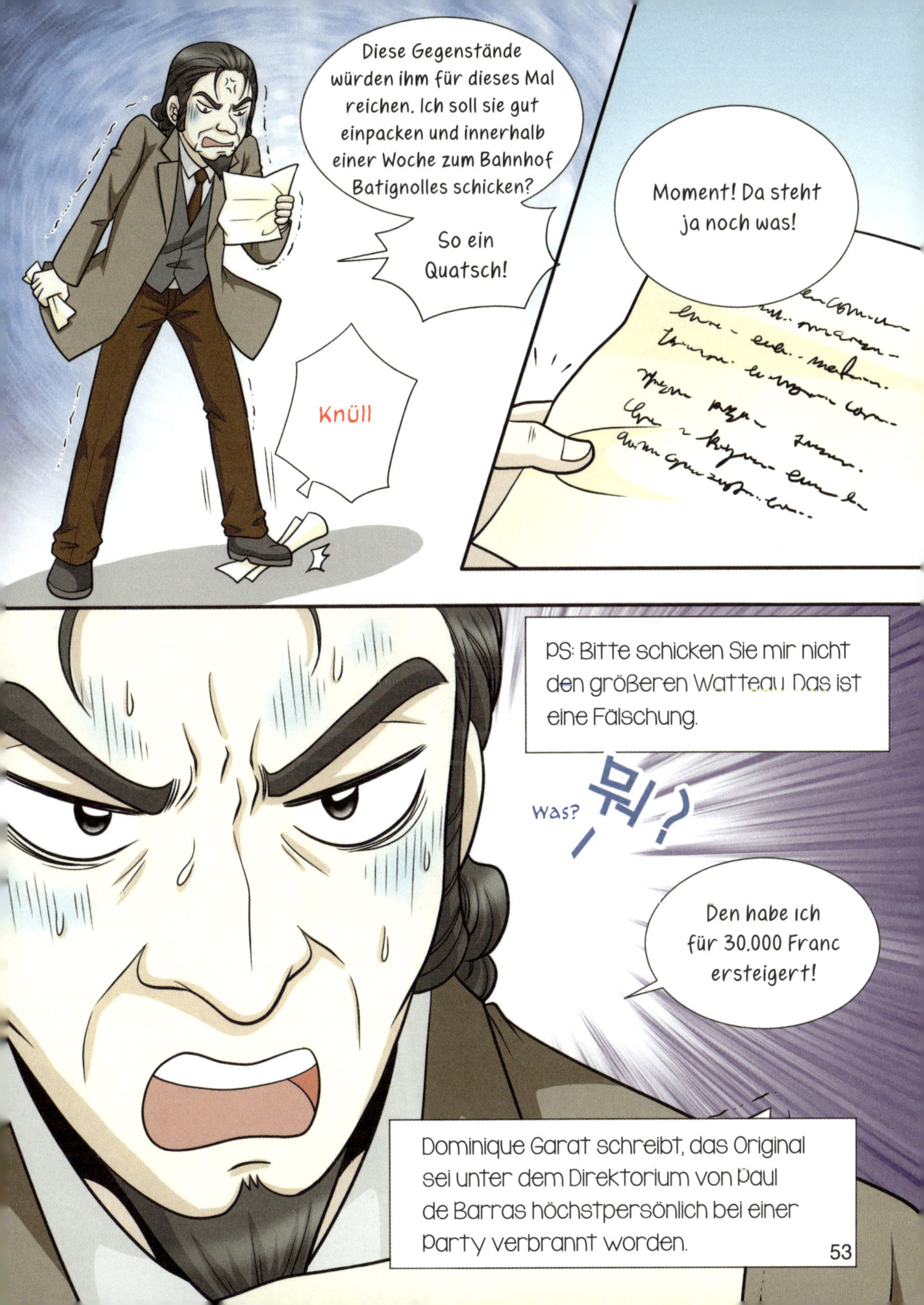

Diese Gegenstände würden ihm für dieses Mal reichen. Ich soll sie gut einpacken und innerhalb einer Woche zum Bahnhof Batignolles schicken?
So ein Quatsch!
Knüll
Moment! Da steht ja noch was!
PS: Bitte schicken Sie mir nicht den größeren Watteau. Das ist eine Fälschung.
뭐?
Was?
Den habe ich für 30.000 Franc ersteigert!
Dominique Garat schreibt, das Original sei unter dem Direktorium von Paul de Barras höchstpersönlich bei einer Party verbrannt worden.

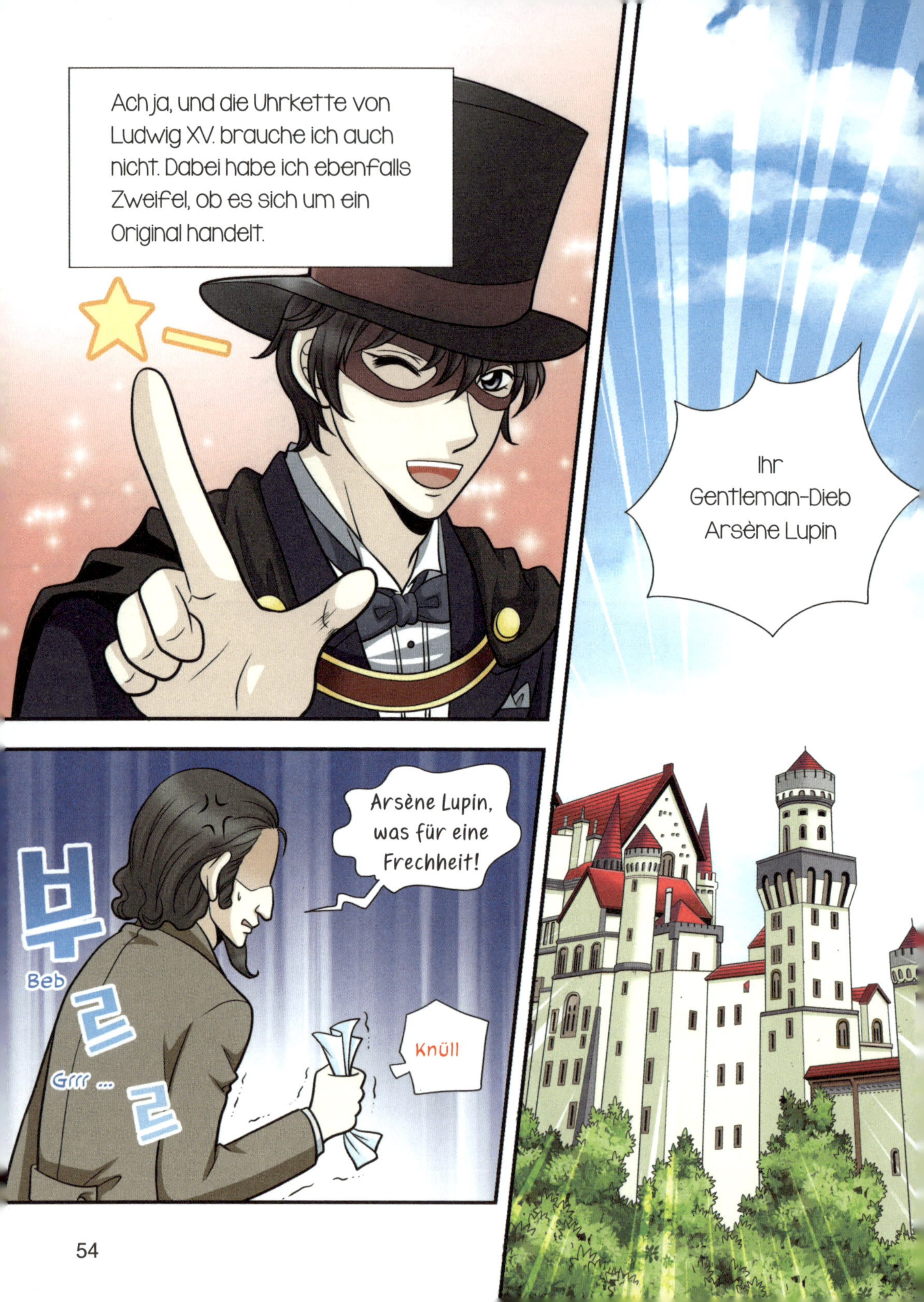
Ach ja, und die Uhrkette von Ludwig XV. brauche ich auch nicht. Dabei habe ich ebenfalls Zweifel, ob es sich um ein Original handelt.
Ihr Gentleman-Dieb Arsène Lupin
Arsène Lupin, was für eine Frechheit!
부
Beb
르
Grrr ...
르
Knüll

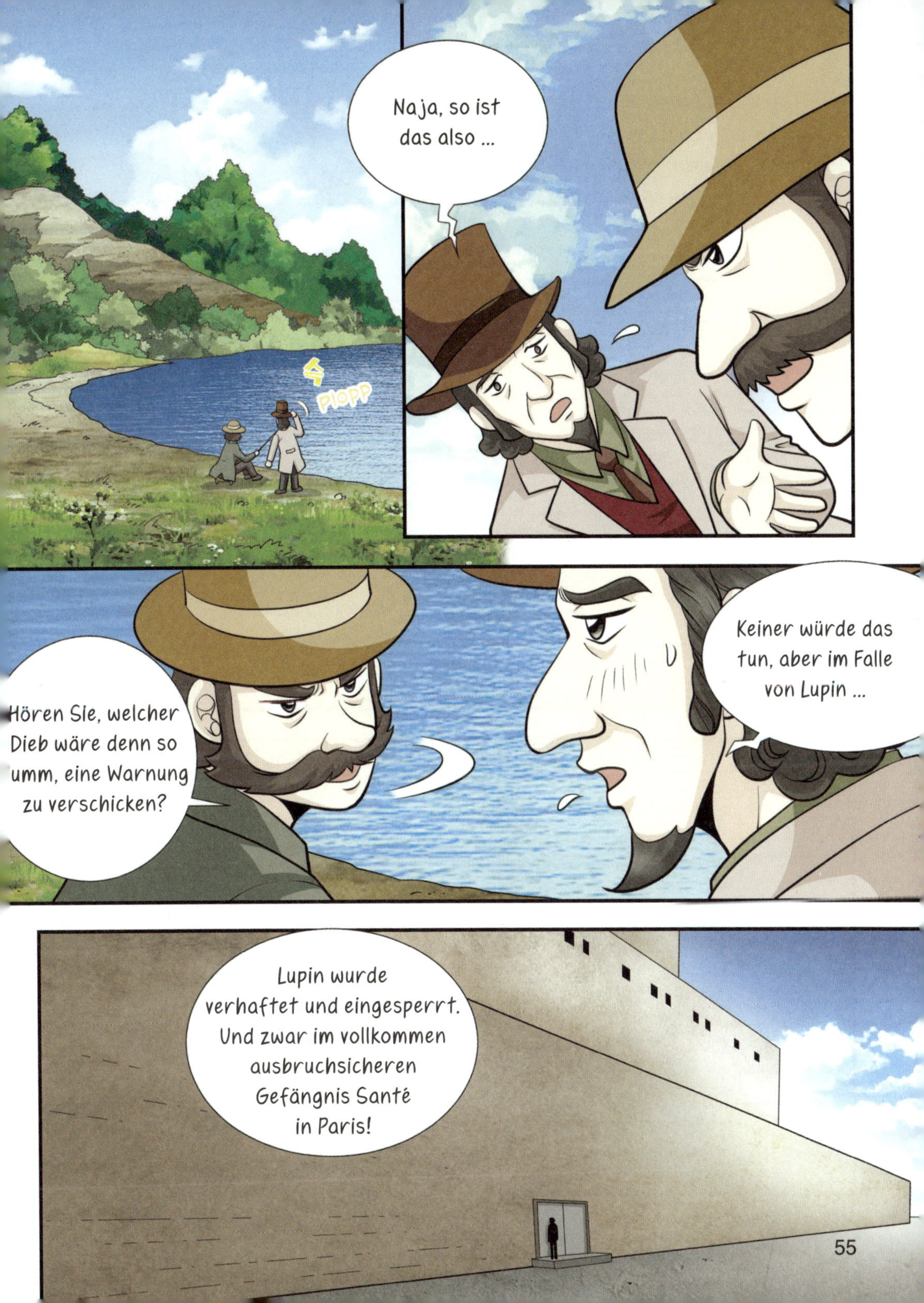
PLOPP
Naja, so ist das also ...
Hören Sie, welcher Dieb wäre denn so umm, eine Warnung zu verschicken?
Keiner würde das tun, aber im Falle von Lupin ...
Lupin wurde verhaftet und eingesperrt. Und zwar im vollkommen ausbruchsicheren Gefängnis Santé in Paris!

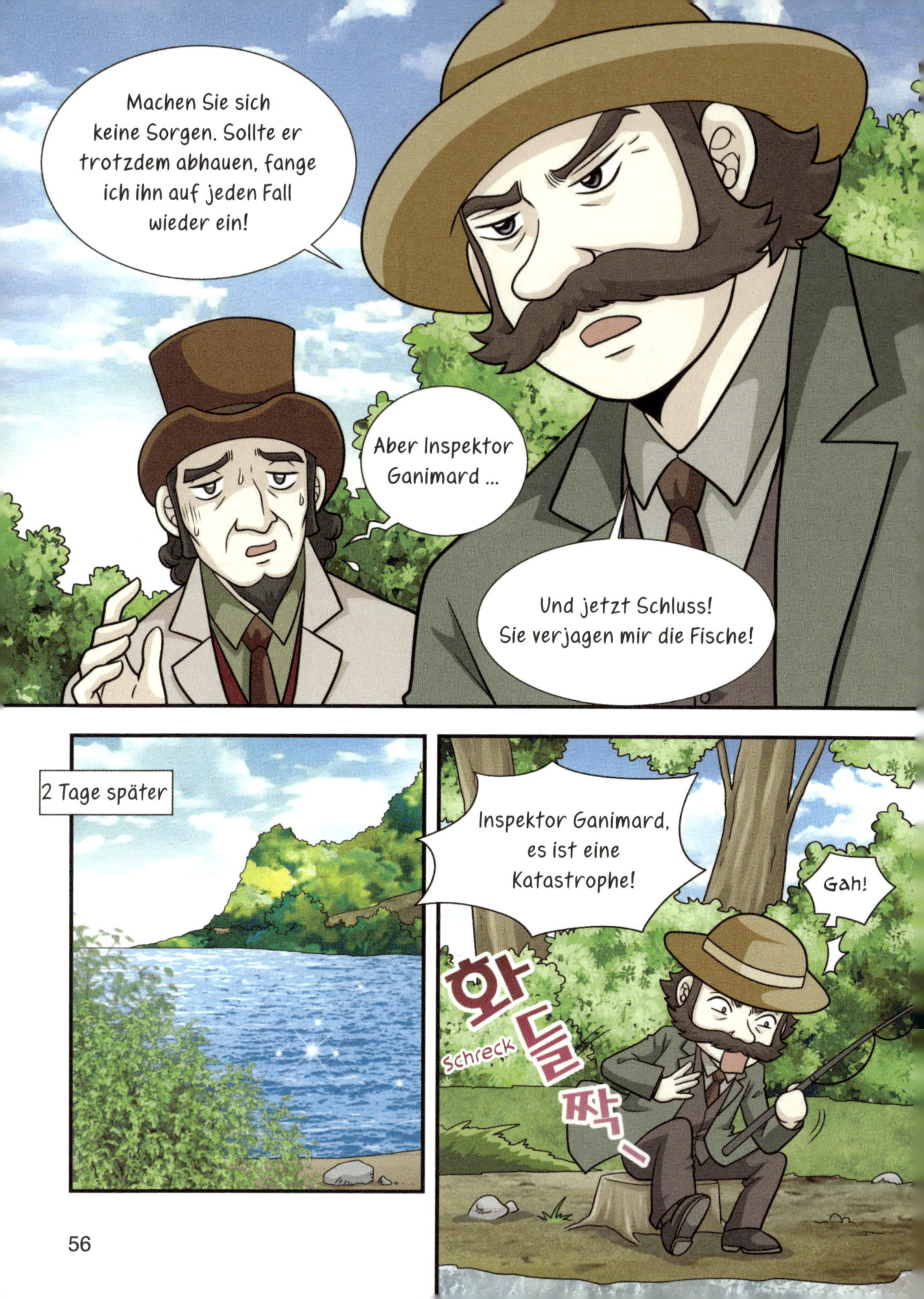
Machen Sie sich keine Sorgen. Sollte er trotzdem abhauen, fange ich ihn auf jeden Fall wieder ein!
Aber Inspektor Ganimard ...
Und jetzt Schluss! Sie verjagen mir die Fische!
2 Tage später
Inspektor Ganimard, es ist eine Katastrophe!
Gah!
화들짝
Schreck

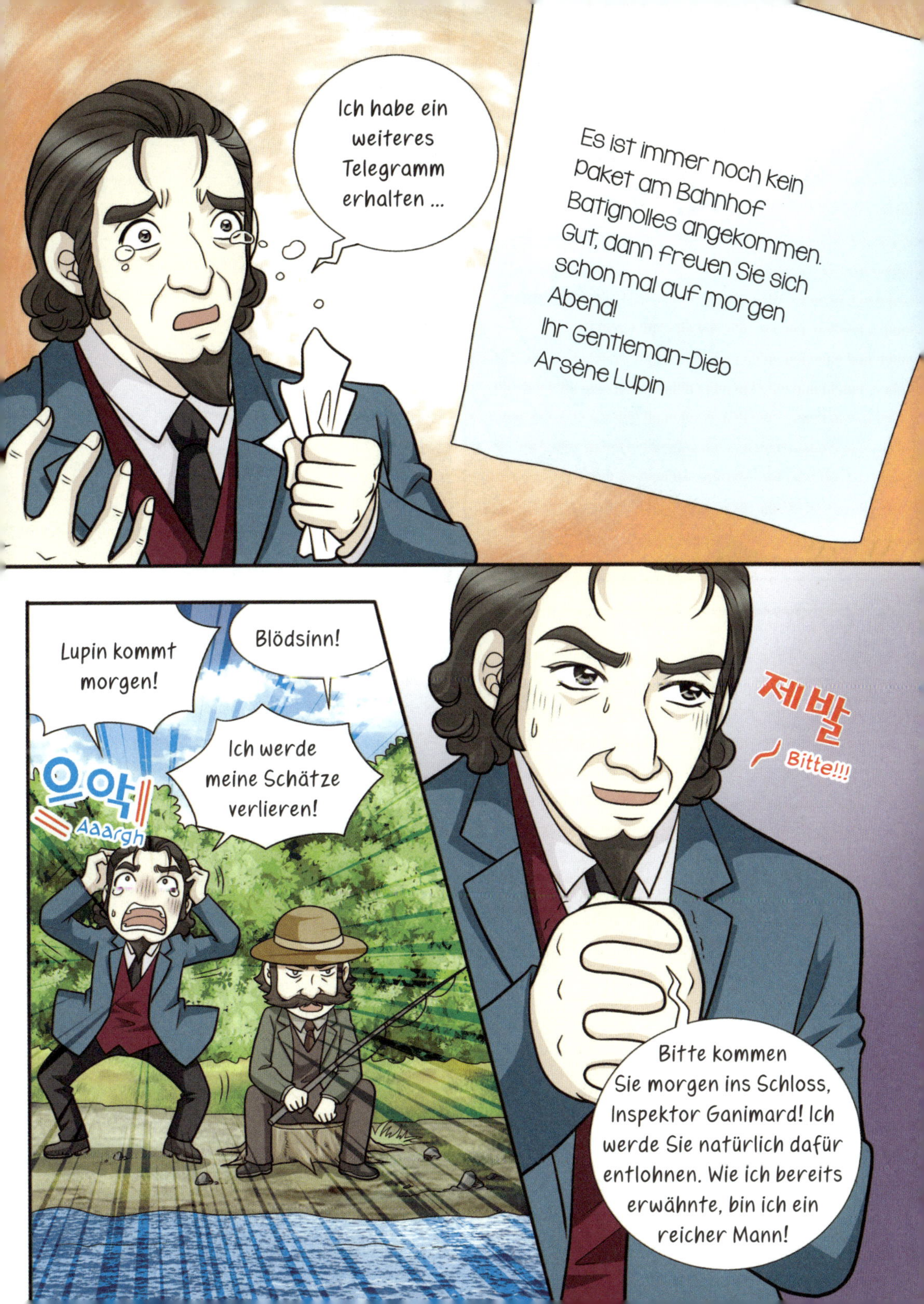

Ich habe ein weiteres Telegramm erhalten ...
Es ist immer noch kein Paket am Bahnhof Batignolles angekommen. Gut, dann freuen Sie sich schon mal auf morgen Abend! Ihr Gentleman-Dieb Arsène Lupin
Lupin kommt morgen!
Blödsinn!
Ich werde meine Schätze verlieren!
으악 Aaargh
제발 ~ Bitte!!!
Bitte kommen Sie morgen ins Schloss, Inspektor Ganimard! Ich werde Sie natürlich dafür entlohnen. Wie ich bereits erwähnte, bin ich ein reicher Mann!

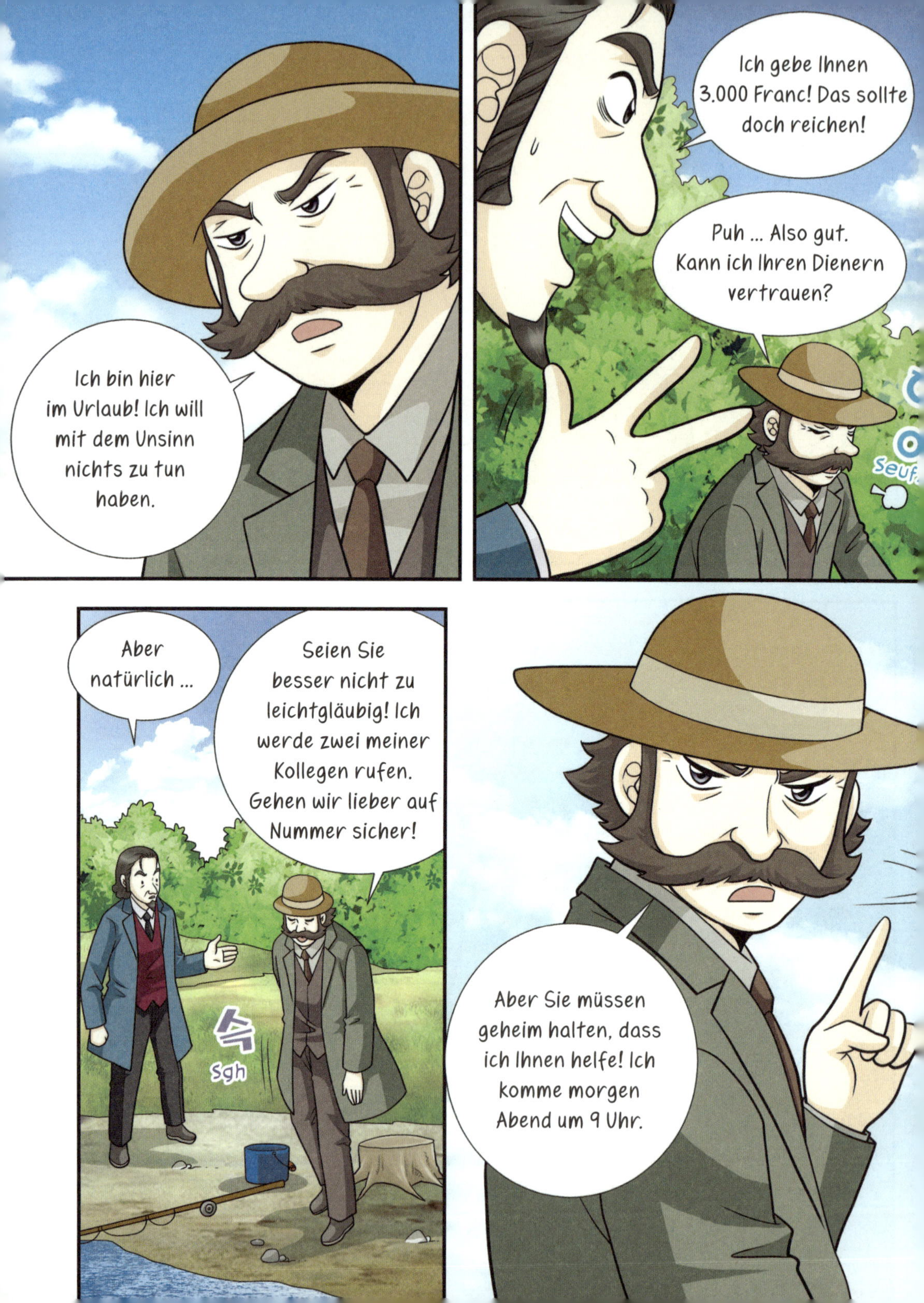
Ich bin hier im Urlaub! Ich will mit dem Unsinn nichts zu tun haben.
Ich gebe Ihnen 3.000 Franc! Das sollte doch reichen!
Puh ... Also gut. Kann ich Ihren Dienern vertrauen?
Seuf.
Aber natürlich ...
Seien Sie besser nicht zu leichtgläubig! Ich werde zwei meiner Kollegen rufen. Gehen wir lieber auf Nummer sicher!
슥
Sgh
Aber Sie müssen geheim halten, dass ich Ihnen helfe! Ich komme morgen Abend um 9 Uhr.

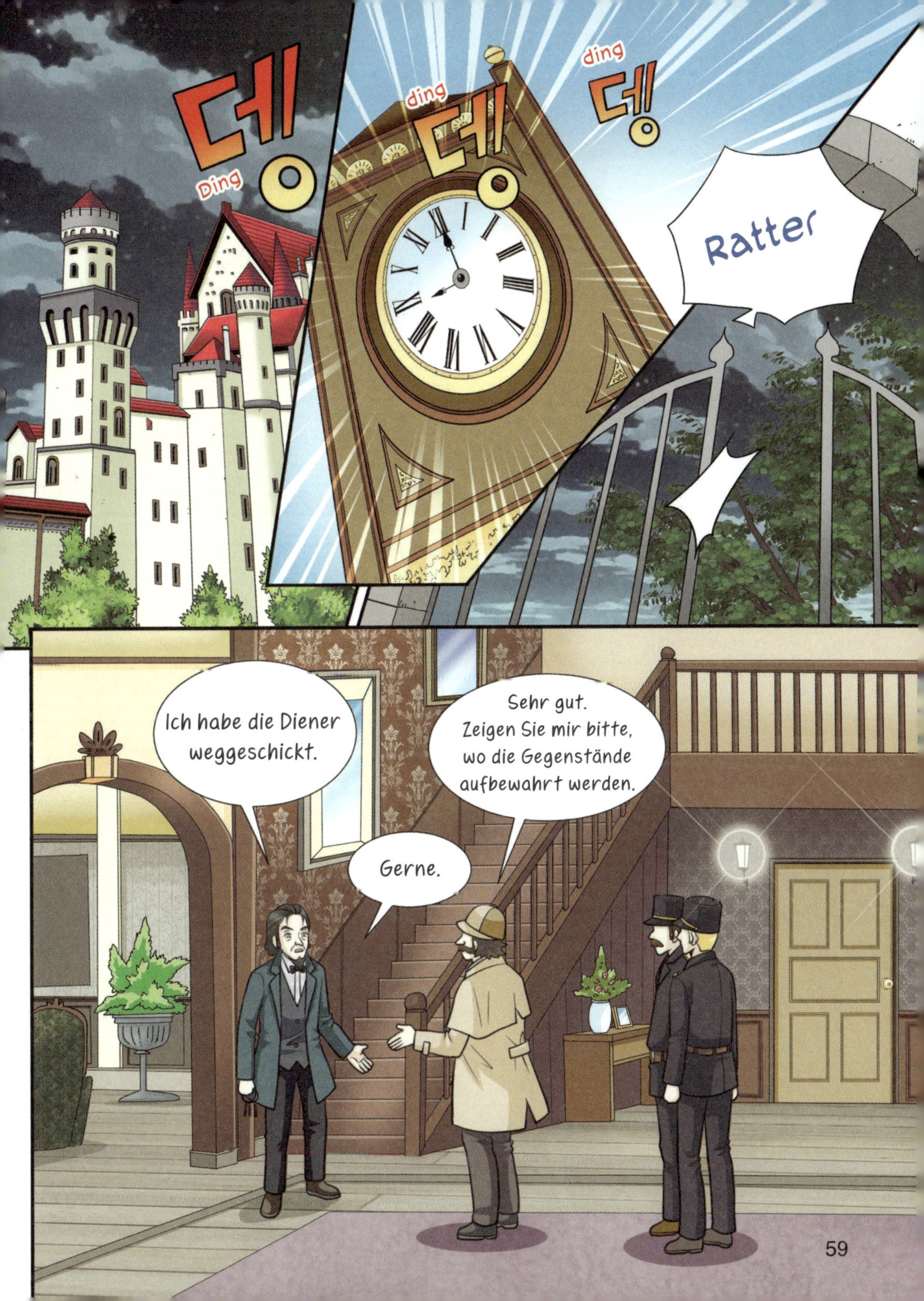

뎅
Ding
ding
뎅
ding
뎅!
Ratter
Ich habe die Diener weggeschickt.
Sehr gut.
Zeigen Sie mir bitte, wo die Gegenstände aufbewahrt werden.
Gerne.

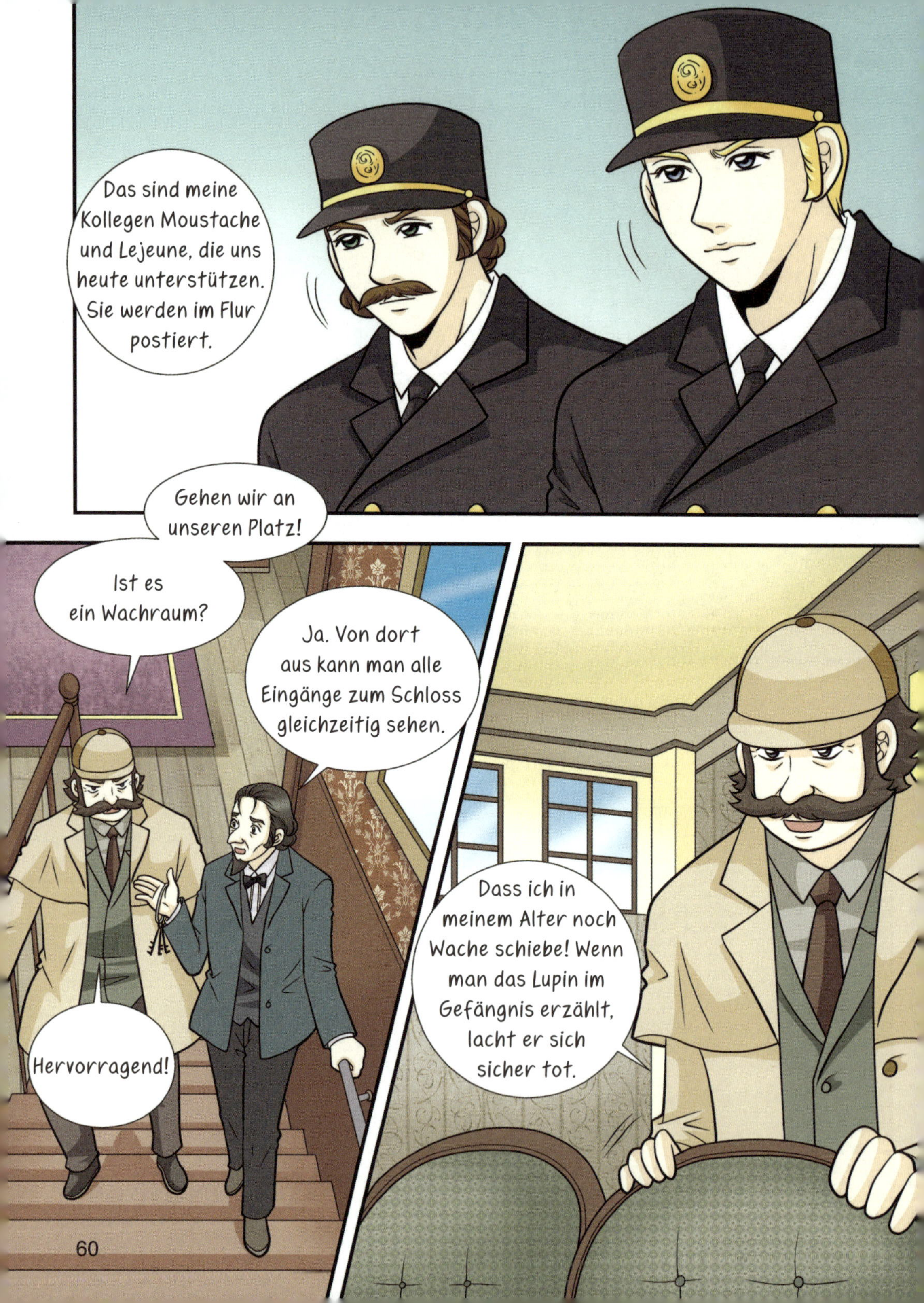
Das sind meine Kollegen Moustache und Lejeune, die uns heute unterstützen. Sie werden im Flur postiert.
Gehen wir an unseren Platz!
Ist es ein Wachraum?
Ja. Von dort aus kann man alle Eingänge zum Schloss gleichzeitig sehen.
Hervorragend!
Dass ich in meinem Alter noch Wache schiebe! Wenn man das Lupin im Gefängnis erzählt, lacht er sich sicher tot.

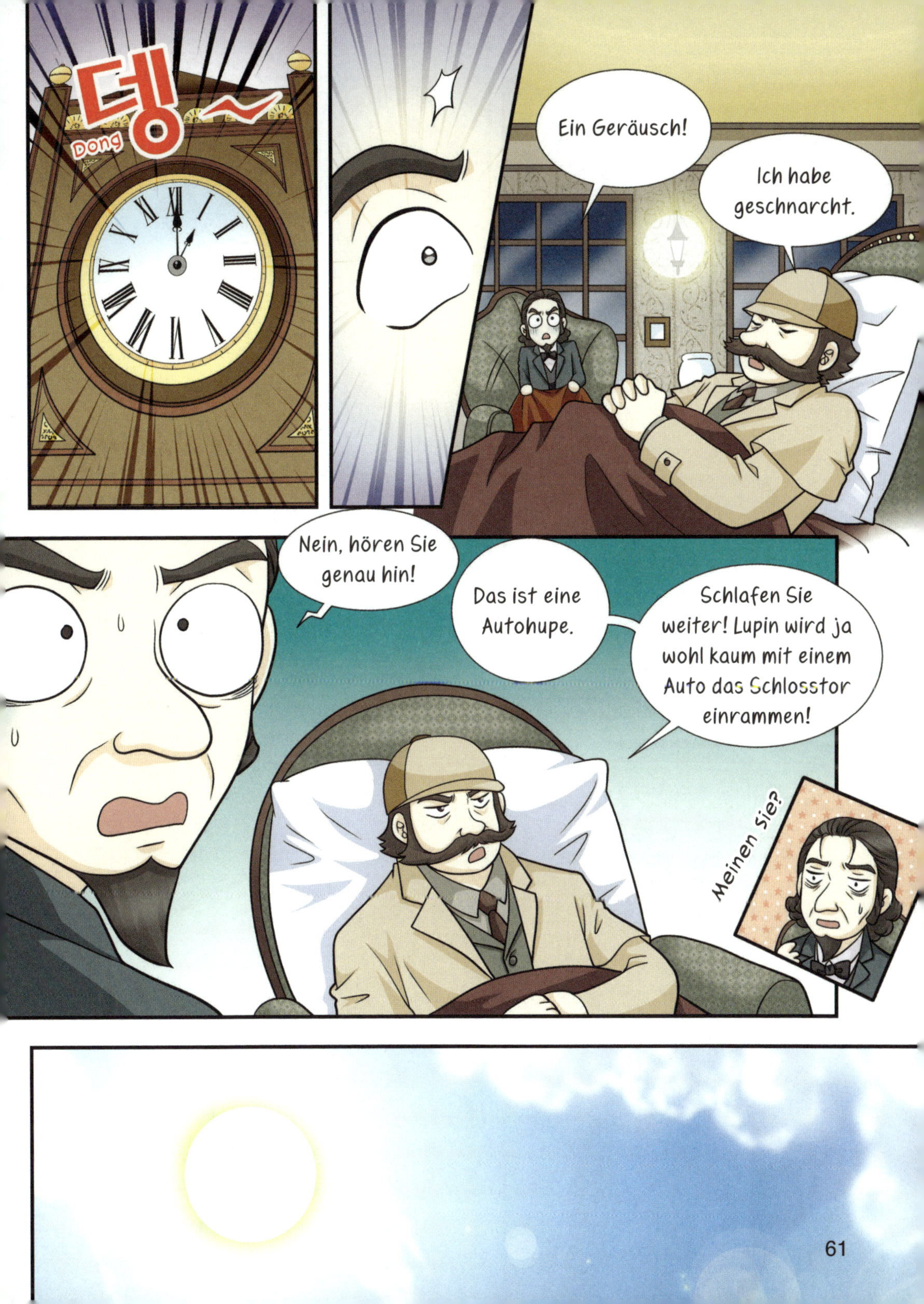
뎅~
Dong
Ein Geräusch!
Ich habe geschnarcht.
Nein, hören Sie genau hin!
Das ist eine Autohupe.
Schlafen Sie weiter! Lupin wird ja wohl kaum mit einem Auto das Schlosstor einrammen!
Meinen Sie?

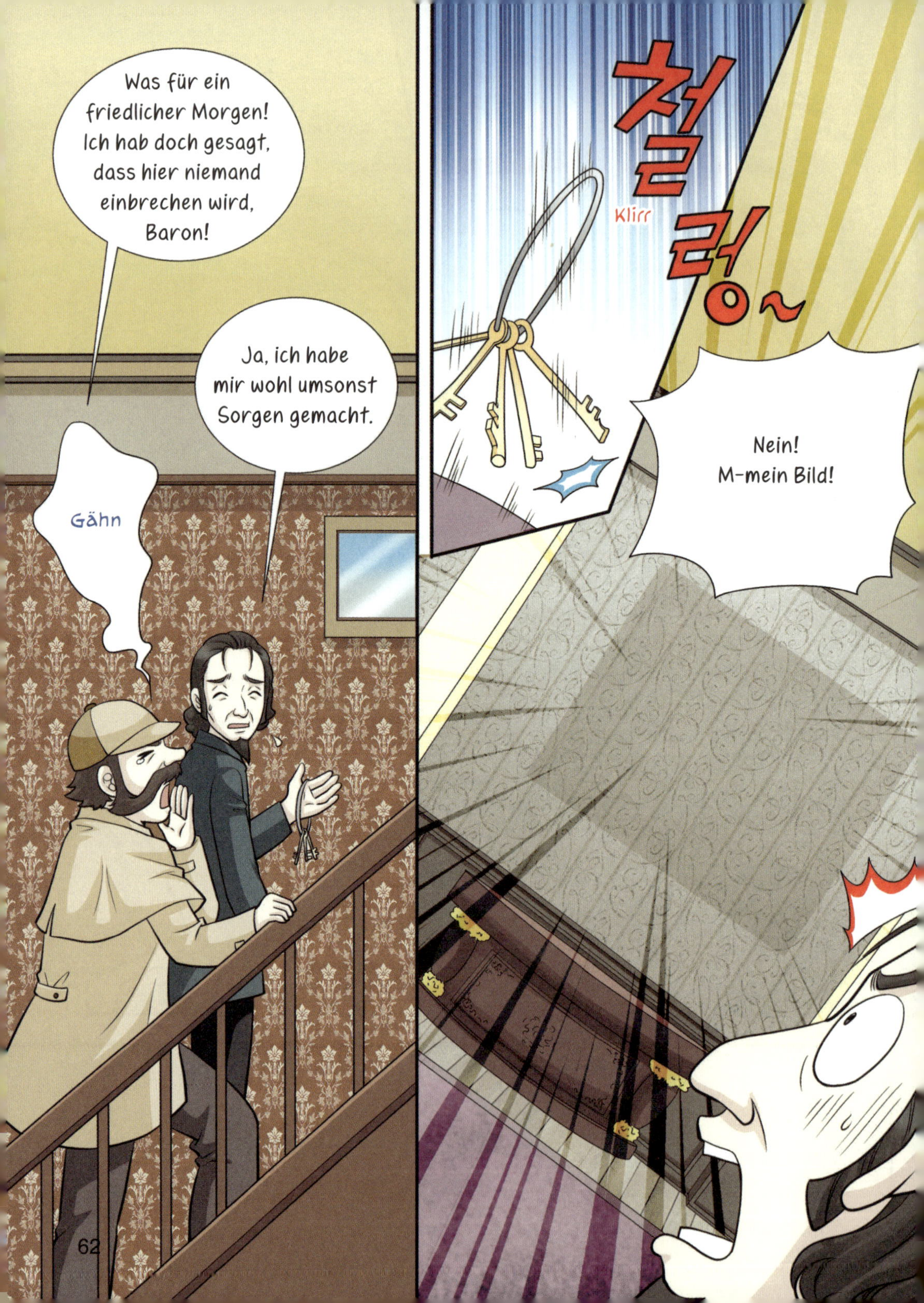
Was für ein friedlicher Morgen! Ich hab doch gesagt, dass hier niemand einbrechen wird, Baron!
Gähn
Ja, ich habe mir wohl umsonst Sorgen gemacht.
철렁~
Klirr
Nein! M-mein Bild!

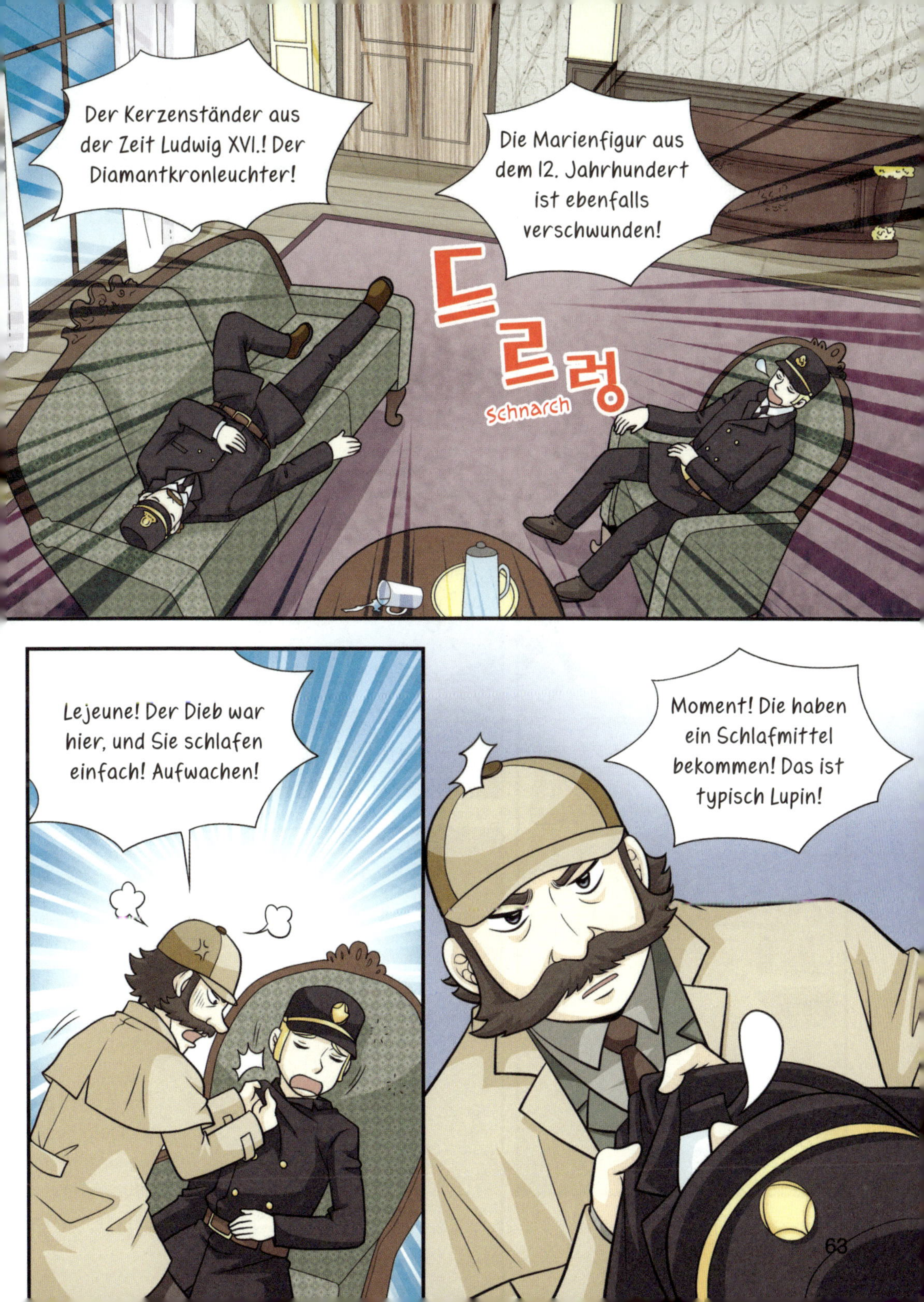
Der Kerzenständer aus der Zeit Ludwig XVI.! Der Diamantkronleuchter!
Die Marienfigur aus dem 12. Jahrhundert ist ebenfalls verschwunden!
드르렁
Schnarch
Lejeune! Der Dieb war hier, und Sie schlafen einfach! Aufwachen!
Moment! Die haben ein Schlafmittel bekommen! Das ist typisch Lupin!

Zweite Gaunerei

Lupin im Gefängnis

2. Das Verhör mit Ganimard

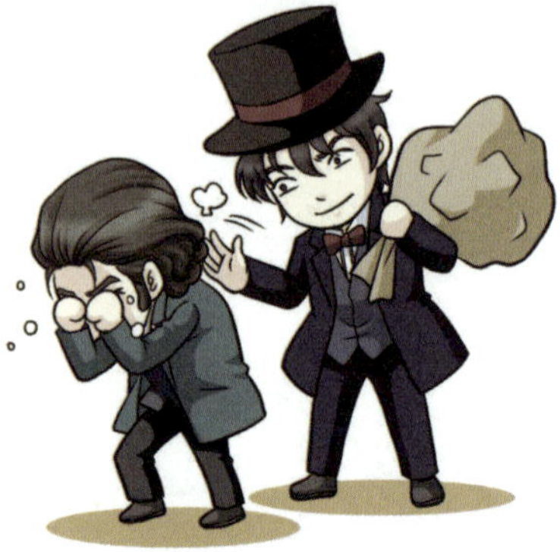

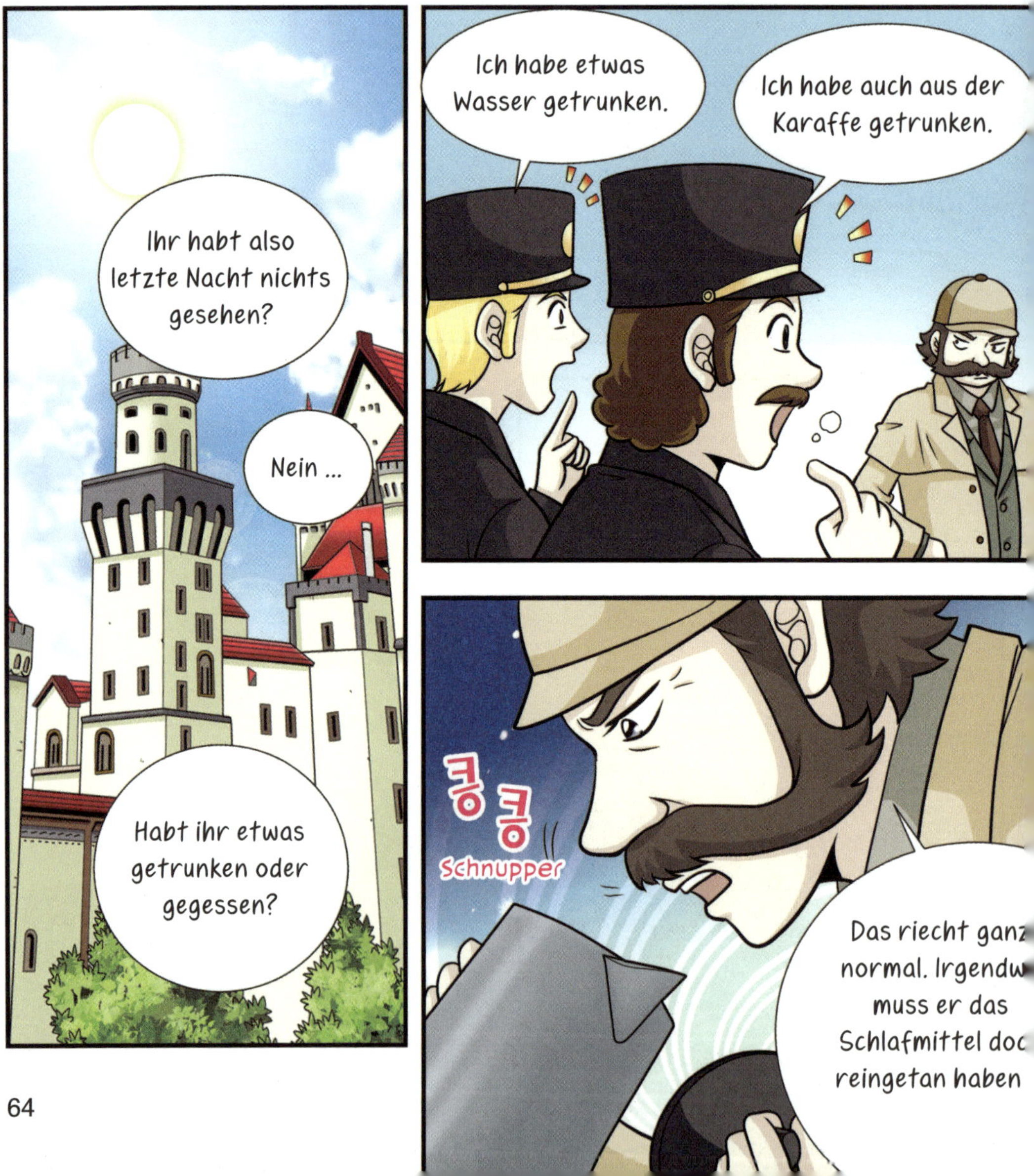

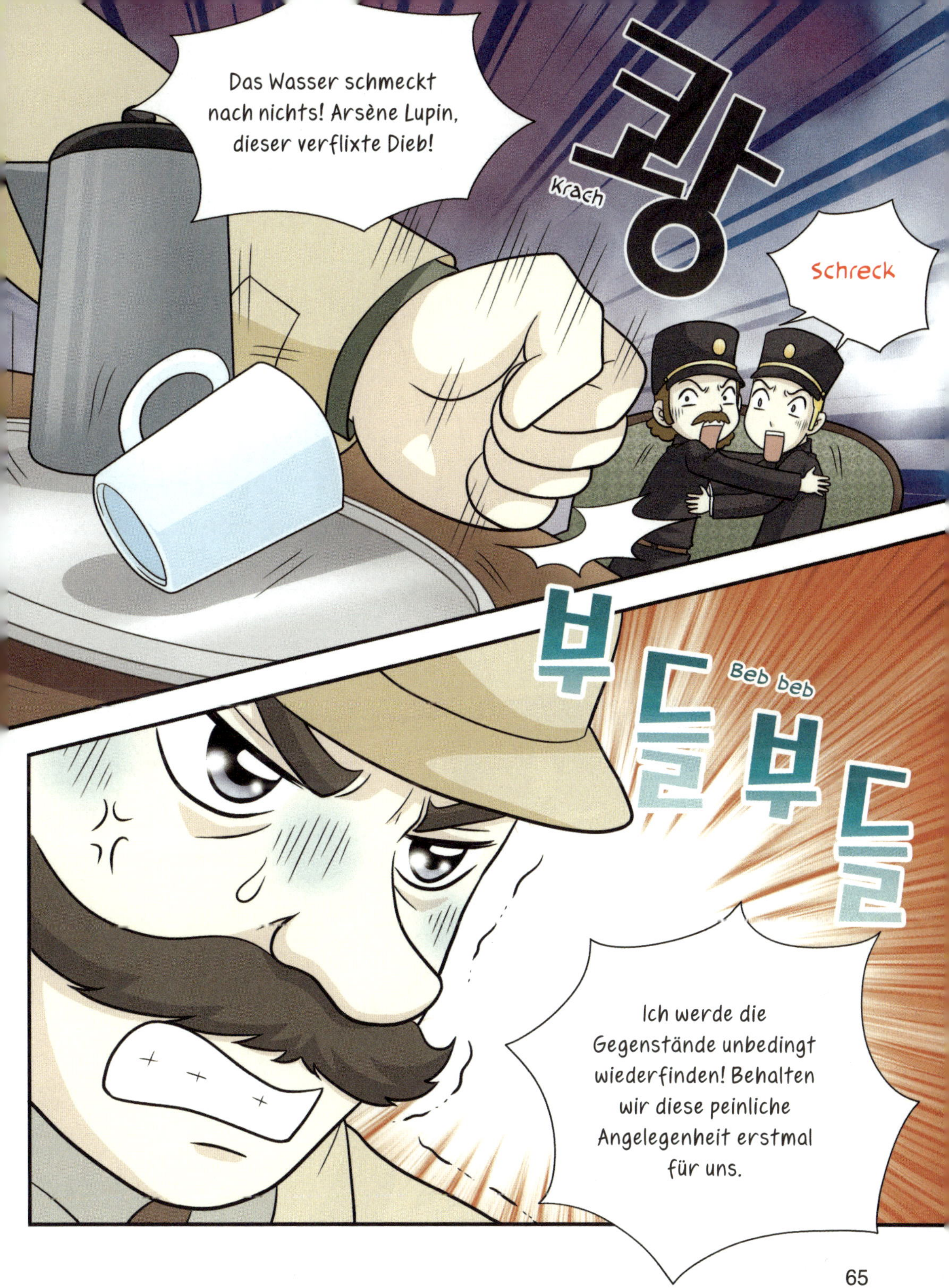
Das Wasser schmeckt nach nichts! Arsène Lupin, dieser verflixte Dieb!
쾅
Krach
Schreck
부들부들
Beb beb
Ich werde die Gegenstände unbedingt wiederfinden! Behalten wir diese peinliche Angelegenheit erstmal für uns.

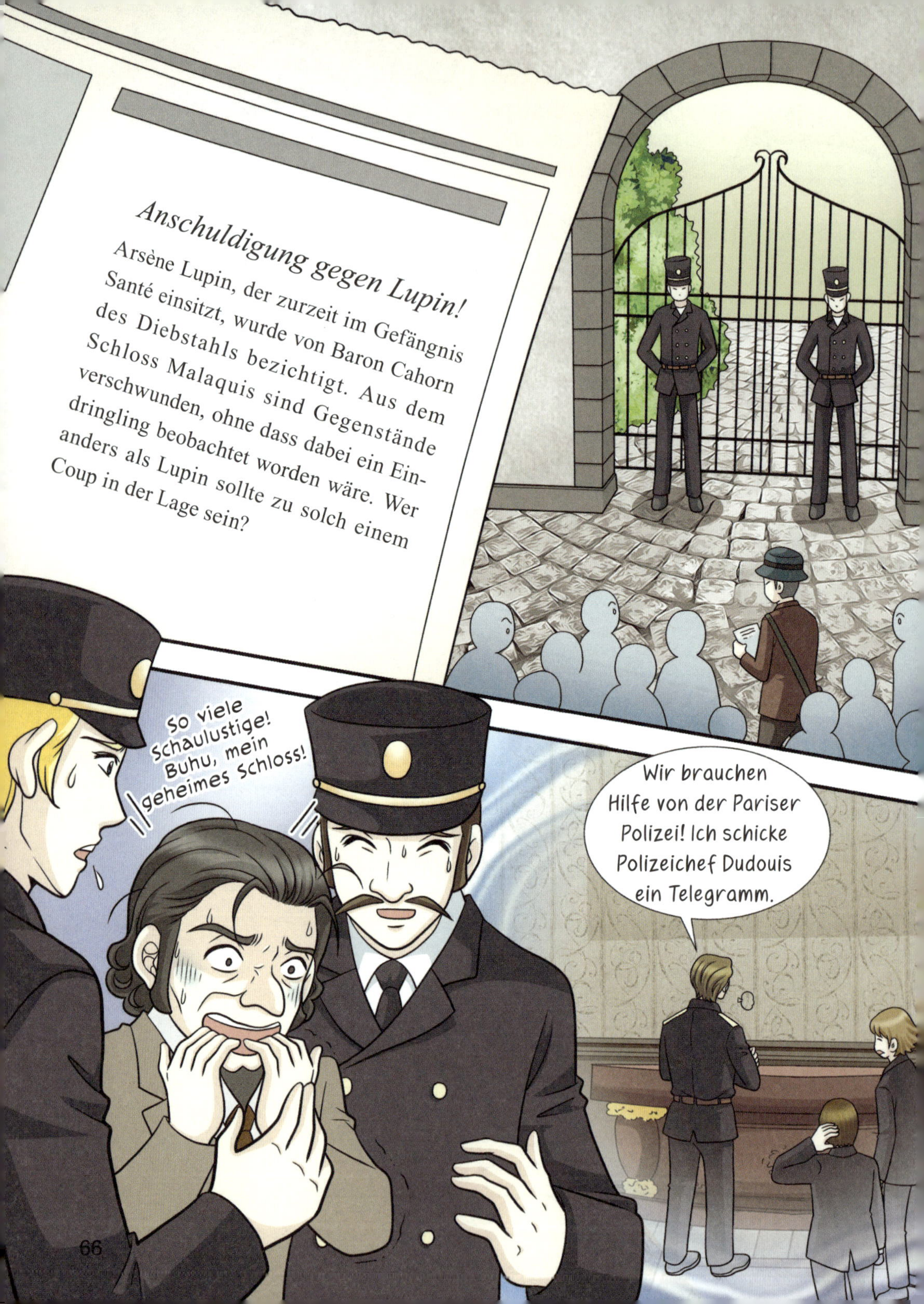
Anschuldigung gegen Lupin!
Arsène Lupin, der zurzeit im Gefängnis Santé einsitzt, wurde von Baron Cahorn des Diebstahls bezichtigt. Aus dem Schloss Malaquis sind Gegenstände verschwunden, ohne dass dabei ein Eindringling beobachtet worden wäre. Wer anders als Lupin sollte zu solch einem Coup in der Lage sein?
So viele Schaulustige! Buhu, mein geheimes Schloss!
Wir brauchen Hilfe von der Pariser Polizei! Ich schicke Polizeichef Dudouis ein Telegramm.

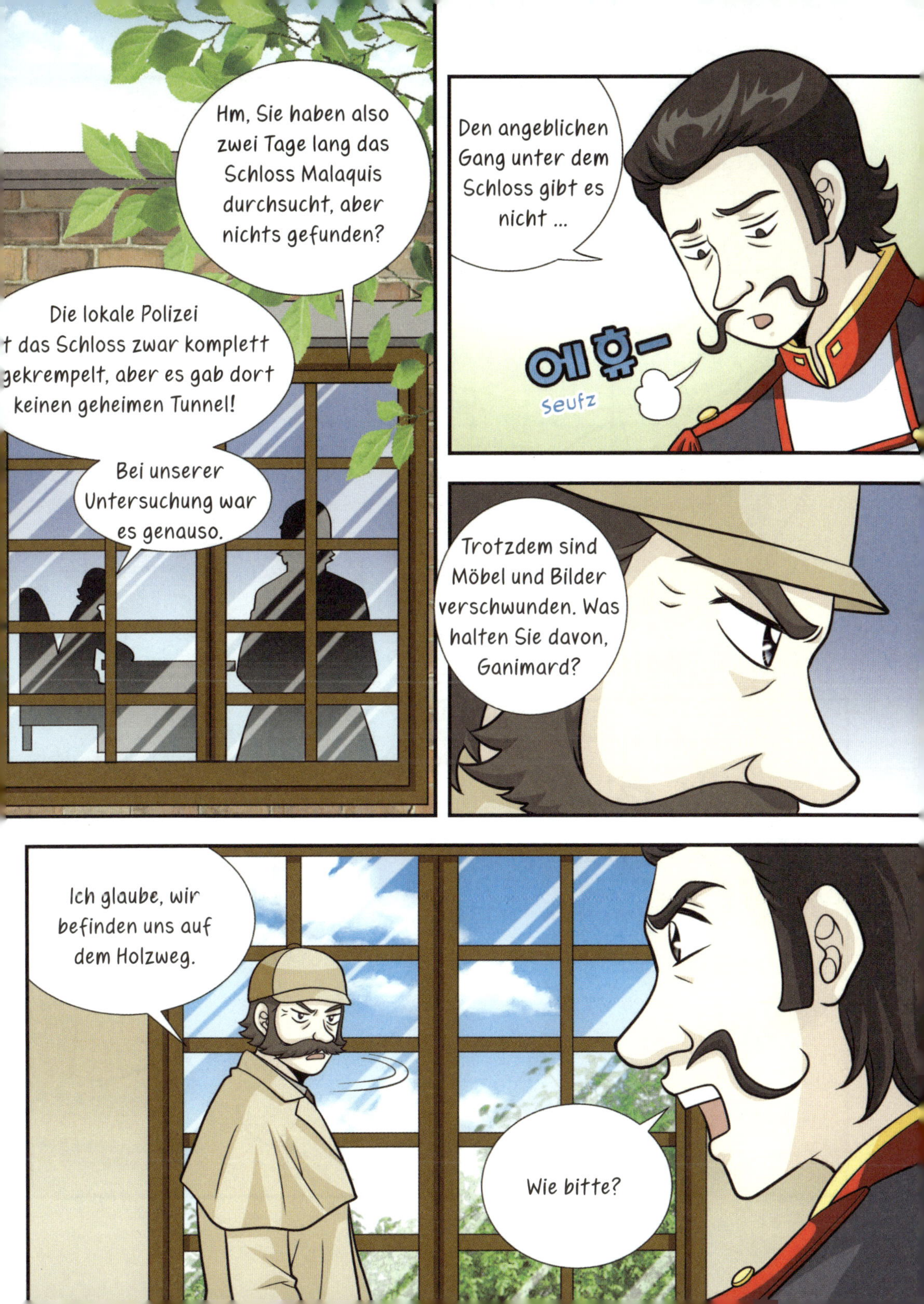
Hm, Sie haben also zwei Tage lang das Schloss Malaquis durchsucht, aber nichts gefunden?
Die lokale Polizei t das Schloss zwar komplett gekrempelt, aber es gab dort keinen geheimen Tunnel!
Bei unserer Untersuchung war es genauso.
Den angeblichen Gang unter dem Schloss gibt es nicht ...
에휴-
seufz
Trotzdem sind Möbel und Bilder verschwunden. Was halten Sie davon, Ganimard?
Ich glaube, wir befinden uns auf dem Holzweg.
Wie bitte?

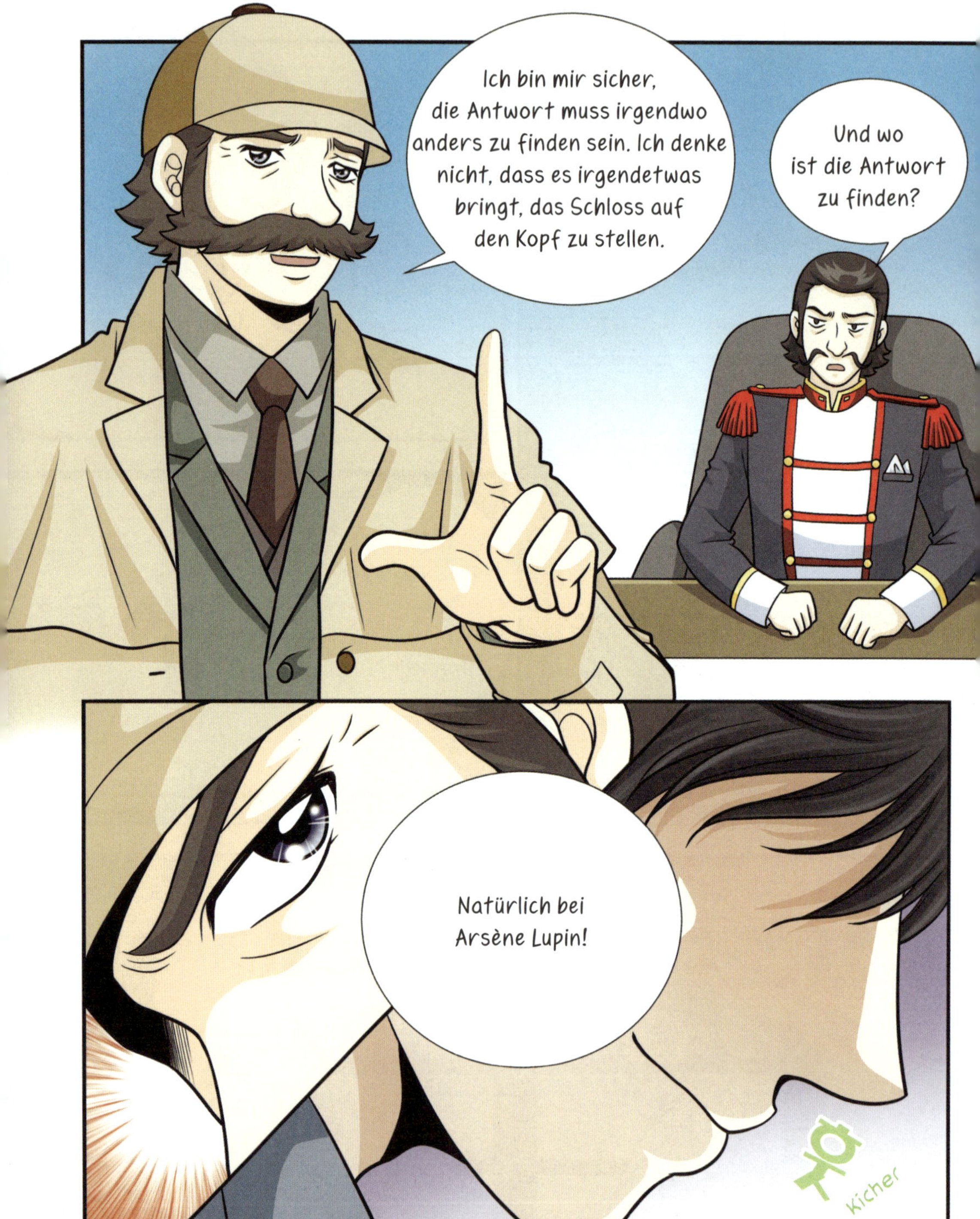
Ich bin mir sicher, die Antwort muss irgendwo anders zu finden sein. Ich denke nicht, dass es irgendetwas bringt, das Schloss auf den Kopf zu stellen.
Und wo ist die Antwort zu finden?
Natürlich bei Arsène Lupin!
Kicher

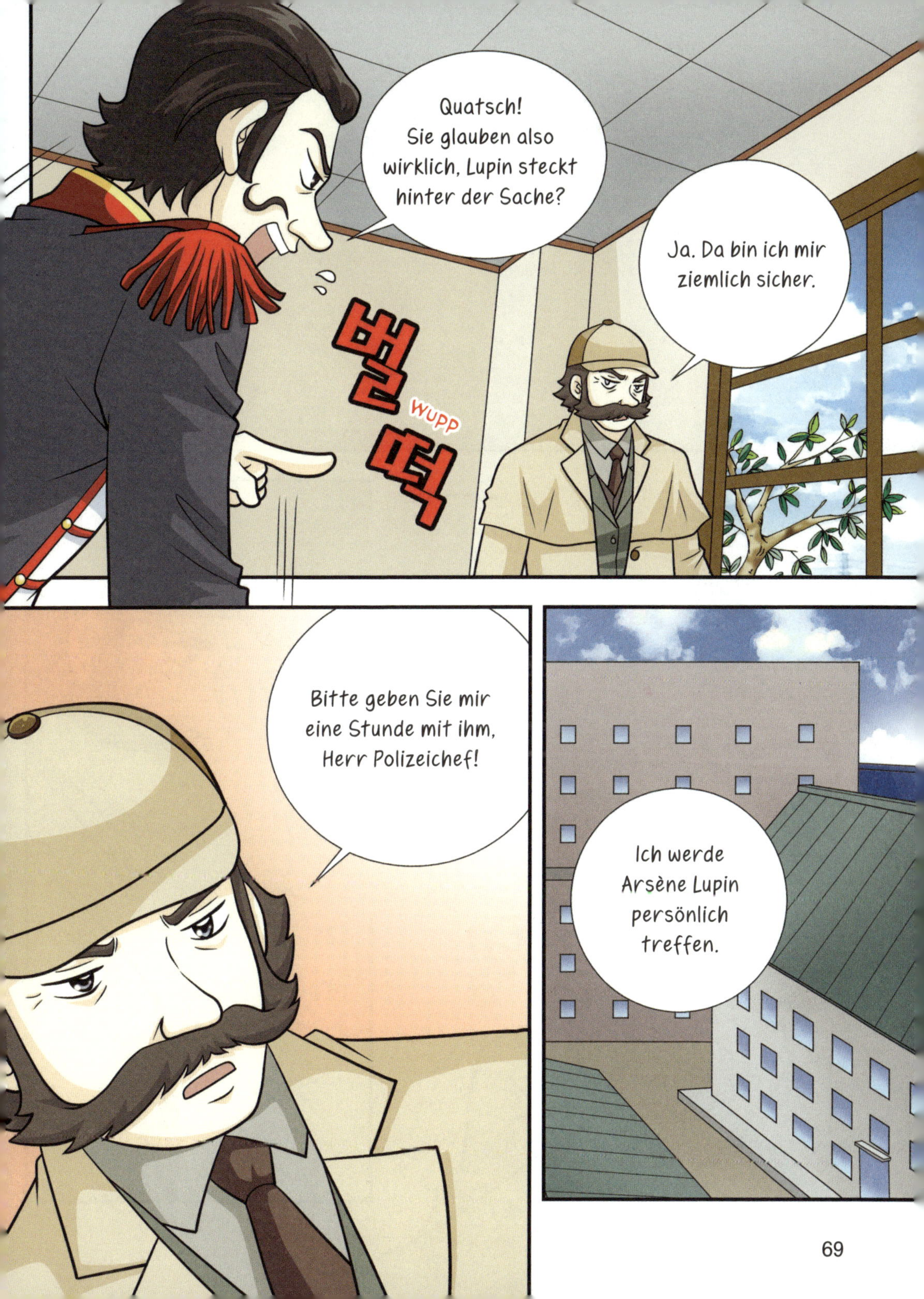
Quatsch! Sie glauben also wirklich, Lupin steckt hinter der Sache?
벌떡
WUPP
Ja. Da bin ich mir ziemlich sicher.
Bitte geben Sie mir eine Stunde mit ihm, Herr Polizeichef!
Ich werde Arsène Lupin persönlich treffen.

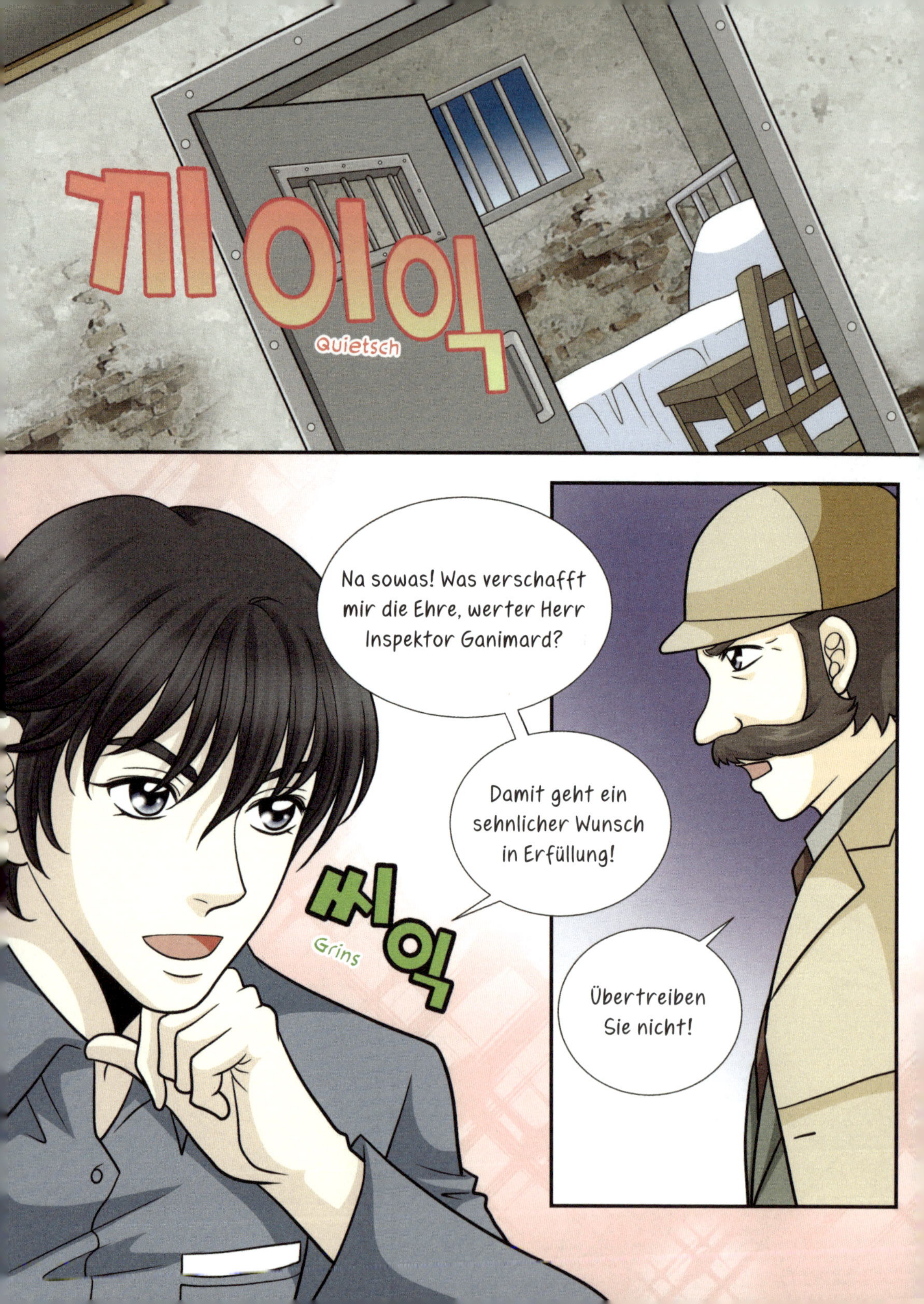

끼이익
Quietsch
Na sowas! Was verschafft mir die Ehre, werter Herr Inspektor Ganimard?
Damit geht ein sehnlicher Wunsch in Erfüllung!
씨익
Grins
Übertreiben Sie nicht!

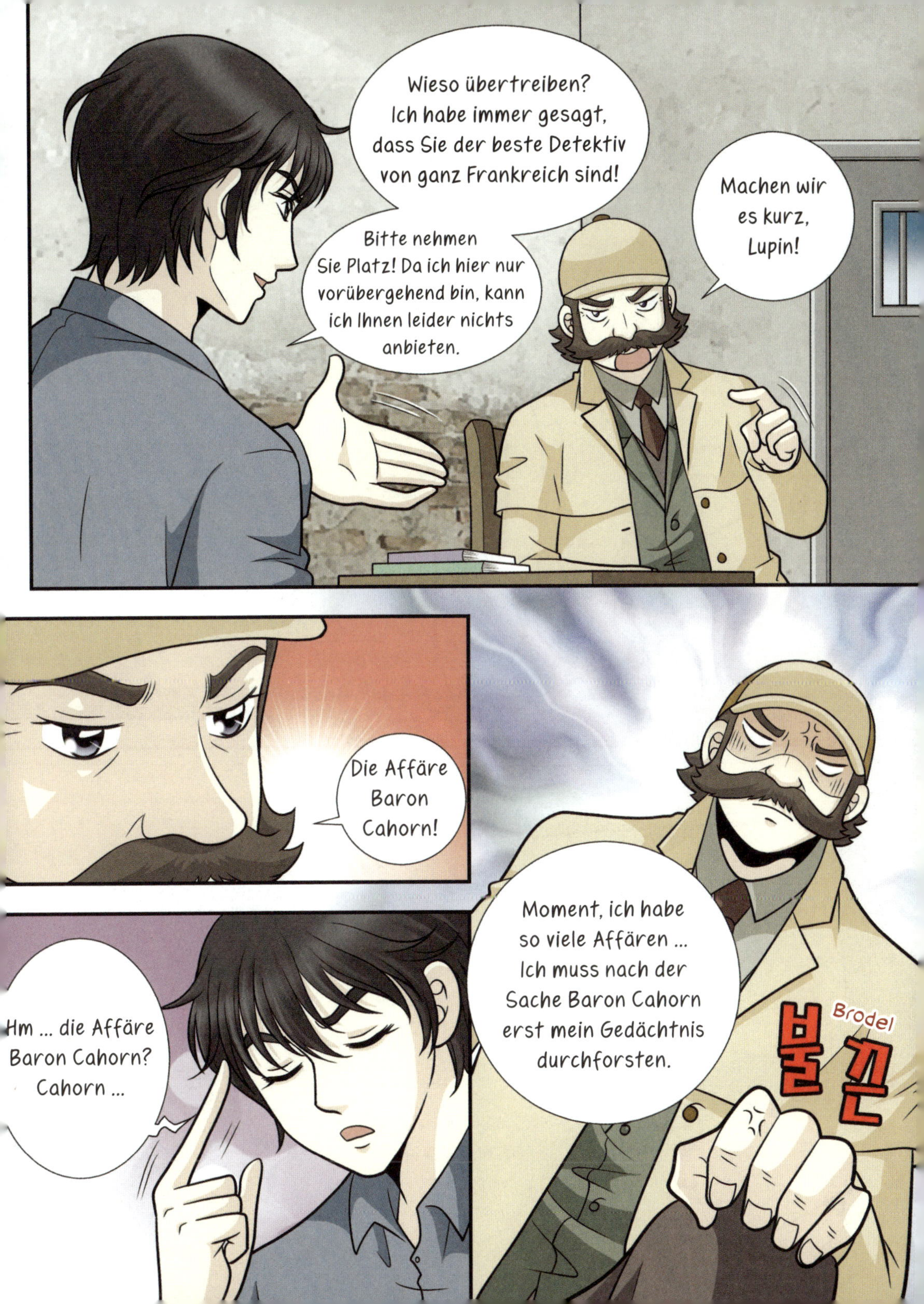
Wieso übertreiben? Ich habe immer gesagt, dass Sie der beste Detektiv von ganz Frankreich sind!
Bitte nehmen Sie Platz! Da ich hier nur vorübergehend bin, kann ich Ihnen leider nichts anbieten.
Machen wir es kurz, Lupin!
Die Affäre Baron Cahorn!
Moment, ich habe so viele Affären ... Ich muss nach der Sache Baron Cahorn erst mein Gedächtnis durchforsten.
Hm ... die Affäre Baron Cahorn? Cahorn ...
불끈
Brodel

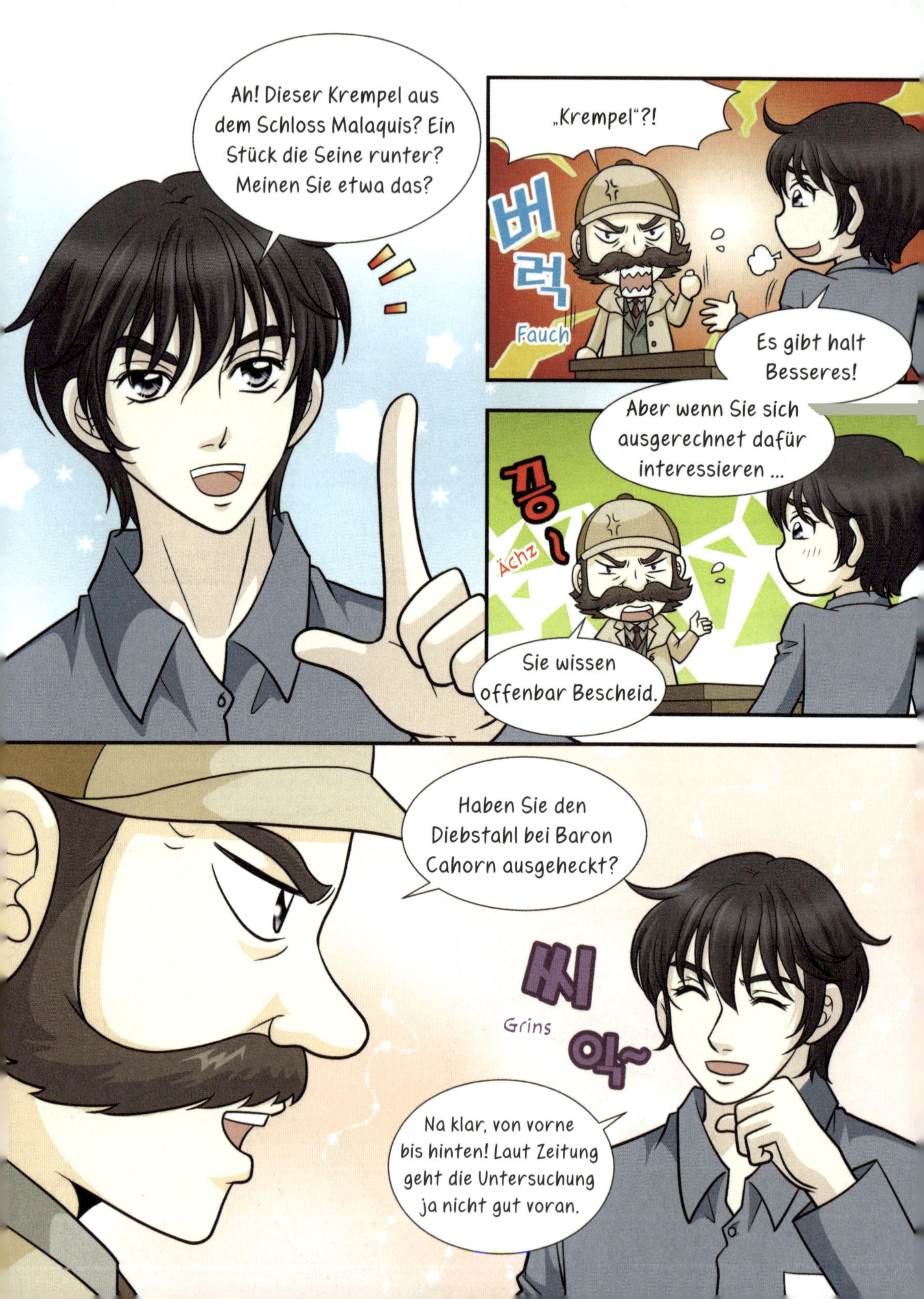
Ah! Dieser Krempel aus dem Schloss Malaquis? Ein Stück die Seine runter? Meinen Sie etwa das?
„Krempel"?!
버럭
Fauch
Es gibt halt Besseres!
Aber wenn Sie sich ausgerechnet dafür interessieren ...
끙~
Ächz
Sie wissen offenbar Bescheid.
Haben Sie den Diebstahl bei Baron Cahorn ausgeheckt?
씨익~
Grins
Na klar, von vorne bis hinten! Laut Zeitung geht die Untersuchung ja nicht gut voran.

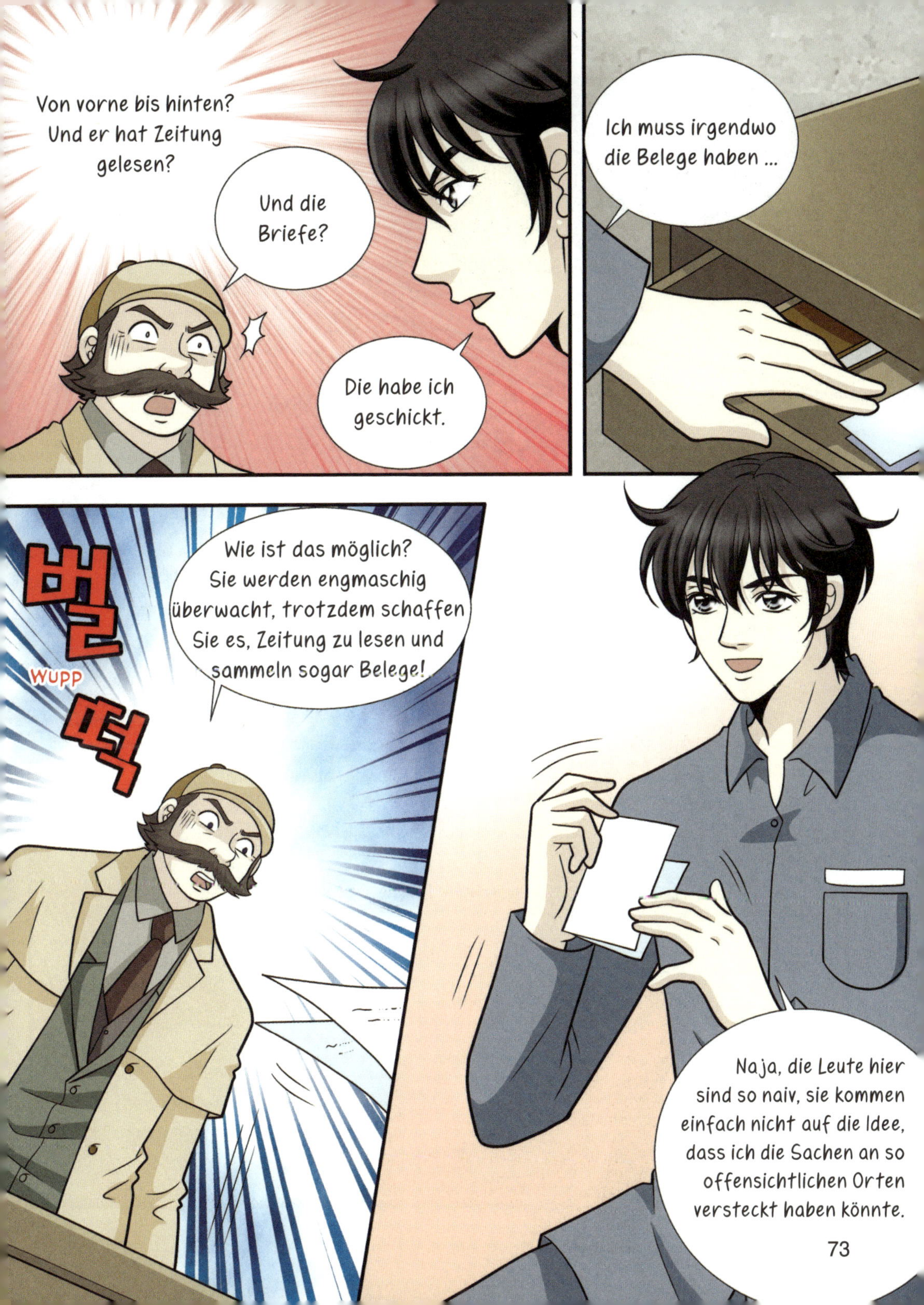
Von vorne bis hinten? Und er hat Zeitung gelesen?
Und die Briefe?
Die habe ich geschickt.
Ich muss irgendwo die Belege haben ...
벌
WUPP
떡
Wie ist das möglich? Sie werden engmaschig überwacht, trotzdem schaffen Sie es, Zeitung zu lesen und sammeln sogar Belege!
Naja, die Leute hier sind so naiv, sie kommen einfach nicht auf die Idee, dass ich die Sachen an so offensichtlichen Orten versteckt haben könnte.

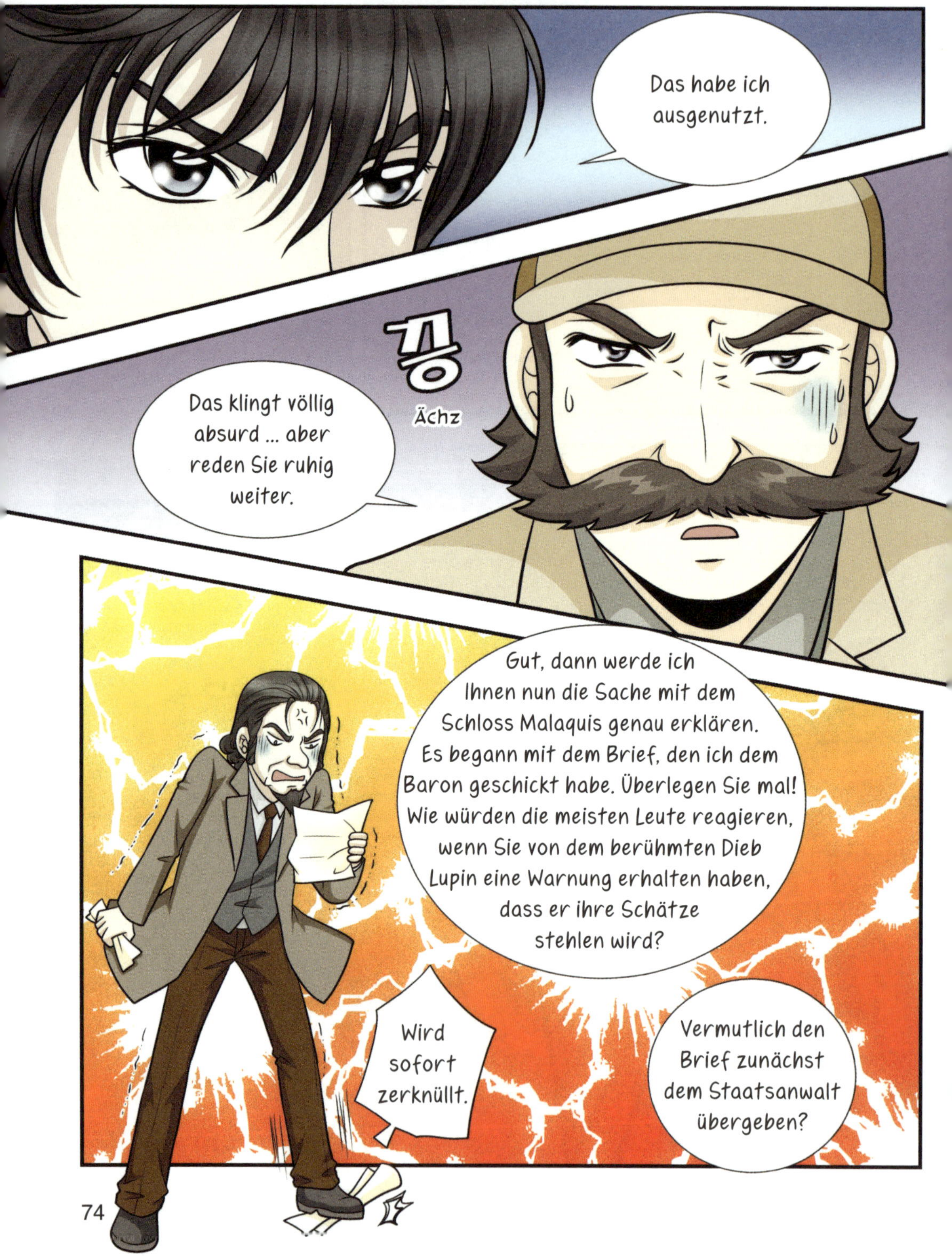
Das habe ich ausgenutzt.
끙
Ächz
Das klingt völlig absurd ... aber reden Sie ruhig weiter.
Gut, dann werde ich Ihnen nun die Sache mit dem Schloss Malaquis genau erklären. Es begann mit dem Brief, den ich dem Baron geschickt habe. Überlegen Sie mal! Wie würden die meisten Leute reagieren, wenn Sie von dem berühmten Dieb Lupin eine Warnung erhalten haben, dass er ihre Schätze stehlen wird?
Wird sofort zerknüllt.
Vermutlich den Brief zunächst dem Staatsanwalt übergeben?

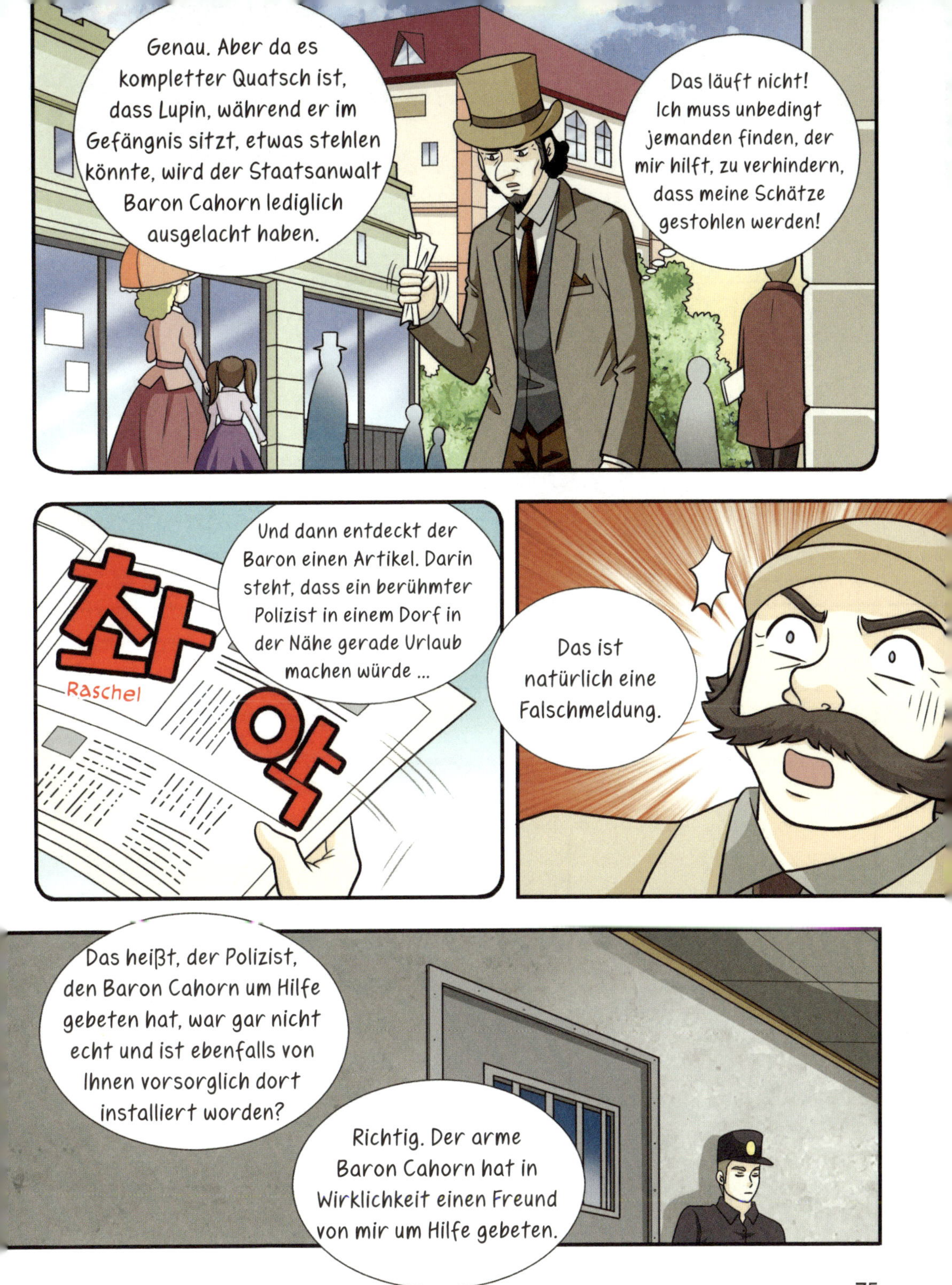

Genau. Aber da es kompletter Quatsch ist, dass Lupin, während er im Gefängnis sitzt, etwas stehlen könnte, wird der Staatsanwalt Baron Cahorn lediglich ausgelacht haben.
Das läuft nicht! Ich muss unbedingt jemanden finden, der mir hilft, zu verhindern, dass meine Schätze gestohlen werden!
Und dann entdeckt der Baron einen Artikel. Darin steht, dass ein berühmter Polizist in einem Dorf in der Nähe gerade Urlaub machen würde ...
촤
Raschel
악
Das ist natürlich eine Falschmeldung.
Das heißt, der Polizist, den Baron Cahorn um Hilfe gebeten hat, war gar nicht echt und ist ebenfalls von Ihnen vorsorglich dort installiert worden?
Richtig. Der arme Baron Cahorn hat in Wirklichkeit einen Freund von mir um Hilfe gebeten.

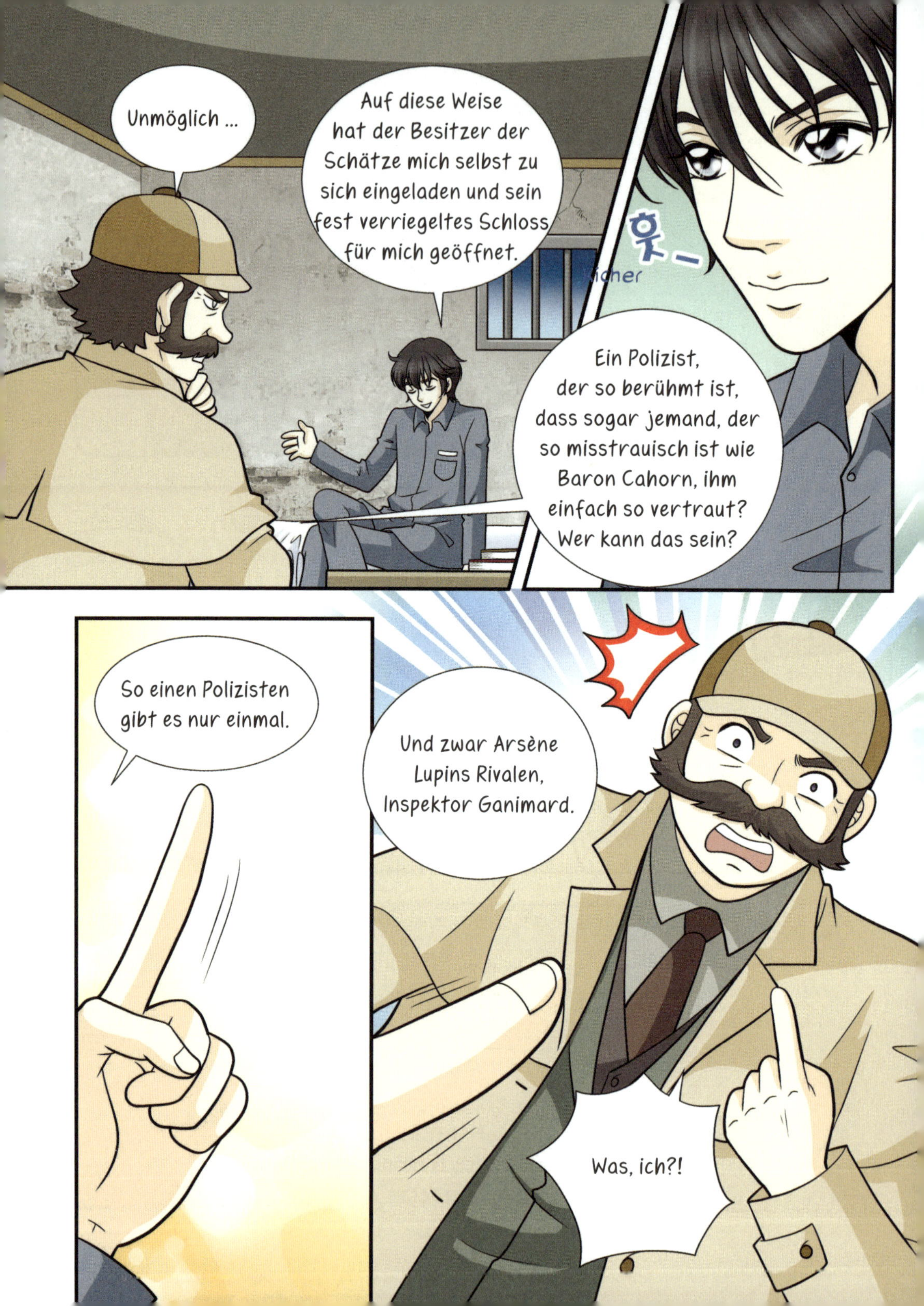
Unmöglich ...
Auf diese Weise hat der Besitzer der Schätze mich selbst zu sich eingeladen und sein fest verriegeltes Schloss für mich geöffnet.
Kicher
Ein Polizist, der so berühmt ist, dass sogar jemand, der so misstrauisch ist wie Baron Cahorn, ihm einfach so vertraut? Wer kann das sein?
So einen Polizisten gibt es nur einmal.
Und zwar Arsène Lupins Rivalen, Inspektor Ganimard.
Was, ich?!

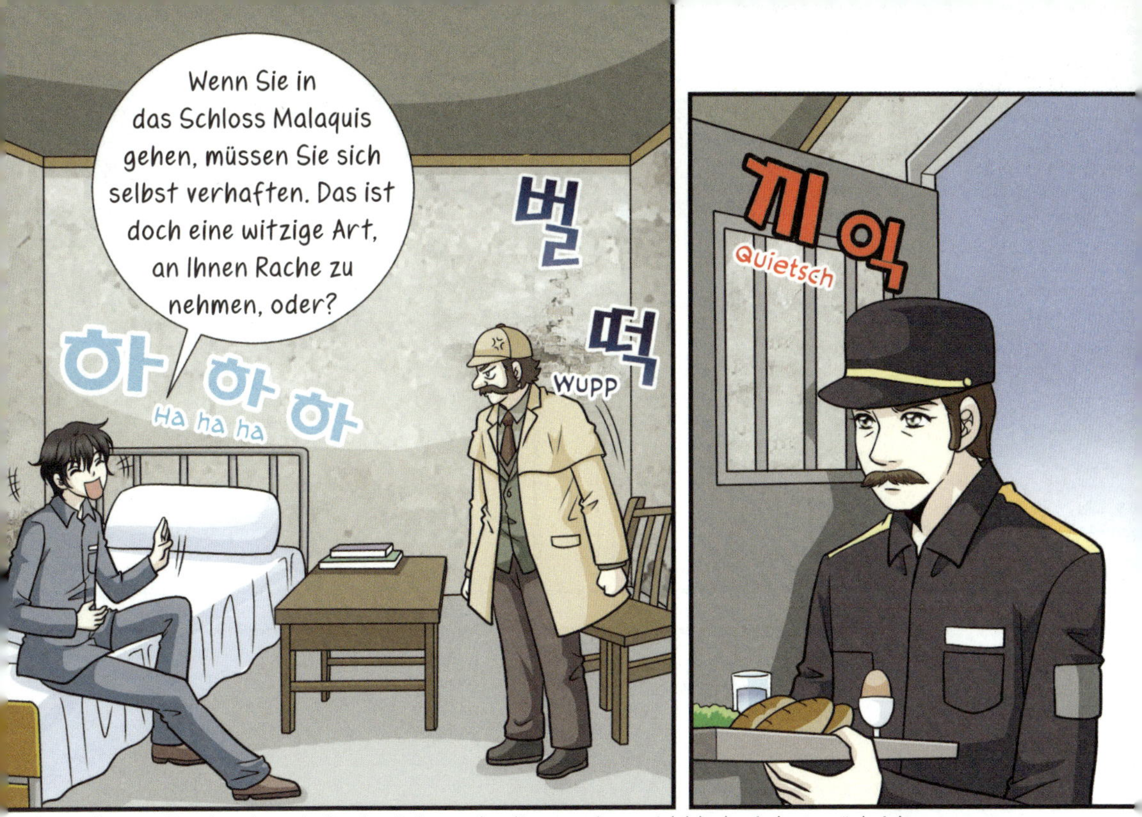

* annullieren: Eine Angelegenheit oder Dokumente, die man eingereicht hat, wieder zurückziehen.

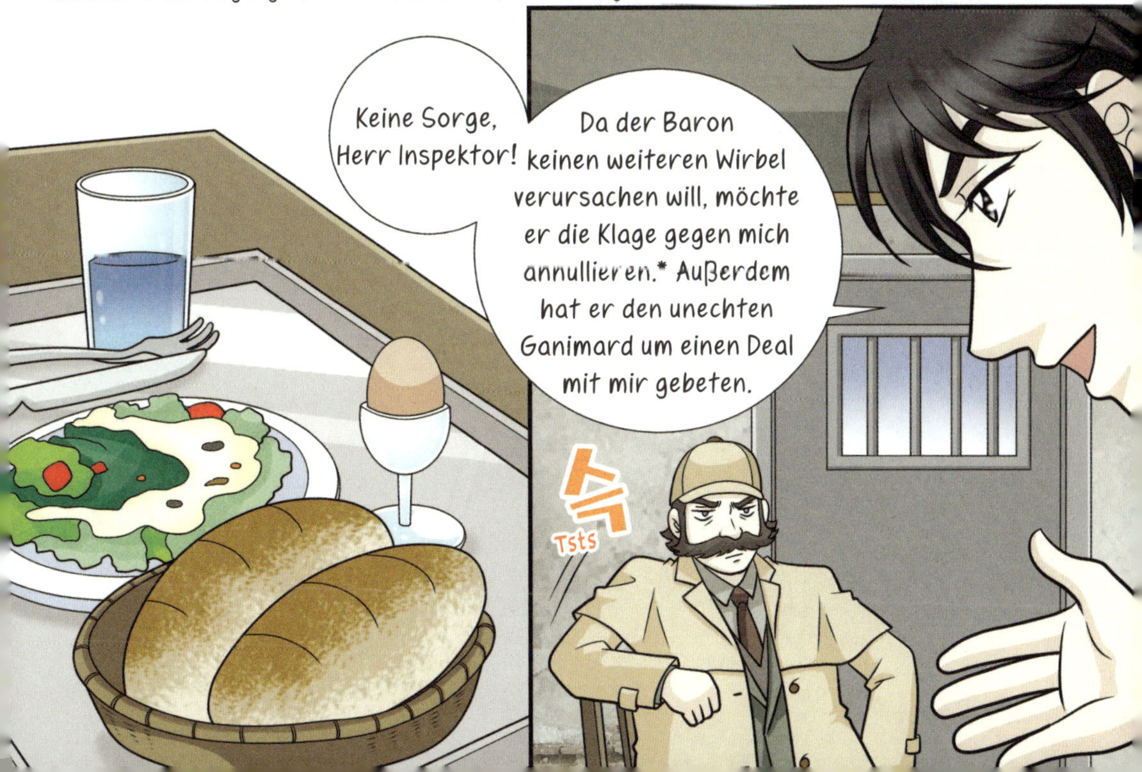

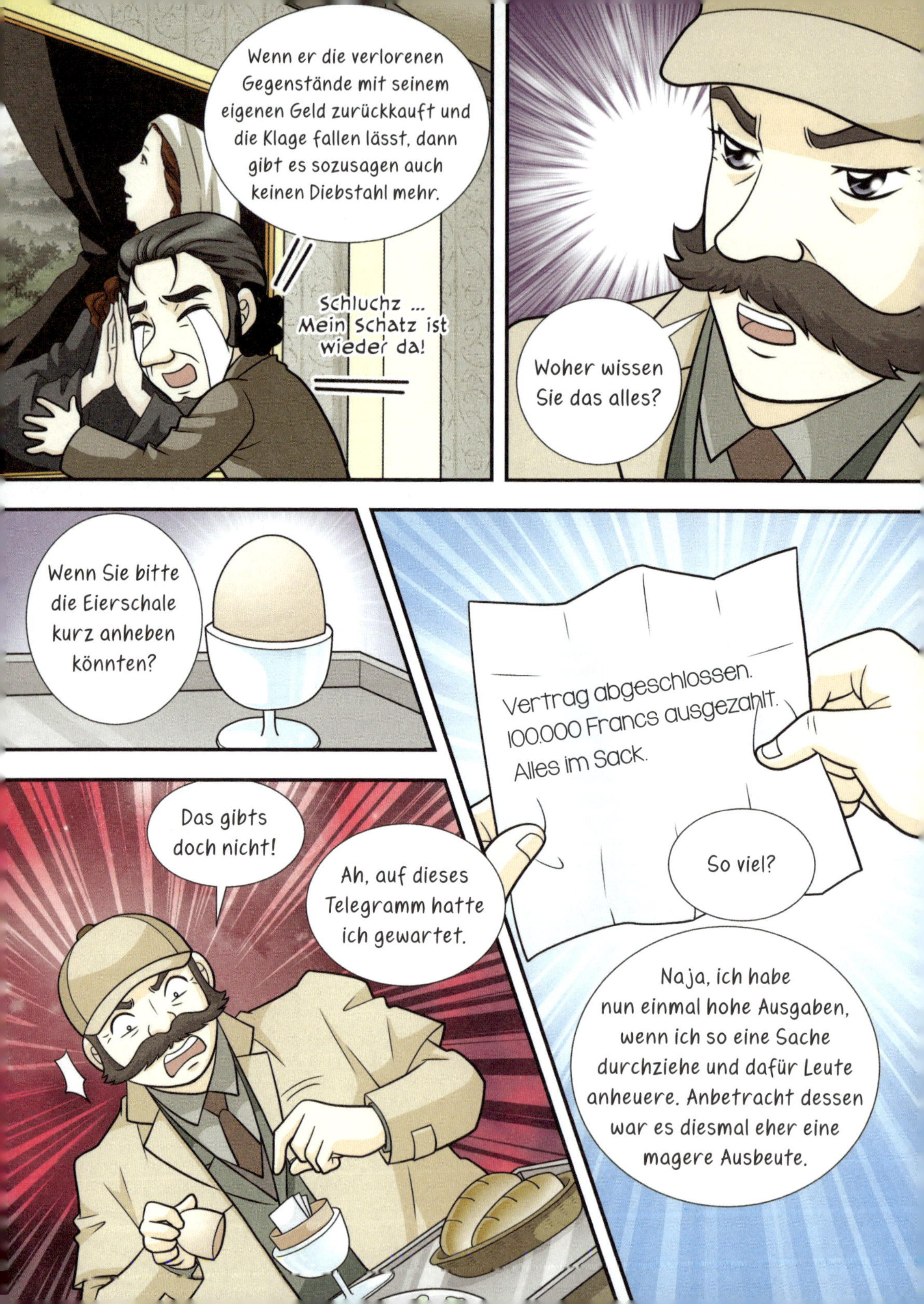
Wenn er die verlorenen Gegenstände mit seinem eigenen Geld zurückkauft und die Klage fallen lässt, dann gibt es sozusagen auch keinen Diebstahl mehr.
Schluchz ... Mein Schatz ist wieder da!
Woher wissen Sie das alles?
Wenn Sie bitte die Eierschale kurz anheben könnten?
Vertrag abgeschlossen. 100.000 Francs ausgezahlt. Alles im Sack.
So viel?
Naja, ich habe nun einmal hohe Ausgaben, wenn ich so eine Sache durchziehe und dafür Leute anheuere. Anbetracht dessen war es diesmal eher eine magere Ausbeute.
Das gibts doch nicht!
Ah, auf dieses Telegramm hatte ich gewartet.

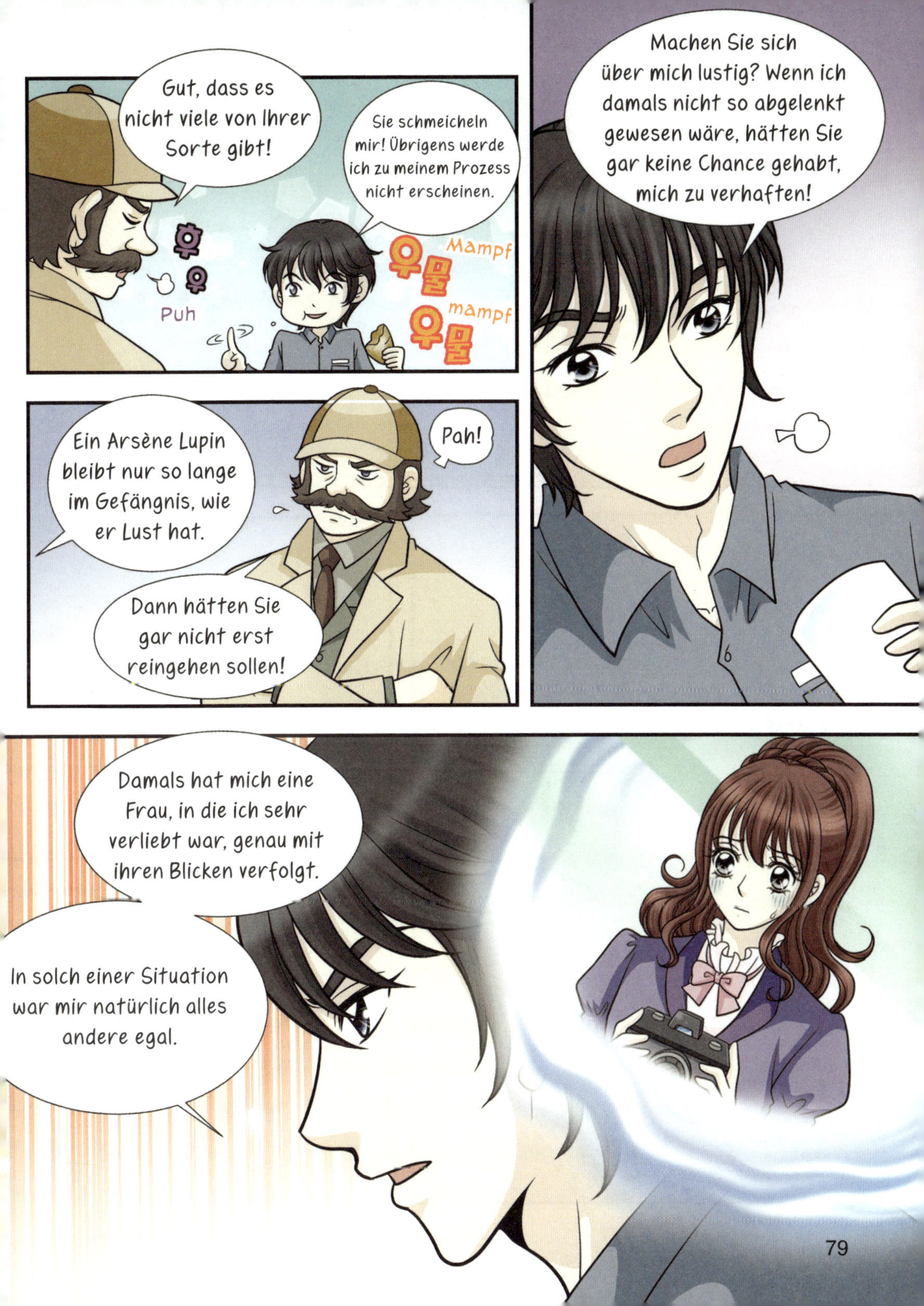
Gut, dass es nicht viele von Ihrer Sorte gibt!
후우
Puh
Sie schmeicheln mir! Übrigens werde ich zu meinem Prozess nicht erscheinen.
우물
Mampf
우물
mampf
Ein Arsène Lupin bleibt nur so lange im Gefängnis, wie er Lust hat.
Pah!
Dann hätten Sie gar nicht erst reingehen sollen!
Machen Sie sich über mich lustig? Wenn ich damals nicht so abgelenkt gewesen wäre, hätten Sie gar keine Chance gehabt, mich zu verhaften!
Damals hat mich eine Frau, in die ich sehr verliebt war, genau mit ihren Blicken verfolgt.
In solch einer Situation war mir natürlich alles andere egal.

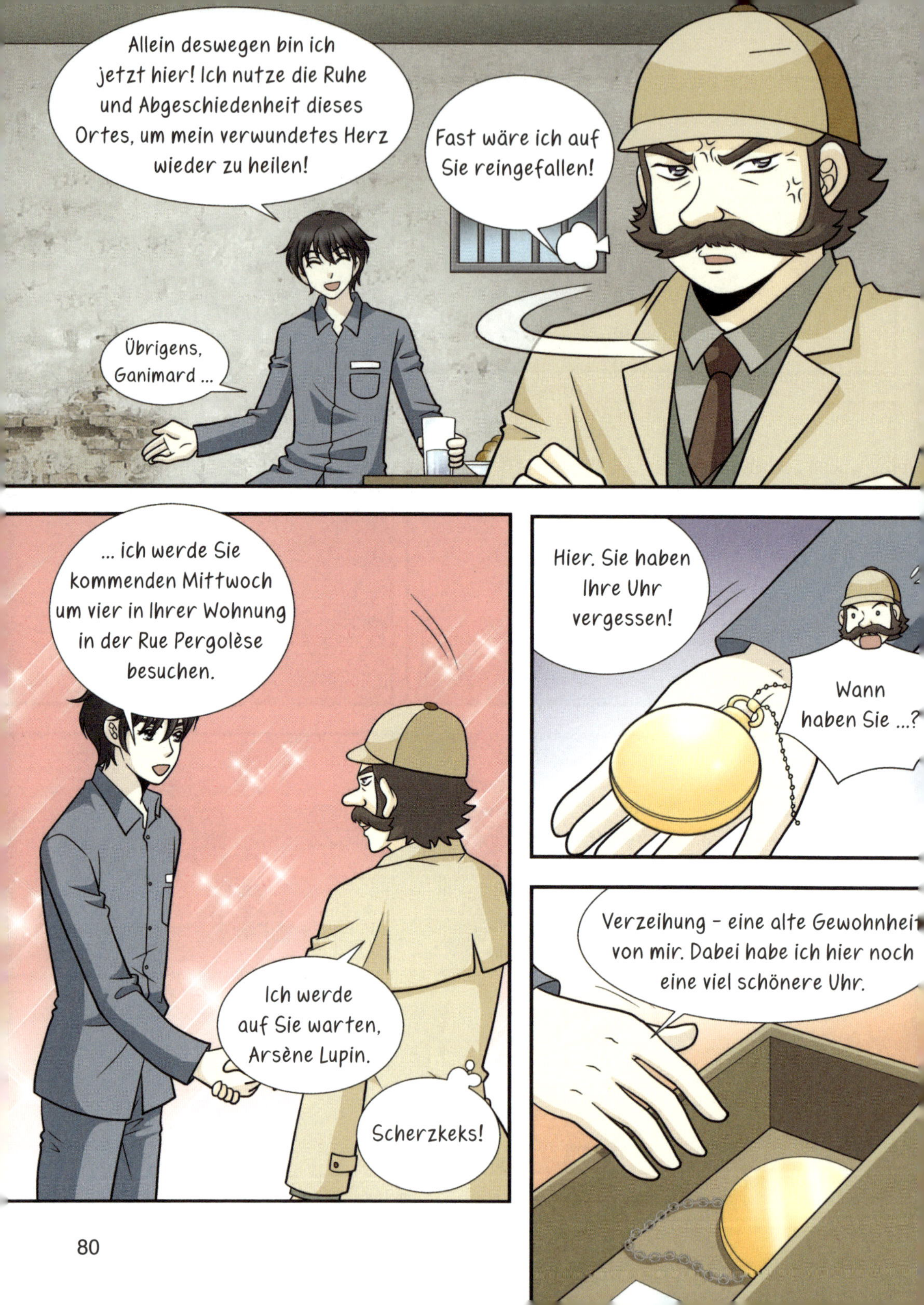
Allein deswegen bin ich jetzt hier! Ich nutze die Ruhe und Abgeschiedenheit dieses Ortes, um mein verwundetes Herz wieder zu heilen!
Fast wäre ich auf Sie reingefallen!
Übrigens, Ganimard ...
... ich werde Sie kommenden Mittwoch um vier in Ihrer Wohnung in der Rue Pergolèse besuchen.
Ich werde auf Sie warten, Arsène Lupin.
Scherzkeks!
Hier. Sie haben Ihre Uhr vergessen!
Wann haben Sie ...?
Verzeihung – eine alte Gewohnheit von mir. Dabei habe ich hier noch eine viel schönere Uhr.

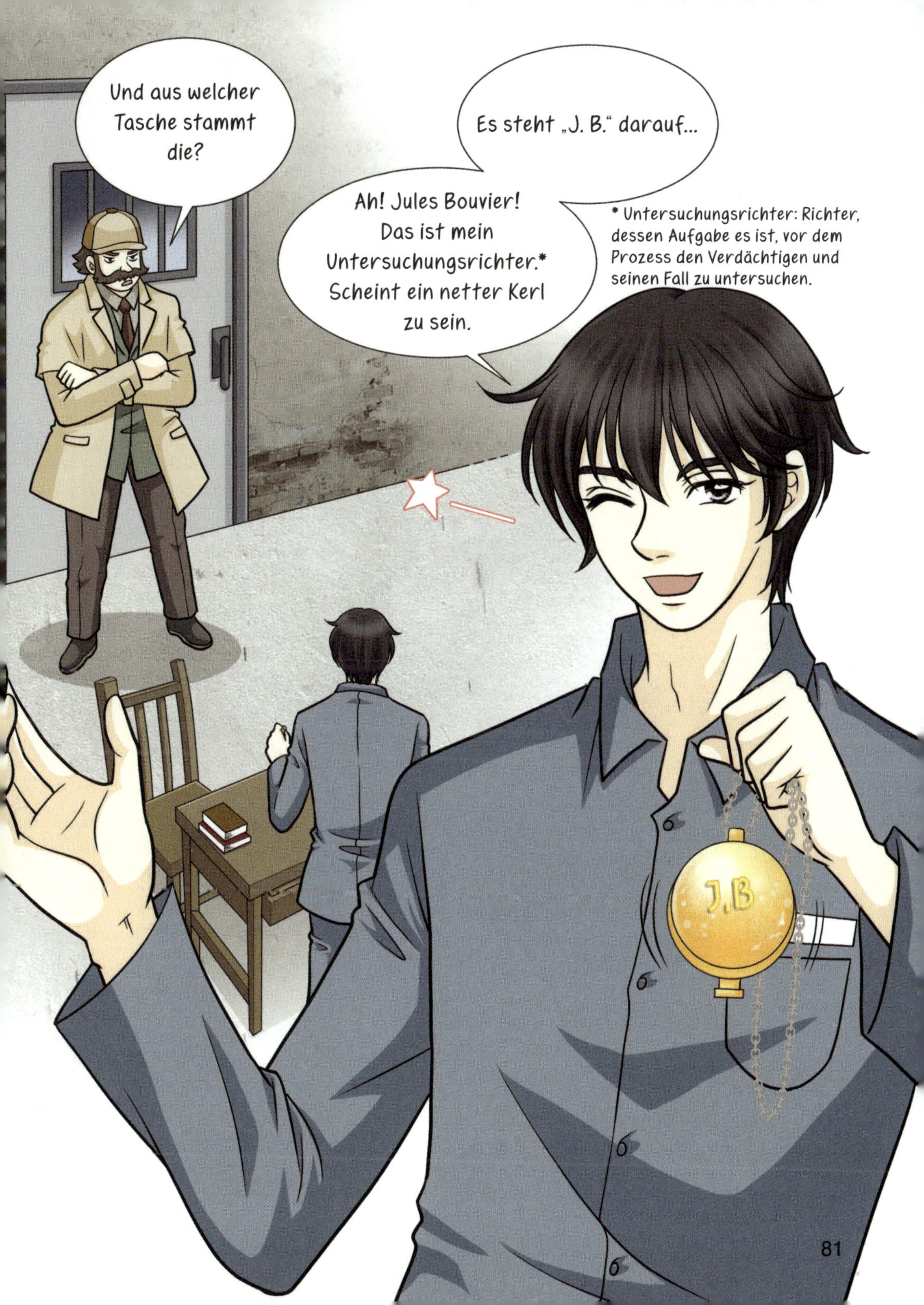
Und aus welcher Tasche stammt die?
Es steht „J. B.“ darauf...
Ah! Jules Bouvier! Das ist mein Untersuchungsrichter.* Scheint ein netter Kerl zu sein.
* Untersuchungsrichter: Richter, dessen Aufgabe es ist, vor dem Prozess den Verdächtigen und seinen Fall zu untersuchen.
J.B

Dritte Gaunerei

Arsène Lupin bricht aus

1. Lupins Warnung

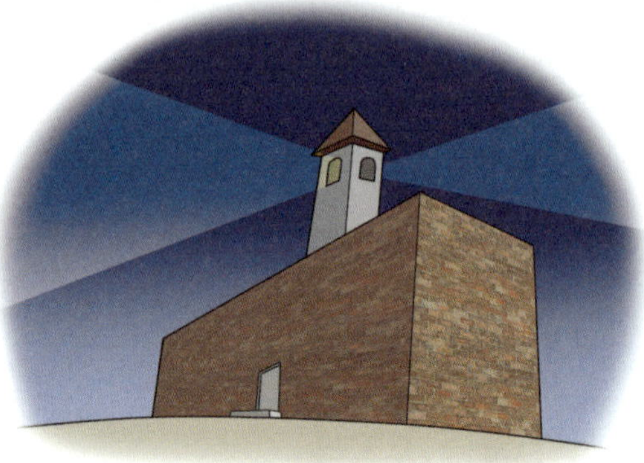

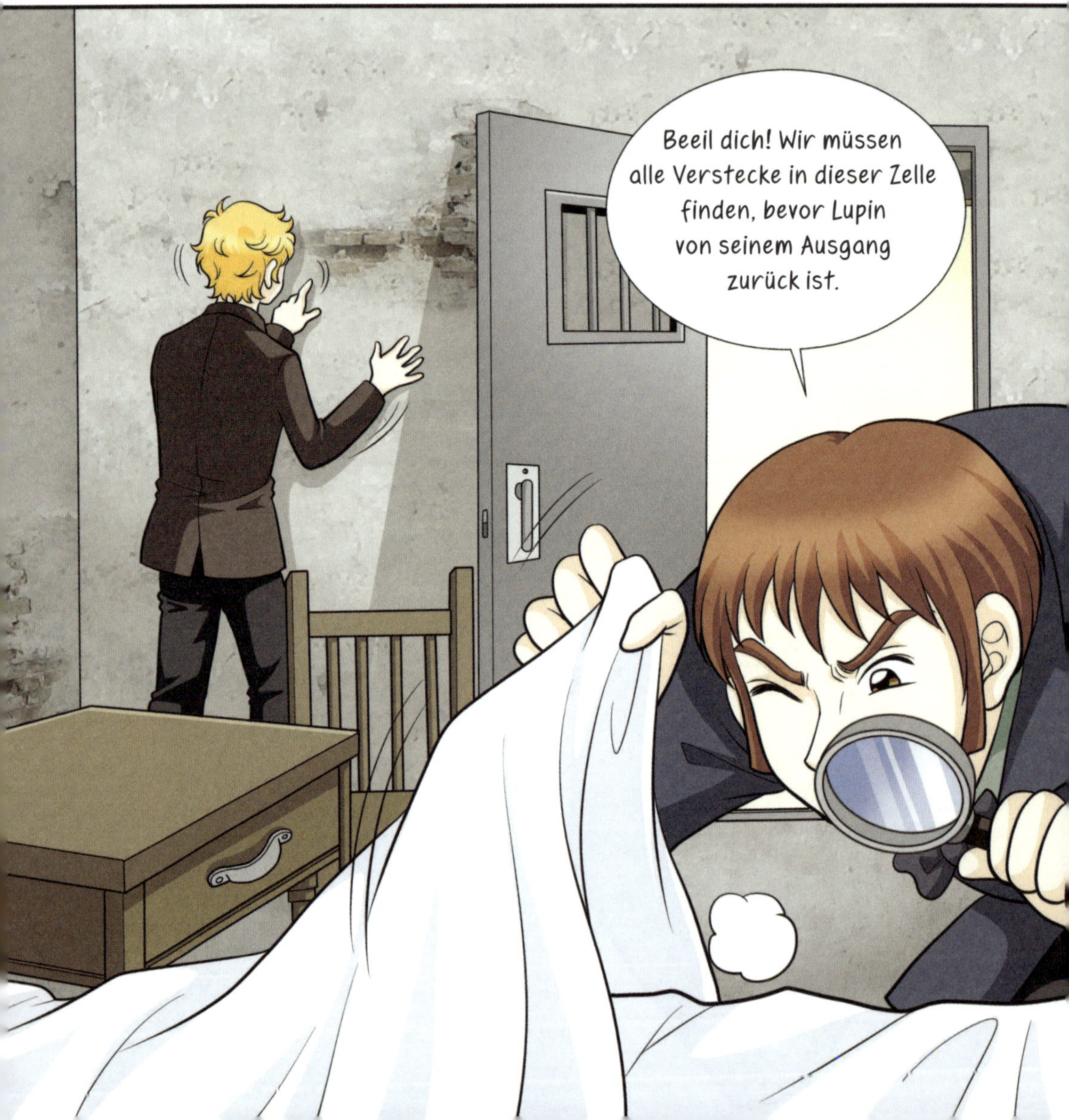

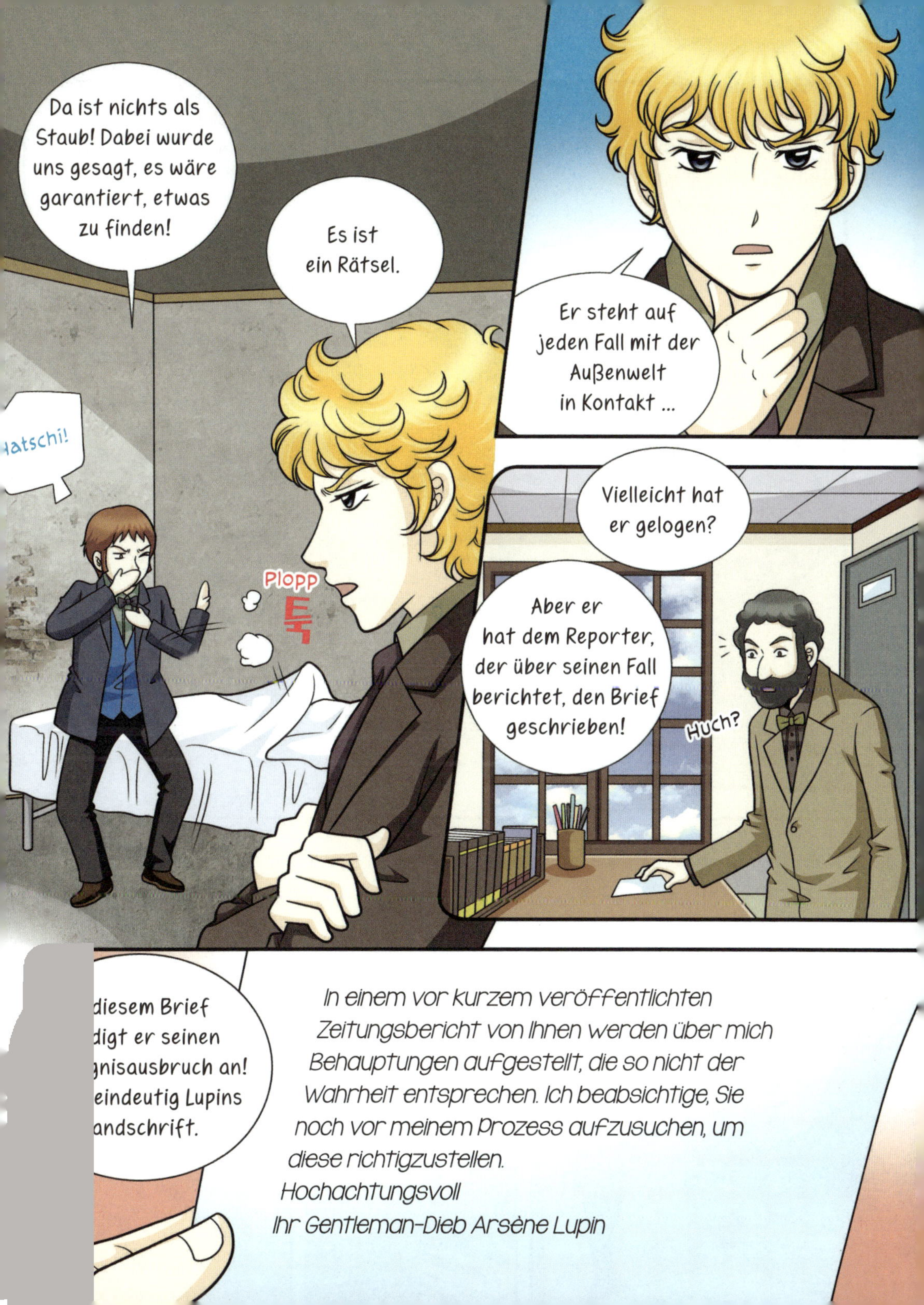

Da ist nichts als Staub! Dabei wurde uns gesagt, es wäre garantiert, etwas zu finden!
Es ist ein Rätsel.
Hatschi!
Plopp
Er steht auf jeden Fall mit der Außenwelt in Kontakt ...
Vielleicht hat er gelogen?
Aber er hat dem Reporter, der über seinen Fall berichtet, den Brief geschrieben!
Huch?
diesem Brief
digt er seinen
gnisausbruch an!
eindeutig Lupins
andschrift.
In einem vor kurzem veröffentlichten Zeitungsbericht von Ihnen werden über mich Behauptungen aufgestellt, die so nicht der Wahrheit entsprechen. Ich beabsichtige, Sie noch vor meinem Prozess aufzusuchen, um diese richtigzustellen.
Hochachtungsvoll
Ihr Gentleman-Dieb Arsène Lupin

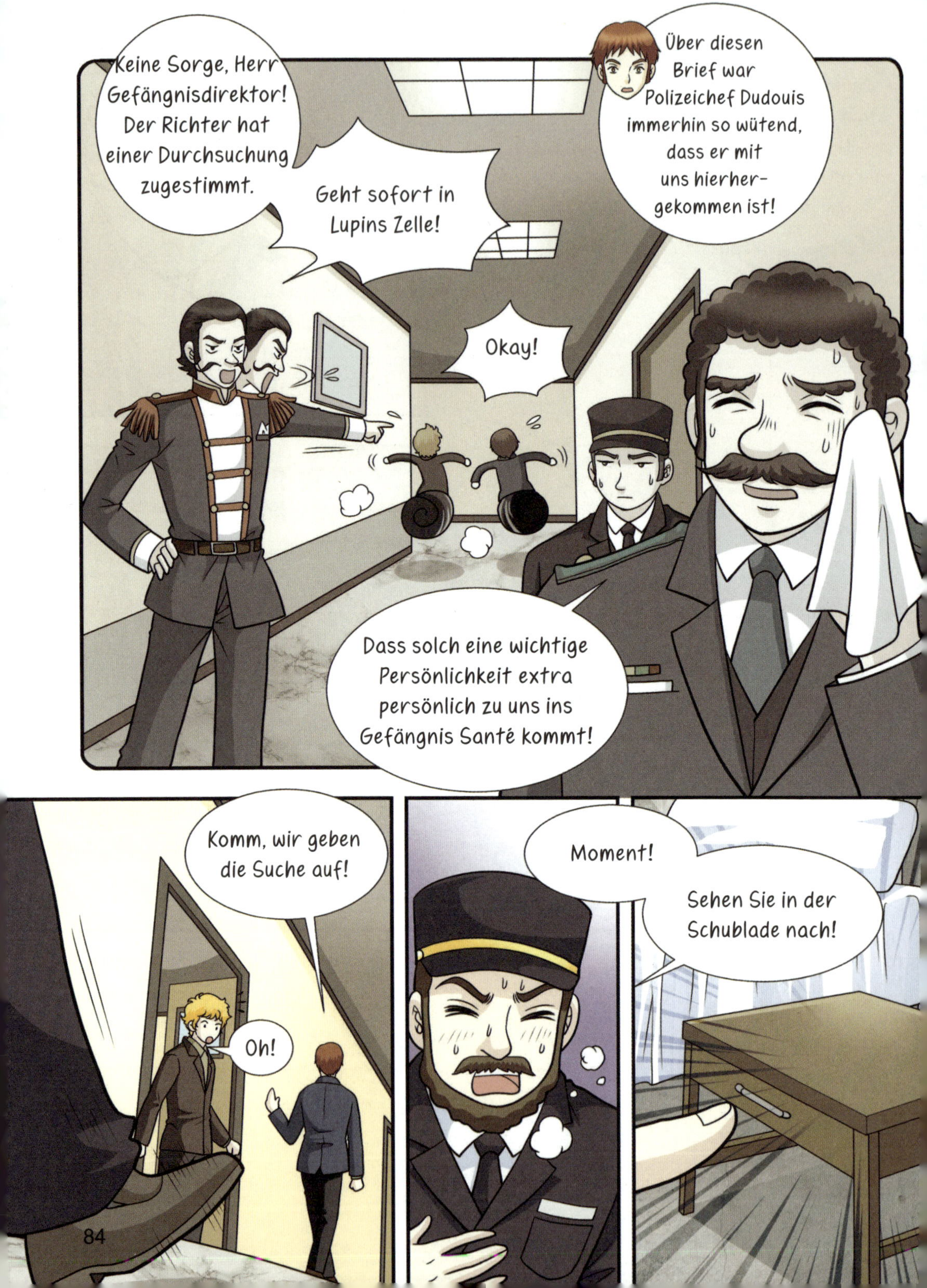
Keine Sorge, Herr Gefängnisdirektor! Der Richter hat einer Durchsuchung zugestimmt.
Geht sofort in Lupins Zelle!
Über diesen Brief war Polizeichef Dudouis immerhin so wütend, dass er mit uns hierher-gekommen ist!
Okay!
Dass solch eine wichtige Persönlichkeit extra persönlich zu uns ins Gefängnis Santé kommt!
Komm, wir geben die Suche auf!
Oh!
Moment!
Sehen Sie in der Schublade nach!

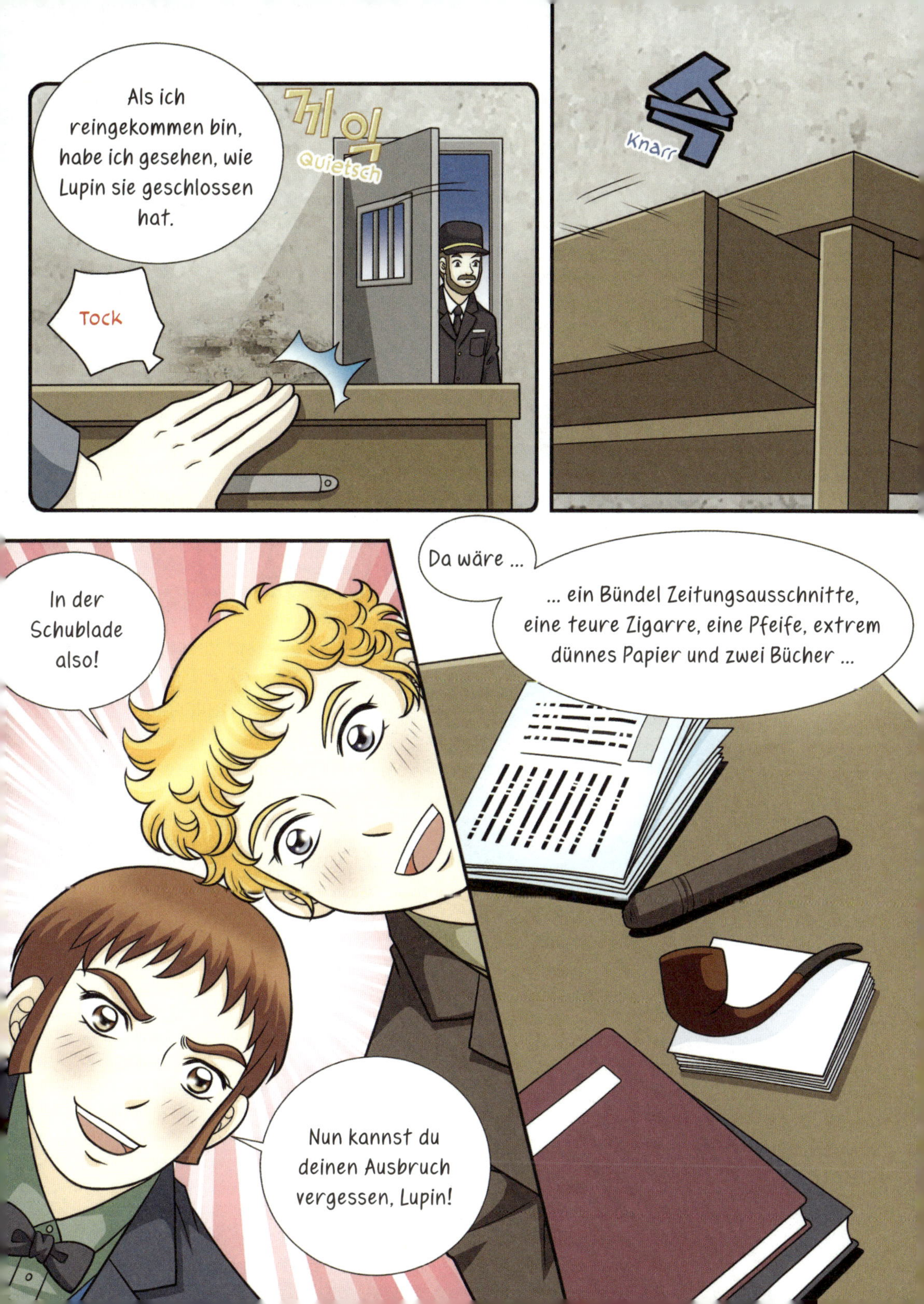
Als ich reingekommen bin, habe ich gesehen, wie Lupin sie geschlossen hat.
끼익
Quietsch
Tock
슥
Knarr
In der Schublade also!
Da wäre ...
... ein Bündel Zeitungsausschnitte, eine teure Zigarre, eine Pfeife, extrem dünnes Papier und zwei Bücher ...
Nun kannst du deinen Ausbruch vergessen, Lupin!

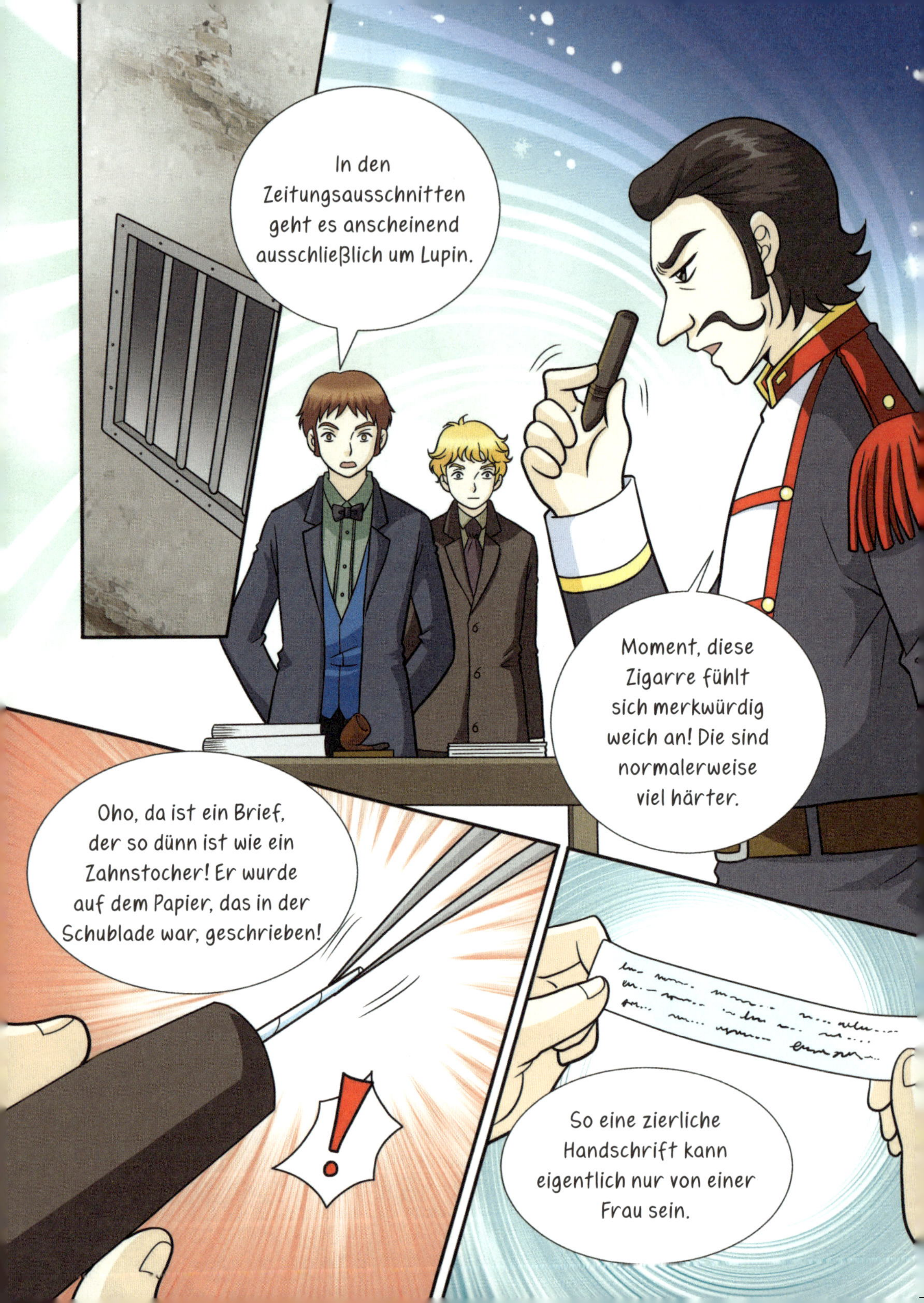
In den Zeitungsausschnitten geht es anscheinend ausschließlich um Lupin.
Moment, diese Zigarre fühlt sich merkwürdig weich an! Die sind normalerweise viel härter.
Oho, da ist ein Brief, der so dünn ist wie ein Zahnstocher! Er wurde auf dem Papier, das in der Schublade war, geschrieben!
!
So eine zierliche Handschrift kann eigentlich nur von einer Frau sein.

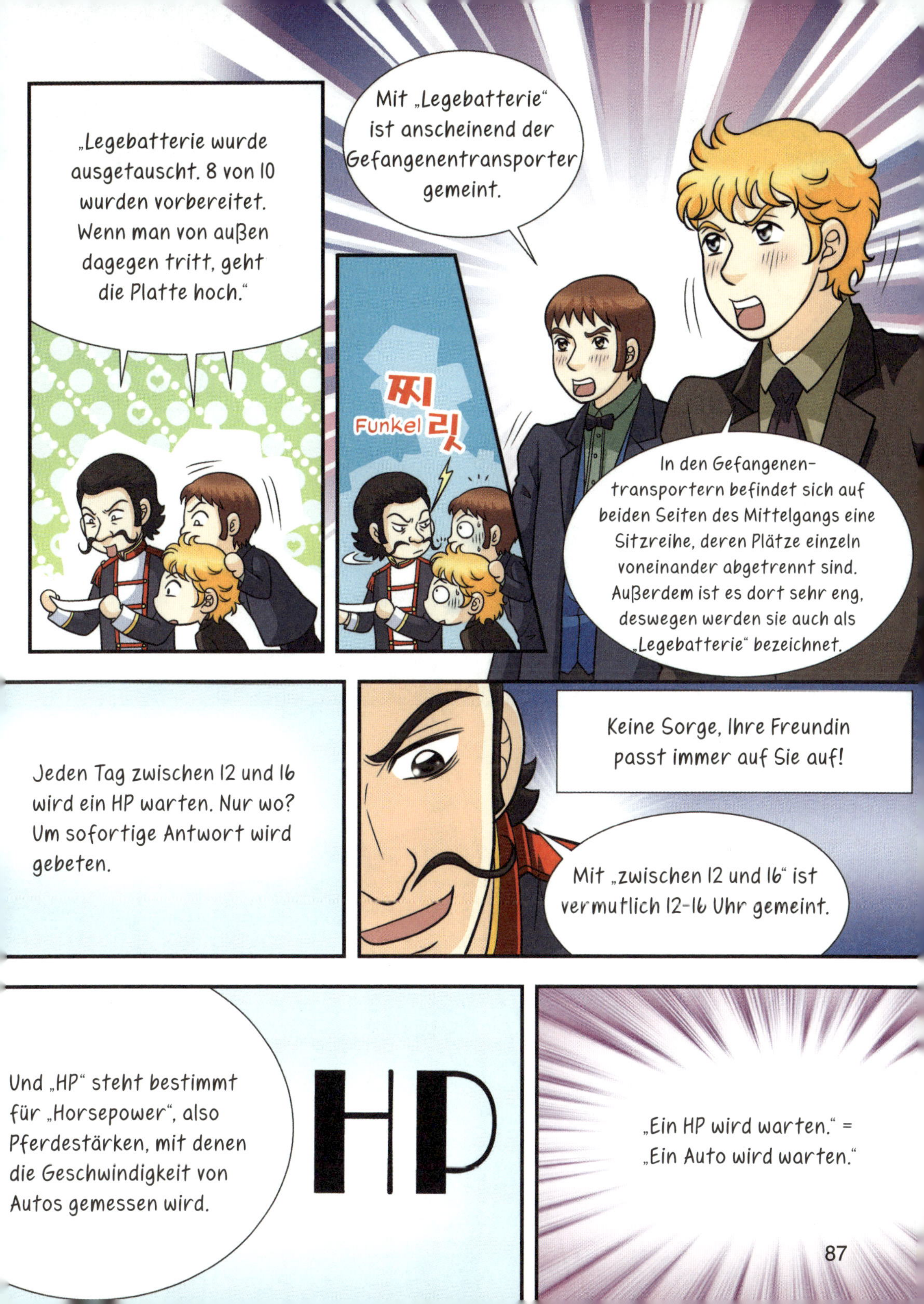
„Legebatterie wurde ausgetauscht. 8 von 10 wurden vorbereitet. Wenn man von außen dagegen tritt, geht die Platte hoch.“
Mit „Legebatterie“ ist anscheinend der Gefangenentransporter gemeint.
찌릿
Funkel
In den Gefangenen-transportern befindet sich auf beiden Seiten des Mittelgangs eine Sitzreihe, deren Plätze einzeln voneinander abgetrennt sind. Außerdem ist es dort sehr eng, deswegen werden sie auch als „Legebatterie“ bezeichnet.
Jeden Tag zwischen 12 und 16 wird ein HP warten. Nur wo? Um sofortige Antwort wird gebeten.
Keine Sorge, Ihre Freundin passt immer auf Sie auf!
Mit „zwischen 12 und 16“ ist vermutlich 12–16 Uhr gemeint.
Und „HP“ steht bestimmt für „Horsepower“, also Pferdestärken, mit denen die Geschwindigkeit von Autos gemessen wird.
HP
„Ein HP wird warten.“ = „Ein Auto wird warten.“

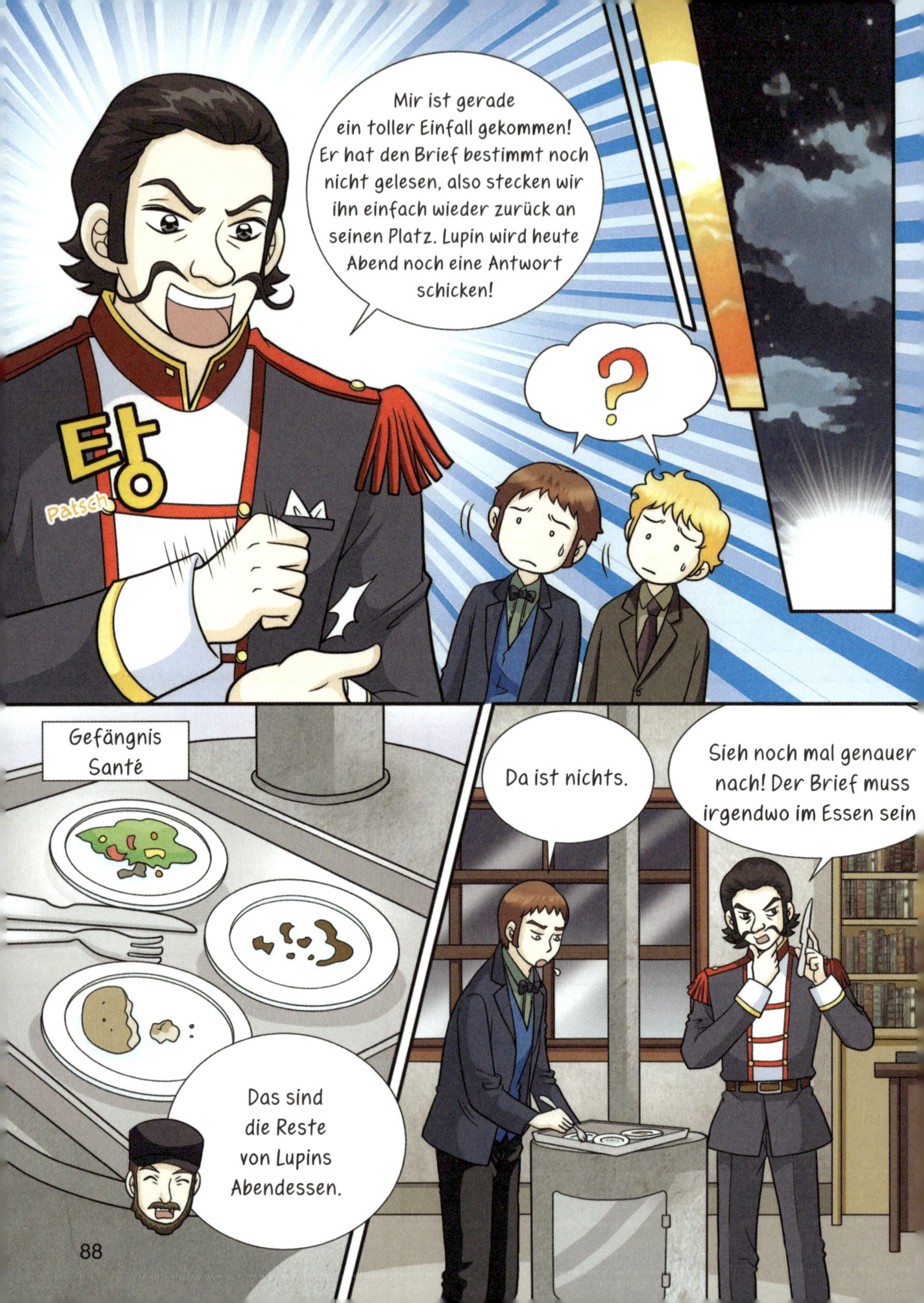

Mir ist gerade ein toller Einfall gekommen! Er hat den Brief bestimmt noch nicht gelesen, also stecken wir ihn einfach wieder zurück an seinen Platz. Lupin wird heute Abend noch eine Antwort schicken!
탕
Patsch
?
Gefängnis Santé
Das sind die Reste von Lupins Abendessen.
Da ist nichts.
Sieh noch mal genauer nach! Der Brief muss irgendwo im Essen sein

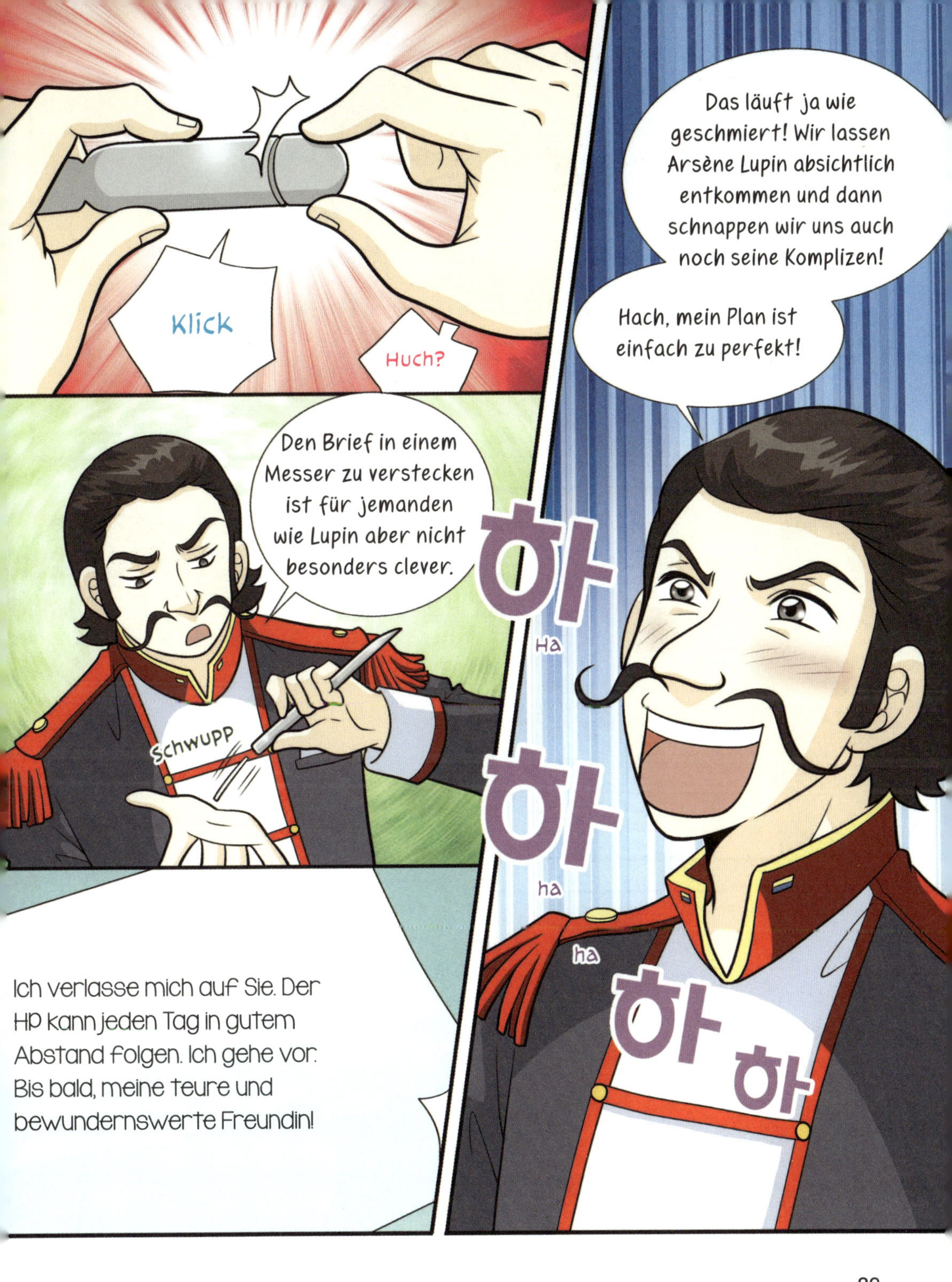

Klick
Huch?
Den Brief in einem Messer zu verstecken ist für jemanden wie Lupin aber nicht besonders clever.
Schwupp
Ich verlasse mich auf Sie. Der HP kann jeden Tag in gutem Abstand folgen. Ich gehe vor. Bis bald, meine teure und bewundernswerte Freundin!
Das läuft ja wie geschmiert! Wir lassen Arsène Lupin absichtlich entkommen und dann schnappen wir uns auch noch seine Komplizen!
Hach, mein Plan ist einfach zu perfekt!
하 Ha
하 ha
ha
하 하

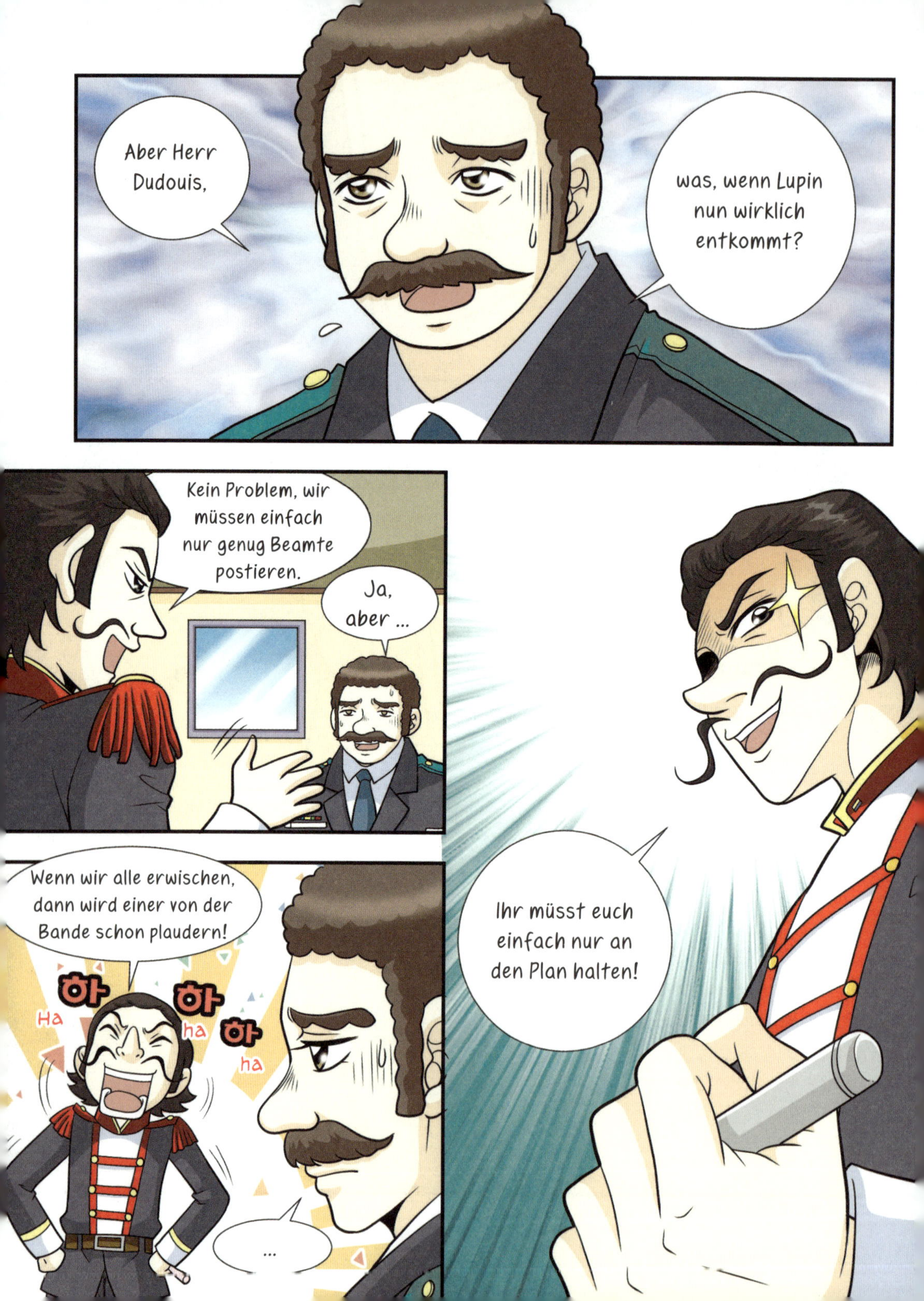
Aber Herr Dudouis,
was, wenn Lupin nun wirklich entkommt?
Kein Problem, wir müssen einfach nur genug Beamte postieren.
Ja, aber ...
Ihr müsst euch einfach nur an den Plan halten!
Wenn wir alle erwischen, dann wird einer von der Bande schon plaudern!
하 Ha 하 ha 하 ha
...

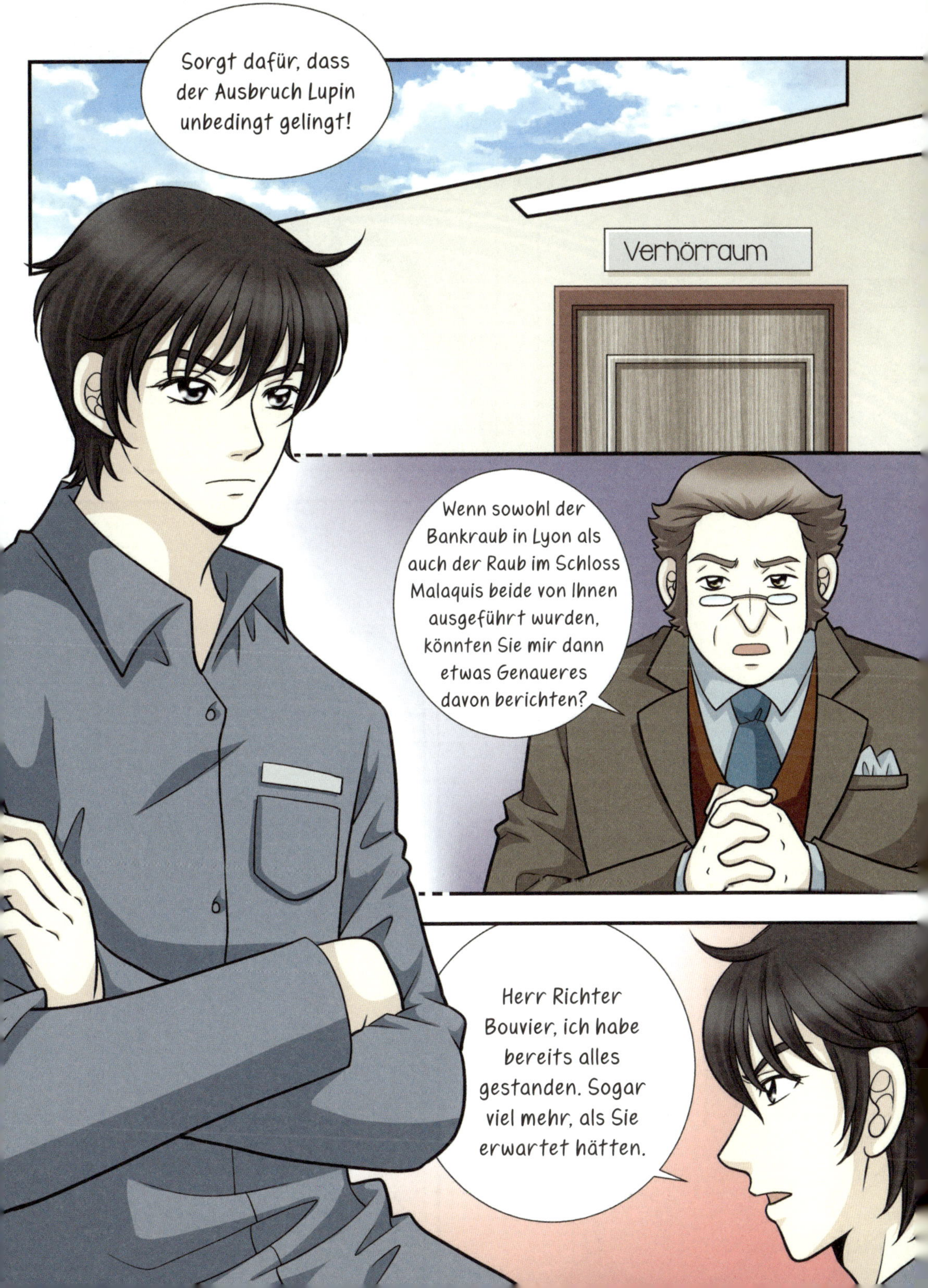
Sorgt dafür, dass der Ausbruch Lupin unbedingt gelingt!
Verhörraum
Wenn sowohl der Bankraub in Lyon als auch der Raub im Schloss Malaquis beide von Ihnen ausgeführt wurden, könnten Sie mir dann etwas Genaueres davon berichten?
Herr Richter Bouvier, ich habe bereits alles gestanden. Sogar viel mehr, als Sie erwartet hätten.

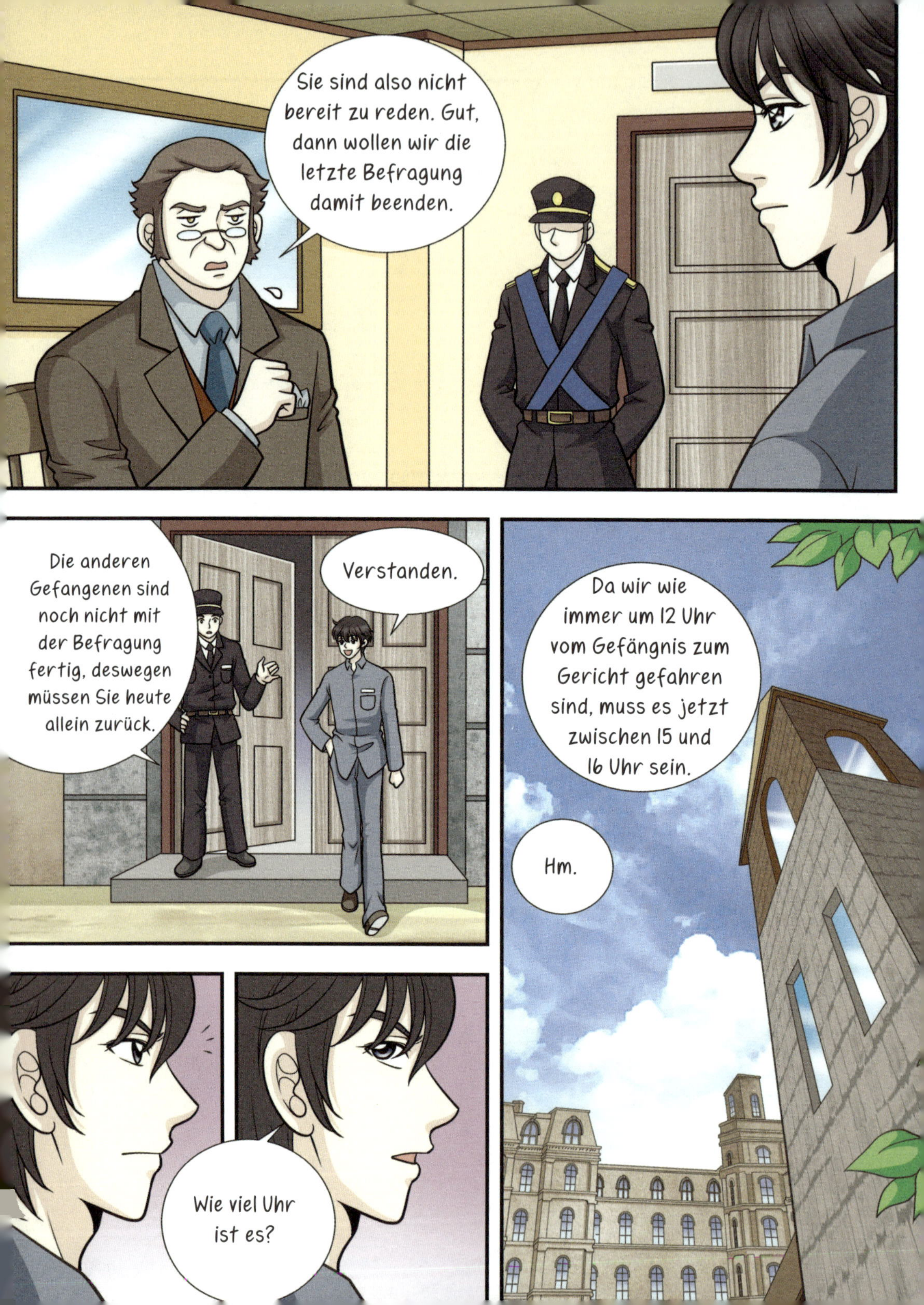
Sie sind also nicht bereit zu reden. Gut, dann wollen wir die letzte Befragung damit beenden.
Die anderen Gefangenen sind noch nicht mit der Befragung fertig, deswegen müssen Sie heute allein zurück.
Verstanden.
Wie viel Uhr ist es?
Da wir wie immer um 12 Uhr vom Gefängnis zum Gericht gefahren sind, muss es jetzt zwischen 15 und 16 Uhr sein.
Hm.

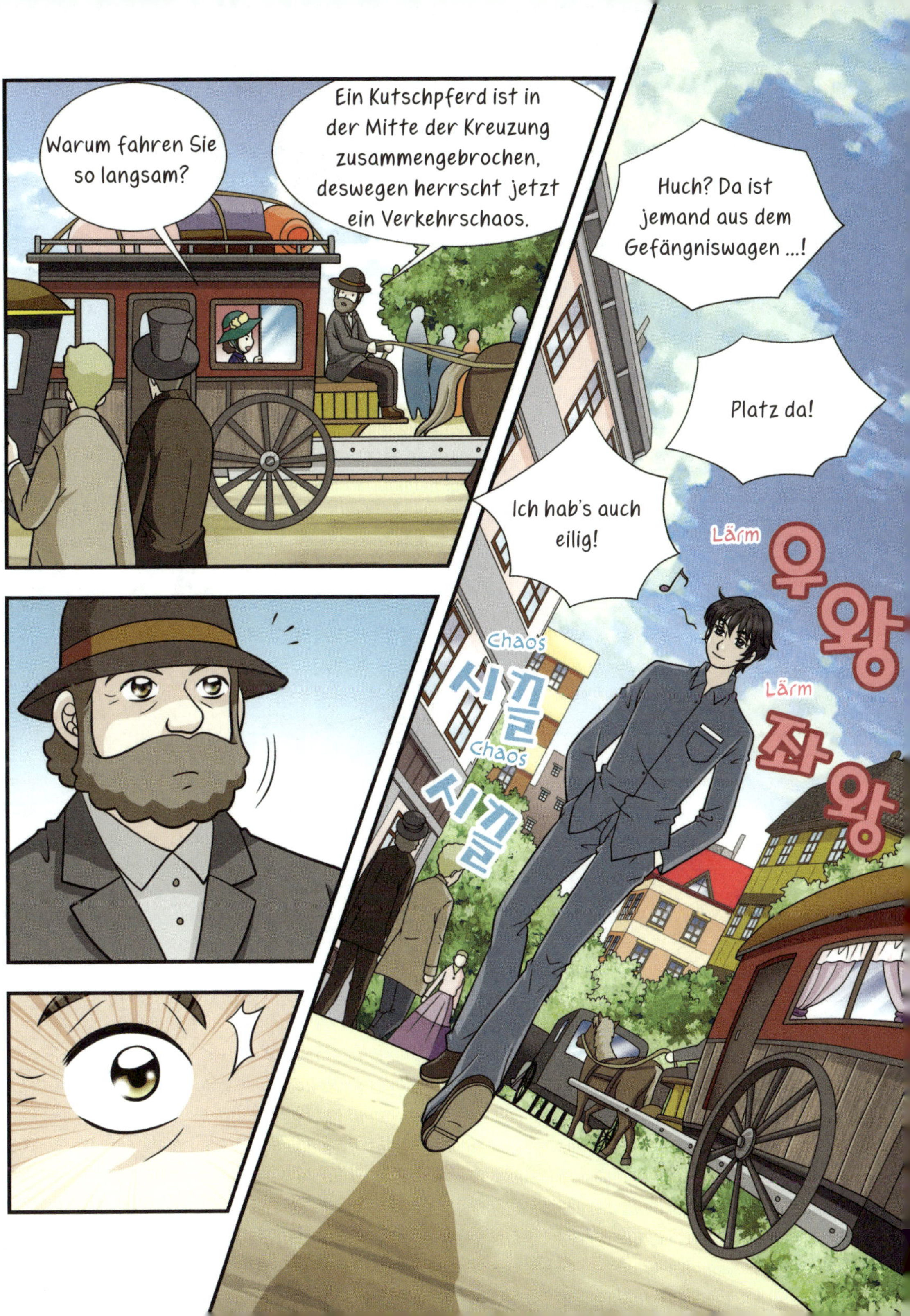
Warum fahren Sie so langsam?
Ein Kutschpferd ist in der Mitte der Kreuzung zusammengebrochen, deswegen herrscht jetzt ein Verkehrschaos.
Huch? Da ist jemand aus dem Gefängniswagen ...!
Platz da!
Ich hab's auch eilig!
Lärm
우왕
Lärm
좌왕
Chaos
시끌
Chaos
시끌

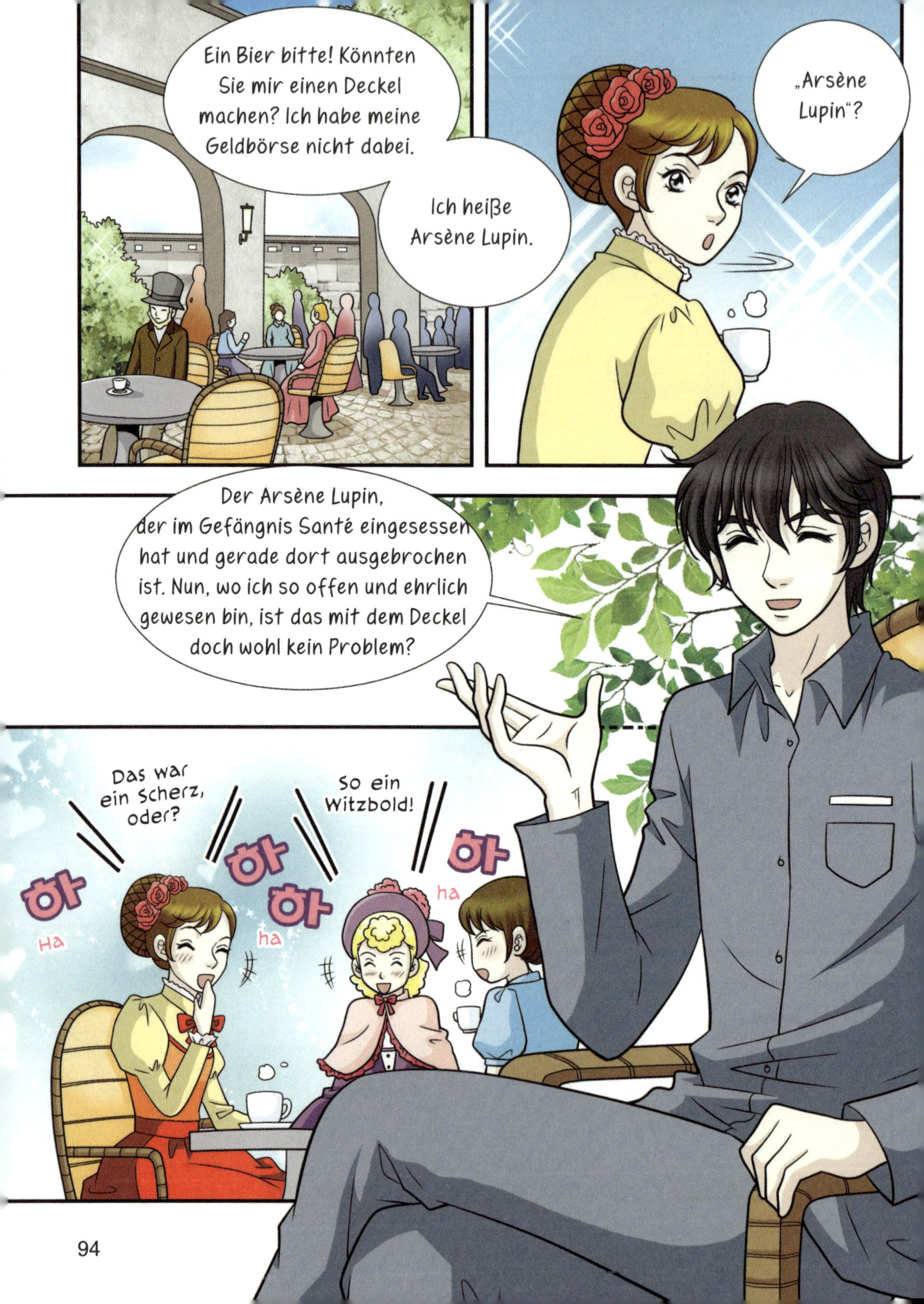
Ein Bier bitte! Könnten Sie mir einen Deckel machen? Ich habe meine Geldbörse nicht dabei.
Ich heiße Arsène Lupin.
„Arsène Lupin"?
Der Arsène Lupin, der im Gefängnis Santé eingesessen hat und gerade dort ausgebrochen ist. Nun, wo ich so offen und ehrlich gewesen bin, ist das mit dem Deckel doch wohl kein Problem?
Das war ein Scherz, oder?
So ein Witzbold!
하 Ha
하 하 ha
하 ha

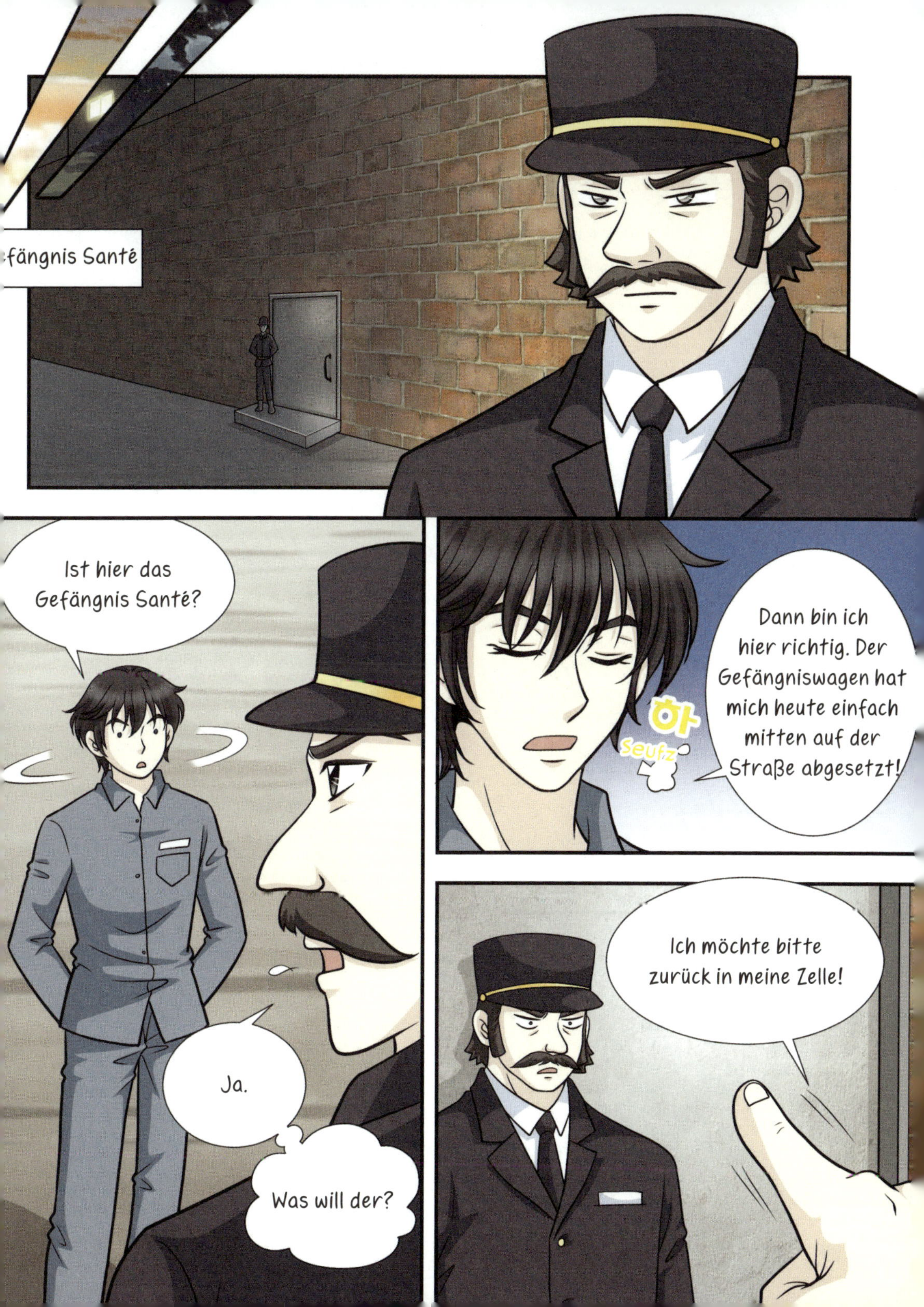

fängnis Santé
Ist hier das Gefängnis Santé?
Ja.
Was will der?
하
seufz
Dann bin ich hier richtig. Der Gefängniswagen hat mich heute einfach mitten auf der Straße abgesetzt!
Ich möchte bitte zurück in meine Zelle!

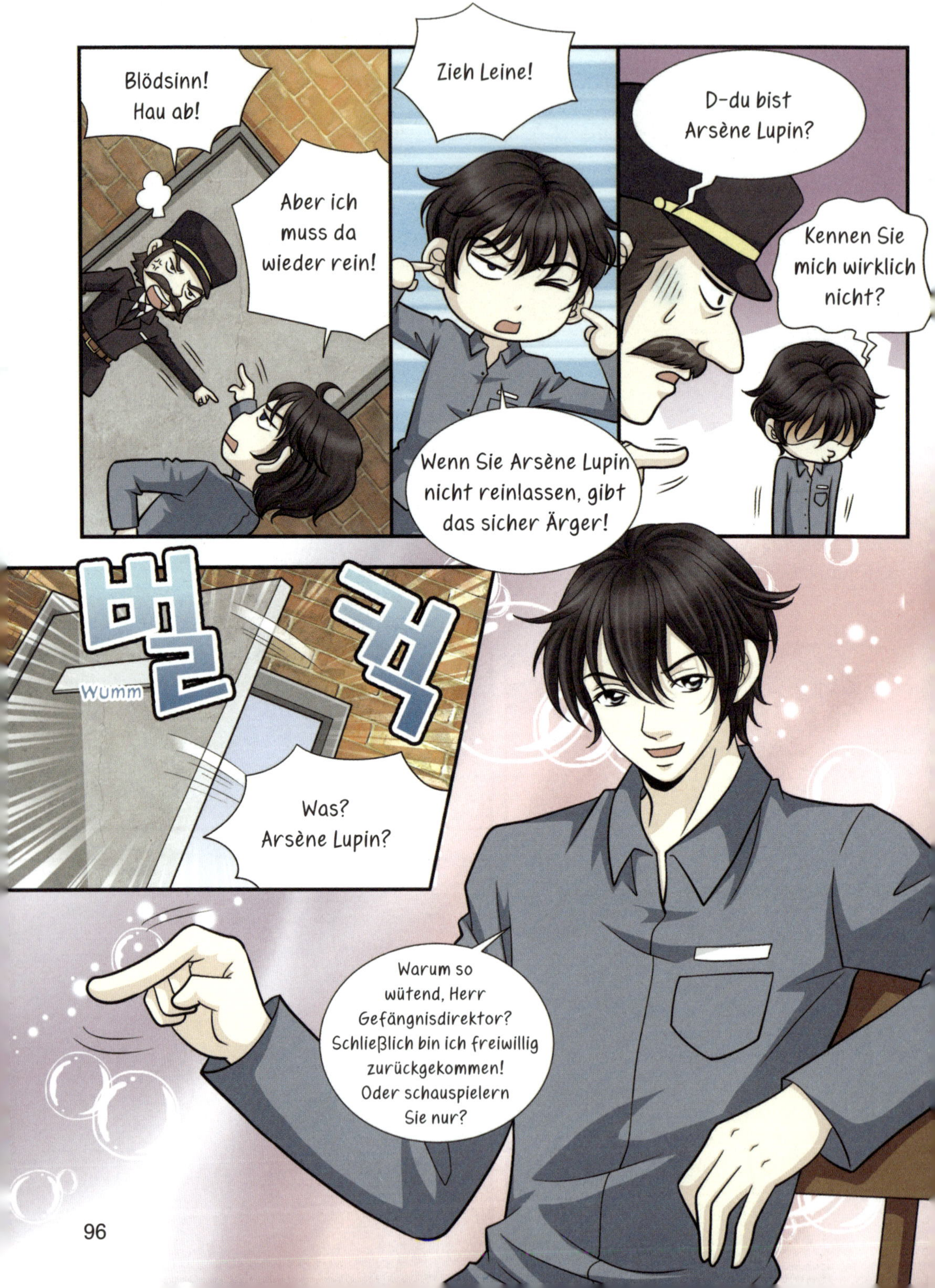

Blödsinn!
Hau ab!
Aber ich muss da wieder rein!
Zieh Leine!
Wenn Sie Arsène Lupin nicht reinlassen, gibt das sicher Ärger!
D-du bist Arsène Lupin?
Kennen Sie mich wirklich nicht?
벌컥
Wumm
Was? Arsène Lupin?
Warum so wütend, Herr Gefängnisdirektor? Schließlich bin ich freiwillig zurückgekommen! Oder schauspielern Sie nur?

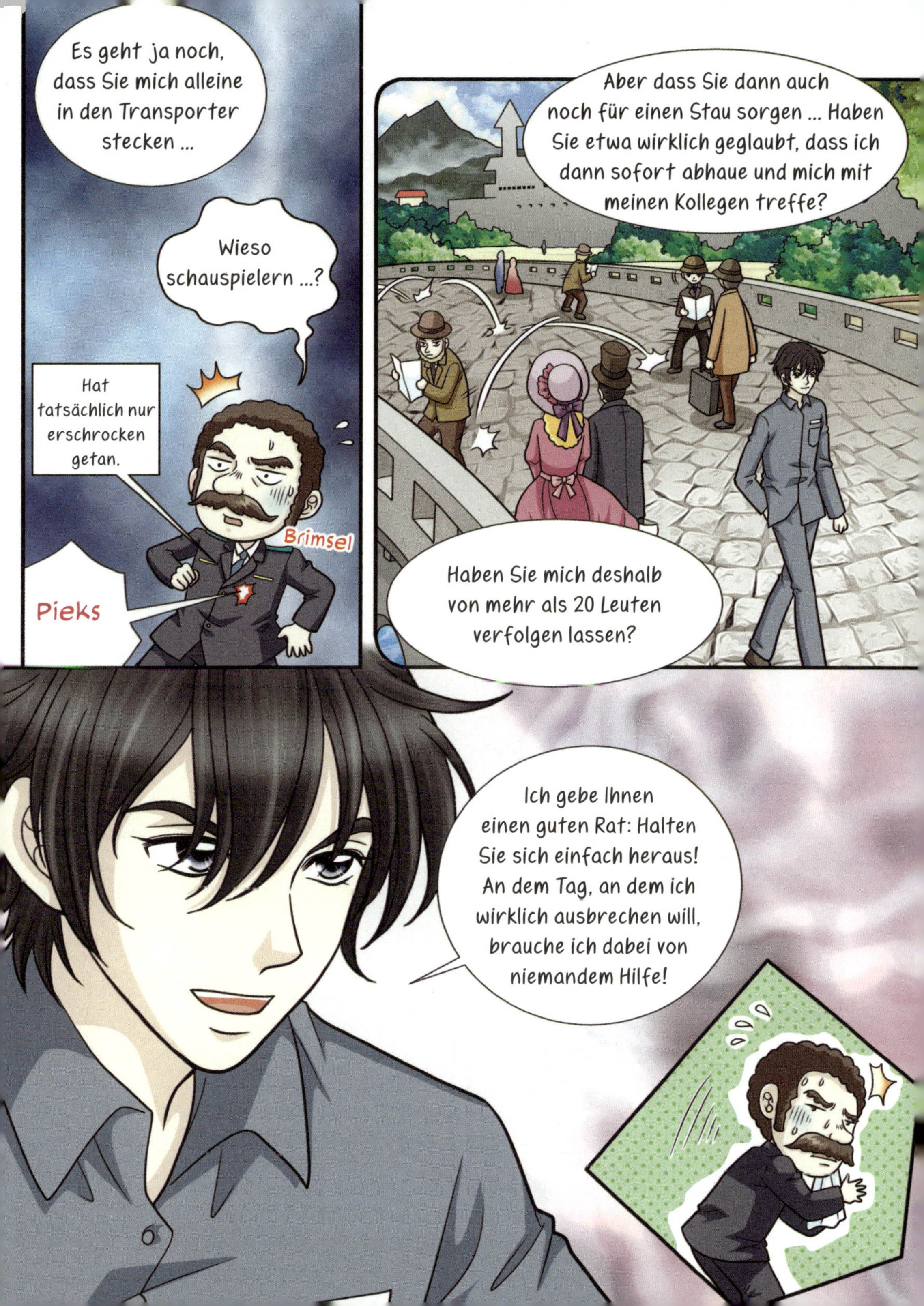
Es geht ja noch, dass Sie mich alleine in den Transporter stecken ...
Wieso schauspielern ...?
Hat tatsächlich nur erschrocken getan.
Brimsel
Pieks
Aber dass Sie dann auch noch für einen Stau sorgen ... Haben Sie etwa wirklich geglaubt, dass ich dann sofort abhaue und mich mit meinen Kollegen treffe?
Haben Sie mich deshalb von mehr als 20 Leuten verfolgen lassen?
Ich gebe Ihnen einen guten Rat: Halten Sie sich einfach heraus! An dem Tag, an dem ich wirklich ausbrechen will, brauche ich dabei von niemandem Hilfe!

Dritte Gaunerei

Arsène Lupin bricht aus

2. Lupin hält sein Versprechen

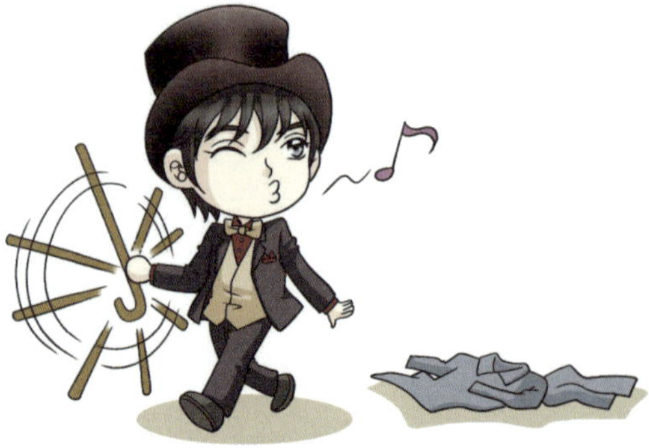

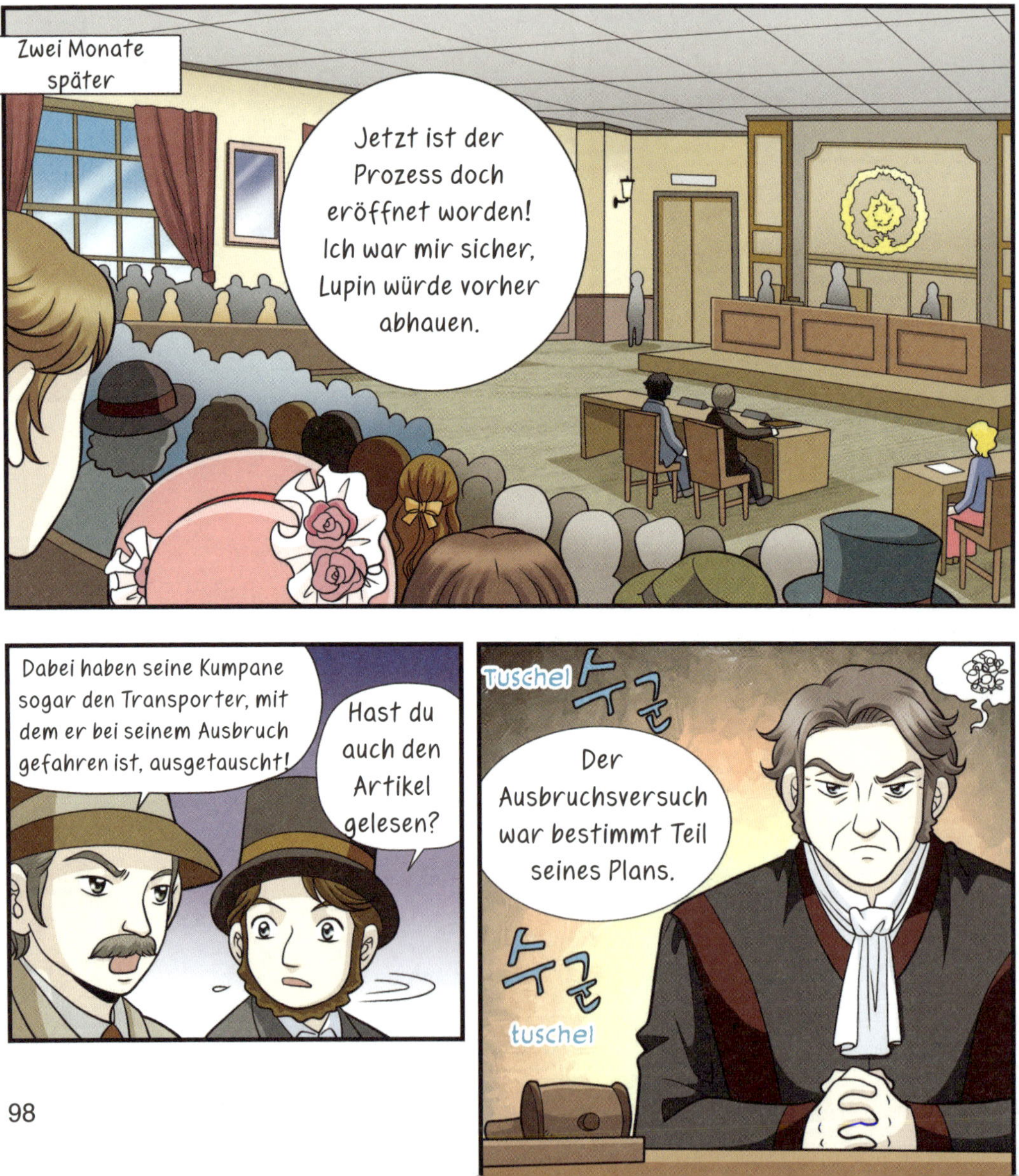

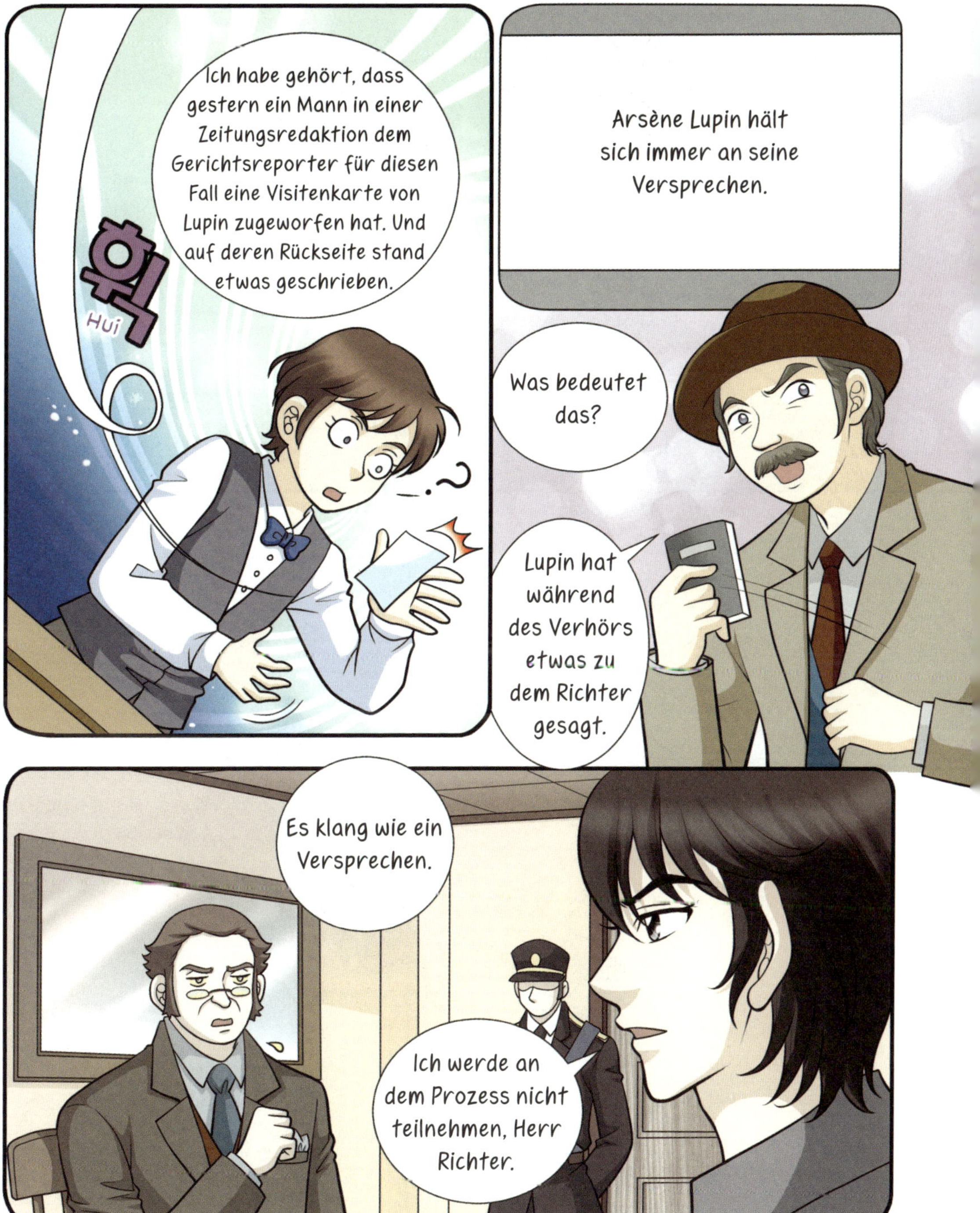
Ich habe gehört, dass gestern ein Mann in einer Zeitungsredaktion dem Gerichtsreporter für diesen Fall eine Visitenkarte von Lupin zugeworfen hat. Und auf deren Rückseite stand etwas geschrieben.
휙
Hui
Arsène Lupin hält sich immer an seine Versprechen.
Was bedeutet das?
Lupin hat während des Verhörs etwas zu dem Richter gesagt.
Es klang wie ein Versprechen.
Ich werde an dem Prozess nicht teilnehmen, Herr Richter.

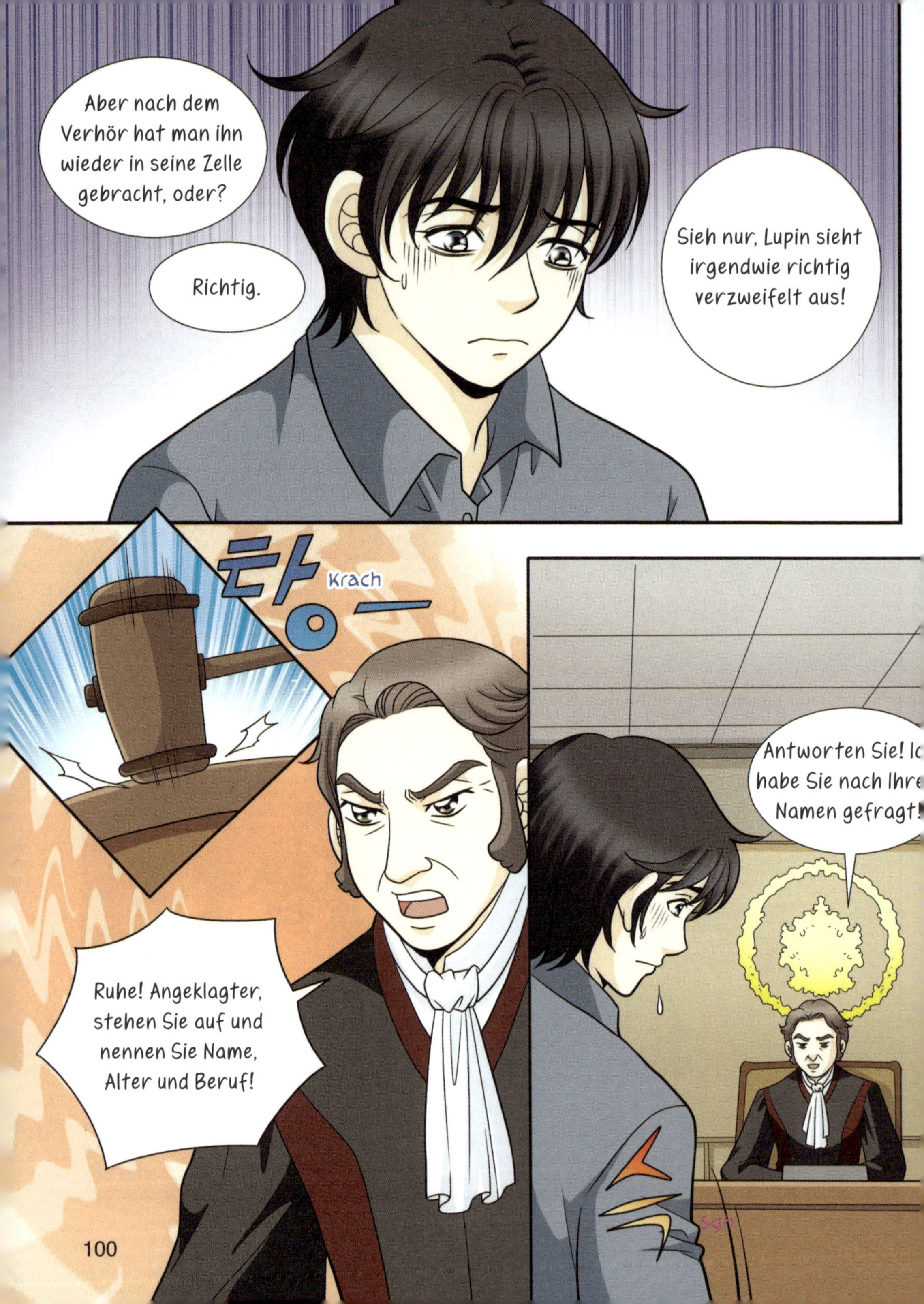

Aber nach dem Verhör hat man ihn wieder in seine Zelle gebracht, oder?
Richtig.
Sieh nur, Lupin sieht irgendwie richtig verzweifelt aus!
탕
Krach
Ruhe! Angeklagter, stehen Sie auf und nennen Sie Name, Alter und Beruf!
Antworten Sie! Ic habe Sie nach Ihre Namen gefragt!

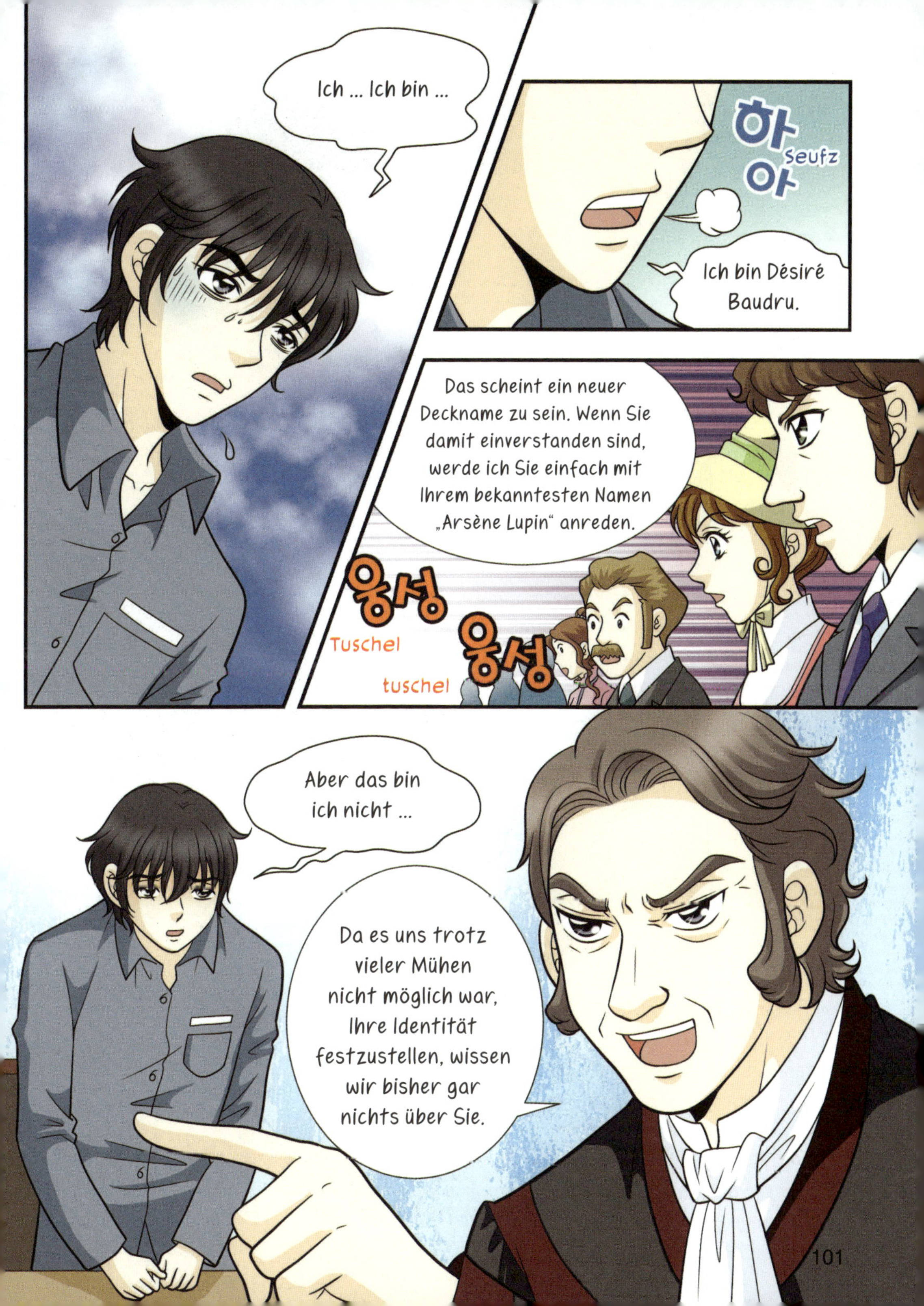
Ich ... Ich bin ...
하아
Seufz
Ich bin Désiré Baudru.
Das scheint ein neuer Deckname zu sein. Wenn Sie damit einverstanden sind, werde ich Sie einfach mit Ihrem bekanntesten Namen „Arsène Lupin“ anreden.
웅성
Tuschel
웅성
tuschel
Aber das bin ich nicht ...
Da es uns trotz vieler Mühen nicht möglich war, Ihre Identität festzustellen, wissen wir bisher gar nichts über Sie.

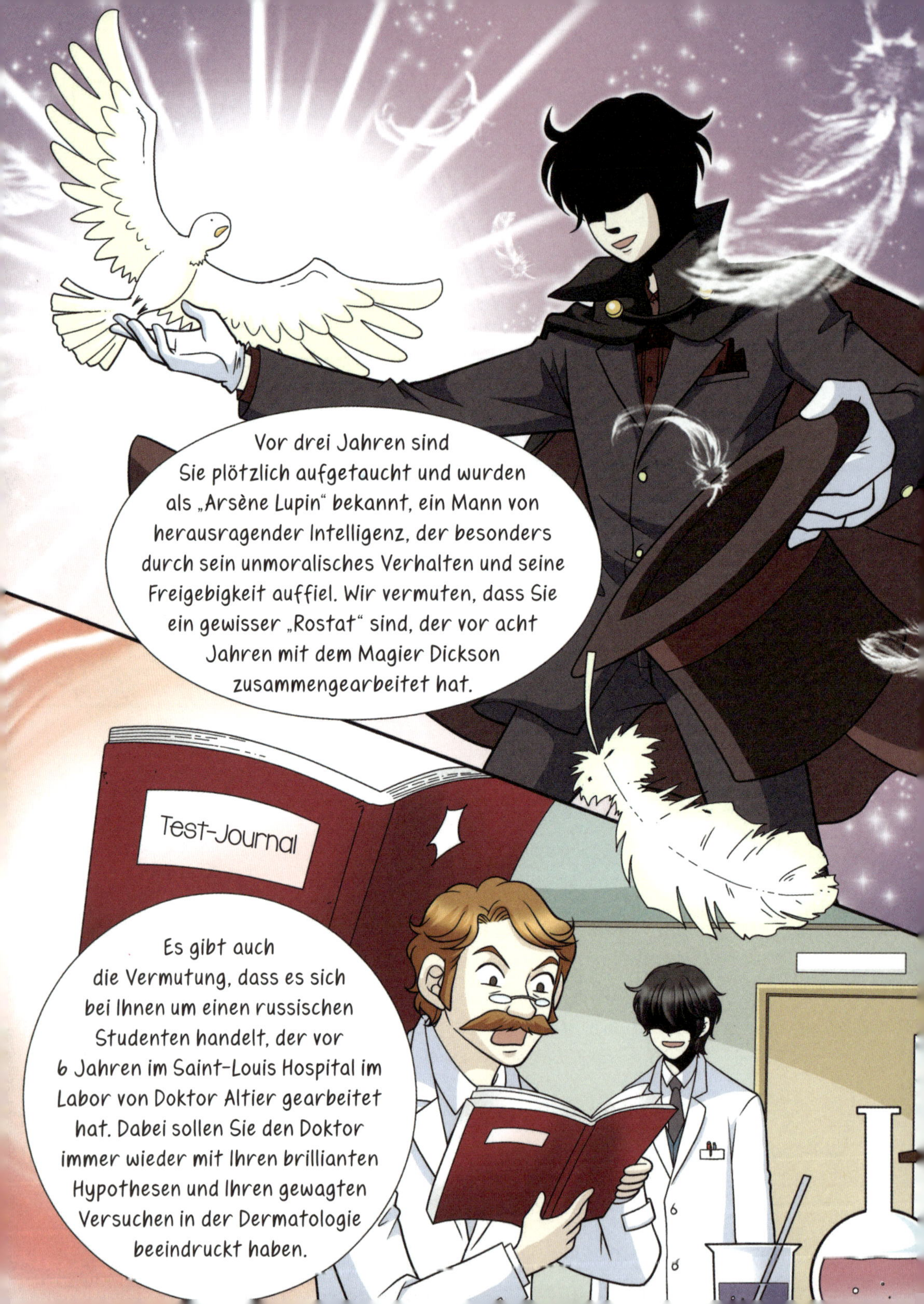
Vor drei Jahren sind Sie plötzlich aufgetaucht und wurden als „Arsène Lupin“ bekannt, ein Mann von herausragender Intelligenz, der besonders durch sein unmoralisches Verhalten und seine Freigebigkeit auffiel. Wir vermuten, dass Sie ein gewisser „Rostat“ sind, der vor acht Jahren mit dem Magier Dickson zusammengearbeitet hat.
Test-Journal
Es gibt auch die Vermutung, dass es sich bei Ihnen um einen russischen Studenten handelt, der vor 6 Jahren im Saint-Louis Hospital im Labor von Doktor Altier gearbeitet hat. Dabei sollen Sie den Doktor immer wieder mit Ihren brillianten Hypothesen und Ihren gewagten Versuchen in der Dermatologie beeindruckt haben.

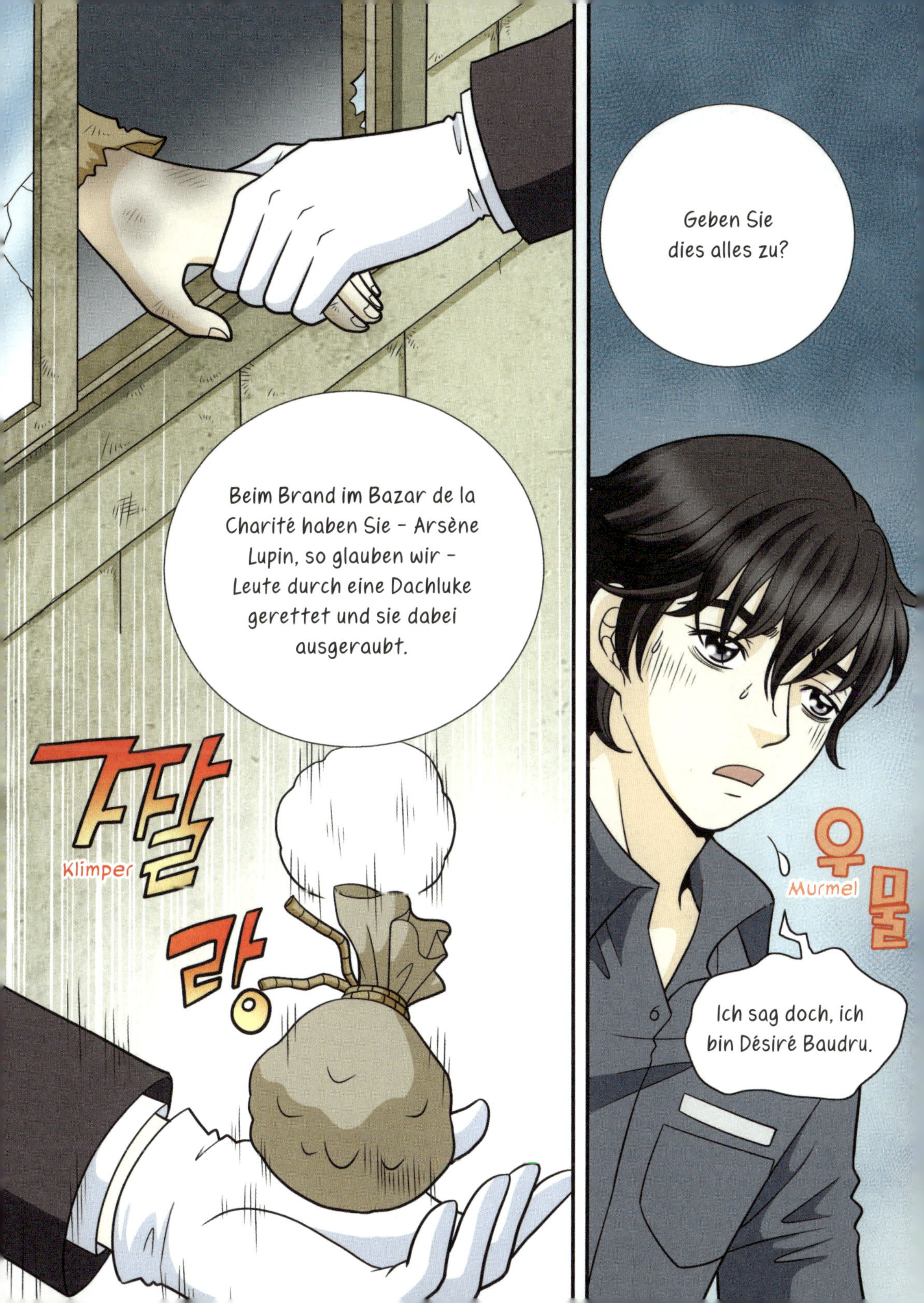

Geben Sie dies alles zu?
Beim Brand im Bazar de la Charité haben Sie – Arsène Lupin, so glauben wir – Leute durch eine Dachluke gerettet und sie dabei ausgeraubt.
짤랑
Klimper
우물
Murmel
Ich sag doch, ich bin Désiré Baudru.

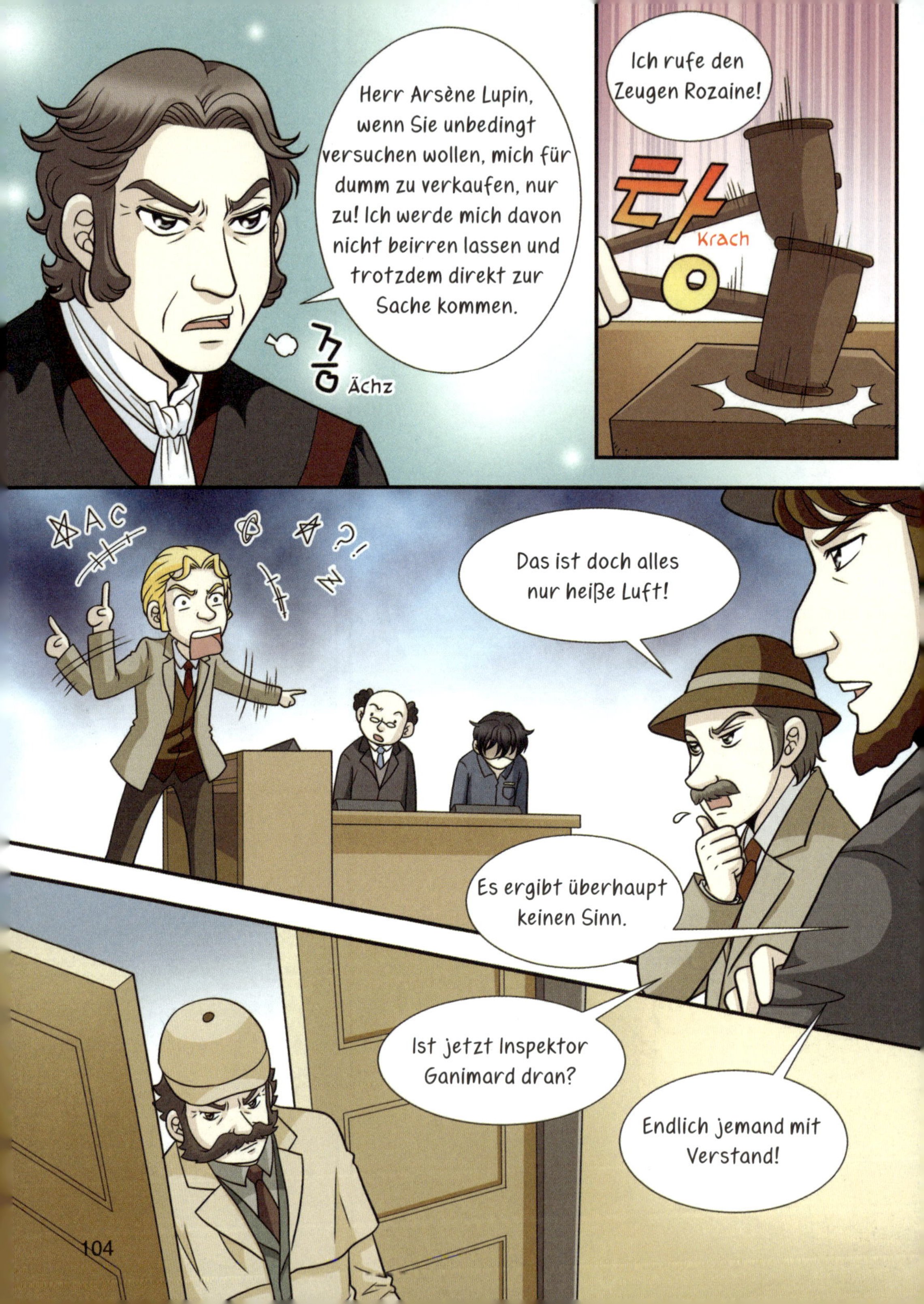
Herr Arsène Lupin, wenn Sie unbedingt versuchen wollen, mich für dumm zu verkaufen, nur zu! Ich werde mich davon nicht beirren lassen und trotzdem direkt zur Sache kommen.
Ächz
Ich rufe den Zeugen Rozaine!
Krach
Das ist doch alles nur heiße Luft!
Es ergibt überhaupt keinen Sinn.
Ist jetzt Inspektor Ganimard dran?
Endlich jemand mit Verstand!

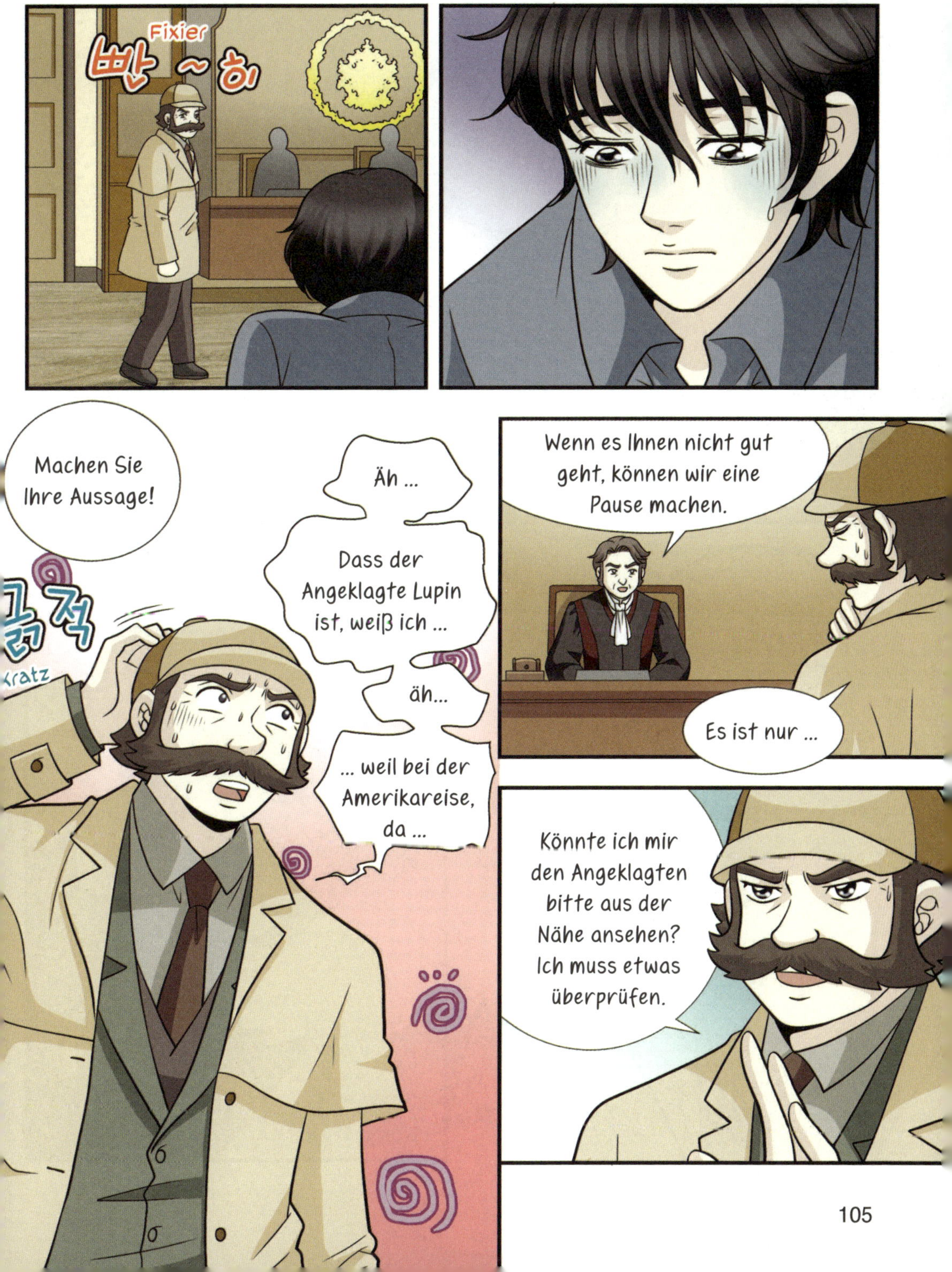
빤~히
Fixier
Machen Sie Ihre Aussage!
긁적
Kratz
Äh ...
Dass der Angeklagte Lupin ist, weiß ich ...
äh...
... weil bei der Amerikareise, da ...
Wenn es Ihnen nicht gut geht, können wir eine Pause machen.
Es ist nur ...
Könnte ich mir den Angeklagten bitte aus der Nähe ansehen? Ich muss etwas überprüfen.

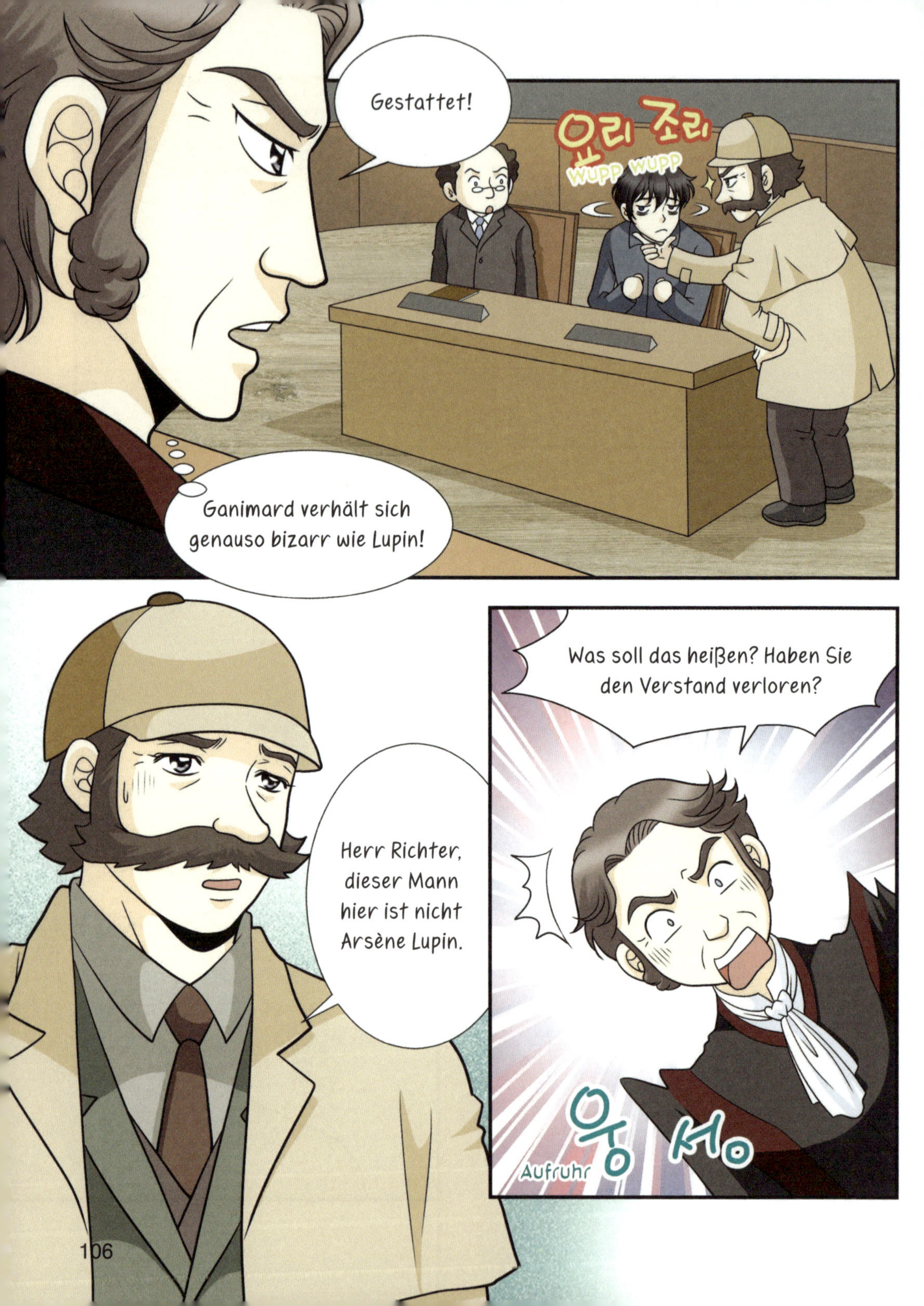
Gestattet!
요리 조리
Wupp Wupp
Ganimard verhält sich genauso bizarr wie Lupin!
Herr Richter, dieser Mann hier ist nicht Arsène Lupin.
Was soll das heißen? Haben Sie den Verstand verloren?
웅 성
Aufruhr

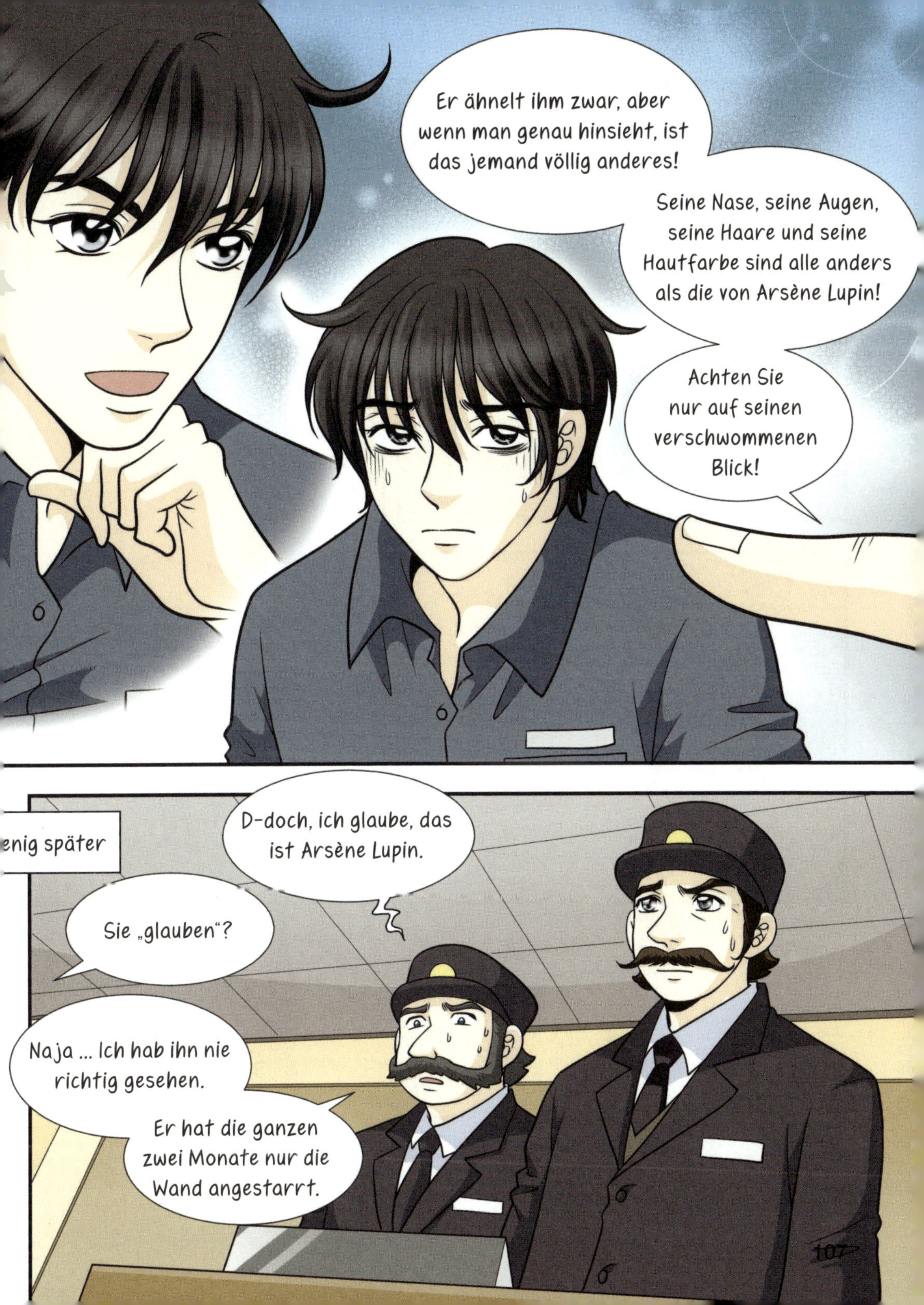
Er ähnelt ihm zwar, aber wenn man genau hinsieht, ist das jemand völlig anderes!
Seine Nase, seine Augen, seine Haare und seine Hautfarbe sind alle anders als die von Arsène Lupin!
Achten Sie nur auf seinen verschwommenen Blick!
enig später
D-doch, ich glaube, das ist Arsène Lupin.
Sie „glauben“?
Naja ... Ich hab ihn nie richtig gesehen.
Er hat die ganzen zwei Monate nur die Wand angestarrt.

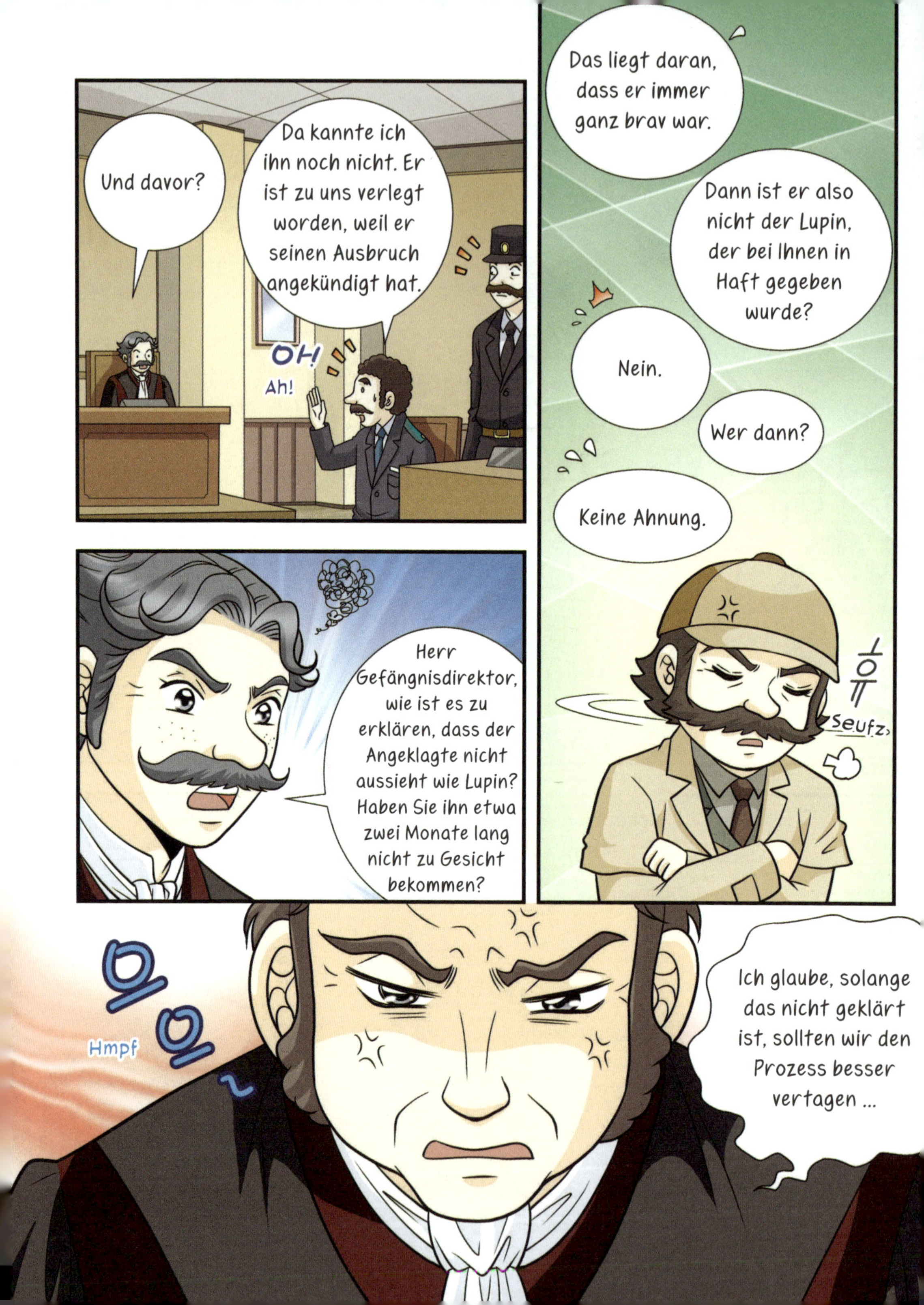
Und davor?
Da kannte ich ihn noch nicht. Er ist zu uns verlegt worden, weil er seinen Ausbruch angekündigt hat.
OH!
Ah!
Das liegt daran, dass er immer ganz brav war.
Dann ist er also nicht der Lupin, der bei Ihnen in Haft gegeben wurde?
Nein.
Wer dann?
Keine Ahnung.
Herr Gefängnisdirektor, wie ist es zu erklären, dass der Angeklagte nicht aussieht wie Lupin? Haben Sie ihn etwa zwei Monate lang nicht zu Gesicht bekommen?
Seufz
Hmpf
Ich glaube, solange das nicht geklärt ist, sollten wir den Prozess besser vertagen ...

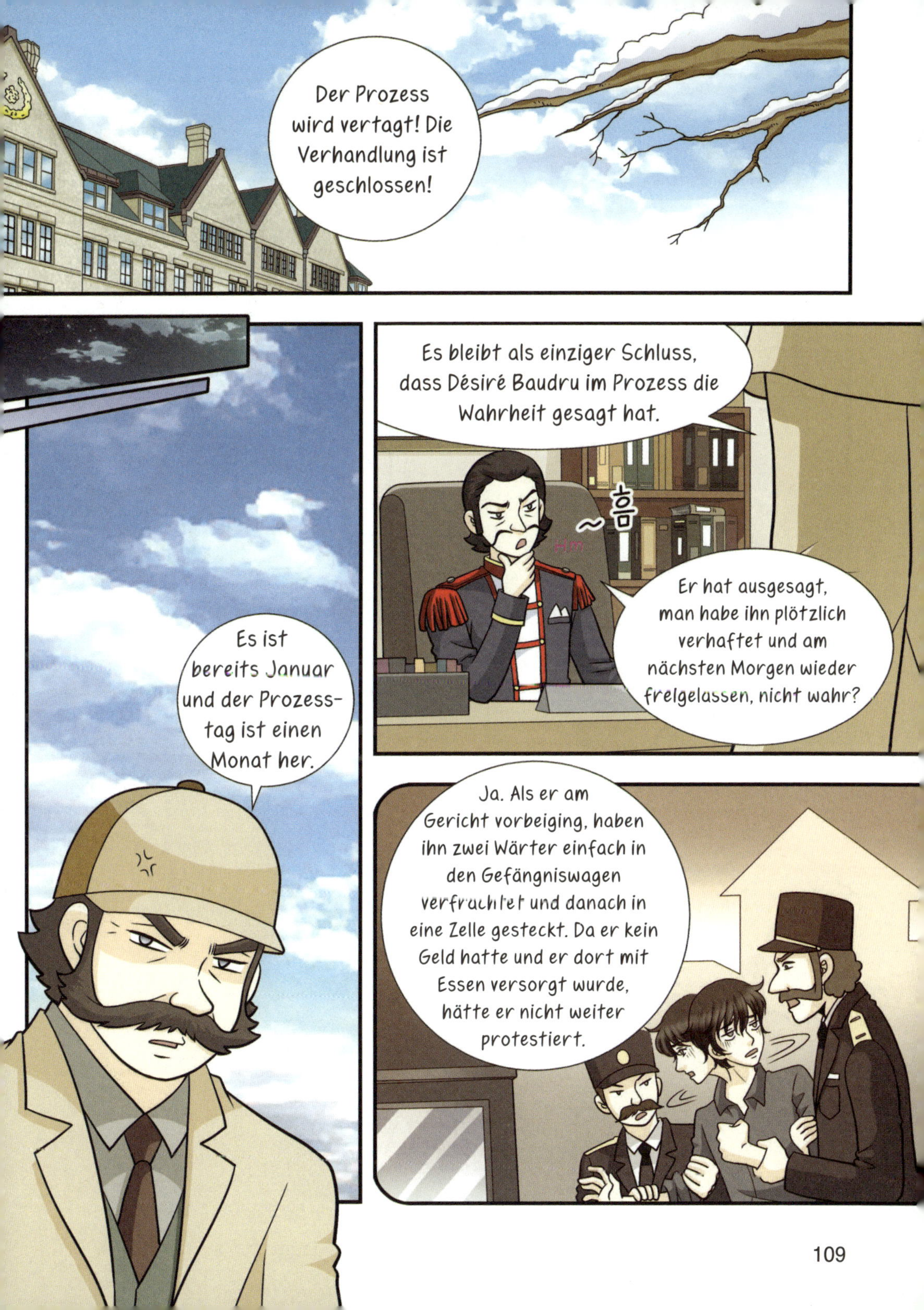
Der Prozess wird vertagt! Die Verhandlung ist geschlossen!
Es ist bereits Januar und der Prozess-tag ist einen Monat her.
Es bleibt als einziger Schluss, dass Désiré Baudru im Prozess die Wahrheit gesagt hat.
~흠
Hm
Er hat ausgesagt, man habe ihn plötzlich verhaftet und am nächsten Morgen wieder freigelassen, nicht wahr?
Ja. Als er am Gericht vorbeiging, haben ihn zwei Wärter einfach in den Gefängniswagen verfrachtet und danach in eine Zelle gesteckt. Da er kein Geld hatte und er dort mit Essen versorgt wurde, hätte er nicht weiter protestiert.

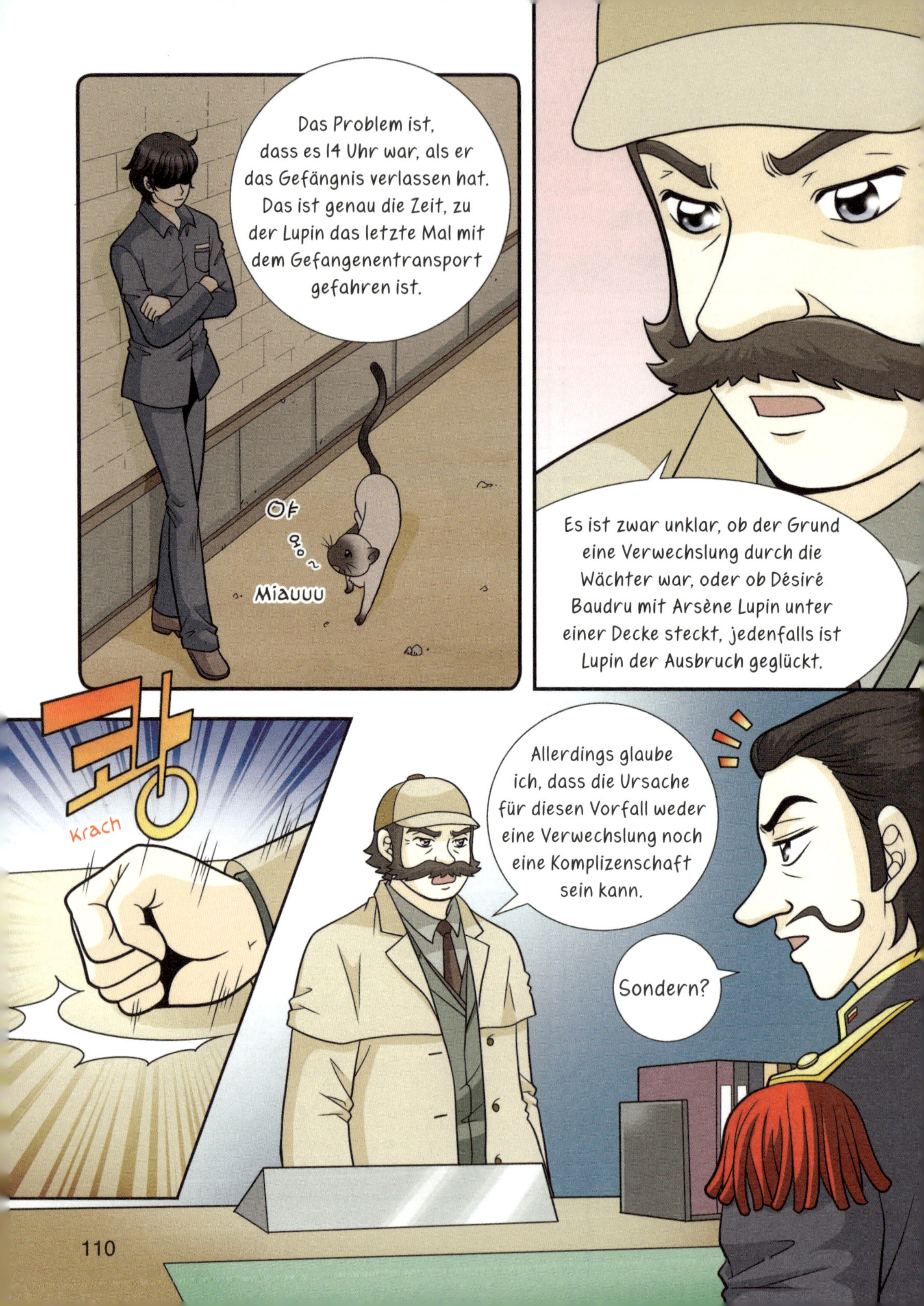
Das Problem ist, dass es 14 Uhr war, als er das Gefängnis verlassen hat. Das ist genau die Zeit, zu der Lupin das letzte Mal mit dem Gefangenentransport gefahren ist.
Miauuu
Es ist zwar unklar, ob der Grund eine Verwechslung durch die Wächter war, oder ob Désiré Baudru mit Arsène Lupin unter einer Decke steckt, jedenfalls ist Lupin der Ausbruch geglückt.
Krach
Allerdings glaube ich, dass die Ursache für diesen Vorfall weder eine Verwechslung noch eine Komplizenschaft sein kann.
Sondern?

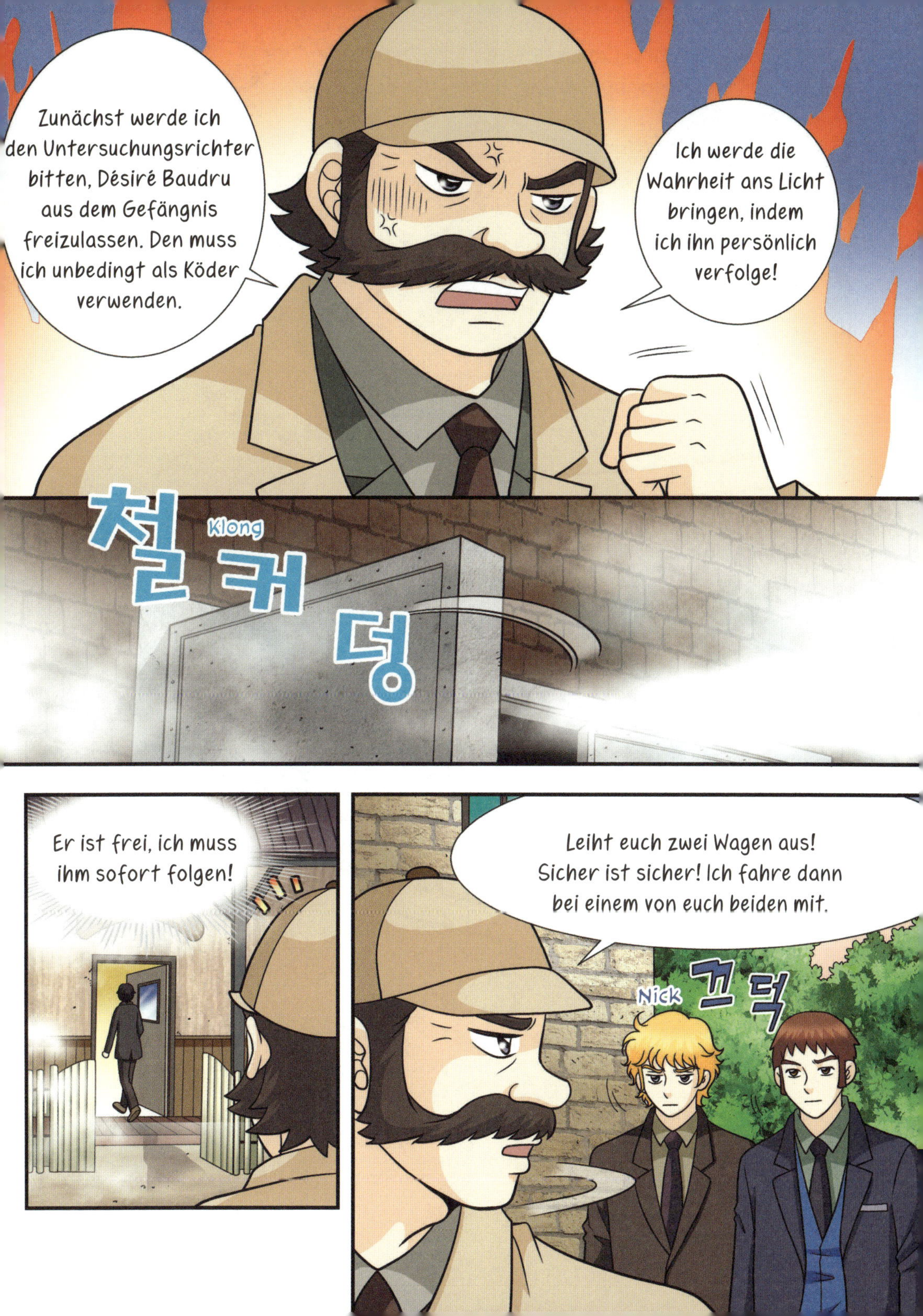
Zunächst werde ich den Untersuchungsrichter bitten, Désiré Baudru aus dem Gefängnis freizulassen. Den muss ich unbedingt als Köder verwenden.
Ich werde die Wahrheit ans Licht bringen, indem ich ihn persönlich verfolge!
철커덩
Klong
Er ist frei, ich muss ihm sofort folgen!
Leiht euch zwei Wagen aus! Sicher ist sicher! Ich fahre dann bei einem von euch beiden mit.
Nick
끄덕

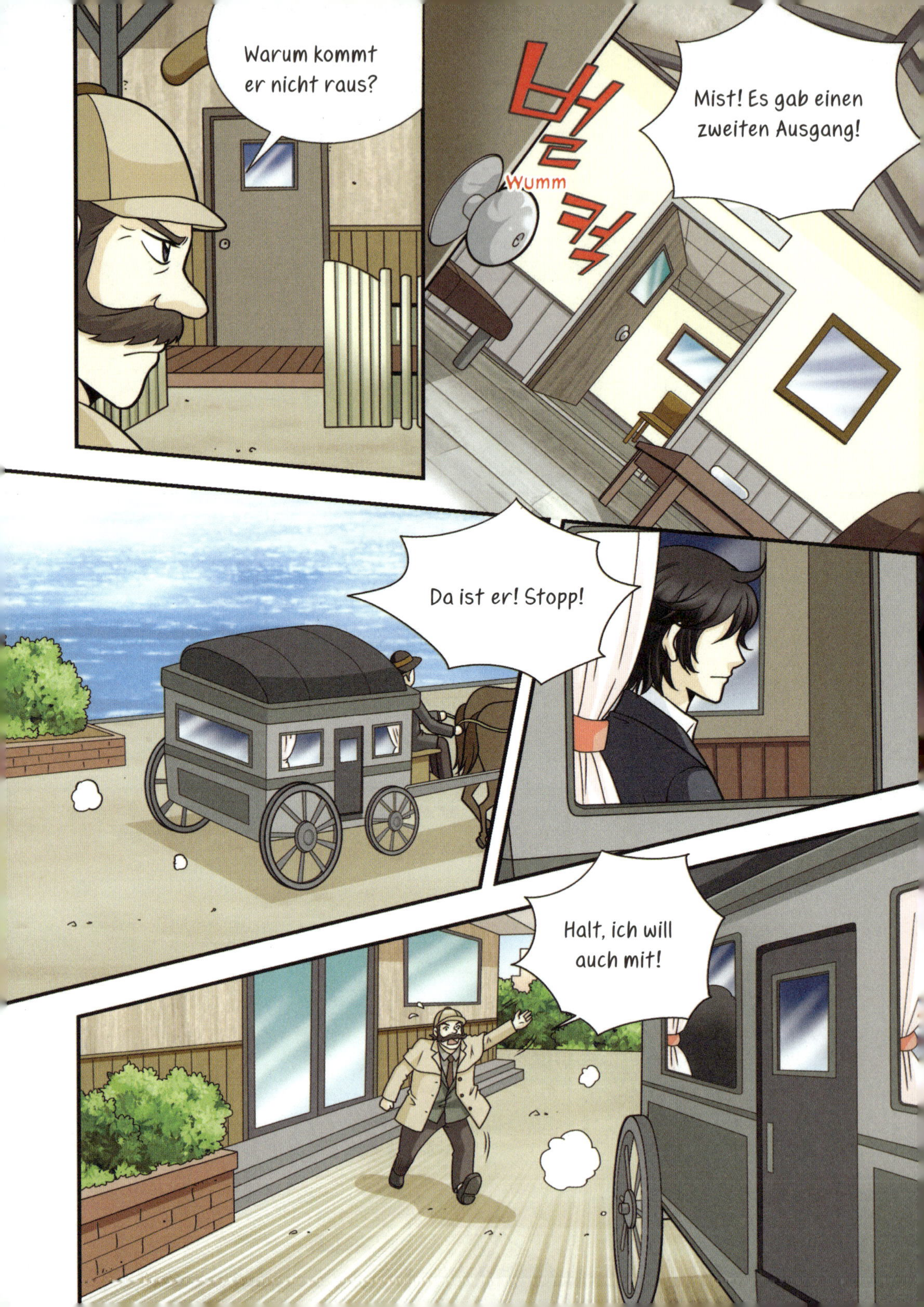
Warum kommt er nicht raus?
Wumm
Mist! Es gab einen zweiten Ausgang!
Da ist er! Stopp!
Halt, ich will auch mit!

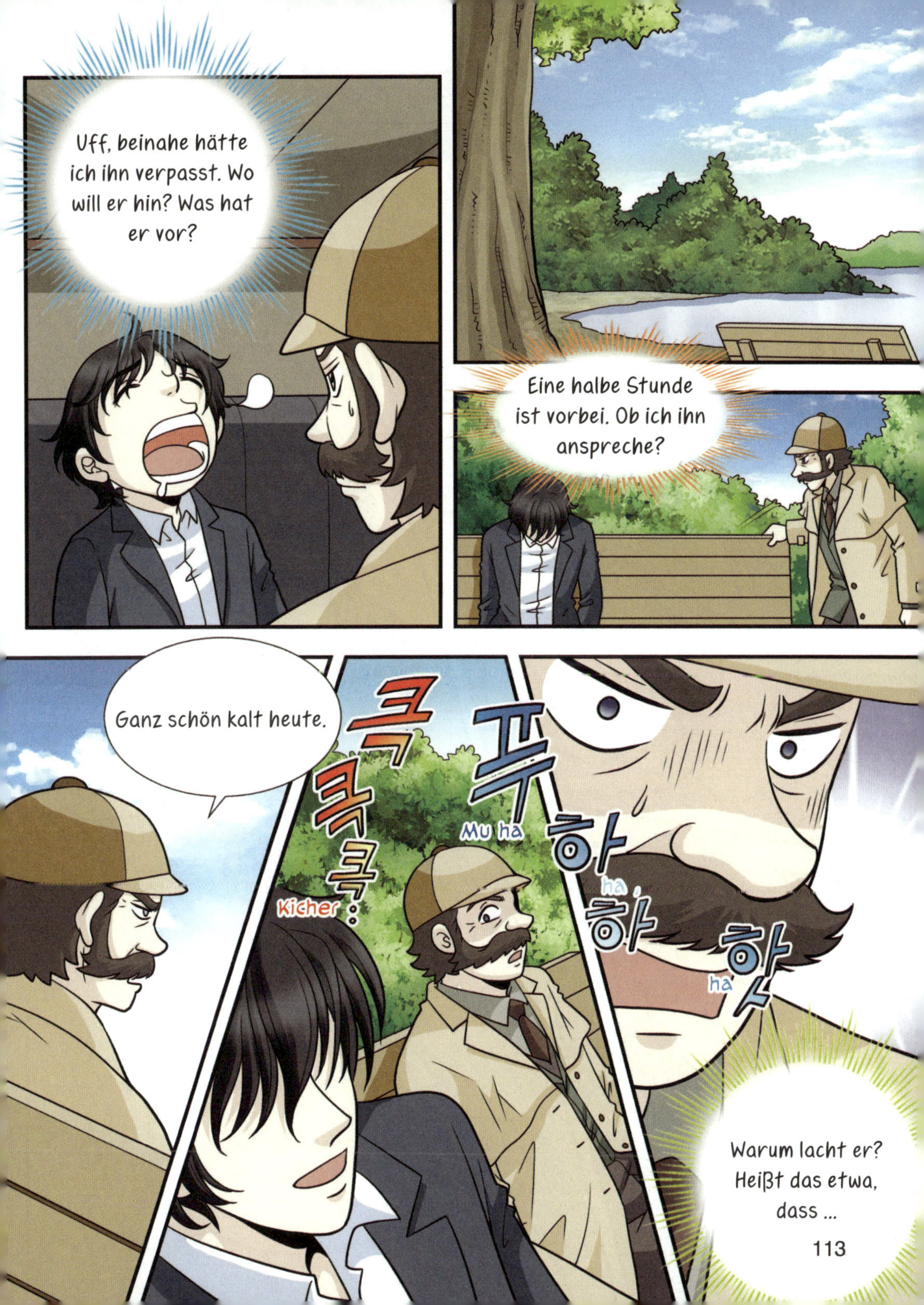

Uff, beinahe hätte ich ihn verpasst. Wo will er hin? Was hat er vor?
Eine halbe Stunde ist vorbei. Ob ich ihn anspreche?
Ganz schön kalt heute.
큭큭큭
Kicher
푸하하핫
Mu ha ha, ha
Warum lacht er? Heißt das etwa, dass ...

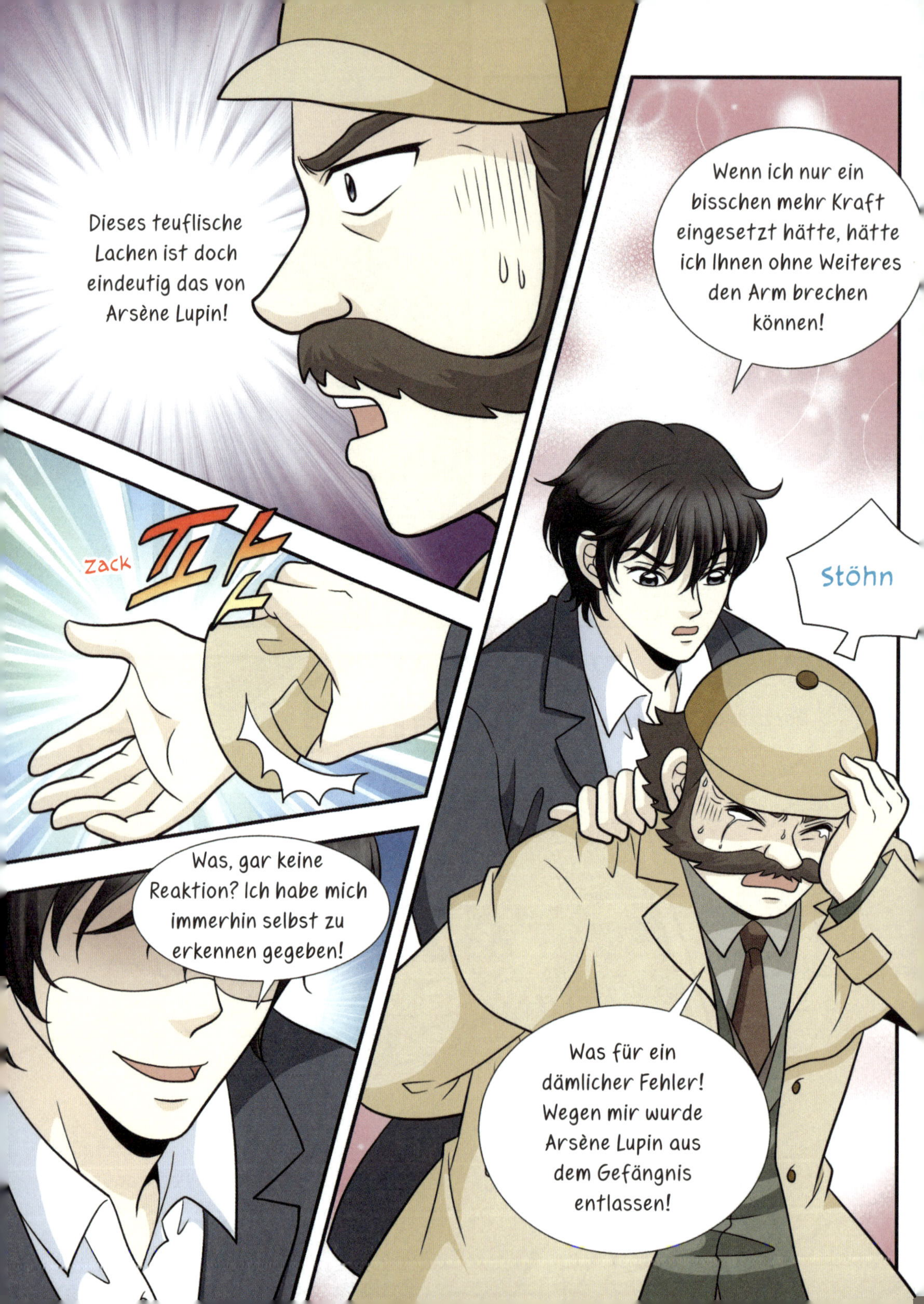
Dieses teuflische Lachen ist doch eindeutig das von Arsène Lupin!
Wenn ich nur ein bisschen mehr Kraft eingesetzt hätte, hätte ich Ihnen ohne Weiteres den Arm brechen können!
Zack
Stöhn
Was, gar keine Reaktion? Ich habe mich immerhin selbst zu erkennen gegeben!
Was für ein dämlicher Fehler! Wegen mir wurde Arsène Lupin aus dem Gefängnis entlassen!

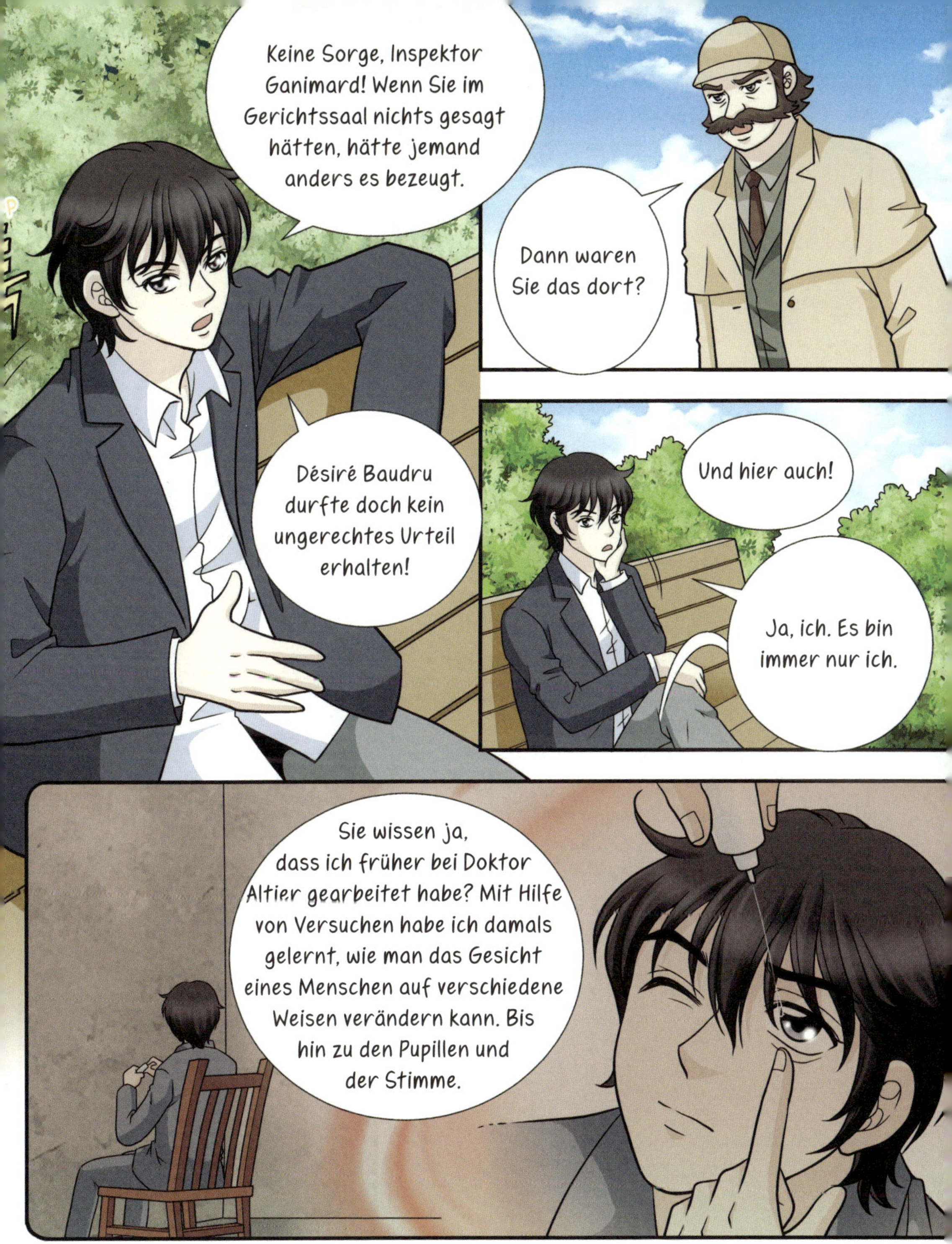
Keine Sorge, Inspektor Ganimard! Wenn Sie im Gerichtssaal nichts gesagt hätten, hätte jemand anders es bezeugt.
Dann waren Sie das dort?
Désiré Baudru durfte doch kein ungerechtes Urteil erhalten!
Und hier auch!
Ja, ich. Es bin immer nur ich.
Sie wissen ja, dass ich früher bei Doktor Altier gearbeitet habe? Mit Hilfe von Versuchen habe ich damals gelernt, wie man das Gesicht eines Menschen auf verschiedene Weisen verändern kann. Bis hin zu den Pupillen und der Stimme.

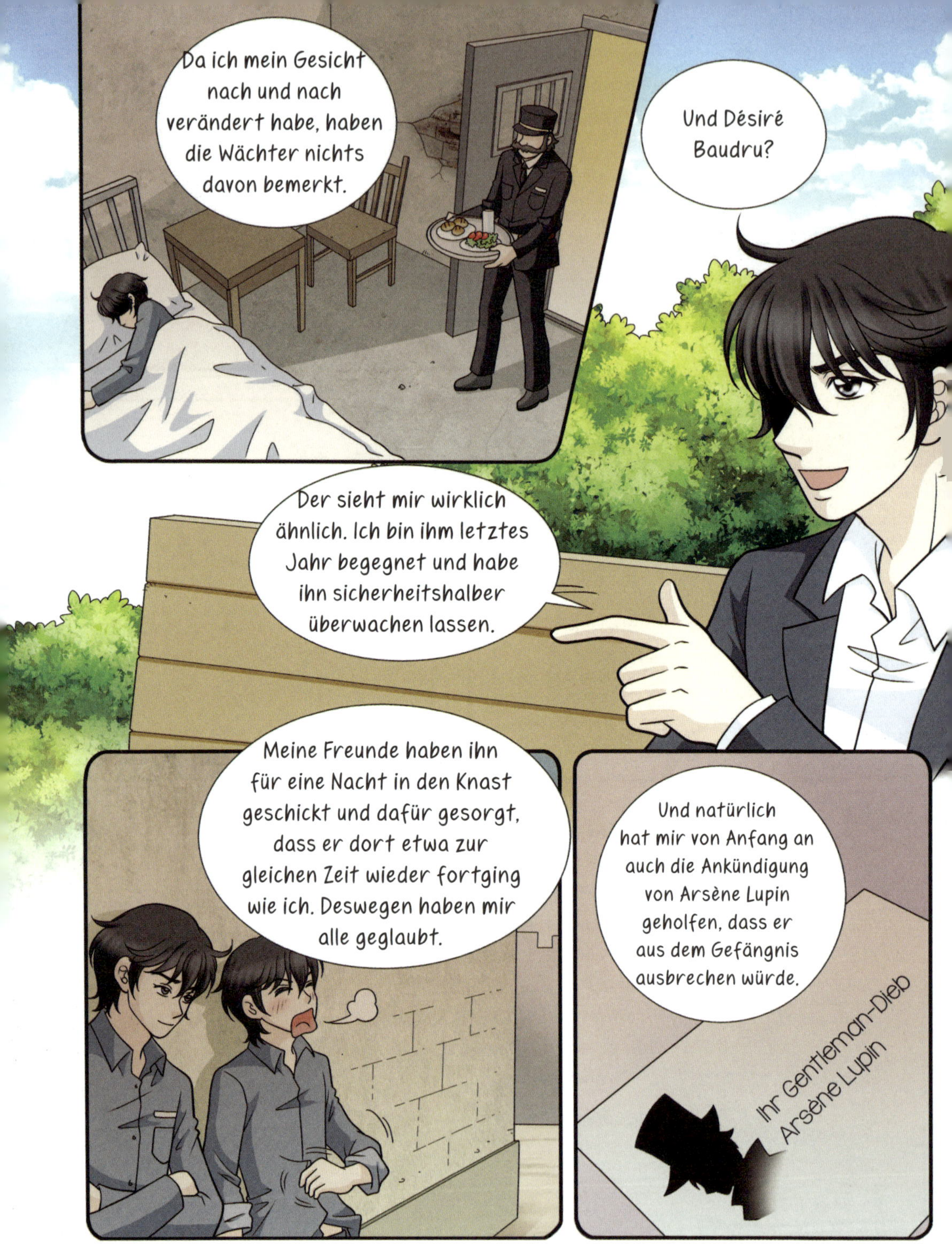
Da ich mein Gesicht nach und nach verändert habe, haben die Wächter nichts davon bemerkt.
Und Désiré Baudru?
Der sieht mir wirklich ähnlich. Ich bin ihm letztes Jahr begegnet und habe ihn sicherheitshalber überwachen lassen.
Meine Freunde haben ihn für eine Nacht in den Knast geschickt und dafür gesorgt, dass er dort etwa zur gleichen Zeit wieder fortging wie ich. Deswegen haben mir alle geglaubt.
Und natürlich hat mir von Anfang an auch die Ankündigung von Arsène Lupin geholfen, dass er aus dem Gefängnis ausbrechen würde.
Ihr Gentleman-Dieb
Arsène Lupin

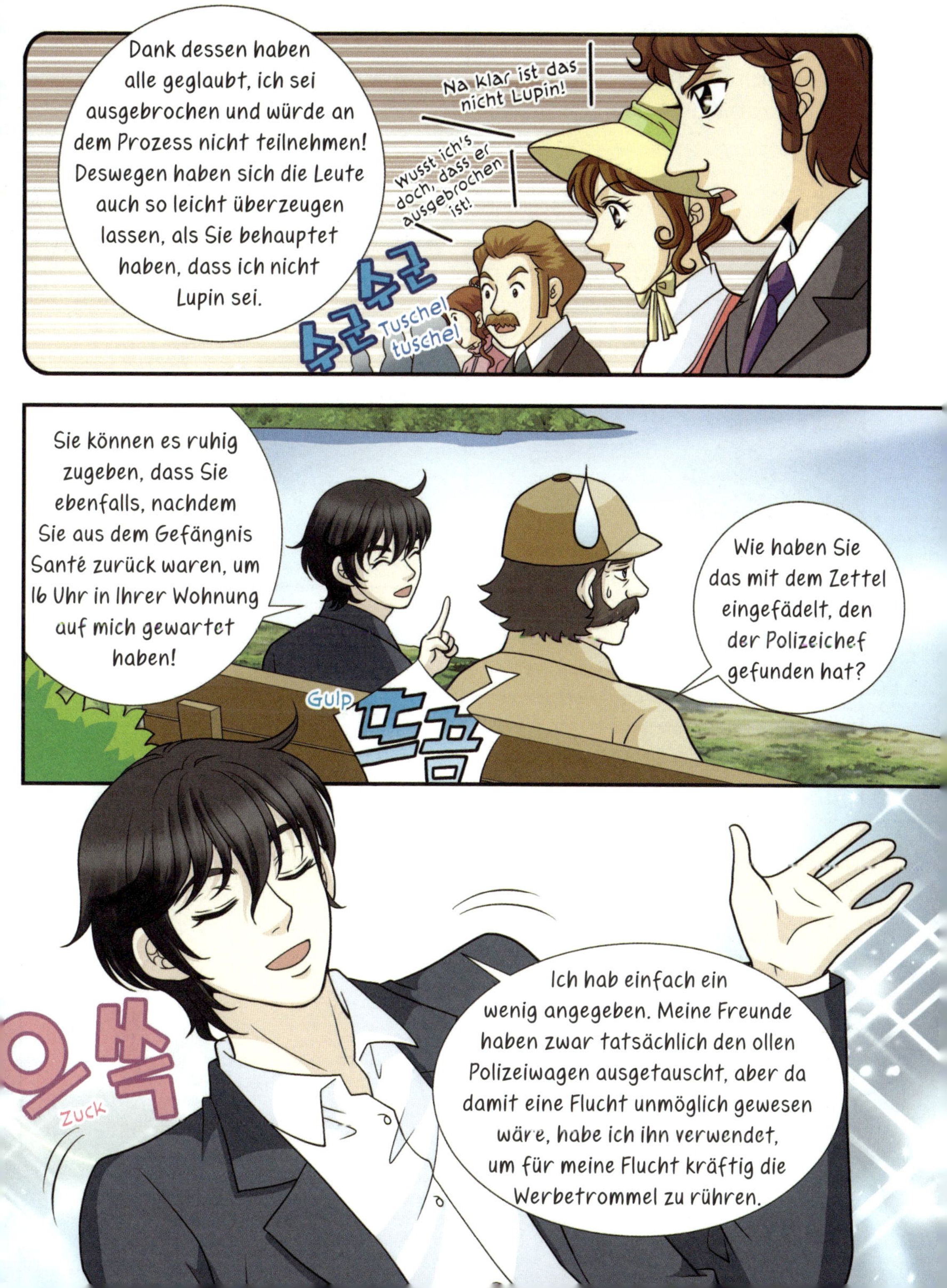

Dank dessen haben alle geglaubt, ich sei ausgebrochen und würde an dem Prozess nicht teilnehmen! Deswegen haben sich die Leute auch so leicht überzeugen lassen, als Sie behauptet haben, dass ich nicht Lupin sei.
Na klar ist das nicht Lupin!
Wusst ich's doch, dass er ausgebrochen ist!
수군수군
Tuschel tuschel
Sie können es ruhig zugeben, dass Sie ebenfalls, nachdem Sie aus dem Gefängnis Santé zurück waren, um 16 Uhr in Ihrer Wohnung auf mich gewartet haben!
Wie haben Sie das mit dem Zettel eingefädelt, den der Polizeichef gefunden hat?
Gulp
Ich hab einfach ein wenig angegeben. Meine Freunde haben zwar tatsächlich den ollen Polizeiwagen ausgetauscht, aber da damit eine Flucht unmöglich gewesen wäre, habe ich ihn verwendet, um für meine Flucht kräftig die Werbetrommel zu rühren.
으쓱
ZUCK

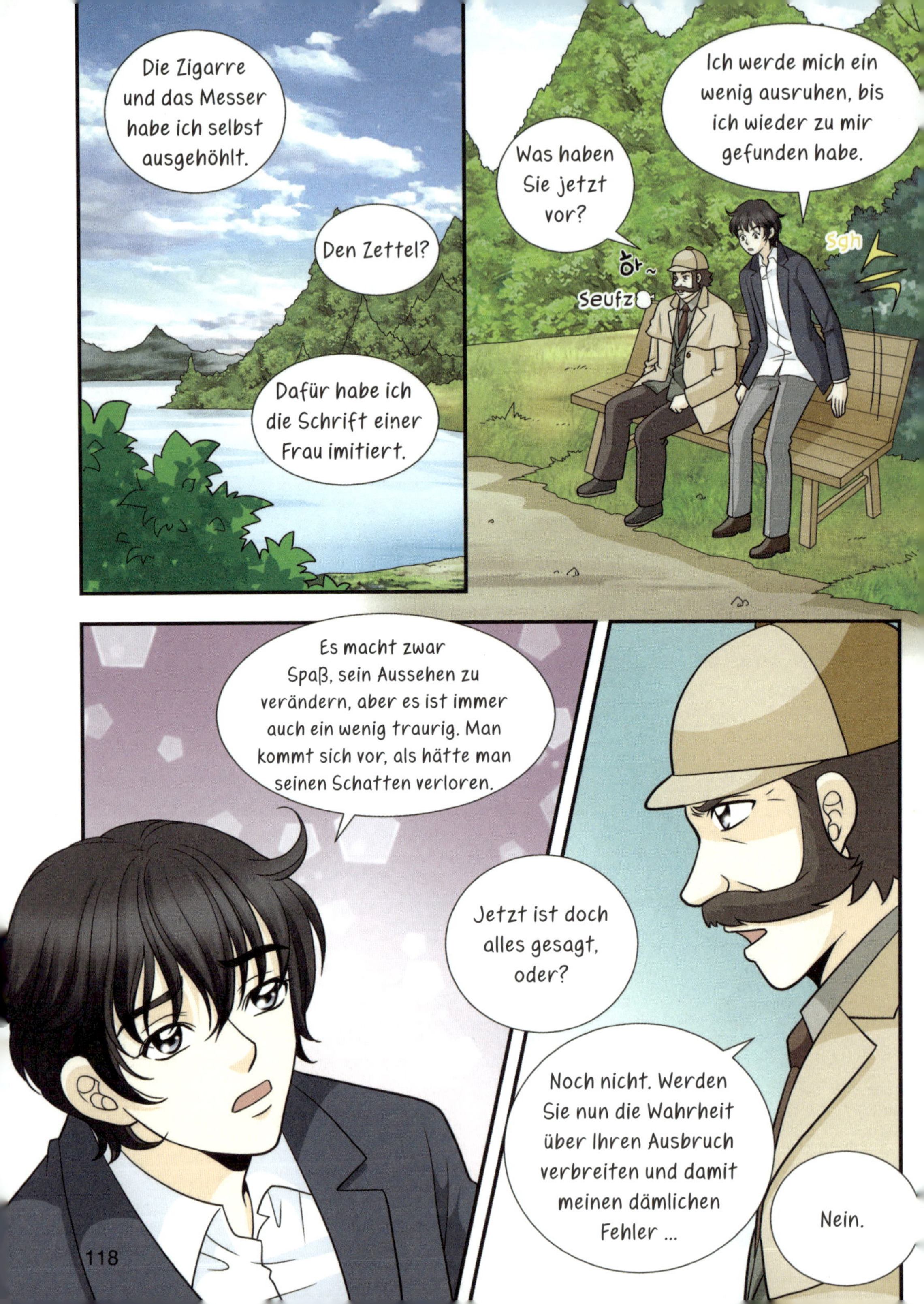
Die Zigarre und das Messer habe ich selbst ausgehöhlt.
Den Zettel?
Dafür habe ich die Schrift einer Frau imitiert.
Was haben Sie jetzt vor?
Ich werde mich ein wenig ausruhen, bis ich wieder zu mir gefunden habe.
하~
Seufz
Sgh
Es macht zwar Spaß, sein Aussehen zu verändern, aber es ist immer auch ein wenig traurig. Man kommt sich vor, als hätte man seinen Schatten verloren.
Jetzt ist doch alles gesagt, oder?
Noch nicht. Werden Sie nun die Wahrheit über Ihren Ausbruch verbreiten und damit meinen dämlichen Fehler ...
Nein.

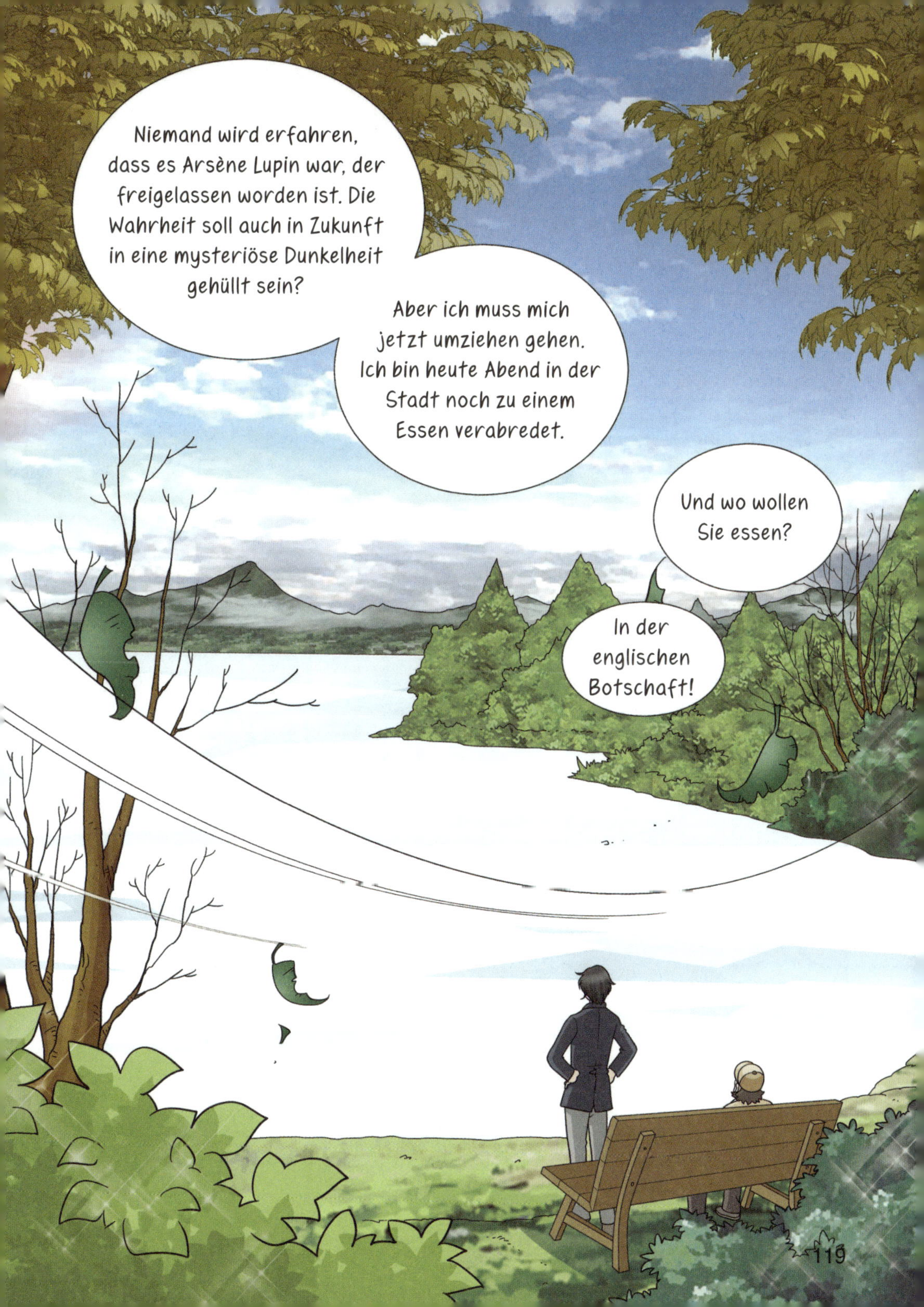
Niemand wird erfahren, dass es Arsène Lupin war, der freigelassen worden ist. Die Wahrheit soll auch in Zukunft in eine mysteriöse Dunkelheit gehüllt sein?
Aber ich muss mich jetzt umziehen gehen. Ich bin heute Abend in der Stadt noch zu einem Essen verabredet.
Und wo wollen Sie essen?
In der englischen Botschaft!

Vierte Gaunerei Das Collier der Königin

1. Eine Begebenheit vor 20 Jahren

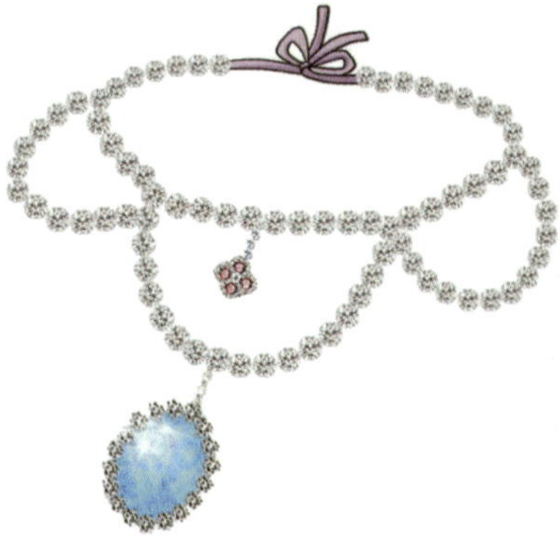

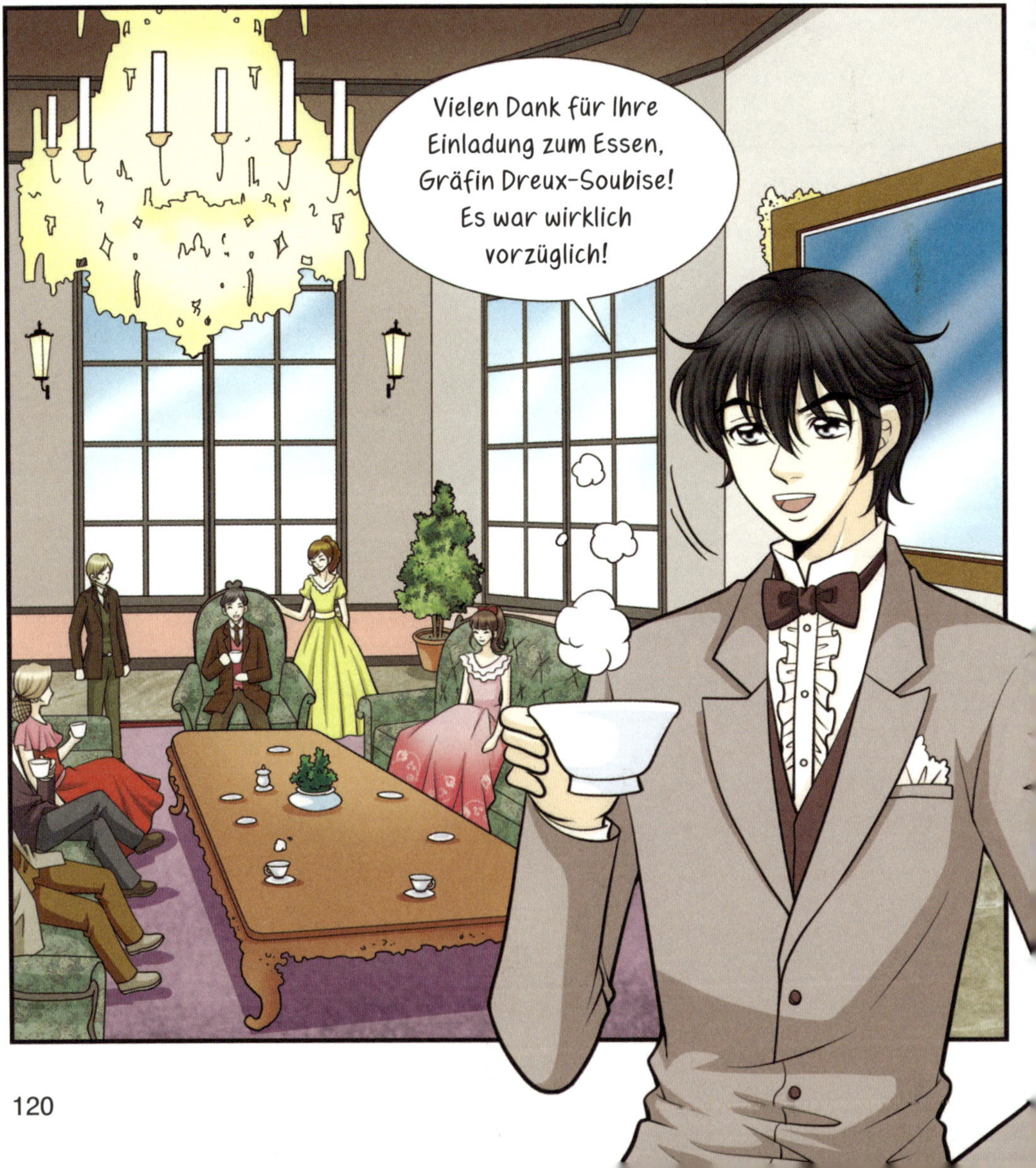

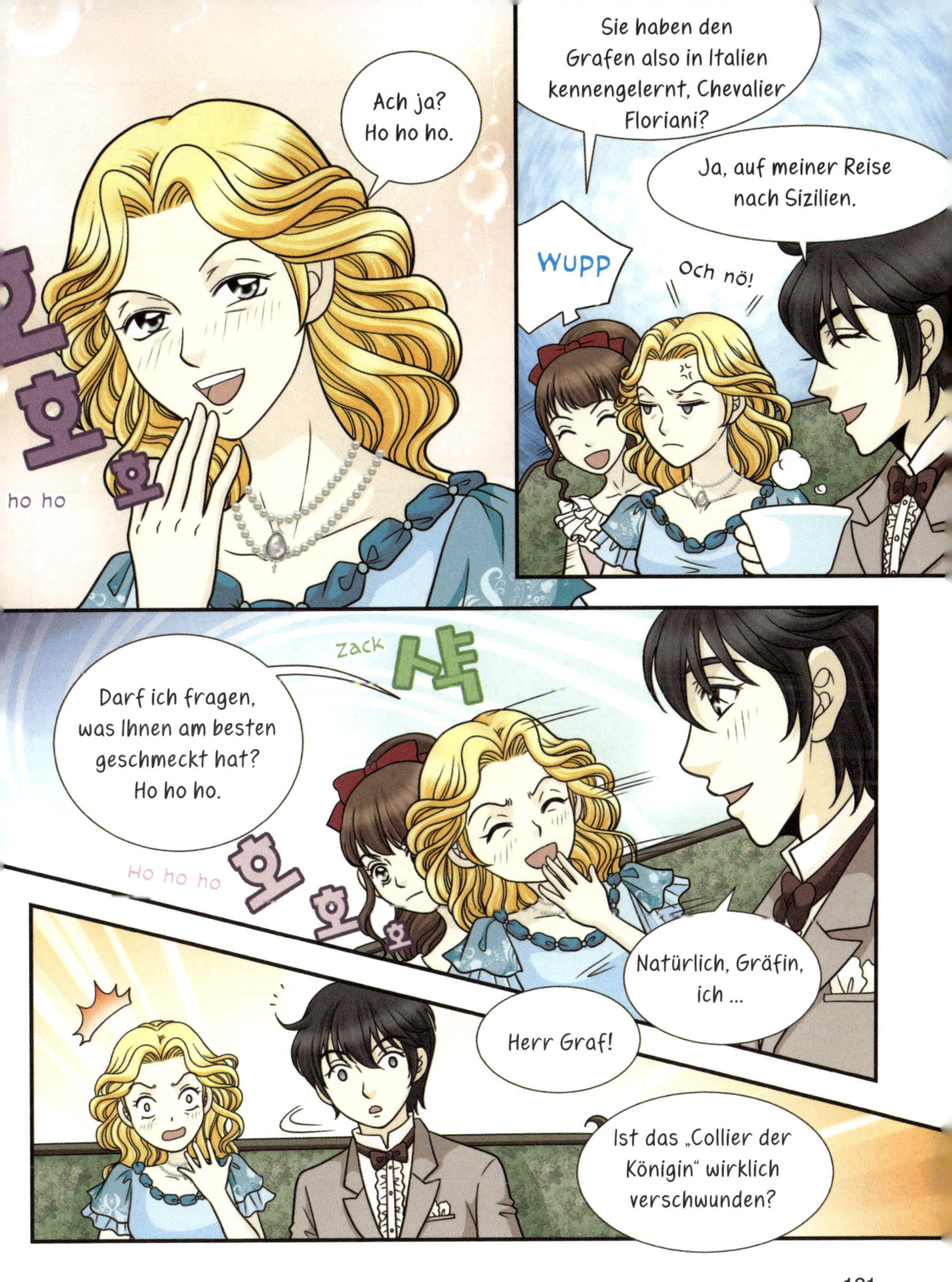
Ach ja?
Ho ho ho.
ho ho
Sie haben den Grafen also in Italien kennengelernt, Chevalier Floriani?
Ja, auf meiner Reise nach Sizilien.
Wupp
Och nö!
Zack
Darf ich fragen, was Ihnen am besten geschmeckt hat? Ho ho ho.
Ho ho ho
Natürlich, Gräfin, ich ...
Herr Graf!
Ist das „Collier der Königin“ wirklich verschwunden?

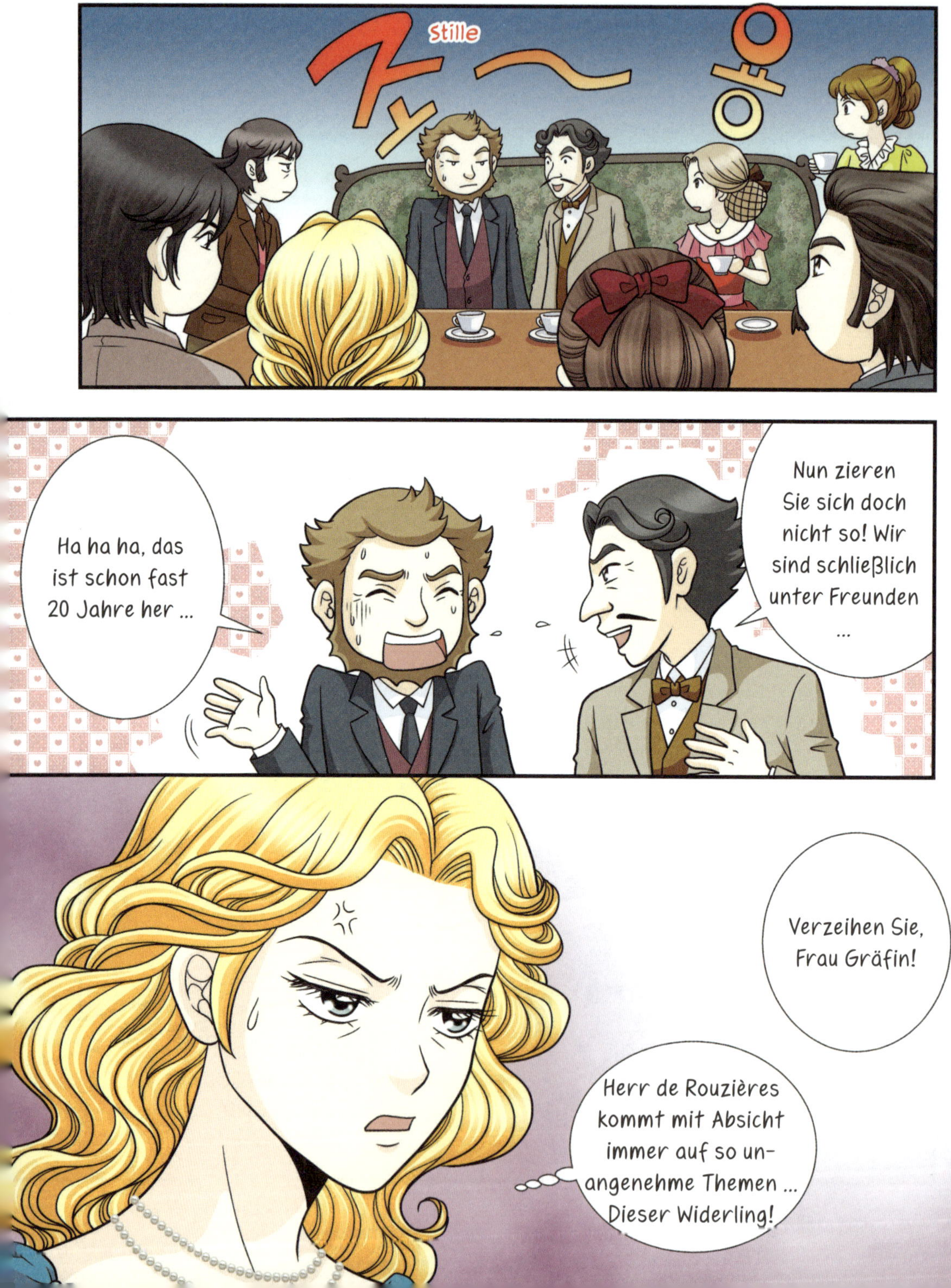
Stille
Ha ha ha, das ist schon fast 20 Jahre her ...
Nun zieren Sie sich doch nicht so! Wir sind schließlich unter Freunden ...
Verzeihen Sie, Frau Gräfin!
Herr de Rouzières kommt mit Absicht immer auf so unangenehme Themen ... Dieser Widerling!

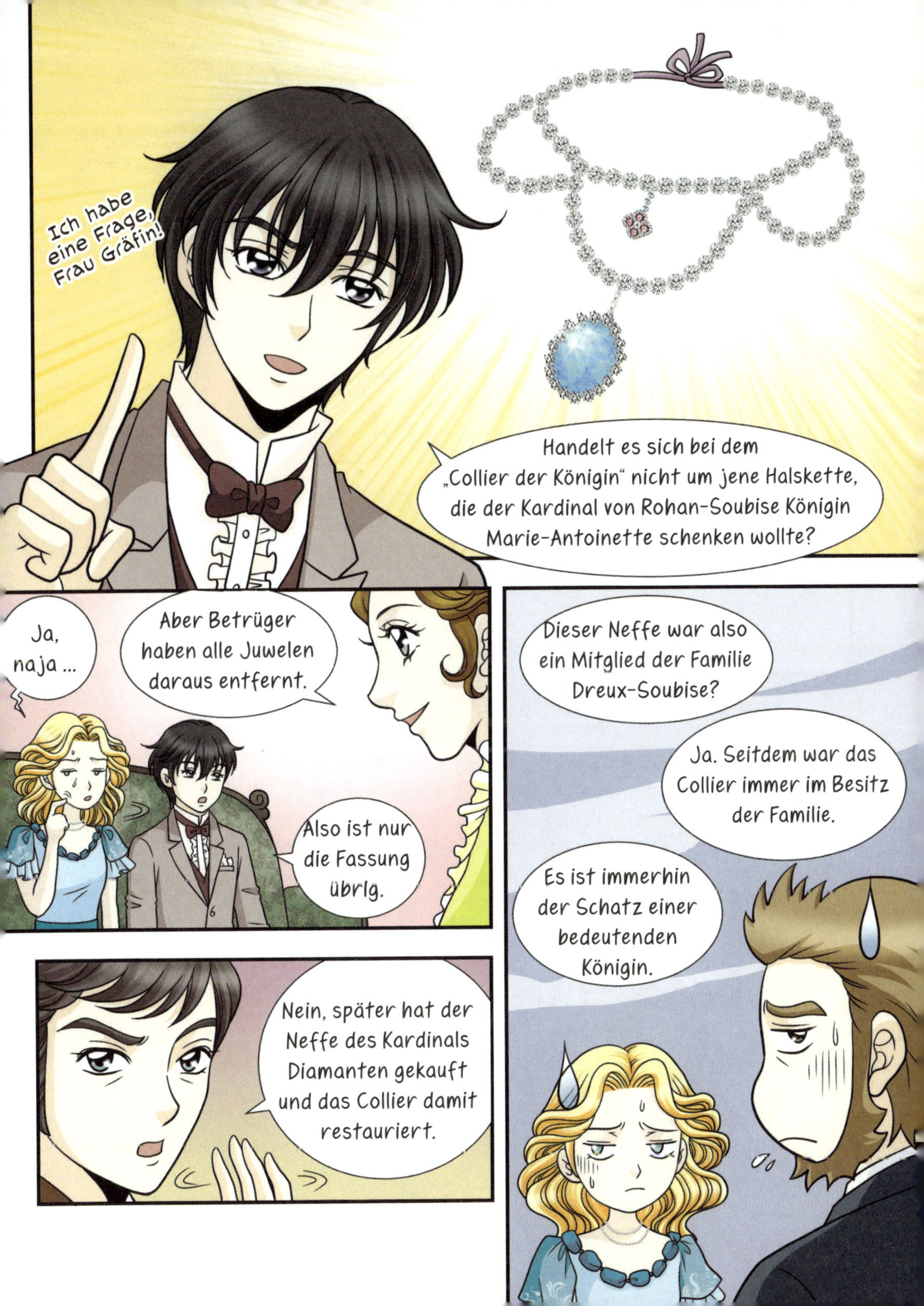
Ich habe eine Frage, Frau Gräfin!
Handelt es sich bei dem „Collier der Königin“ nicht um jene Halskette, die der Kardinal von Rohan-Soubise Königin Marie-Antoinette schenken wollte?
Ja, naja ...
Aber Betrüger haben alle Juwelen daraus entfernt.
Also ist nur die Fassung übrig.
Nein, später hat der Neffe des Kardinals Diamanten gekauft und das Collier damit restauriert.
Dieser Neffe war also ein Mitglied der Familie Dreux-Soubise?
Ja. Seitdem war das Collier immer im Besitz der Familie.
Es ist immerhin der Schatz einer bedeutenden Königin.

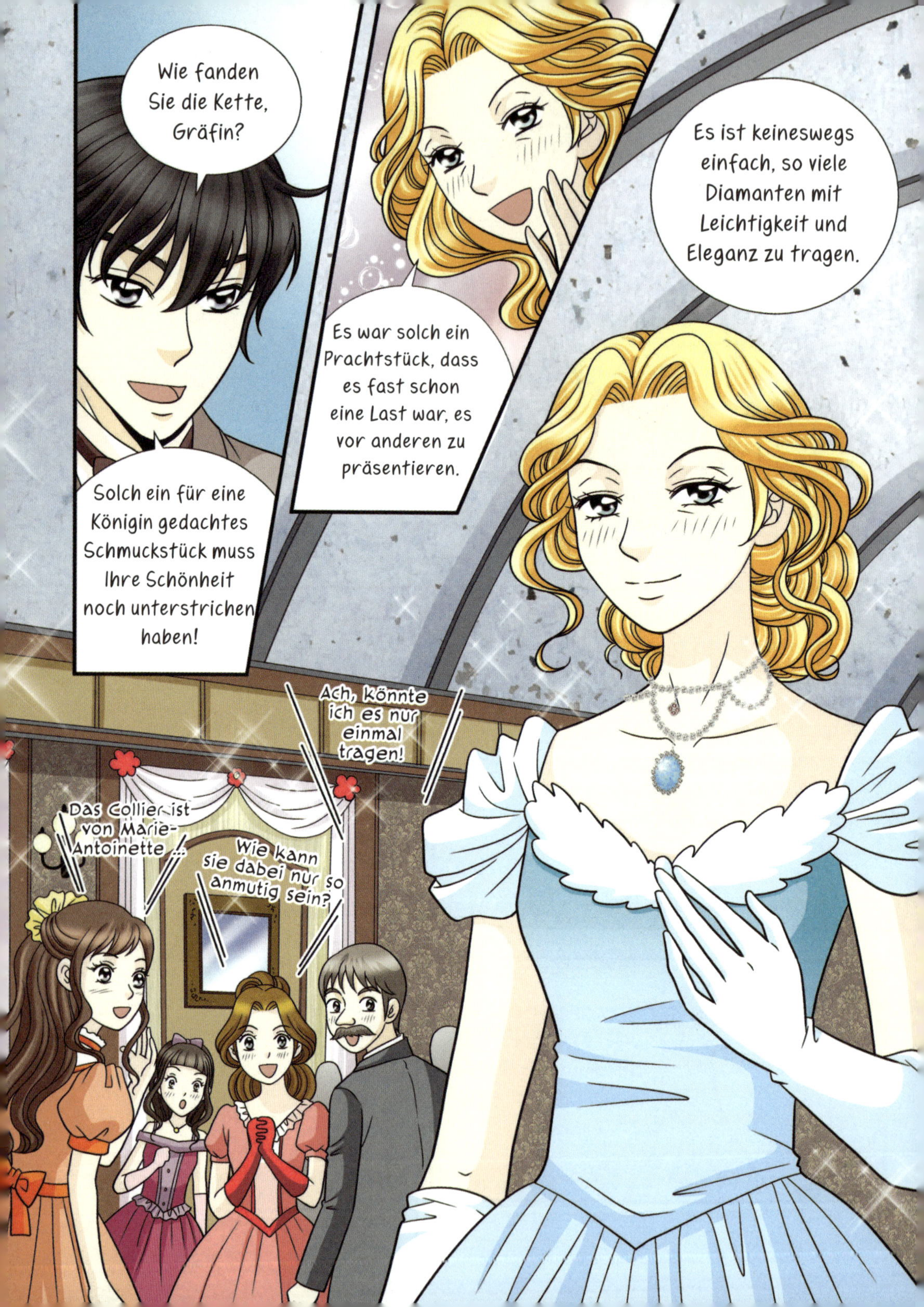
Wie fanden Sie die Kette, Gräfin?
Solch ein für eine Königin gedachtes Schmuckstück muss Ihre Schönheit noch unterstrichen haben!
Es war solch ein Prachtstück, dass es fast schon eine Last war, es vor anderen zu präsentieren.
Es ist keineswegs einfach, so viele Diamanten mit Leichtigkeit und Eleganz zu tragen.
Ach, könnte ich es nur einmal tragen!
Das Collier ist von Marie-Antoinette ...
Wie kann sie dabei nur so anmutig sein?

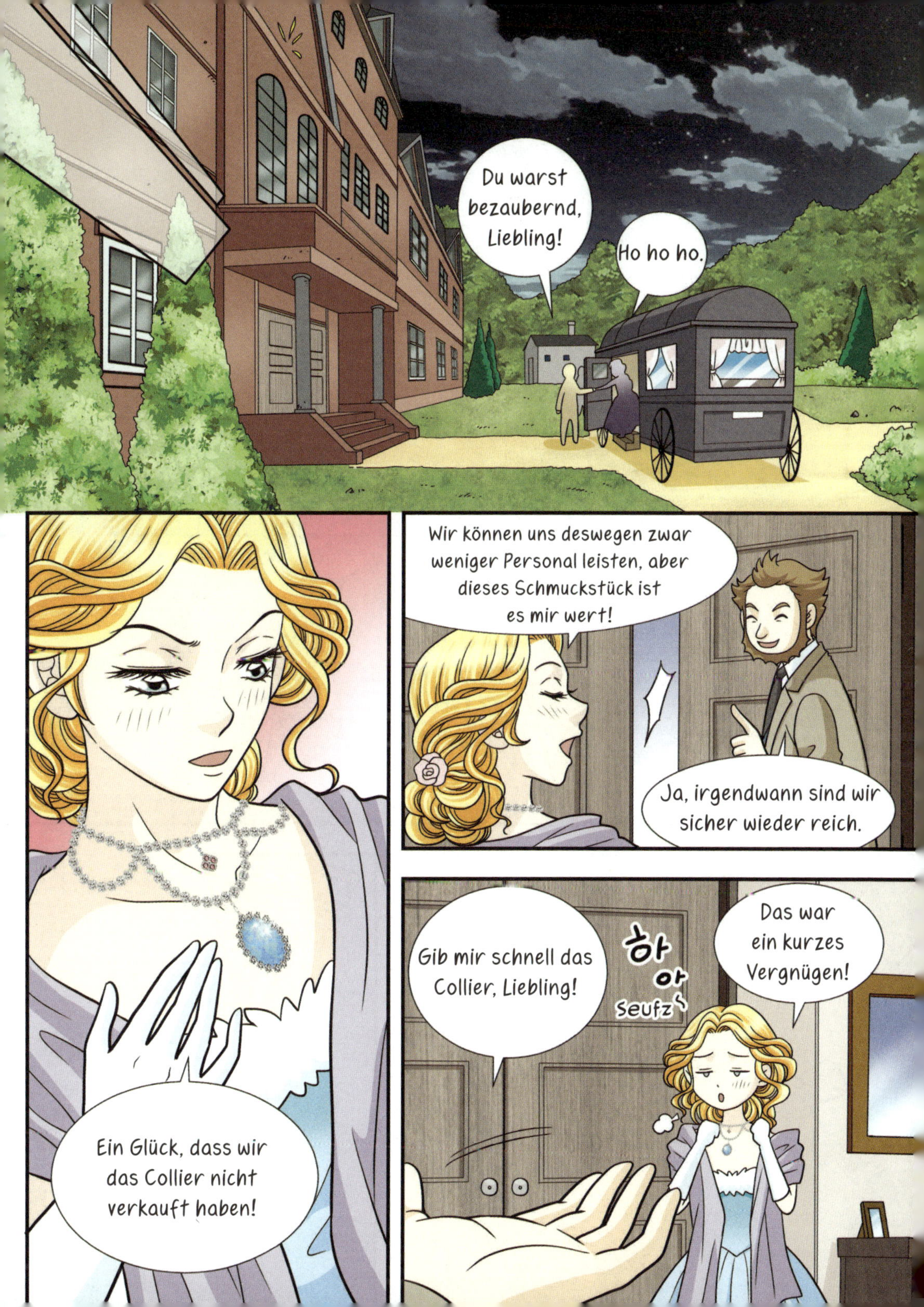

Du warst bezaubernd, Liebling!
Ho ho ho.
Ein Glück, dass wir das Collier nicht verkauft haben!
Wir können uns deswegen zwar weniger Personal leisten, aber dieses Schmuckstück ist es mir wert!
Ja, irgendwann sind wir sicher wieder reich.
Das war ein kurzes Vergnügen!
하아
Seufz
Gib mir schnell das Collier, Liebling!

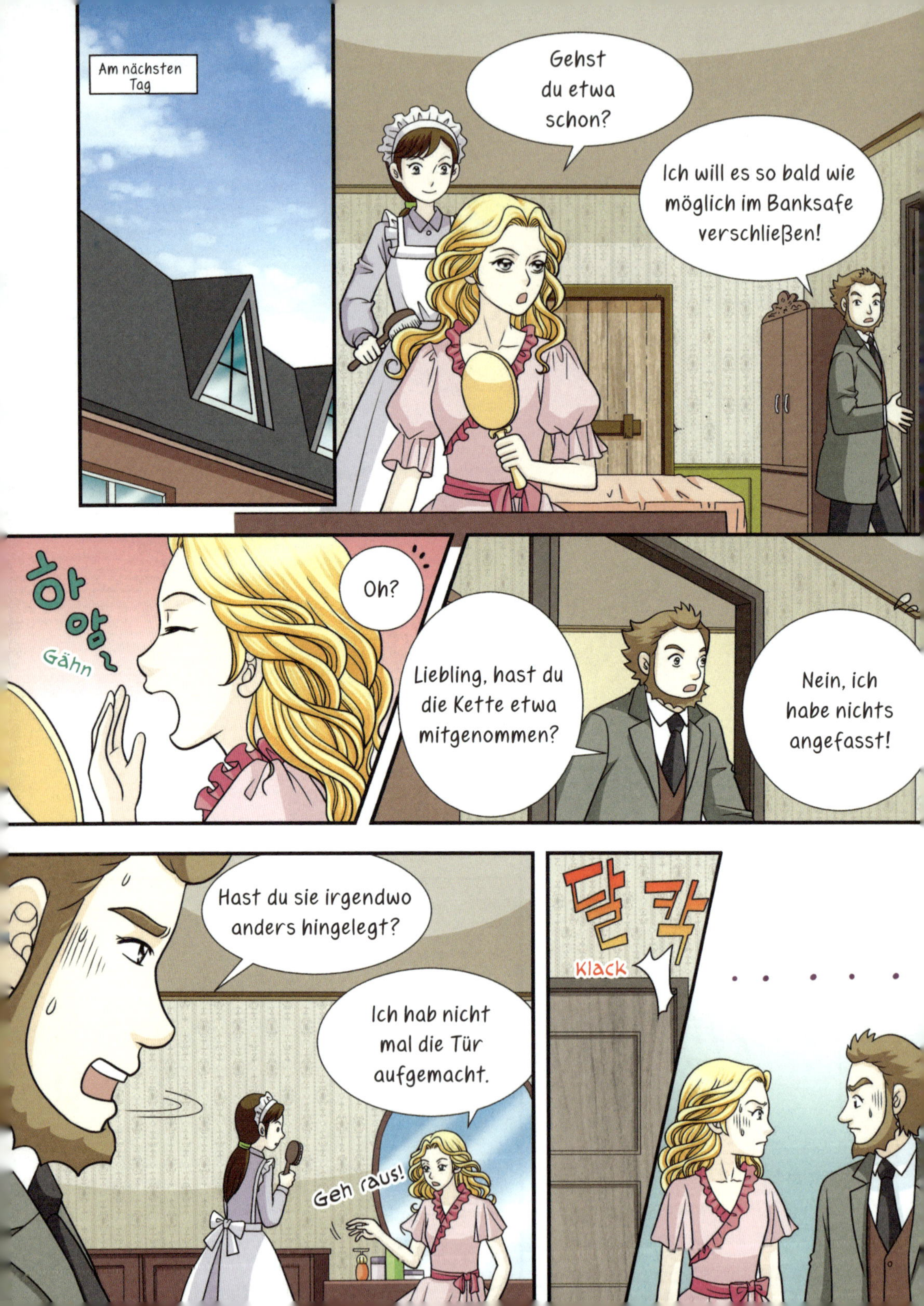
Am nächsten Tag
Gehst du etwa schon?
Ich will es so bald wie möglich im Banksafe verschließen!
하암~
Gähn
Oh?
Liebling, hast du die Kette etwa mitgenommen?
Nein, ich habe nichts angefasst!
Hast du sie irgendwo anders hingelegt?
Ich hab nicht mal die Tür aufgemacht.
Geh raus!
달칵
Klack
. . . . . .

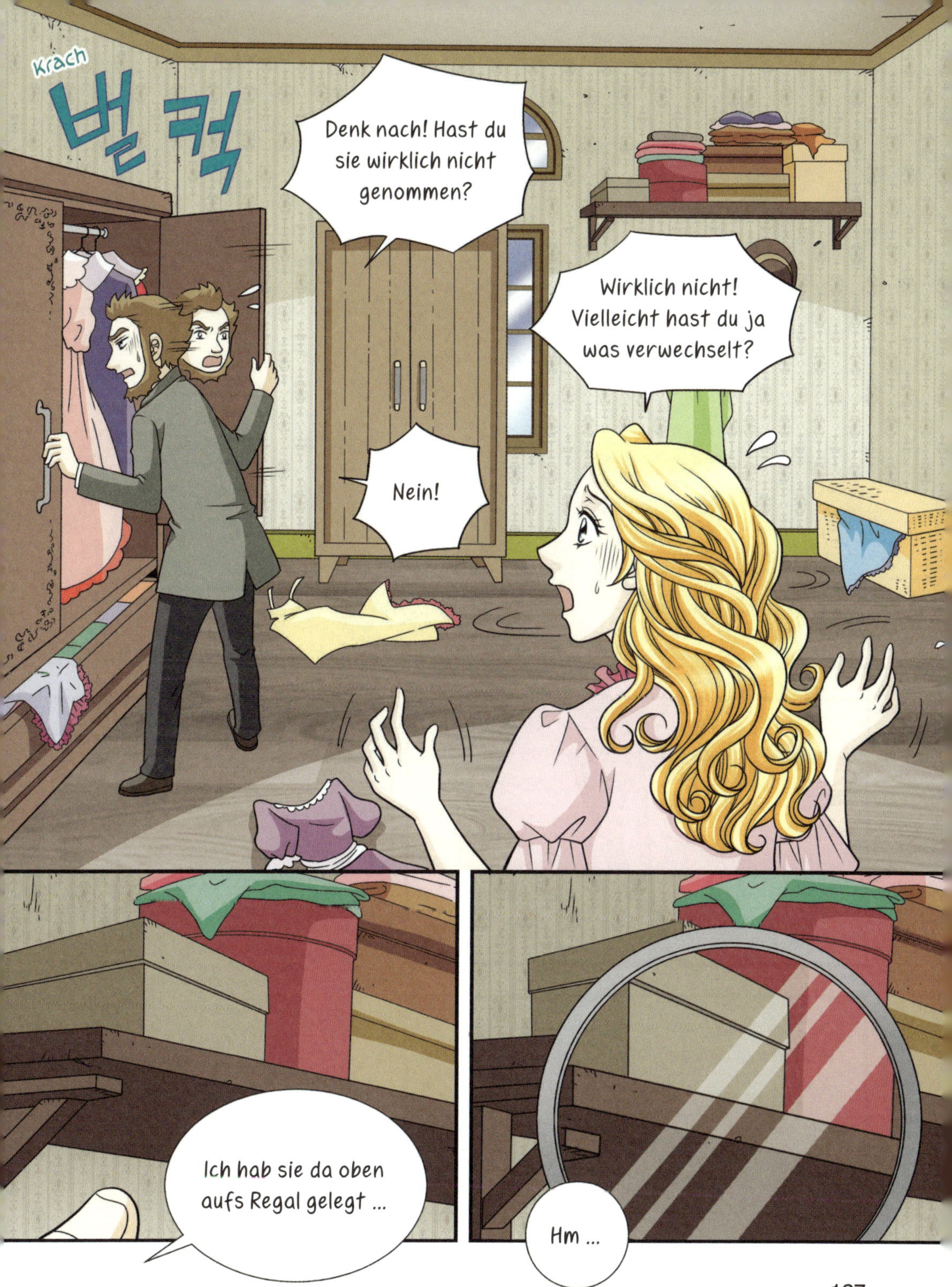
Krach
벌컥
Denk nach! Hast du sie wirklich nicht genommen?
Wirklich nicht! Vielleicht hast du ja was verwechselt?
Nein!
Ich hab sie da oben aufs Regal gelegt ...
Hm ...

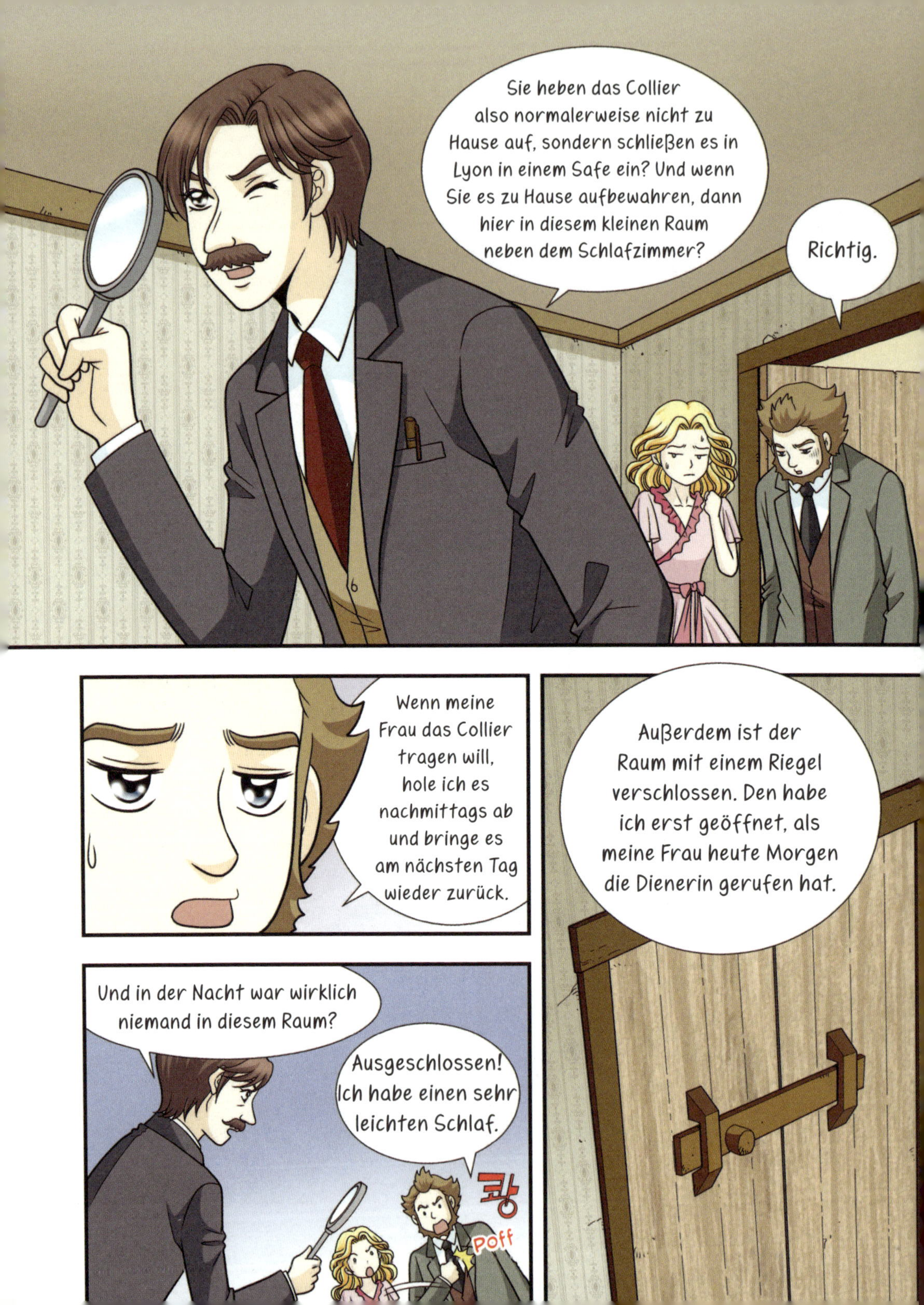
Sie heben das Collier also normalerweise nicht zu Hause auf, sondern schließen es in Lyon in einem Safe ein? Und wenn Sie es zu Hause aufbewahren, dann hier in diesem kleinen Raum neben dem Schlafzimmer?
Richtig.
Wenn meine Frau das Collier tragen will, hole ich es nachmittags ab und bringe es am nächsten Tag wieder zurück.
Außerdem ist der Raum mit einem Riegel verschlossen. Den habe ich erst geöffnet, als meine Frau heute Morgen die Dienerin gerufen hat.
Und in der Nacht war wirklich niemand in diesem Raum?
Ausgeschlossen! Ich habe einen sehr leichten Schlaf.
쾅
Poff

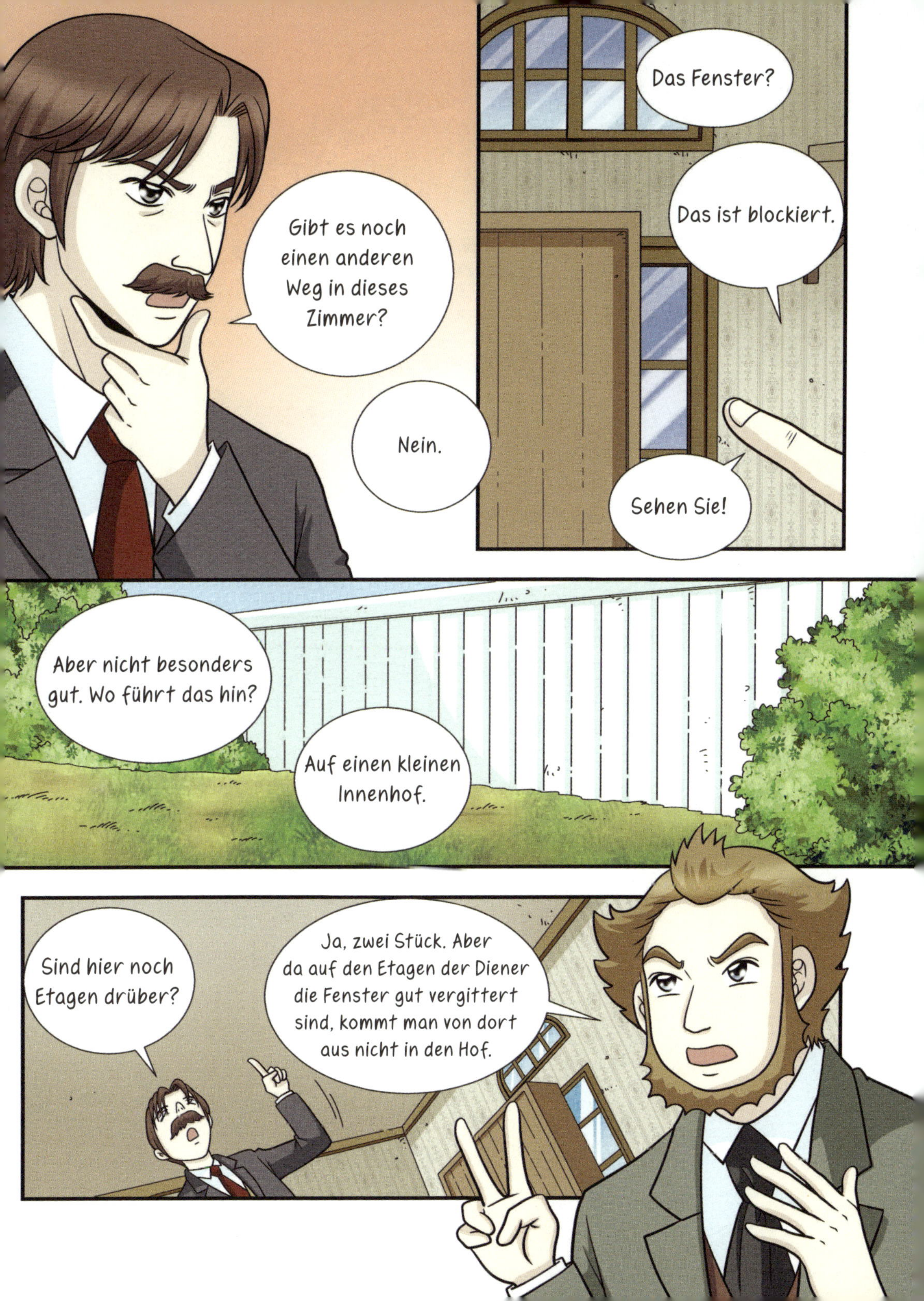
Gibt es noch einen anderen Weg in dieses Zimmer?
Nein.
Das Fenster?
Das ist blockiert.
Sehen Sie!
Aber nicht besonders gut. Wo führt das hin?
Auf einen kleinen Innenhof.
Sind hier noch Etagen drüber?
Ja, zwei Stück. Aber da auf den Etagen der Diener die Fenster gut vergittert sind, kommt man von dort aus nicht in den Hof.

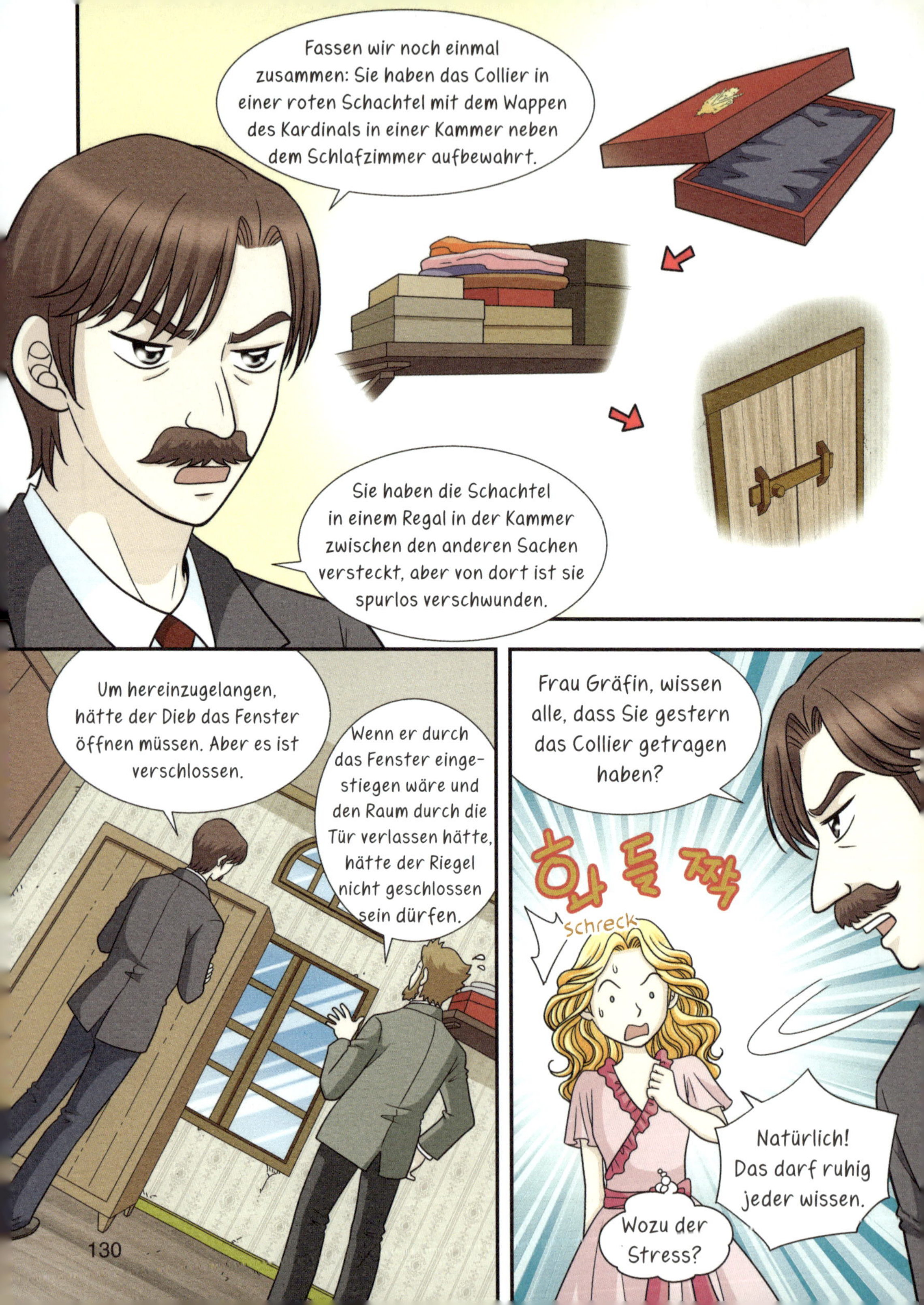
Fassen wir noch einmal zusammen: Sie haben das Collier in einer roten Schachtel mit dem Wappen des Kardinals in einer Kammer neben dem Schlafzimmer aufbewahrt.
Sie haben die Schachtel in einem Regal in der Kammer zwischen den anderen Sachen versteckt, aber von dort ist sie spurlos verschwunden.
Um hereinzugelangen, hätte der Dieb das Fenster öffnen müssen. Aber es ist verschlossen.
Wenn er durch das Fenster eingestiegen wäre und den Raum durch die Tür verlassen hätte, hätte der Riegel nicht geschlossen sein dürfen.
Frau Gräfin, wissen alle, dass Sie gestern das Collier getragen haben?
화들짝
Schreck
Natürlich! Das darf ruhig jeder wissen.
Wozu der Stress?

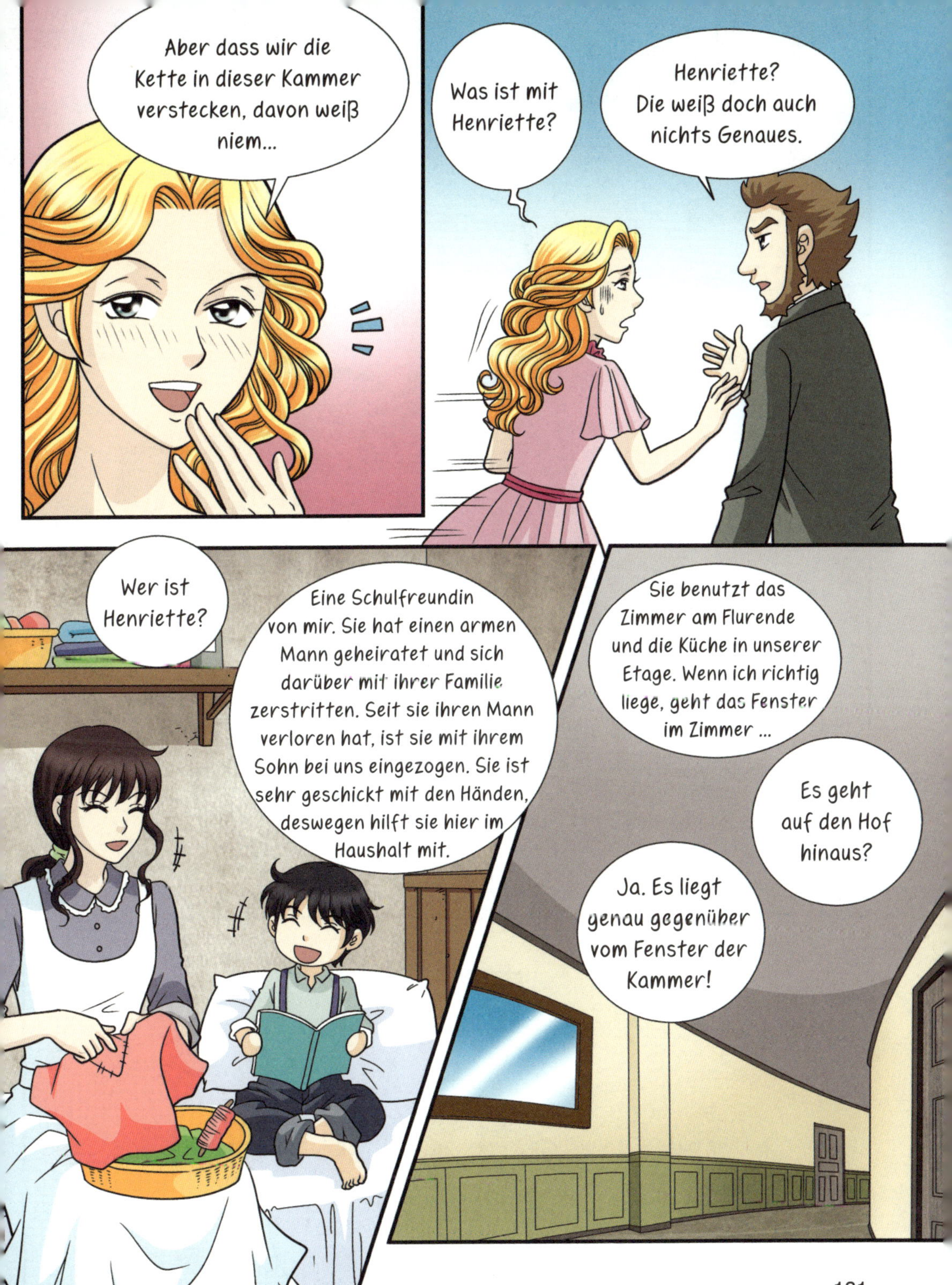
Aber dass wir die Kette in dieser Kammer verstecken, davon weiß niem...
Was ist mit Henriette?
Henriette? Die weiß doch auch nichts Genaues.
Wer ist Henriette?
Eine Schulfreundin von mir. Sie hat einen armen Mann geheiratet und sich darüber mit ihrer Familie zerstritten. Seit sie ihren Mann verloren hat, ist sie mit ihrem Sohn bei uns eingezogen. Sie ist sehr geschickt mit den Händen, deswegen hilft sie hier im Haushalt mit.
Sie benutzt das Zimmer am Flurende und die Küche in unserer Etage. Wenn ich richtig liege, geht das Fenster im Zimmer ...
Es geht auf den Hof hinaus?
Ja. Es liegt genau gegenüber vom Fenster der Kammer!

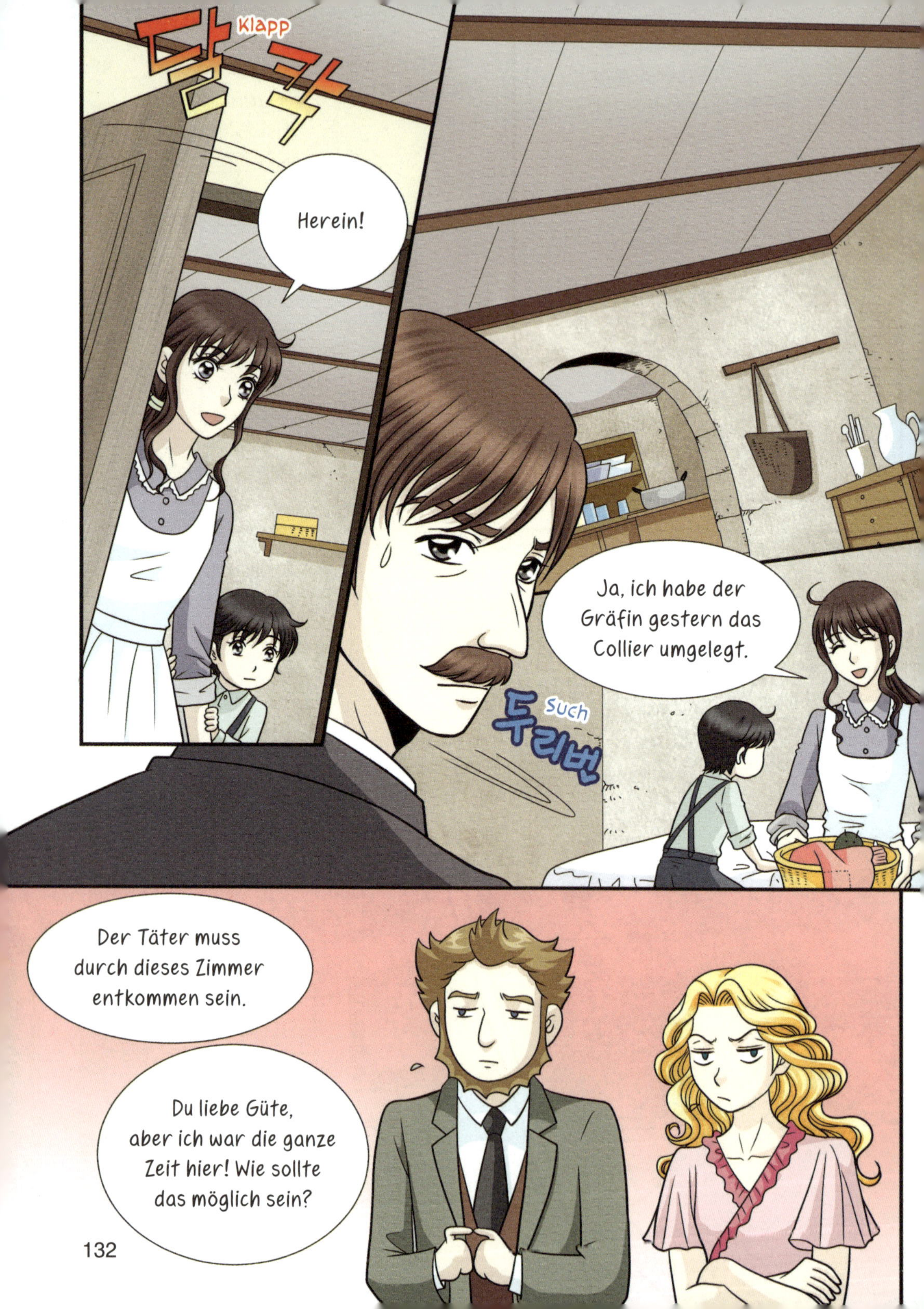

딸칵
Klapp
Herein!
Ja, ich habe der Gräfin gestern das Collier umgelegt.
두리번
such
Der Täter muss durch dieses Zimmer entkommen sein.
Du liebe Güte, aber ich war die ganze Zeit hier! Wie sollte das möglich sein?

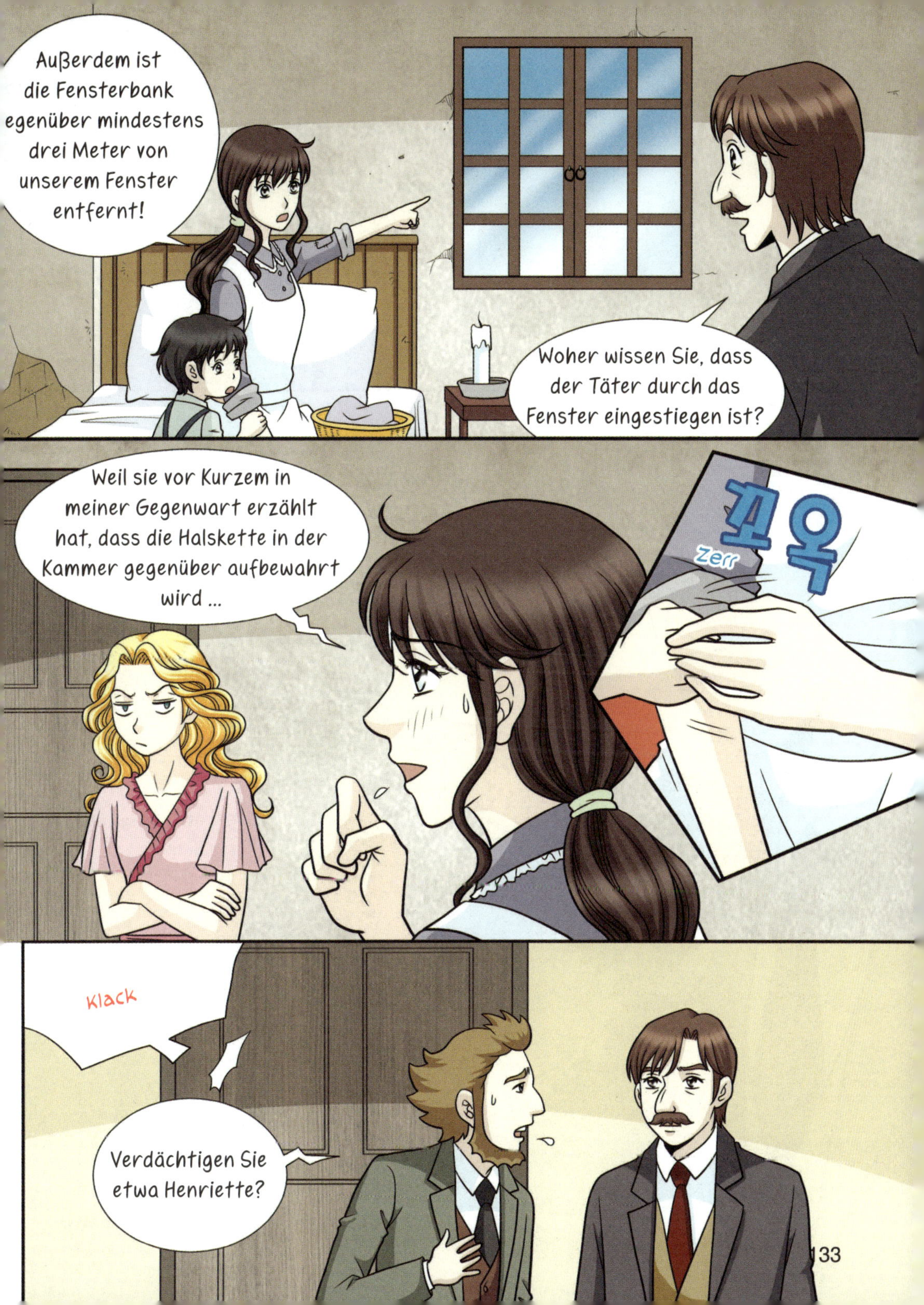
Außerdem ist die Fensterbank egenüber mindestens drei Meter von unserem Fenster entfernt!
Woher wissen Sie, dass der Täter durch das Fenster eingestiegen ist?
Weil sie vor Kurzem in meiner Gegenwart erzählt hat, dass die Halskette in der Kammer gegenüber aufbewahrt wird ...
꼬옥
Zerr
Klack
Verdächtigen Sie etwa Henriette?

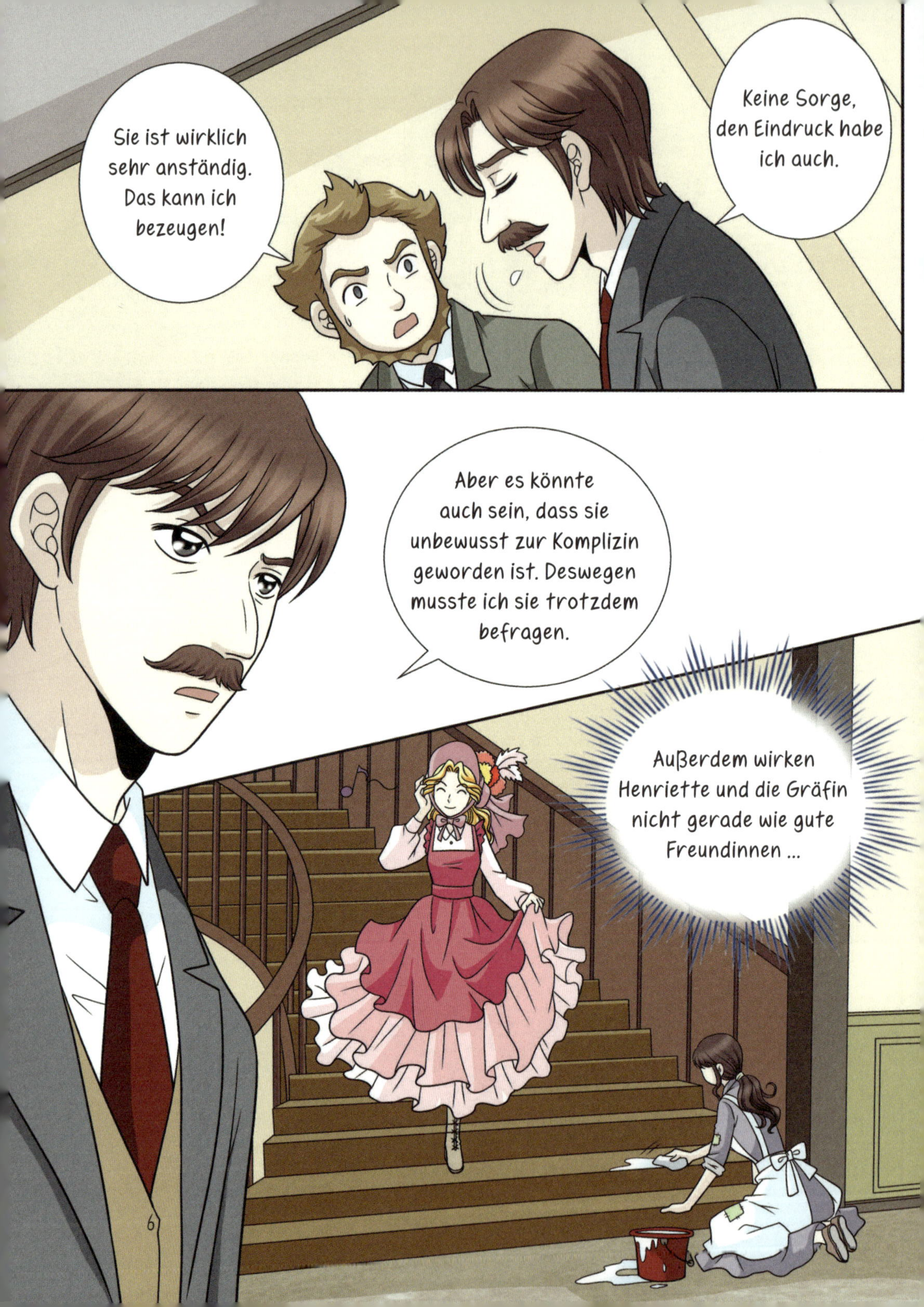
Sie ist wirklich sehr anständig. Das kann ich bezeugen!
Keine Sorge, den Eindruck habe ich auch.
Aber es könnte auch sein, dass sie unbewusst zur Komplizin geworden ist. Deswegen musste ich sie trotzdem befragen.
Außerdem wirken Henriette und die Gräfin nicht gerade wie gute Freundinnen ...

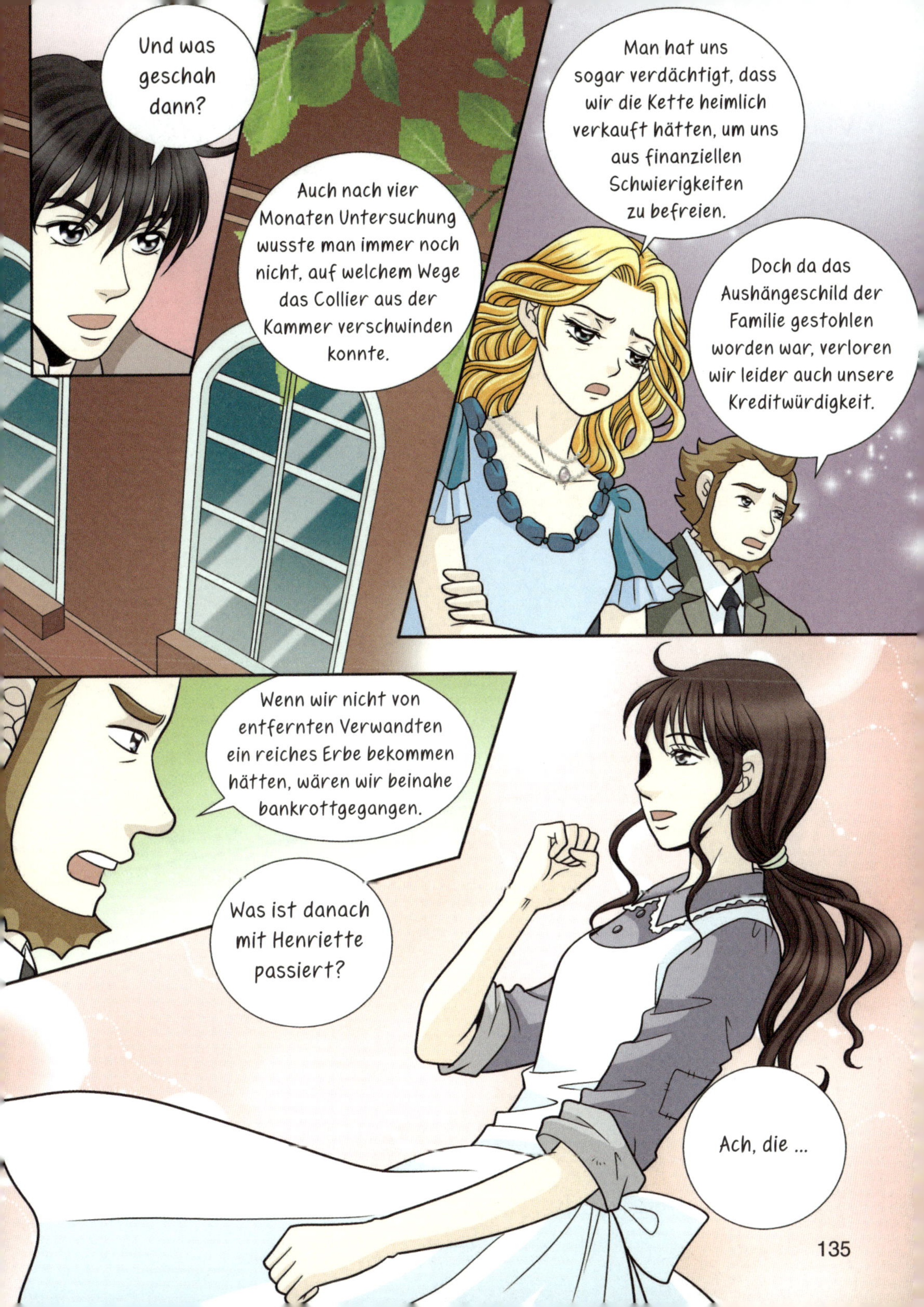
Und was geschah dann?
Auch nach vier Monaten Untersuchung wusste man immer noch nicht, auf welchem Wege das Collier aus der Kammer verschwinden konnte.
Man hat uns sogar verdächtigt, dass wir die Kette heimlich verkauft hätten, um uns aus finanziellen Schwierigkeiten zu befreien.
Doch da das Aushängeschild der Familie gestohlen worden war, verloren wir leider auch unsere Kreditwürdigkeit.
Wenn wir nicht von entfernten Verwandten ein reiches Erbe bekommen hätten, wären wir beinahe bankrottgegangen.
Was ist danach mit Henriette passiert?
Ach, die ...

Vierte Gaunerei

Das Collier der Königin

2. Die Wahrheit kommt ans Licht

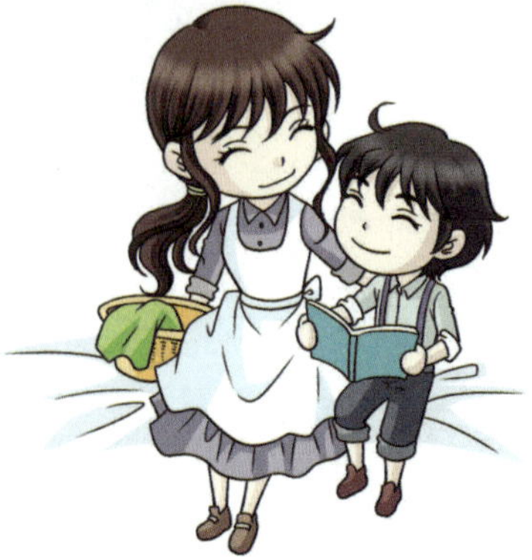

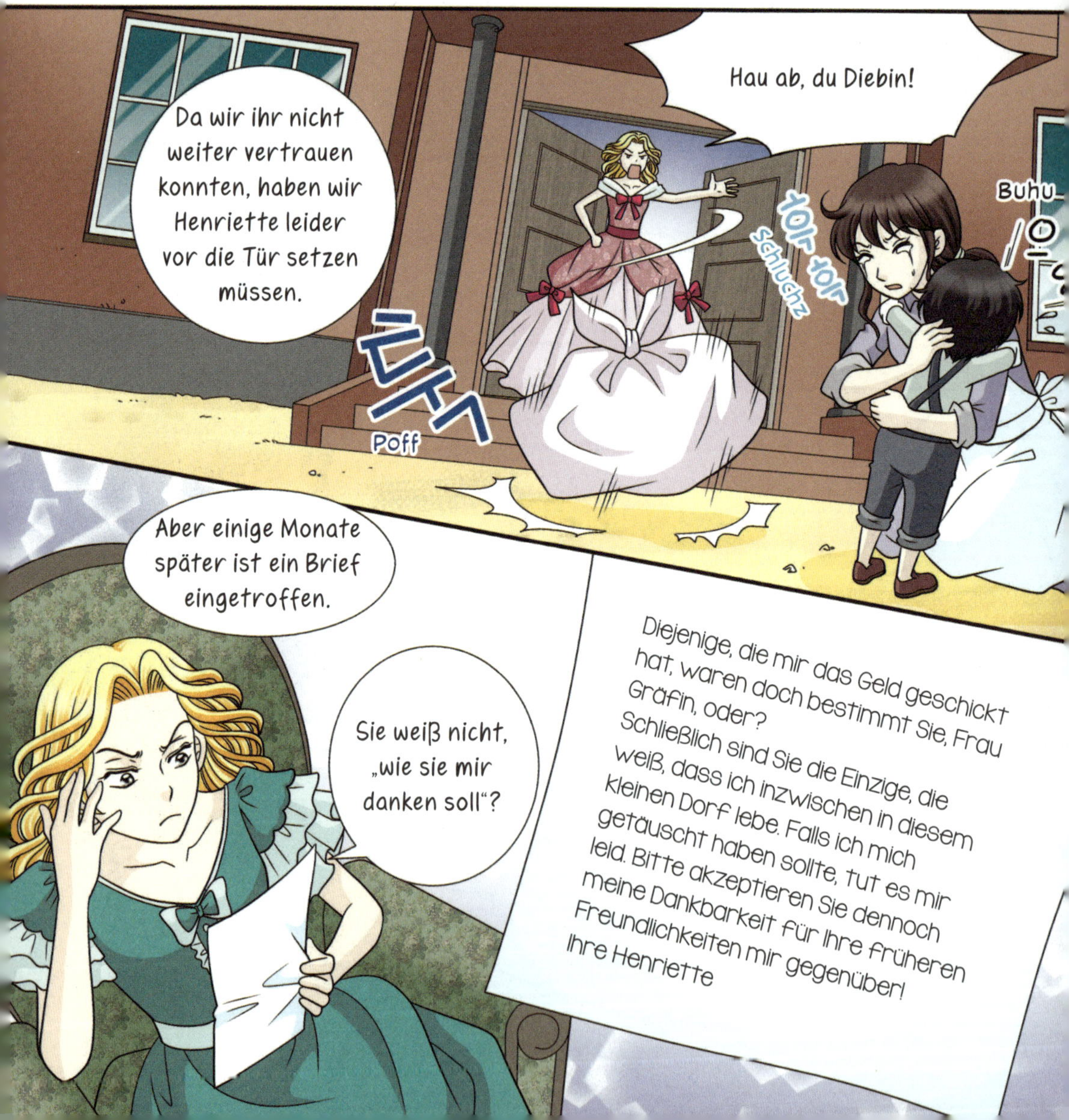

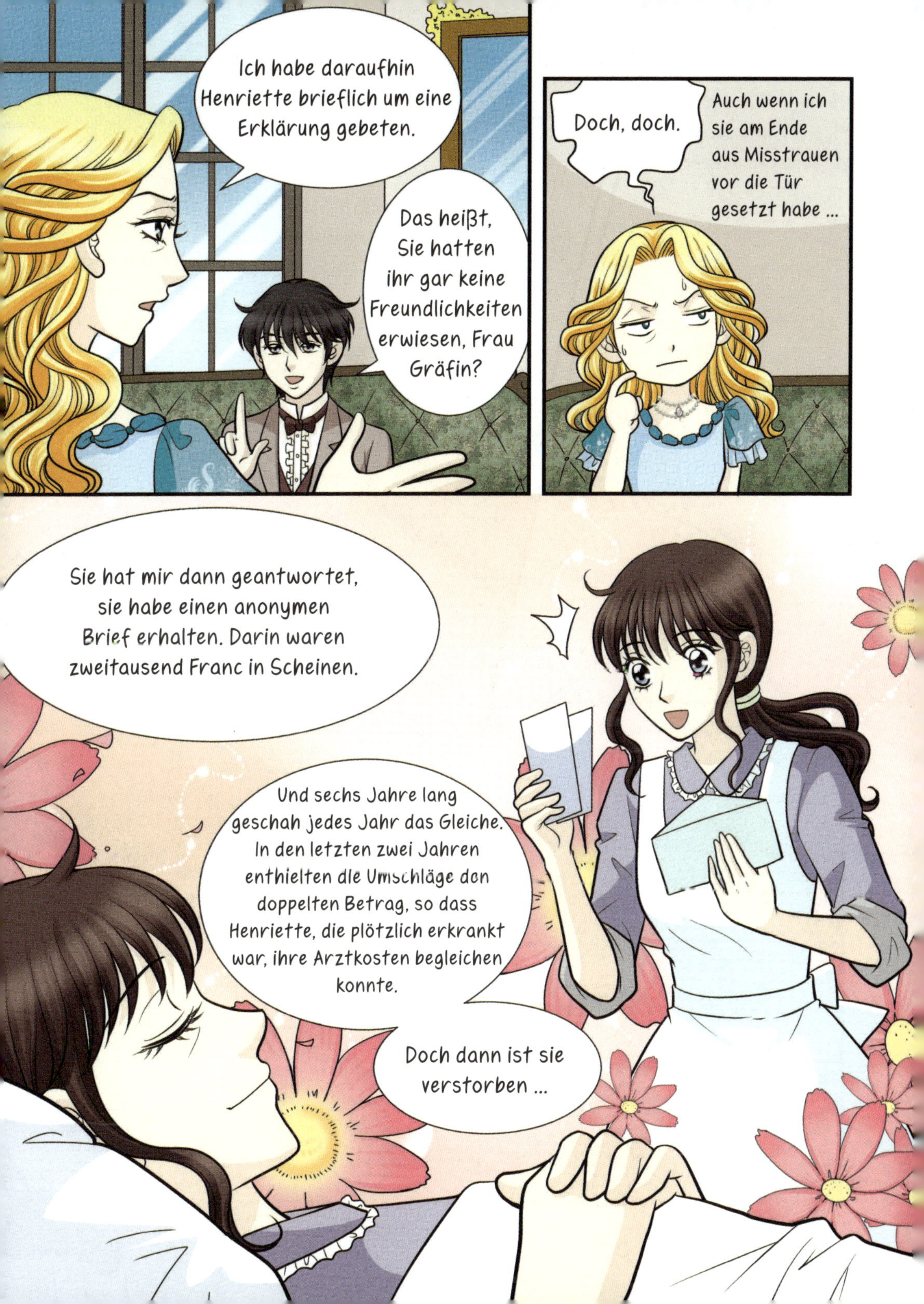
Ich habe daraufhin Henriette brieflich um eine Erklärung gebeten.
Das heißt, Sie hatten ihr gar keine Freundlichkeiten erwiesen, Frau Gräfin?
Doch, doch.
Auch wenn ich sie am Ende aus Misstrauen vor die Tür gesetzt habe ...
Sie hat mir dann geantwortet, sie habe einen anonymen Brief erhalten. Darin waren zweitausend Franc in Scheinen.
Und sechs Jahre lang geschah jedes Jahr das Gleiche. In den letzten zwei Jahren enthielten die Umschläge den doppelten Betrag, so dass Henriette, die plötzlich erkrankt war, ihre Arztkosten begleichen konnte.
Doch dann ist sie verstorben ...

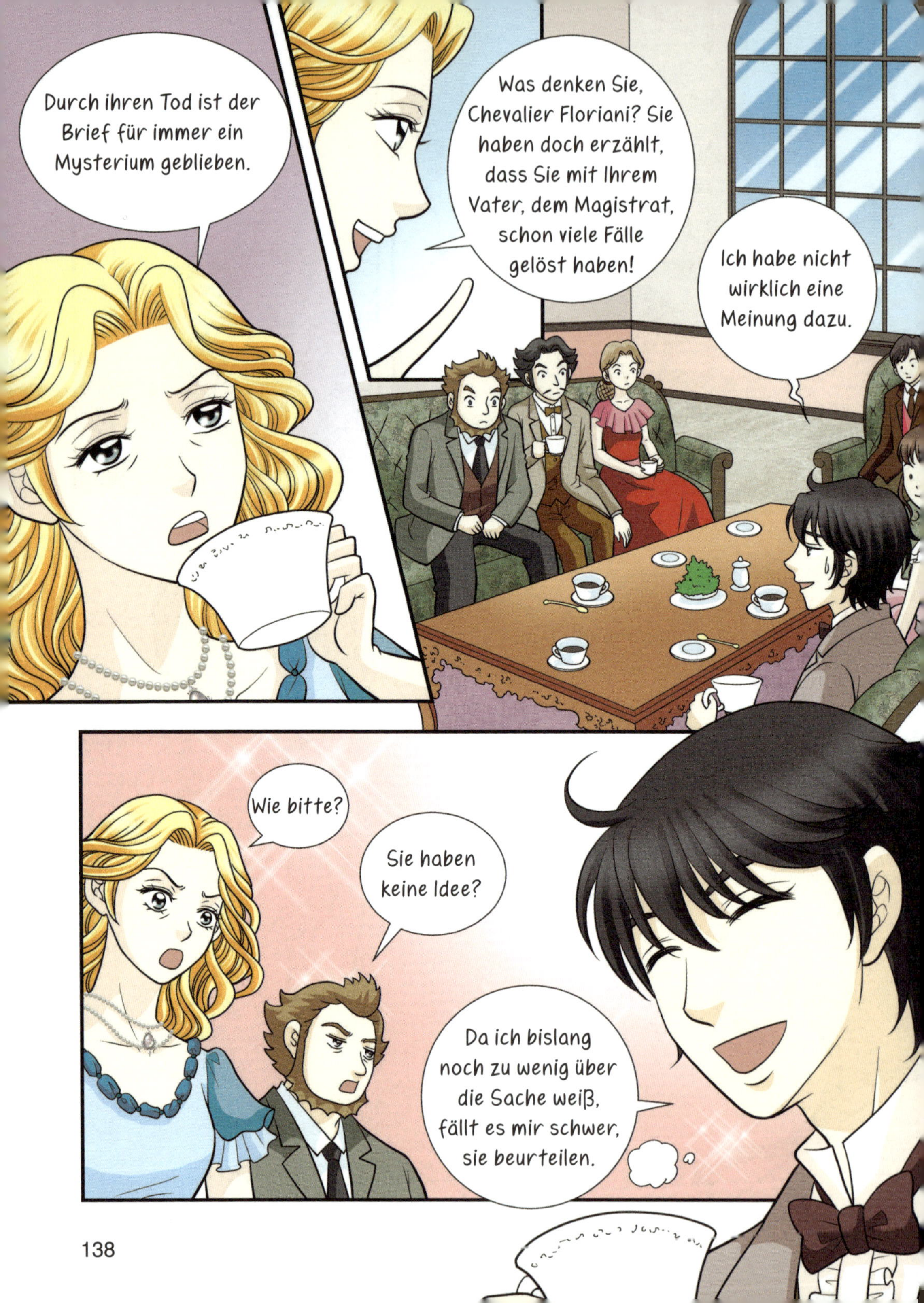
Durch ihren Tod ist der Brief für immer ein Mysterium geblieben.
Was denken Sie, Chevalier Floriani? Sie haben doch erzählt, dass Sie mit Ihrem Vater, dem Magistrat, schon viele Fälle gelöst haben!
Ich habe nicht wirklich eine Meinung dazu.
Wie bitte?
Sie haben keine Idee?
Da ich bislang noch zu wenig über die Sache weiß, fällt es mir schwer, sie beurteilen.

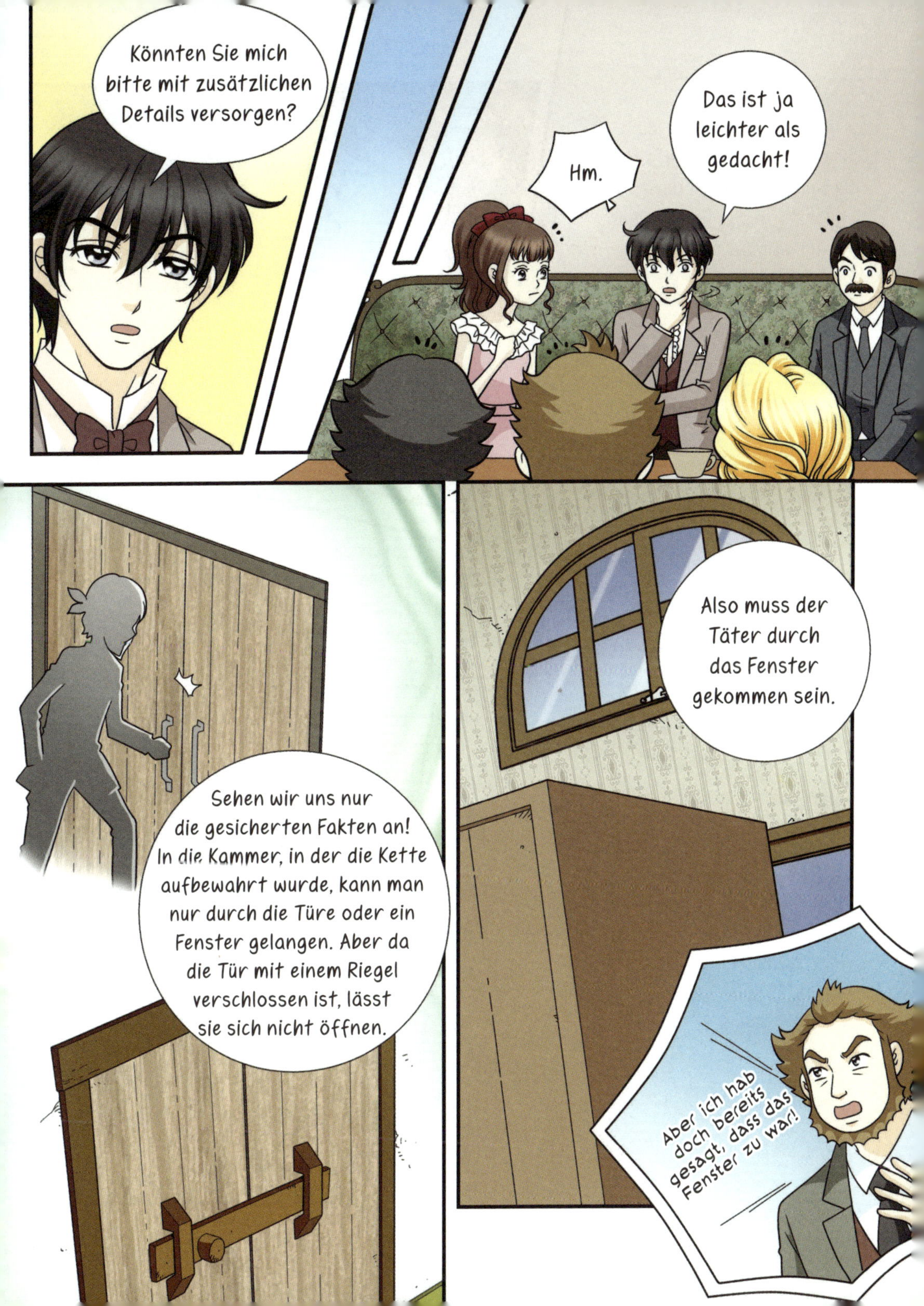
Könnten Sie mich bitte mit zusätzlichen Details versorgen?
Hm.
Das ist ja leichter als gedacht!
Sehen wir uns nur die gesicherten Fakten an! In die Kammer, in der die Kette aufbewahrt wurde, kann man nur durch die Türe oder ein Fenster gelangen. Aber da die Tür mit einem Riegel verschlossen ist, lässt sie sich nicht öffnen.
Also muss der Täter durch das Fenster gekommen sein.
Aber ich hab doch bereits gesagt, dass das Fenster zu war!

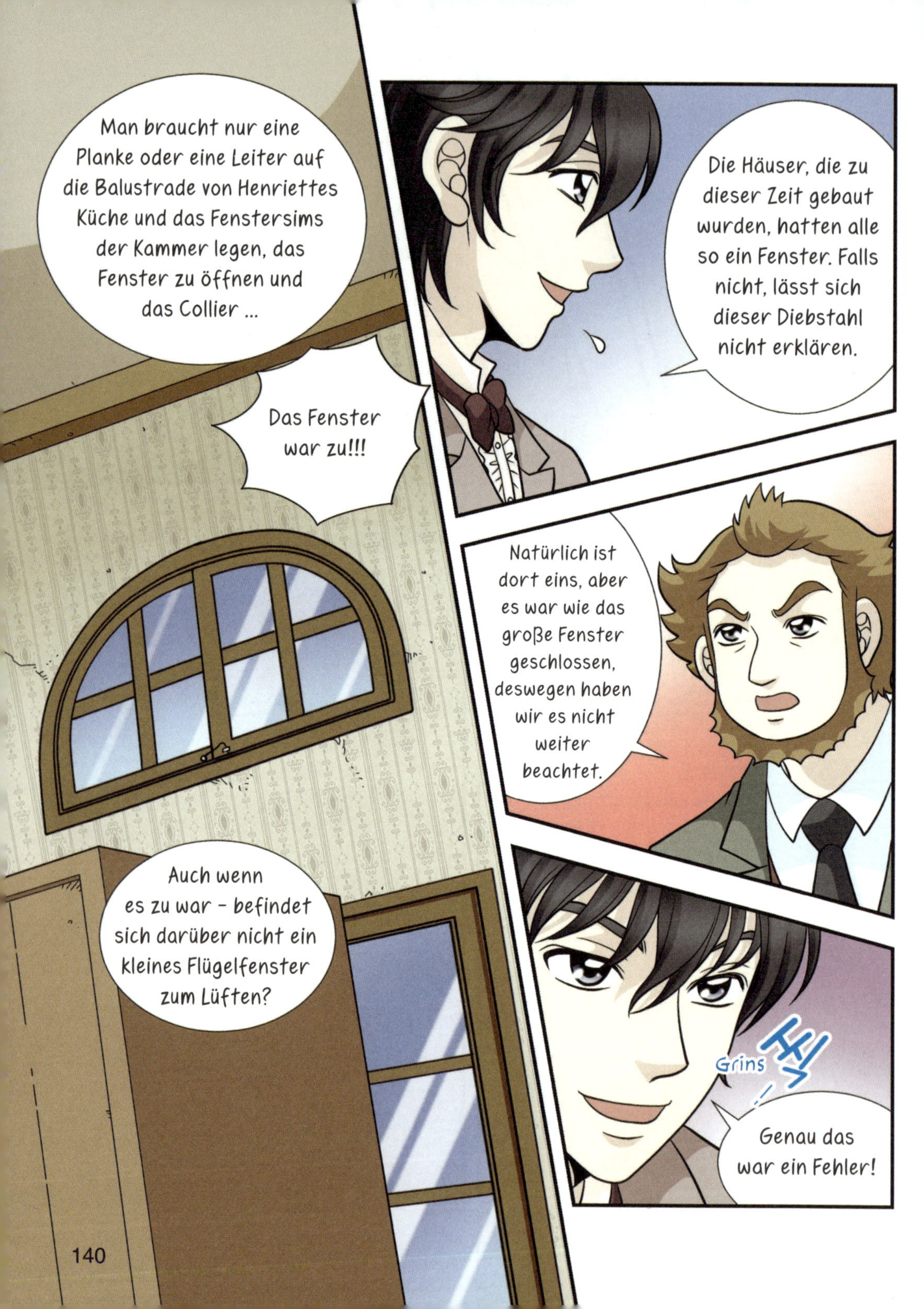
Man braucht nur eine Planke oder eine Leiter auf die Balustrade von Henriettes Küche und das Fenstersims der Kammer legen, das Fenster zu öffnen und das Collier ...
Das Fenster war zu!!!
Die Häuser, die zu dieser Zeit gebaut wurden, hatten alle so ein Fenster. Falls nicht, lässt sich dieser Diebstahl nicht erklären.
Auch wenn es zu war – befindet sich darüber nicht ein kleines Flügelfenster zum Lüften?
Natürlich ist dort eins, aber es war wie das große Fenster geschlossen, deswegen haben wir es nicht weiter beachtet.
Grins
Genau das war ein Fehler!

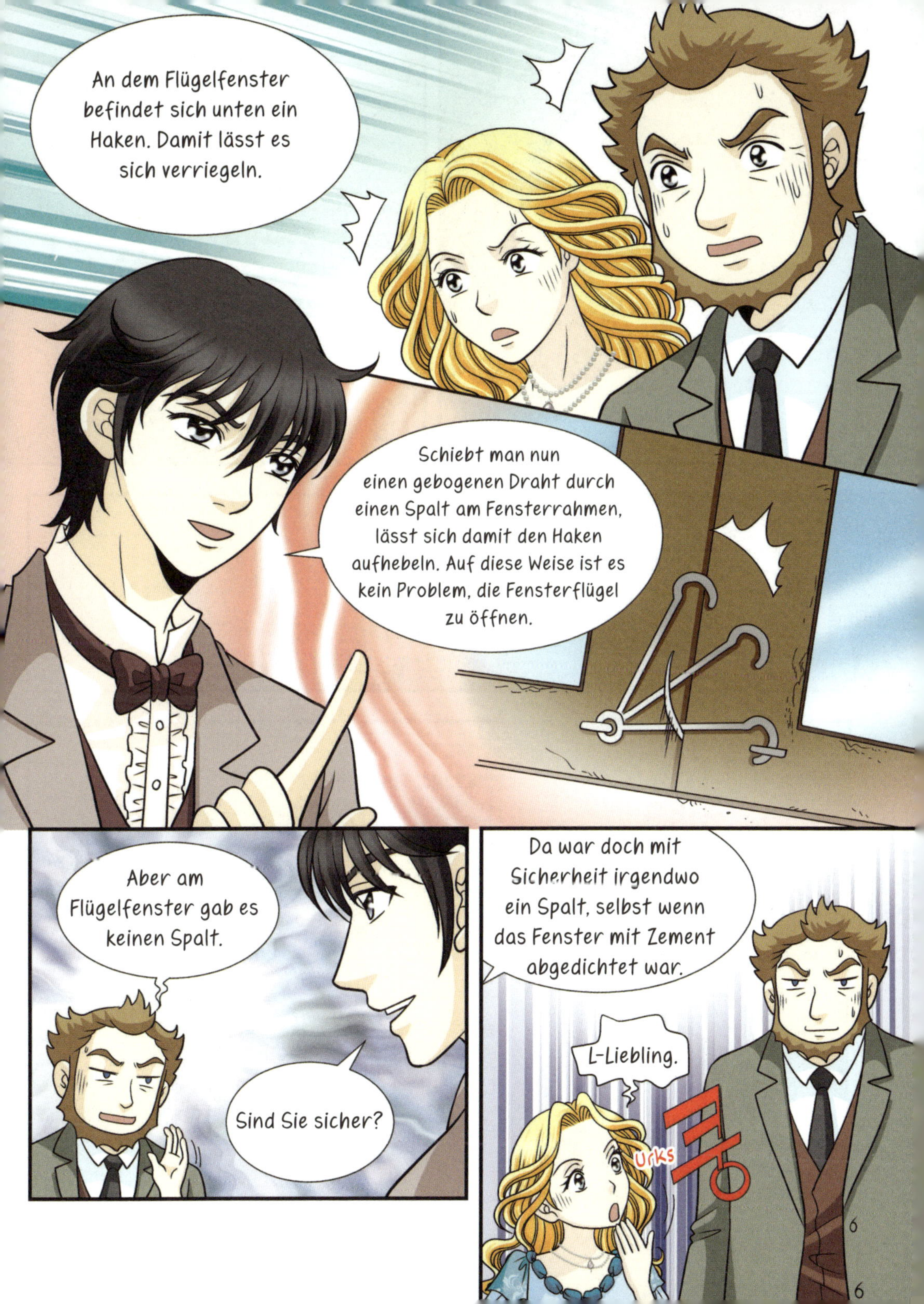
An dem Flügelfenster befindet sich unten ein Haken. Damit lässt es sich verriegeln.
Schiebt man nun einen gebogenen Draht durch einen Spalt am Fensterrahmen, lässt sich damit den Haken aufhebeln. Auf diese Weise ist es kein Problem, die Fensterflügel zu öffnen.
Aber am Flügelfenster gab es keinen Spalt.
Sind Sie sicher?
Da war doch mit Sicherheit irgendwo ein Spalt, selbst wenn das Fenster mit Zement abgedichtet war.
L-Liebling.
Urks

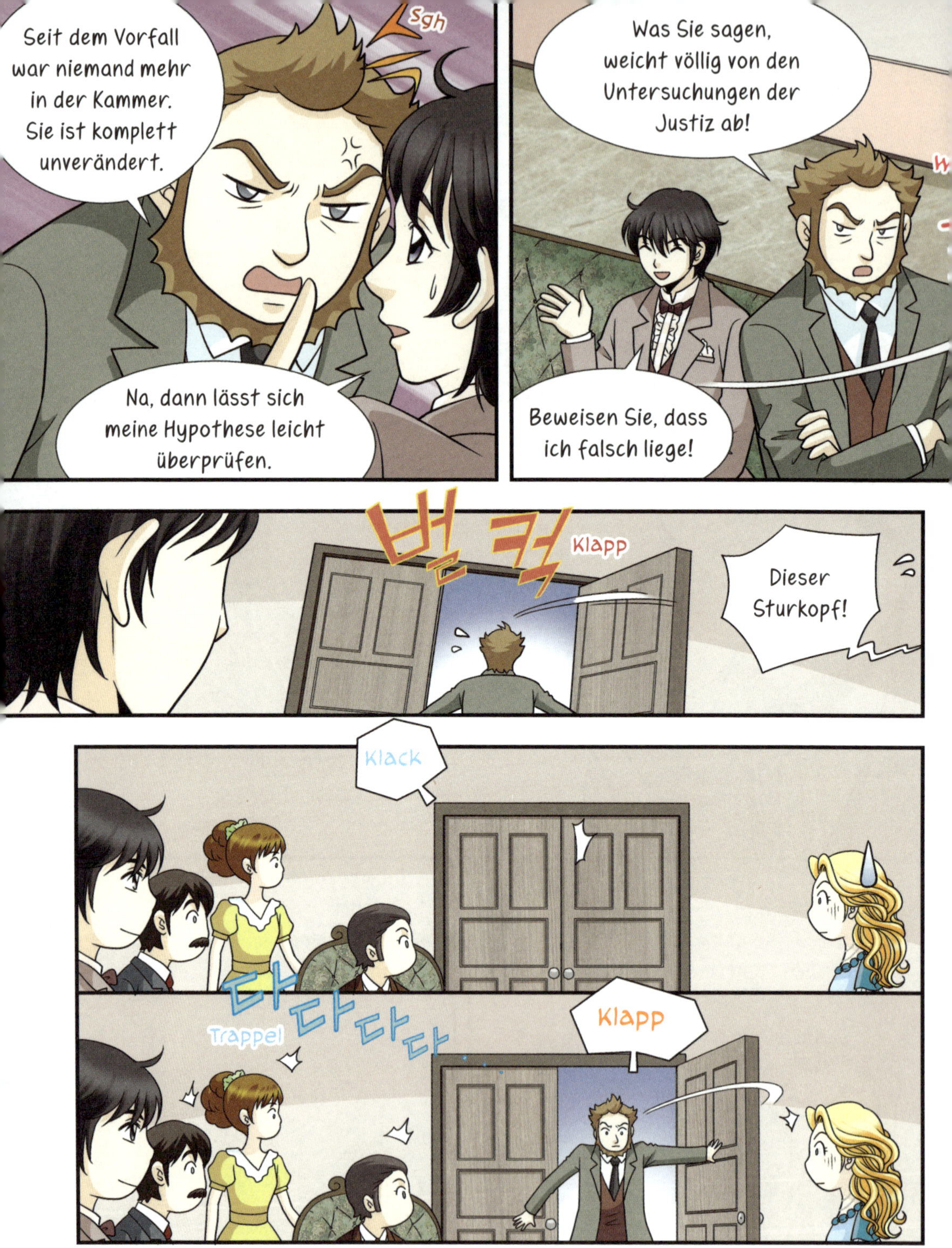
Seit dem Vorfall war niemand mehr in der Kammer. Sie ist komplett unverändert.
Sgh
Na, dann lässt sich meine Hypothese leicht überprüfen.
Was Sie sagen, weicht völlig von den Untersuchungen der Justiz ab!
Beweisen Sie, dass ich falsch liege!
벌컥
Klapp
Dieser Sturkopf!
Klack
다다다다
Trappel
Klapp

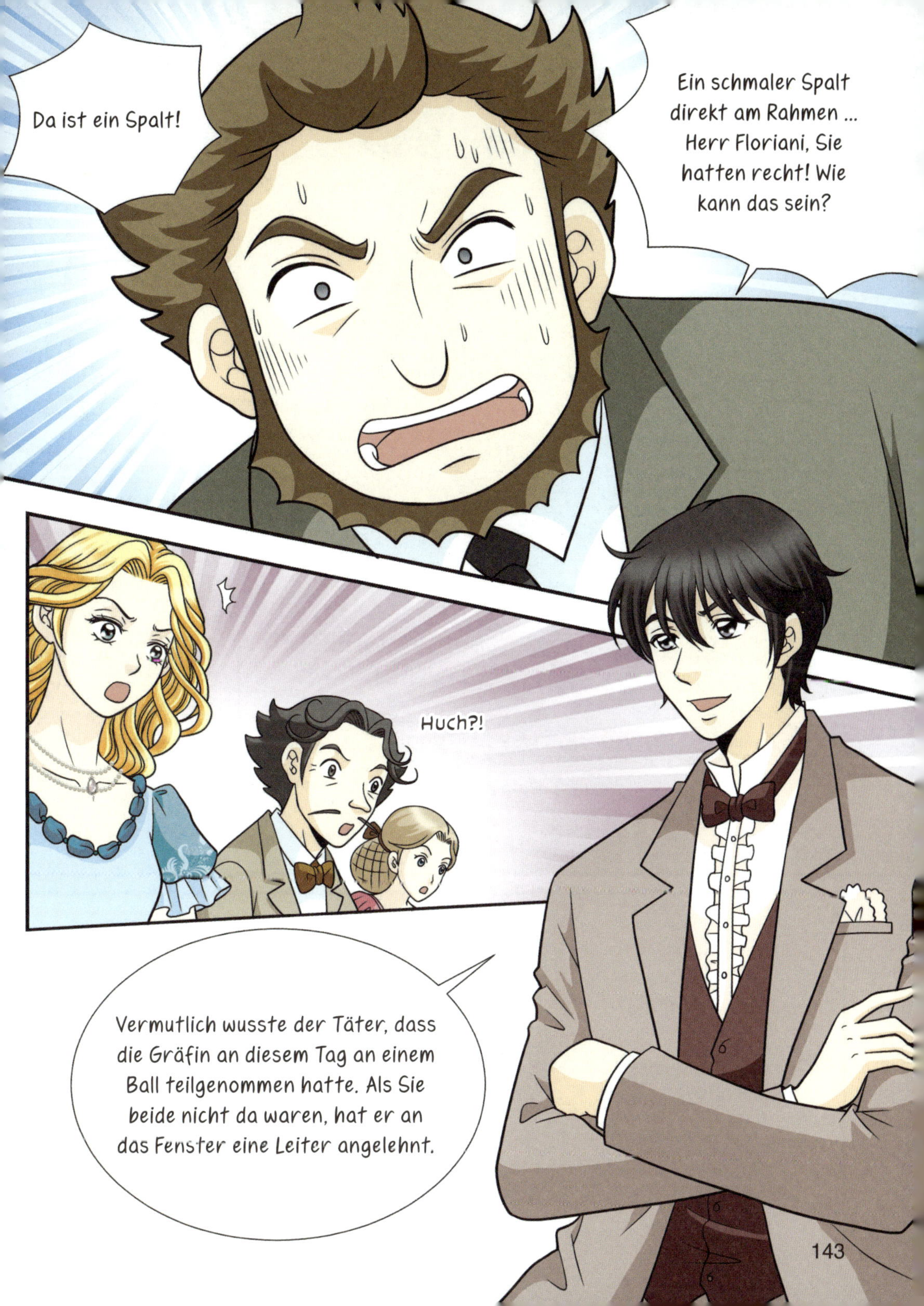
Da ist ein Spalt!
Ein schmaler Spalt direkt am Rahmen ... Herr Floriani, Sie hatten recht! Wie kann das sein?
Huch?!
Vermutlich wusste der Täter, dass die Gräfin an diesem Tag an einem Ball teilgenommen hatte. Als Sie beide nicht da waren, hat er an das Fenster eine Leiter angelehnt.

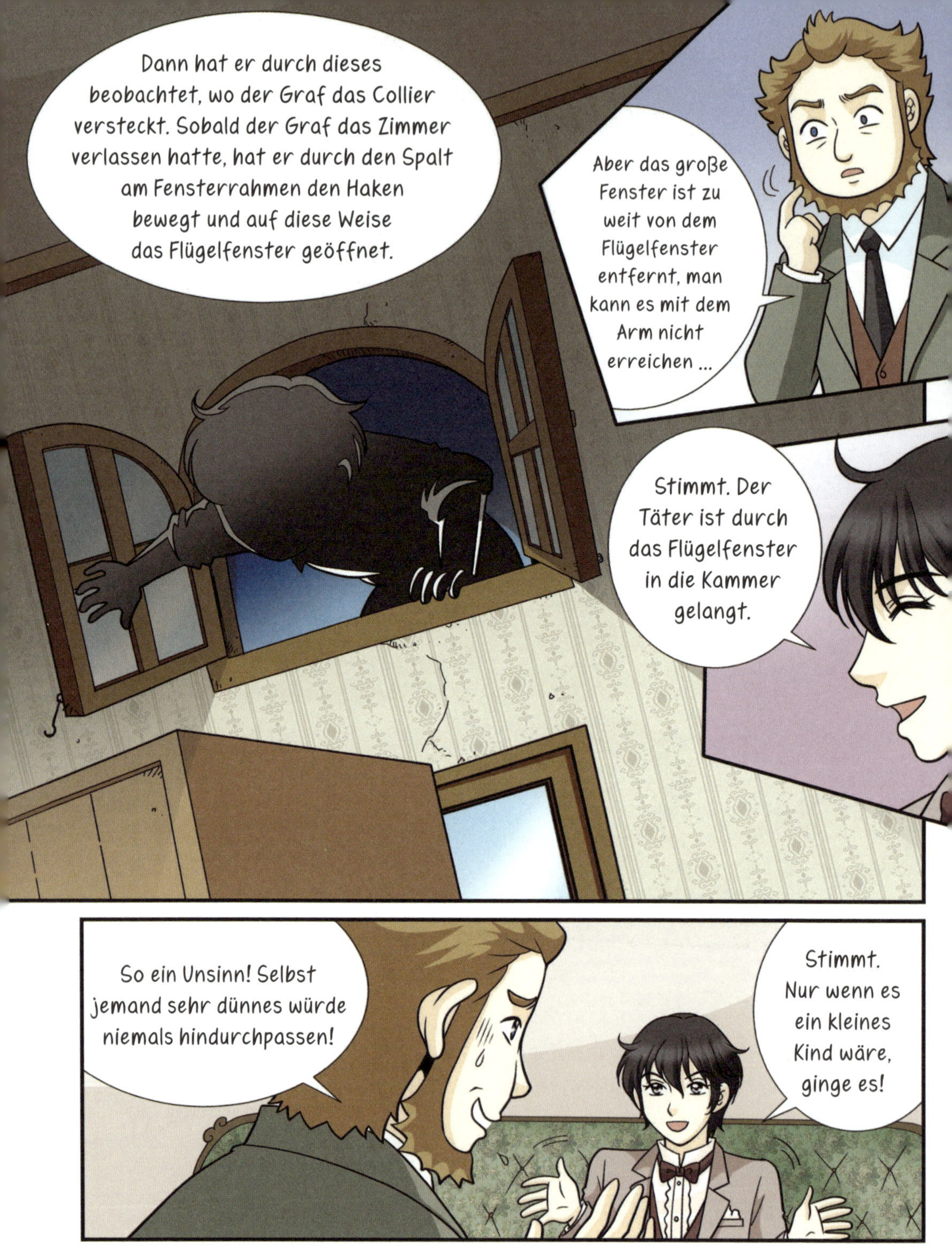
Dann hat er durch dieses beobachtet, wo der Graf das Collier versteckt. Sobald der Graf das Zimmer verlassen hatte, hat er durch den Spalt am Fensterrahmen den Haken bewegt und auf diese Weise das Flügelfenster geöffnet.
Aber das große Fenster ist zu weit von dem Flügelfenster entfernt, man kann es mit dem Arm nicht erreichen ...
Stimmt. Der Täter ist durch das Flügelfenster in die Kammer gelangt.
So ein Unsinn! Selbst jemand sehr dünnes würde niemals hindurchpassen!
Stimmt. Nur wenn es ein kleines Kind wäre, ginge es!

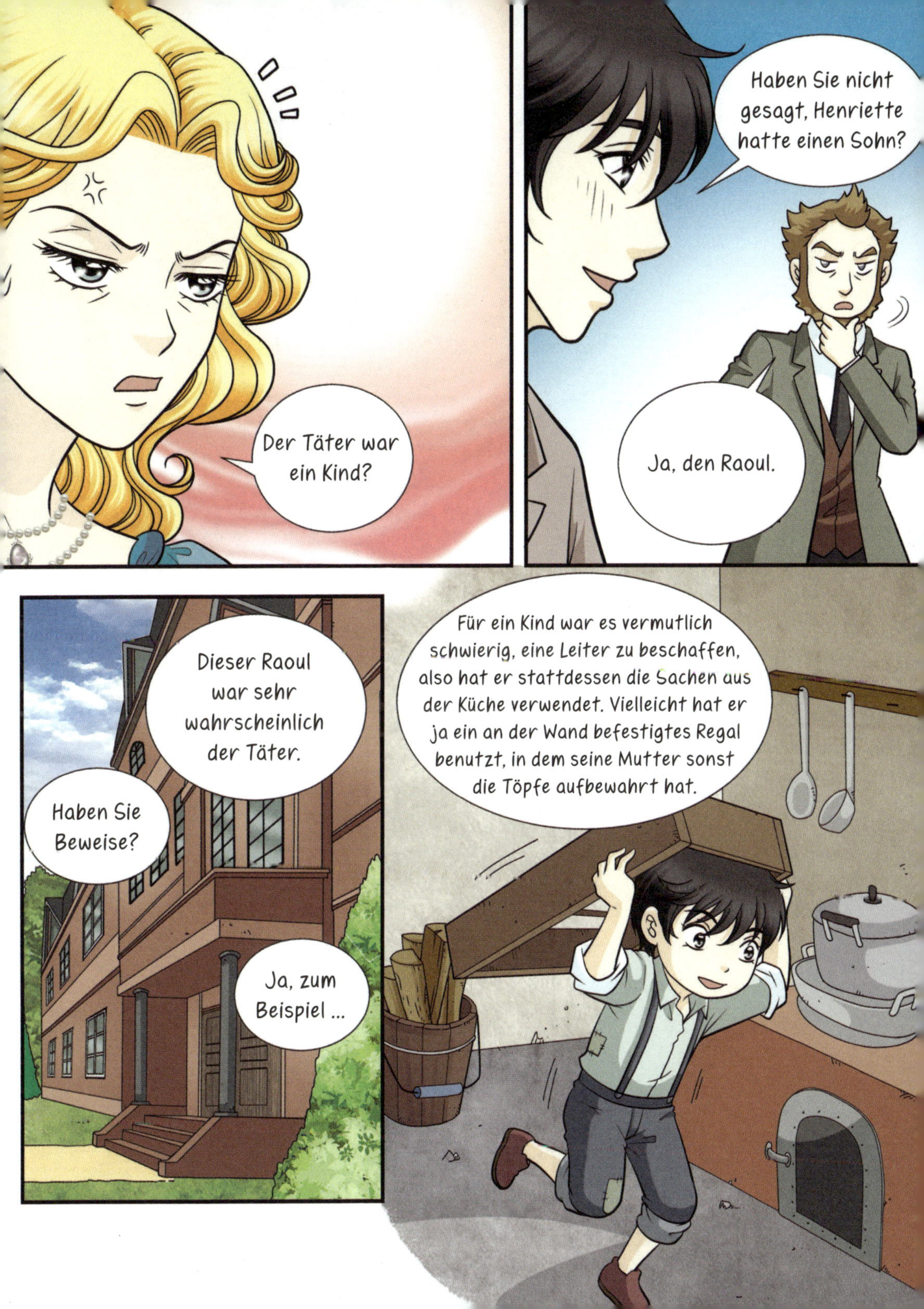
Der Täter war ein Kind?
Haben Sie nicht gesagt, Henriette hatte einen Sohn?
Ja, den Raoul.
Dieser Raoul war sehr wahrscheinlich der Täter.
Haben Sie Beweise?
Ja, zum Beispiel ...
Für ein Kind war es vermutlich schwierig, eine Leiter zu beschaffen, also hat er stattdessen die Sachen aus der Küche verwendet. Vielleicht hat er ja ein an der Wand befestigtes Regal benutzt, in dem seine Mutter sonst die Töpfe aufbewahrt hat.

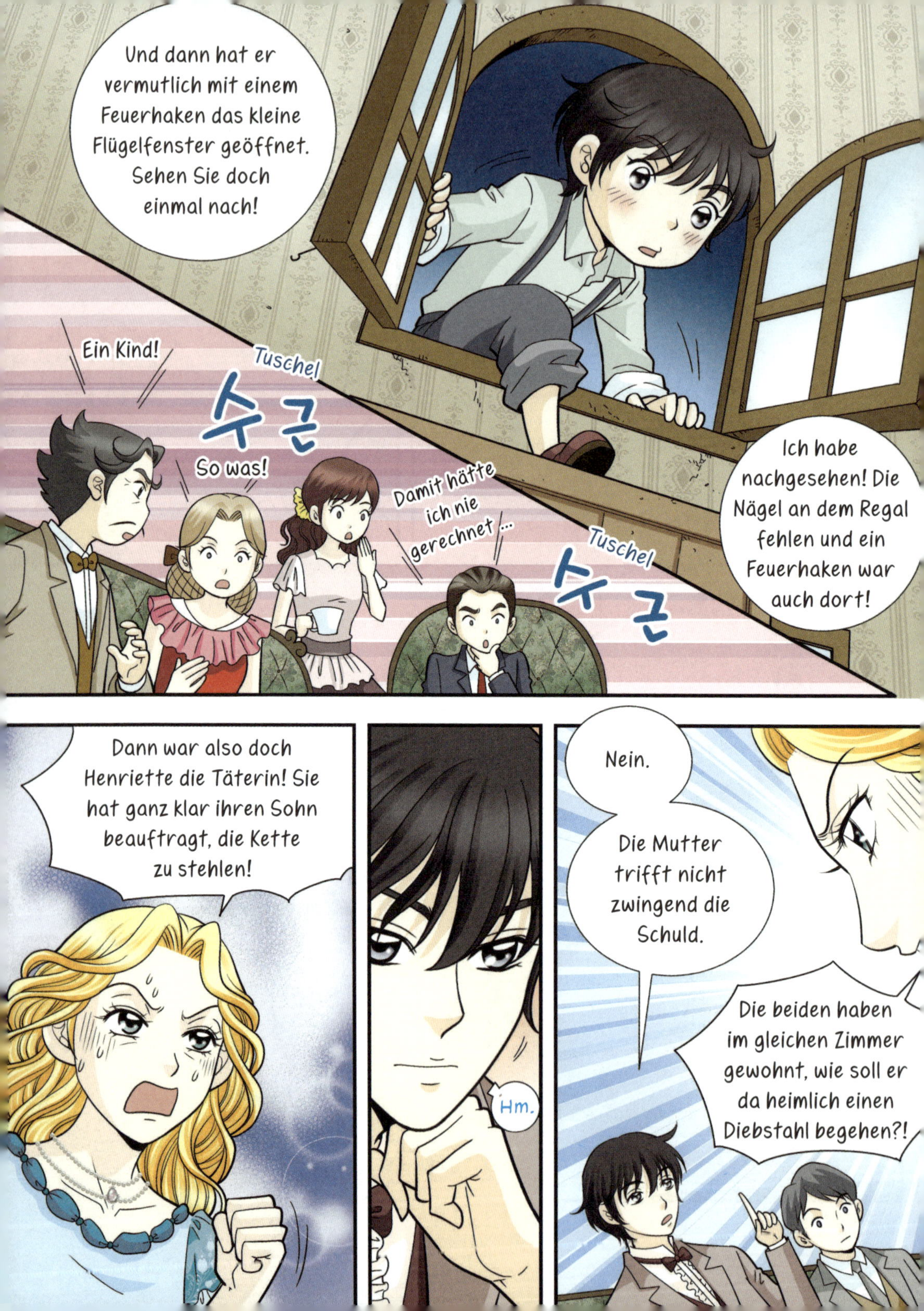

Und dann hat er vermutlich mit einem Feuerhaken das kleine Flügelfenster geöffnet. Sehen Sie doch einmal nach!
Ein Kind!
Tuschel
수군
So was!
Damit hätte ich nie gerechnet ...
Tuschel
수군
Ich habe nachgesehen! Die Nägel an dem Regal fehlen und ein Feuerhaken war auch dort!
Dann war also doch Henriette die Täterin! Sie hat ganz klar ihren Sohn beauftragt, die Kette zu stehlen!
Hm.
Nein.
Die Mutter trifft nicht zwingend die Schuld.
Die beiden haben im gleichen Zimmer gewohnt, wie soll er da heimlich einen Diebstahl begehen?!

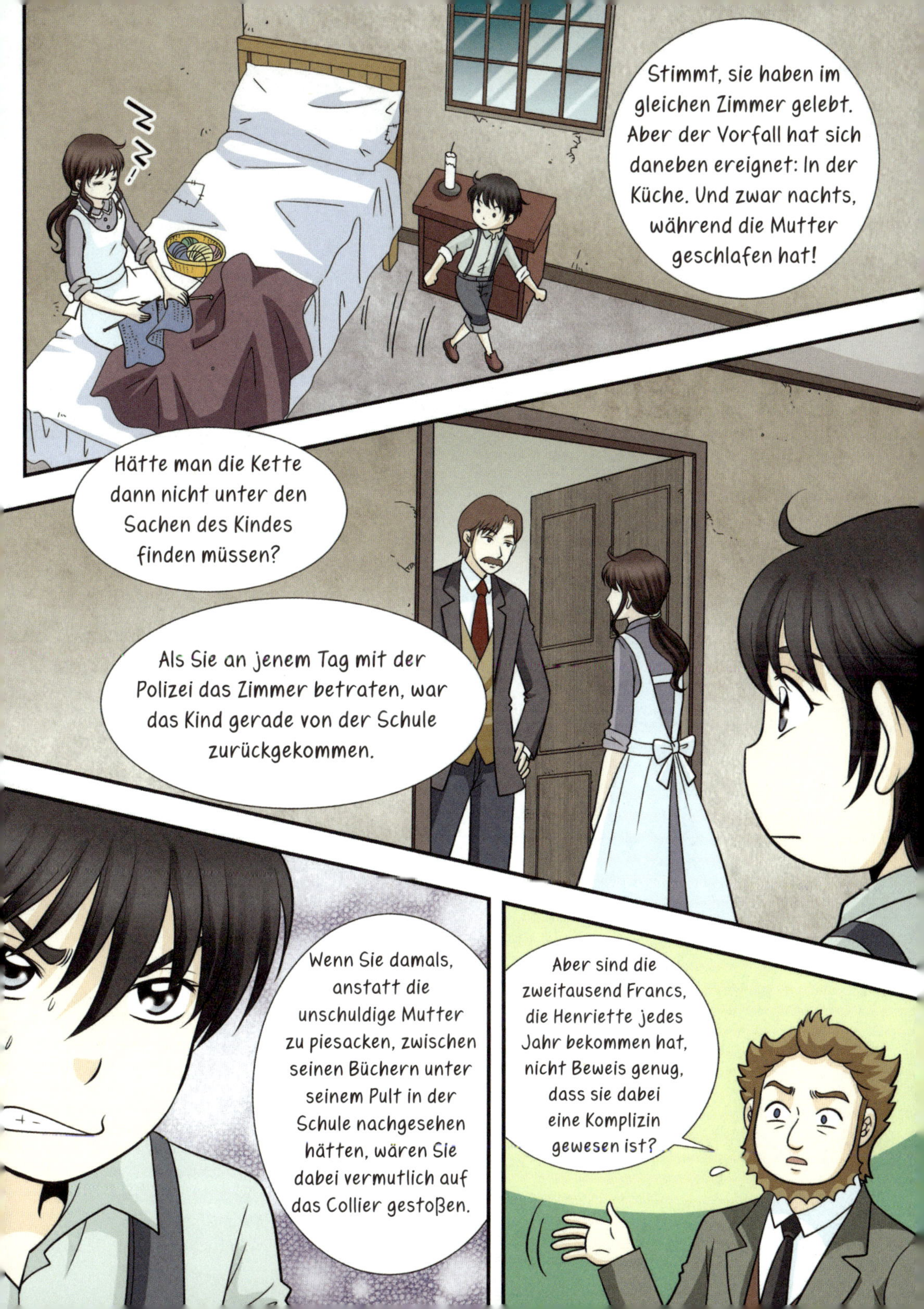
Stimmt, sie haben im gleichen Zimmer gelebt. Aber der Vorfall hat sich daneben ereignet: In der Küche. Und zwar nachts, während die Mutter geschlafen hat!
Hätte man die Kette dann nicht unter den Sachen des Kindes finden müssen?
Als Sie an jenem Tag mit der Polizei das Zimmer betraten, war das Kind gerade von der Schule zurückgekommen.
Wenn Sie damals, anstatt die unschuldige Mutter zu piesacken, zwischen seinen Büchern unter seinem Pult in der Schule nachgesehen hätten, wären Sie dabei vermutlich auf das Collier gestoßen.
Aber sind die zweitausend Francs, die Henriette jedes Jahr bekommen hat, nicht Beweis genug, dass sie dabei eine Komplizin gewesen ist?

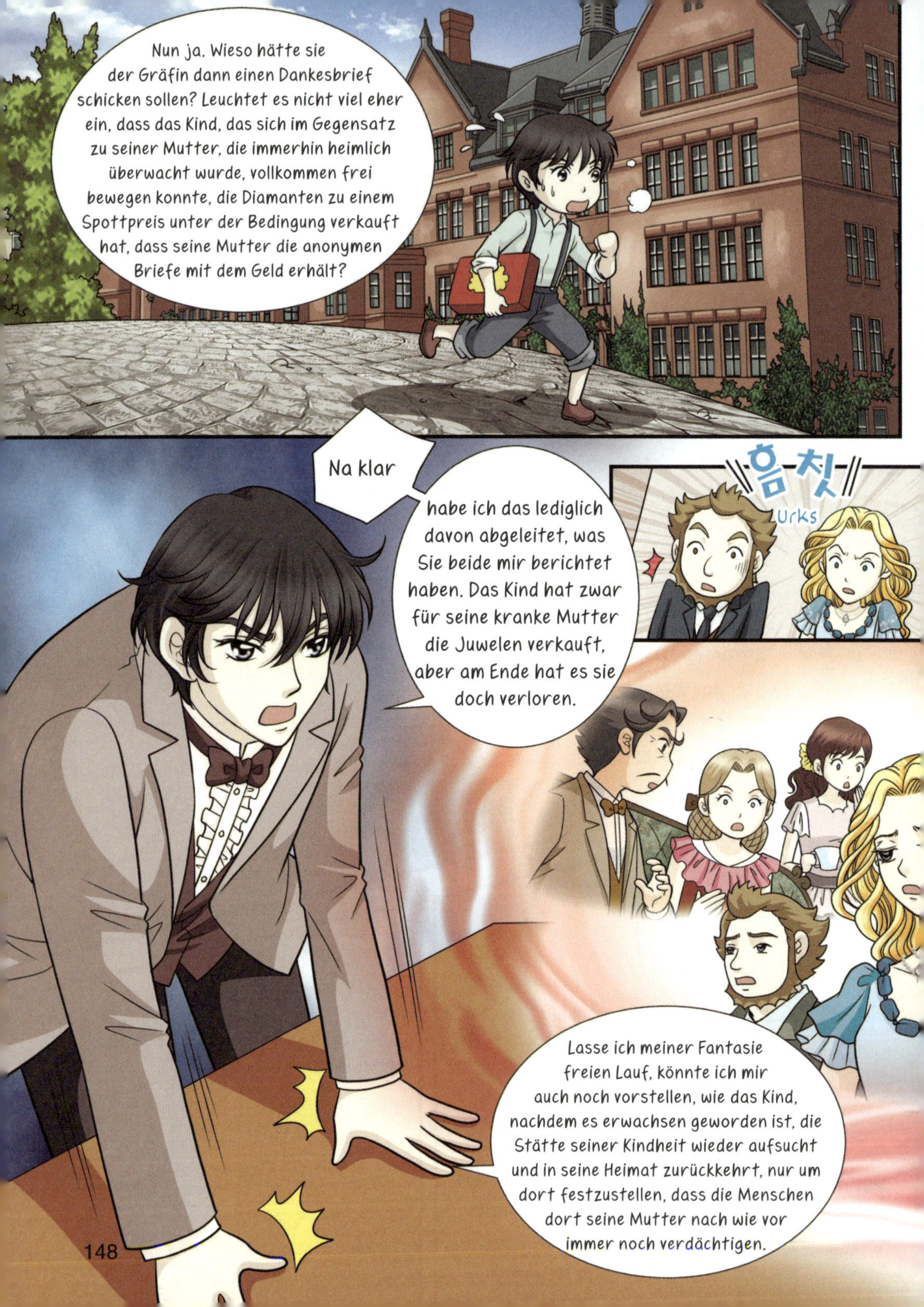
Nun ja. Wieso hätte sie der Gräfin dann einen Dankesbrief schicken sollen? Leuchtet es nicht viel eher ein, dass das Kind, das sich im Gegensatz zu seiner Mutter, die immerhin heimlich überwacht wurde, vollkommen frei bewegen konnte, die Diamanten zu einem Spottpreis unter der Bedingung verkauft hat, dass seine Mutter die anonymen Briefe mit dem Geld erhält?
Na klar
habe ich das lediglich davon abgeleitet, was Sie beide mir berichtet haben. Das Kind hat zwar für seine kranke Mutter die Juwelen verkauft, aber am Ende hat es sie doch verloren.
흠칫
Urks
Lasse ich meiner Fantasie freien Lauf, könnte ich mir auch noch vorstellen, wie das Kind, nachdem es erwachsen geworden ist, die Stätte seiner Kindheit wieder aufsucht und in seine Heimat zurückkehrt, nur um dort festzustellen, dass die Menschen dort seine Mutter nach wie vor immer noch verdächtigen.

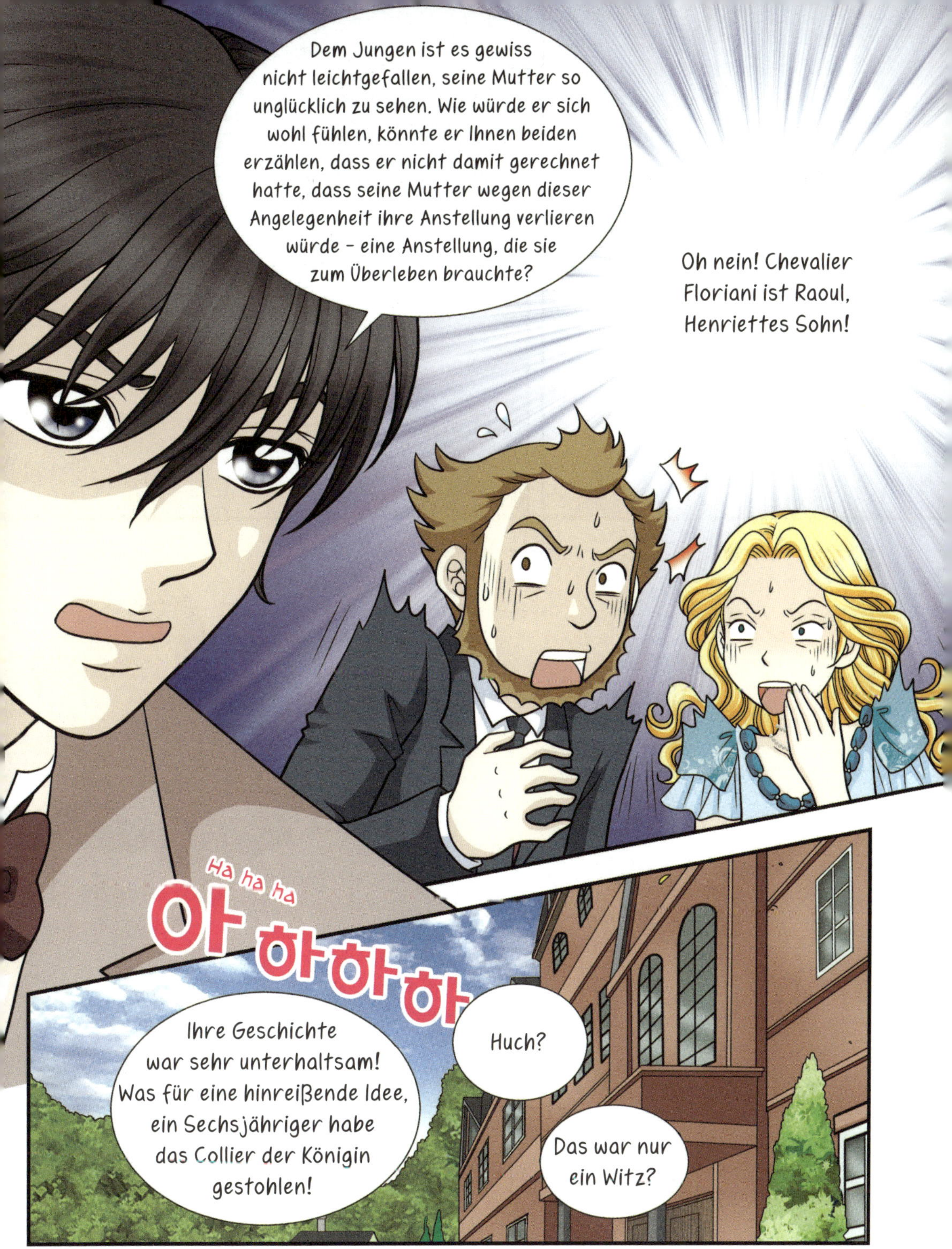
Dem Jungen ist es gewiss nicht leichtgefallen, seine Mutter so unglücklich zu sehen. Wie würde er sich wohl fühlen, könnte er Ihnen beiden erzählen, dass er nicht damit gerechnet hatte, dass seine Mutter wegen dieser Angelegenheit ihre Anstellung verlieren würde – eine Anstellung, die sie zum Überleben brauchte?
Oh nein! Chevalier Floriani ist Raoul, Henriettes Sohn!
Ha ha ha
아 하하하
Ihre Geschichte war sehr unterhaltsam! Was für eine hinreißende Idee, ein Sechsjähriger habe das Collier der Königin gestohlen!
Huch?
Das war nur ein Witz?

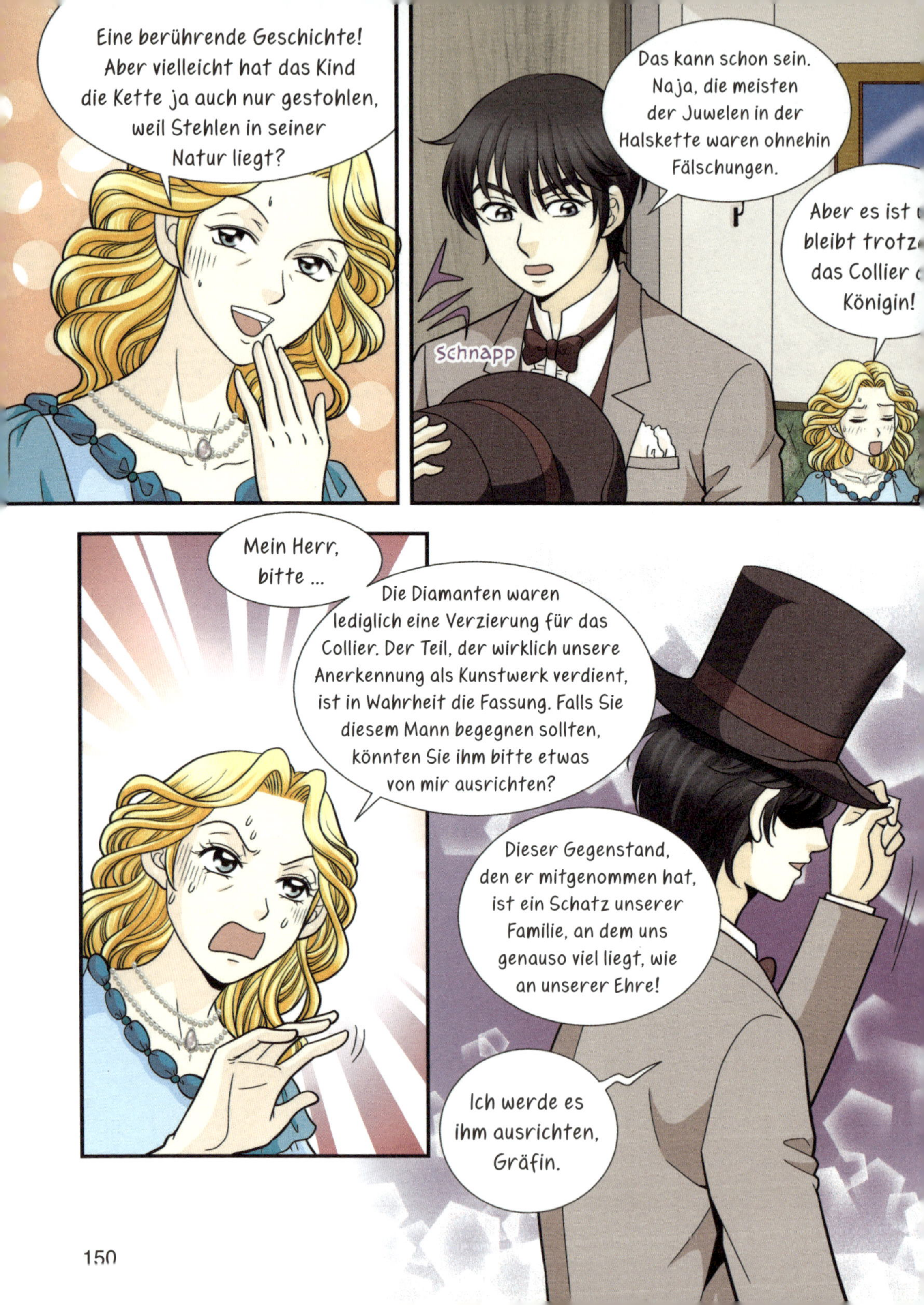
Eine berührende Geschichte! Aber vielleicht hat das Kind die Kette ja auch nur gestohlen, weil Stehlen in seiner Natur liegt?
Das kann schon sein. Naja, die meisten der Juwelen in der Halskette waren ohnehin Fälschungen.
Schnapp
Mein Herr, bitte ...
Die Diamanten waren lediglich eine Verzierung für das Collier. Der Teil, der wirklich unsere Anerkennung als Kunstwerk verdient, ist in Wahrheit die Fassung. Falls Sie diesem Mann begegnen sollten, könnten Sie ihm bitte etwas von mir ausrichten?
Dieser Gegenstand, den er mitgenommen hat, ist ein Schatz unserer Familie, an dem uns genauso viel liegt, wie an unserer Ehre!
Ich werde es ihm ausrichten, Gräfin.

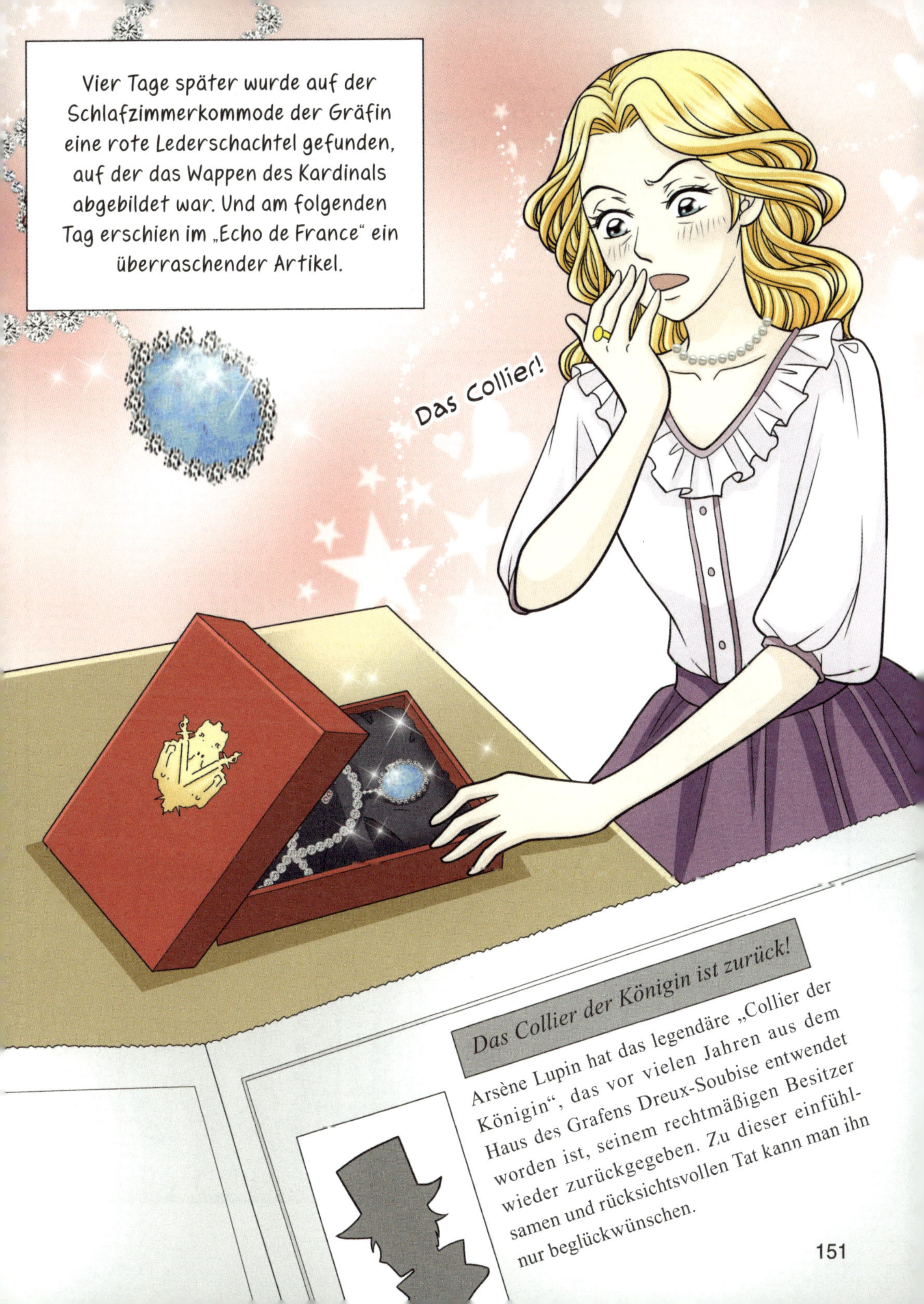

Vier Tage später wurde auf der Schlafzimmerkommode der Gräfin eine rote Lederschachtel gefunden, auf der das Wappen des Kardinals abgebildet war. Und am folgenden Tag erschien im „Echo de France“ ein überraschender Artikel.
Das Collier!
Das Collier der Königin ist zurück!
Arsène Lupin hat das legendäre „Collier der Königin“, das vor vielen Jahren aus dem Haus des Grafens Dreux-Soubise entwendet worden ist, seinem rechtmäßigen Besitzer wieder zurückgegeben. Zu dieser einfühlsamen und rücksichtsvollen Tat kann man ihn nur beglückwünschen.

Fünfte Gaunerei

Herlock Sholmes kommt zu spät

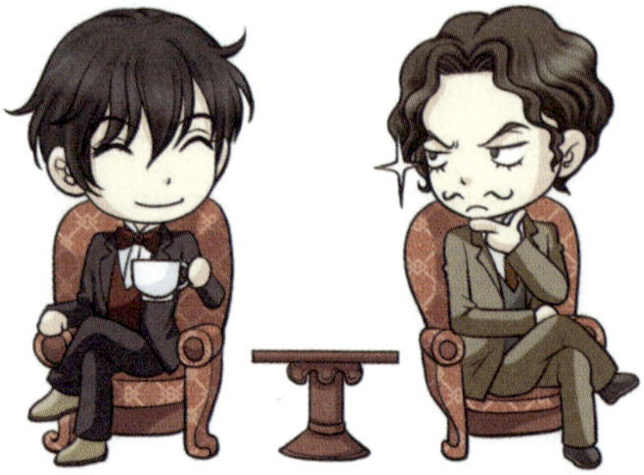

1. Das Geheimnis von Schloss Thibermesnil

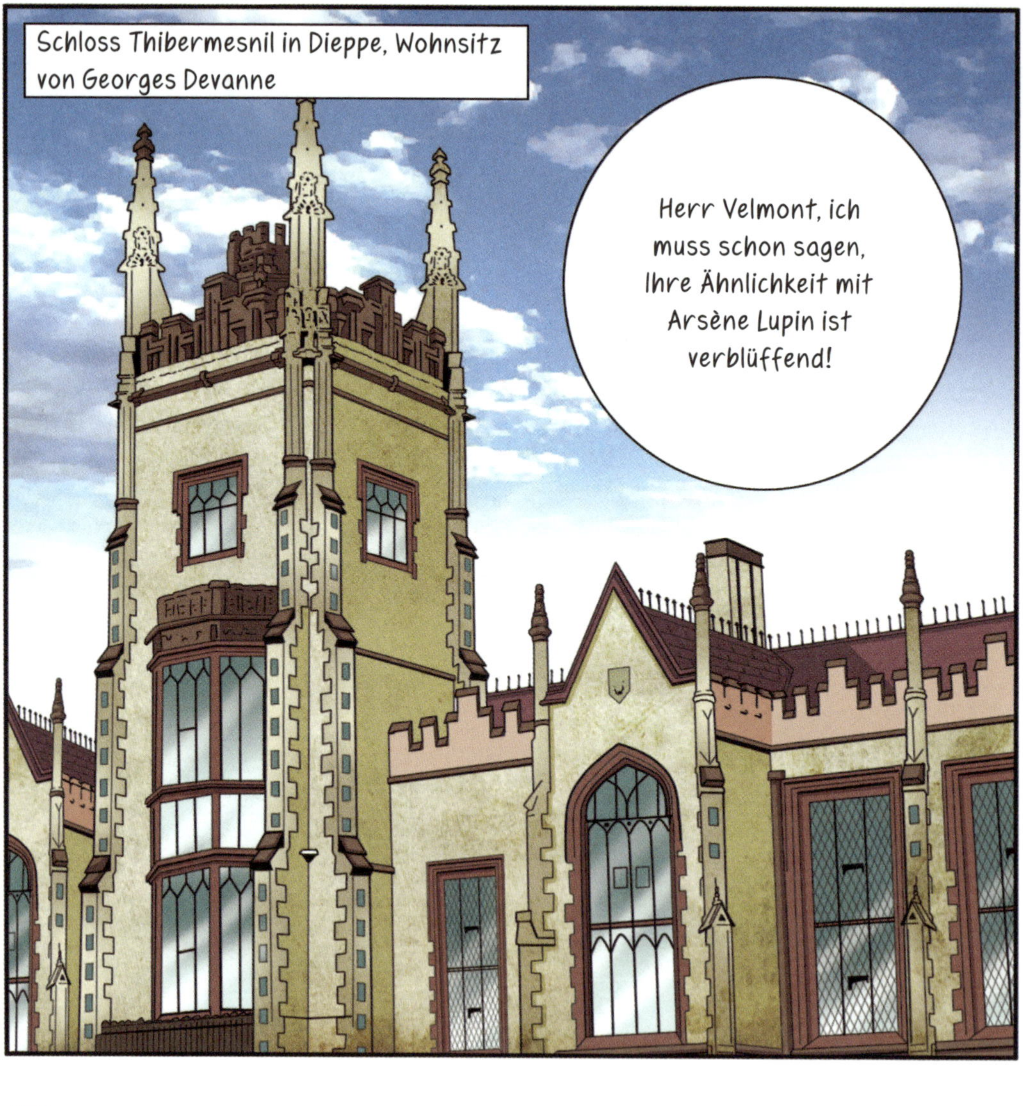

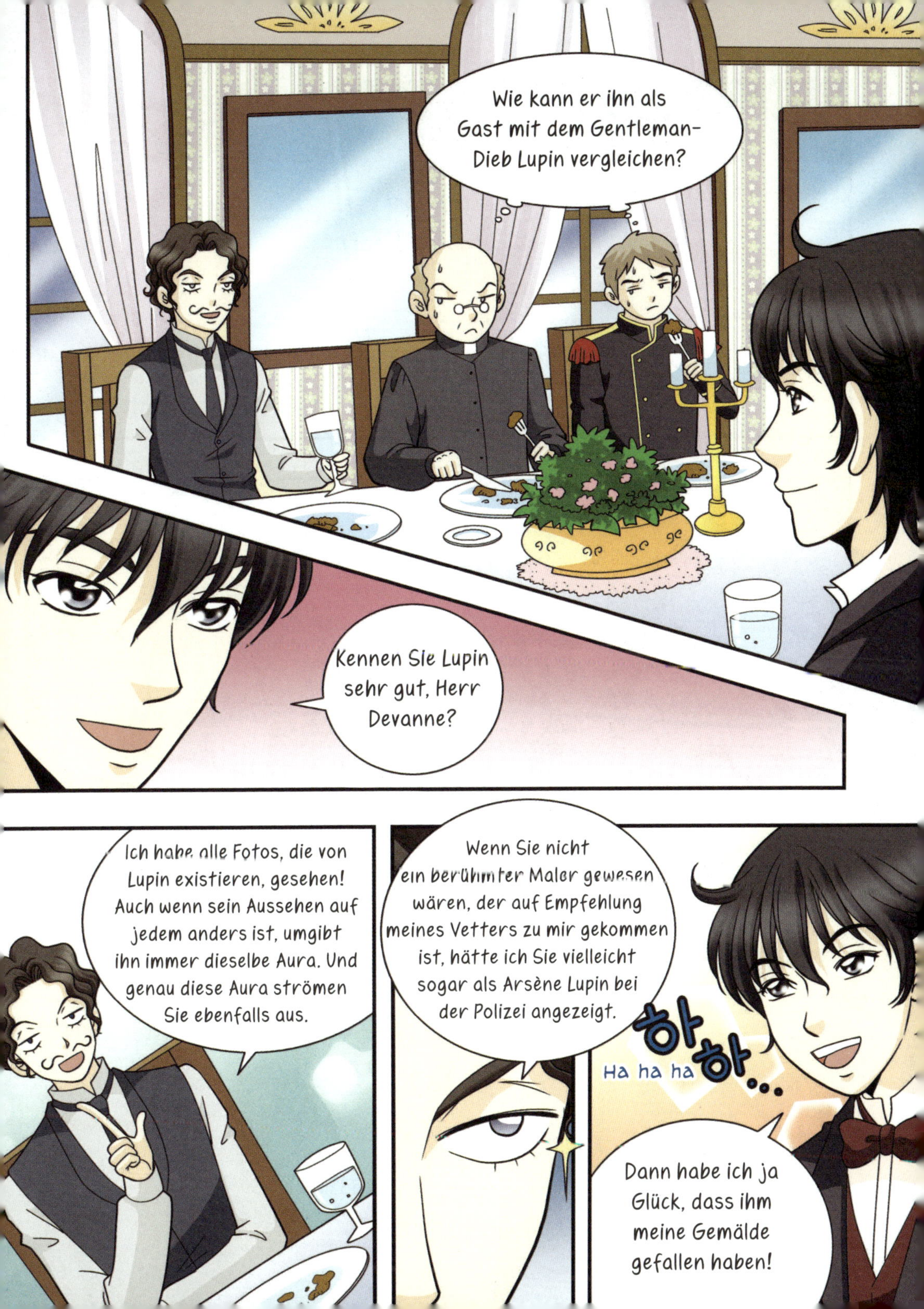

Wie kann er ihn als Gast mit dem Gentleman-Dieb Lupin vergleichen?
Kennen Sie Lupin sehr gut, Herr Devanne?
Ich habe alle Fotos, die von Lupin existieren, gesehen! Auch wenn sein Aussehen auf jedem anders ist, umgibt ihn immer dieselbe Aura. Und genau diese Aura strömen Sie ebenfalls aus.
Wenn Sie nicht ein berühmter Maler gewesen wären, der auf Empfehlung meines Vetters zu mir gekommen ist, hätte ich Sie vielleicht sogar als Arsène Lupin bei der Polizei angezeigt.
하하...
Ha ha ha
Dann habe ich ja Glück, dass ihm meine Gemälde gefallen haben!

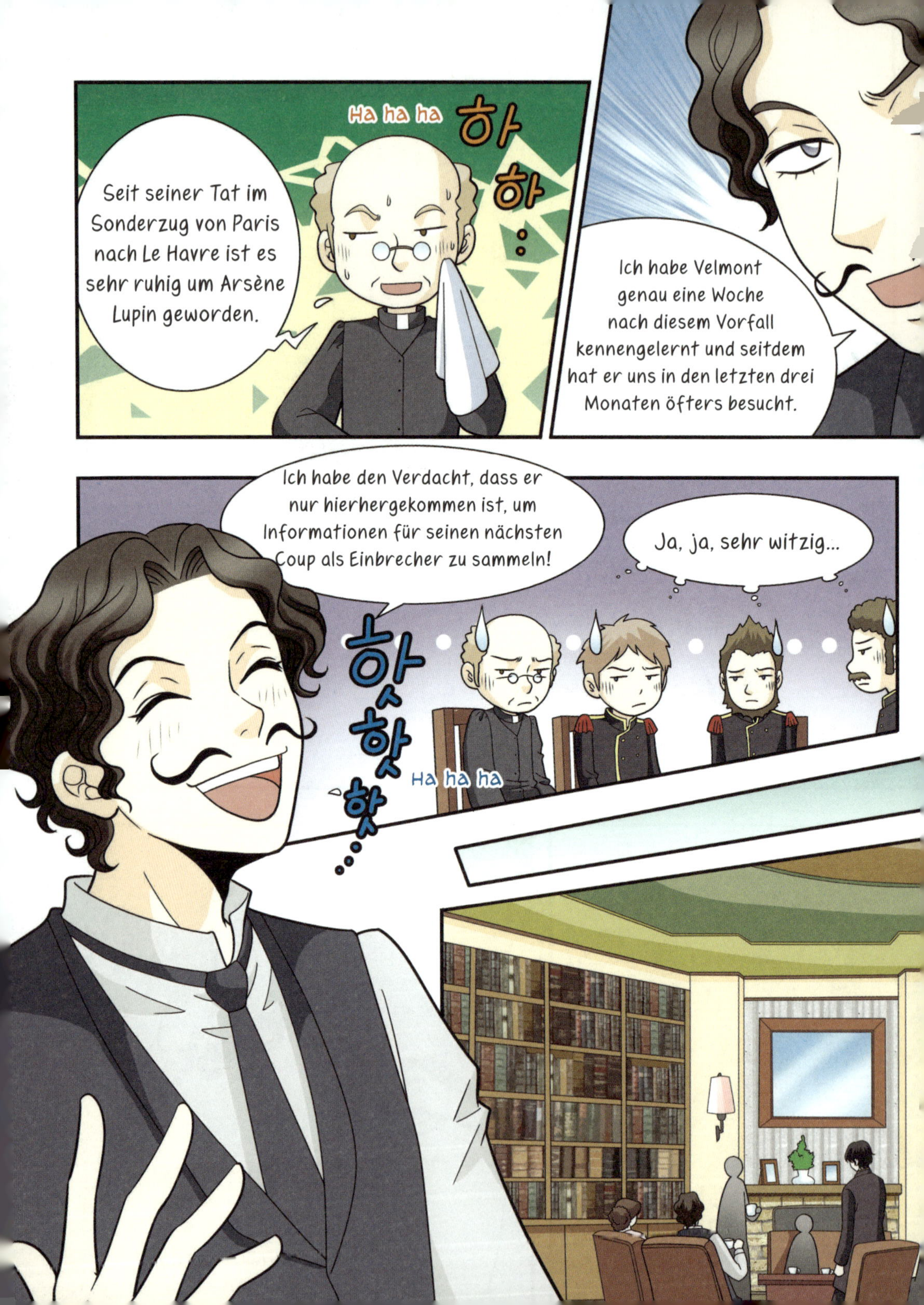
Ha ha ha
하하
Seit seiner Tat im Sonderzug von Paris nach Le Havre ist es sehr ruhig um Arsène Lupin geworden.
Ich habe Velmont genau eine Woche nach diesem Vorfall kennengelernt und seitdem hat er uns in den letzten drei Monaten öfters besucht.
Ich habe den Verdacht, dass er nur hierhergekommen ist, um Informationen für seinen nächsten Coup als Einbrecher zu sammeln!
Ja, ja, sehr witzig...
핫핫핫...
Ha ha ha

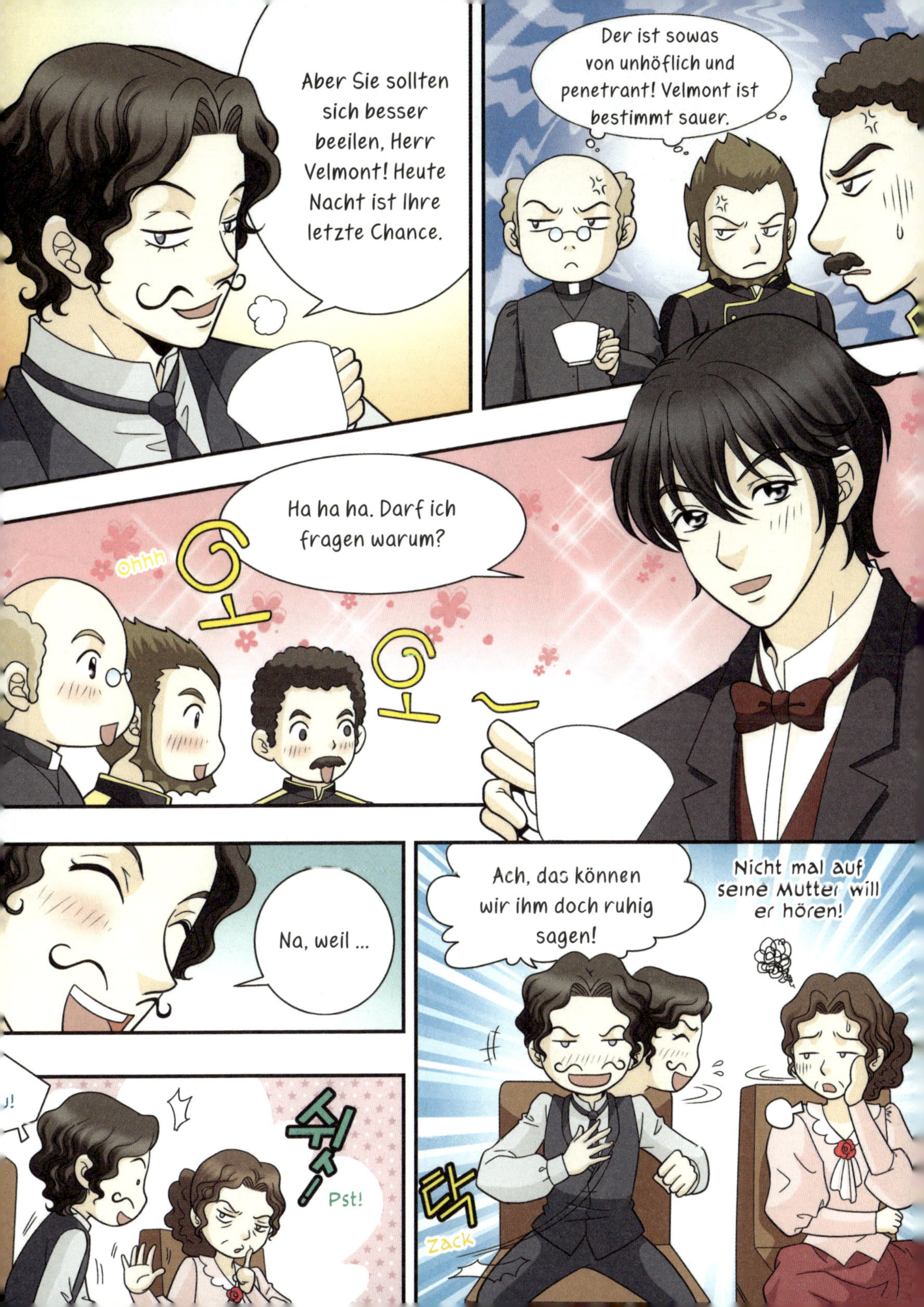
Aber Sie sollten sich besser beeilen, Herr Velmont! Heute Nacht ist Ihre letzte Chance.
Der ist sowas von unhöflich und penetrant! Velmont ist bestimmt sauer.
Ha ha ha. Darf ich fragen warum?
Ohhh
Na, weil ...
Pst!
Ach, das können wir ihm doch ruhig sagen!
Nicht mal auf seine Mutter will er hören!
Zack

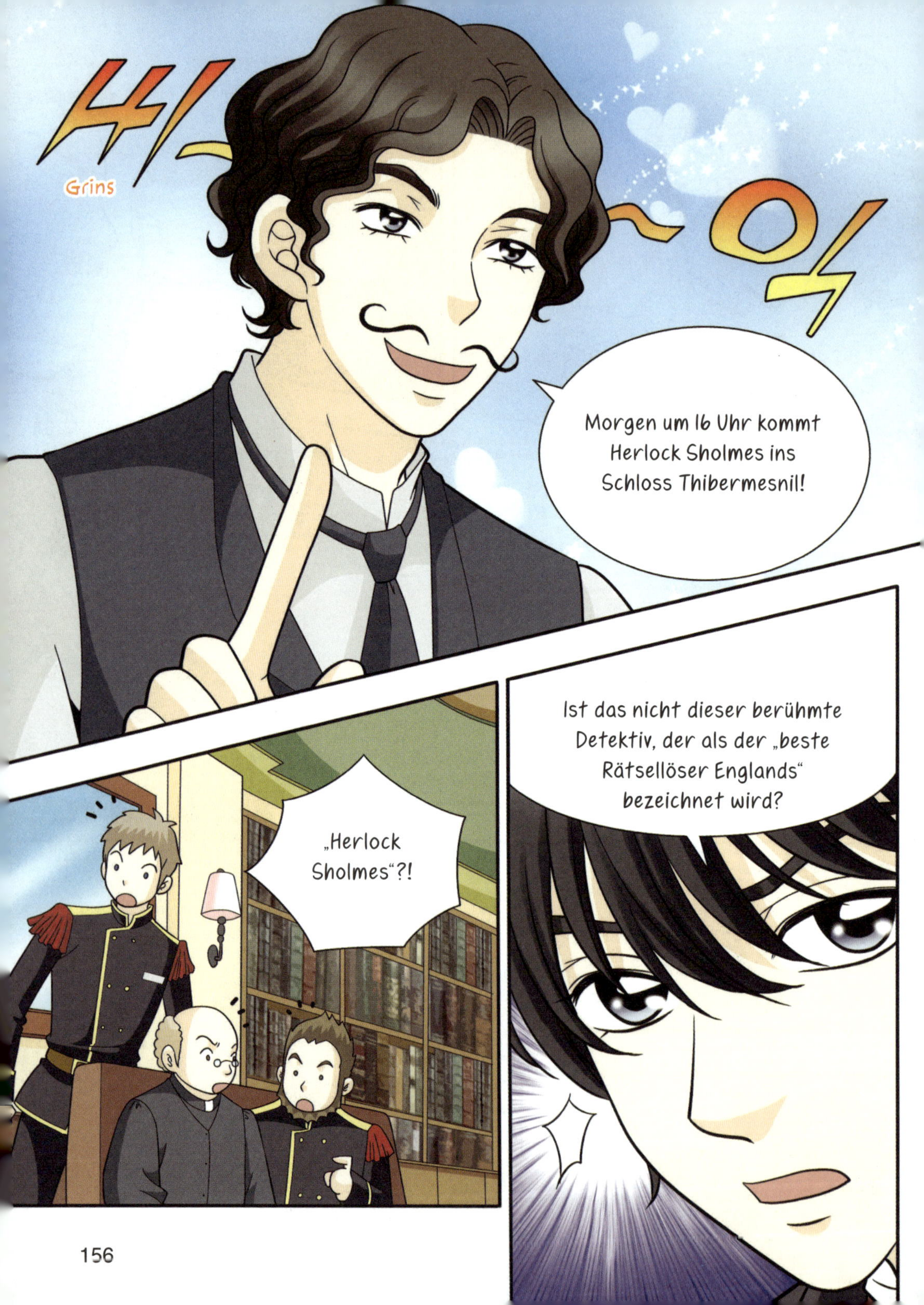
Grins
Morgen um 16 Uhr kommt Herlock Sholmes ins Schloss Thibermesnil!
„Herlock Sholmes“?!
Ist das nicht dieser berühmte Detektiv, der als der „beste Rätsellöser Englands“ bezeichnet wird?

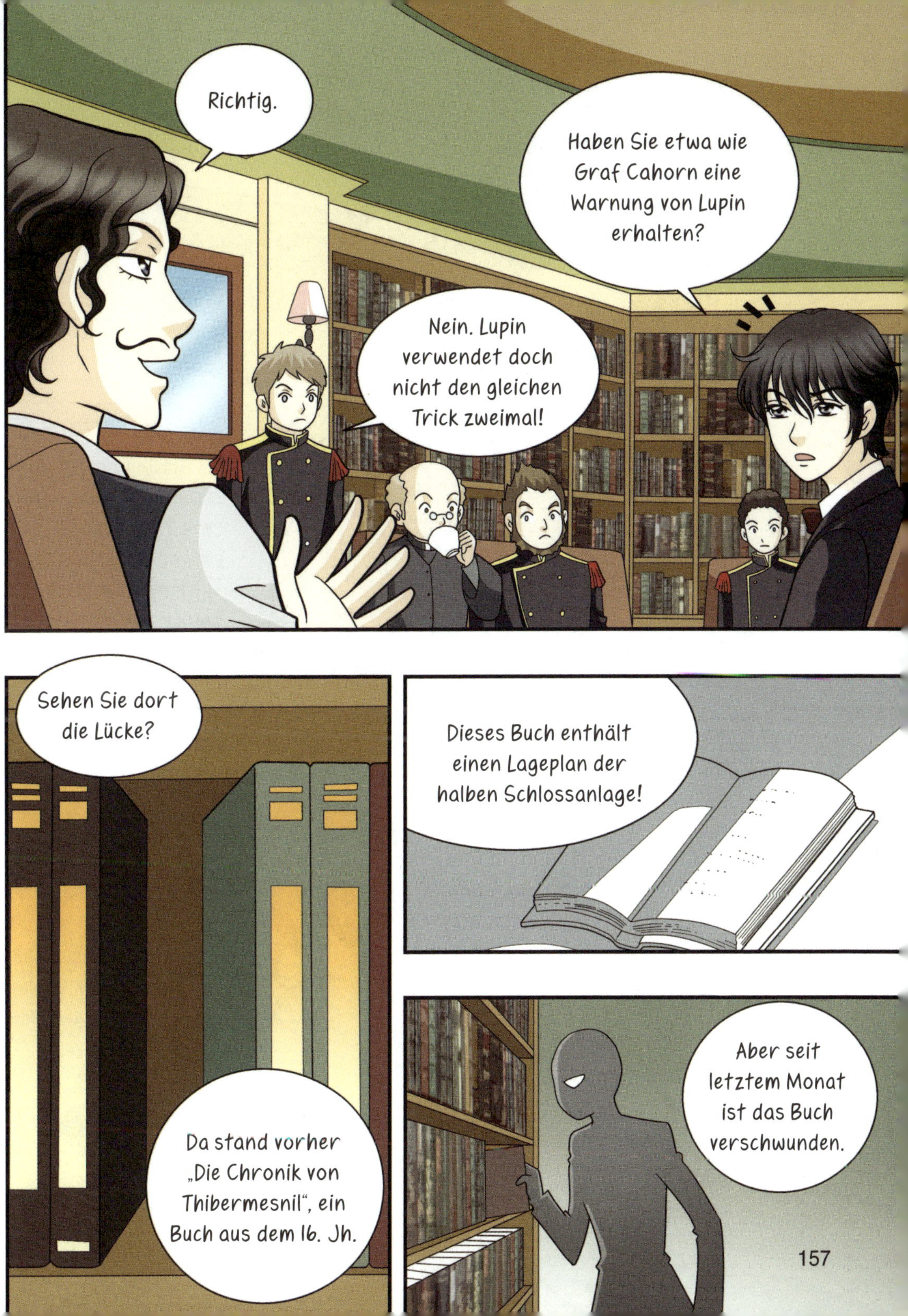
Richtig.
Haben Sie etwa wie Graf Cahorn eine Warnung von Lupin erhalten?
Nein. Lupin verwendet doch nicht den gleichen Trick zweimal!
Sehen Sie dort die Lücke?
Da stand vorher „Die Chronik von Thibermesnil“, ein Buch aus dem 16. Jh.
Dieses Buch enthält einen Lageplan der halben Schlossanlage!
Aber seit letztem Monat ist das Buch verschwunden.

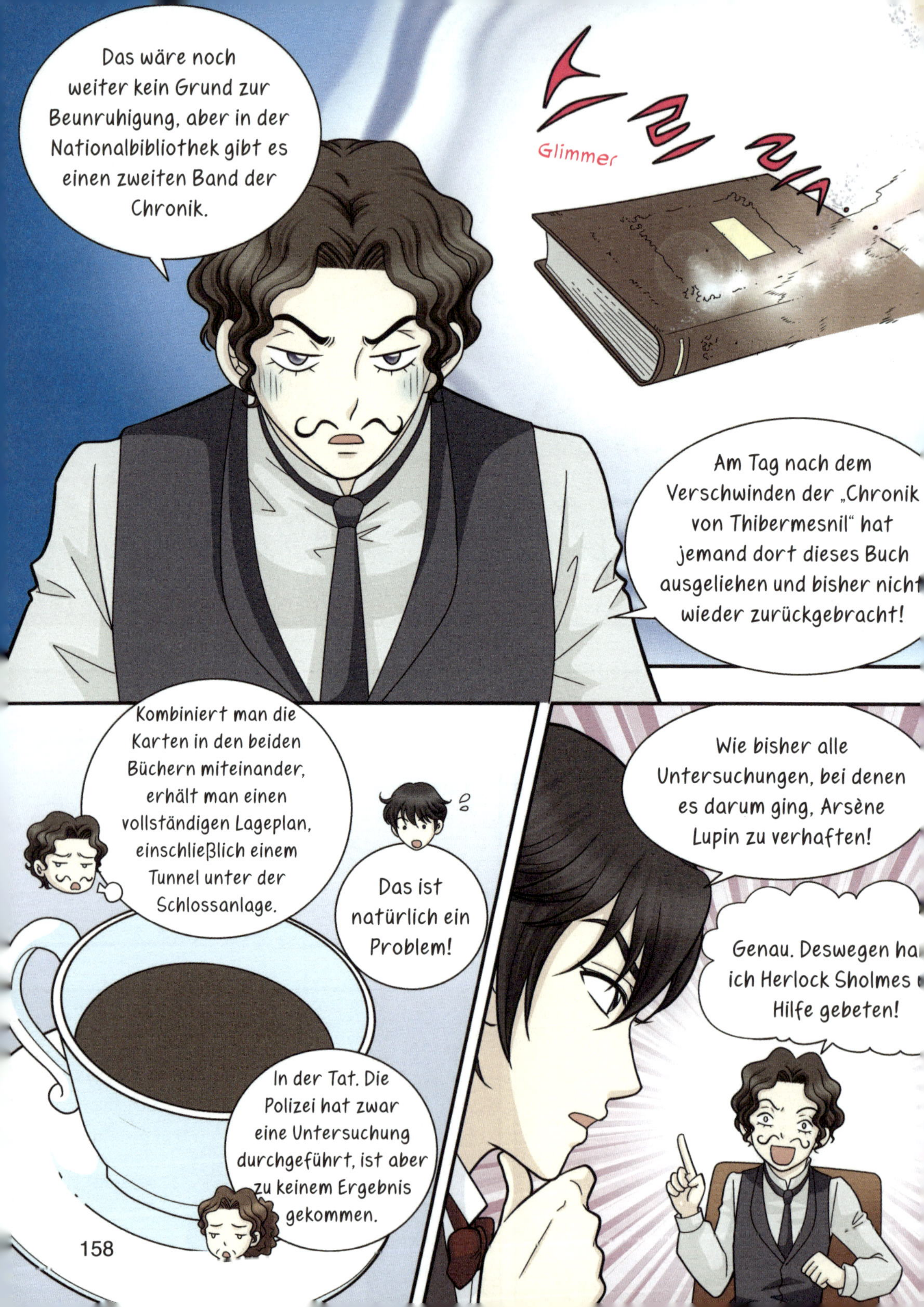
Das wäre noch weiter kein Grund zur Beunruhigung, aber in der Nationalbibliothek gibt es einen zweiten Band der Chronik.
Glimmer
Am Tag nach dem Verschwinden der „Chronik von Thibermesnil“ hat jemand dort dieses Buch ausgeliehen und bisher nicht wieder zurückgebracht!
Kombiniert man die Karten in den beiden Büchern miteinander, erhält man einen vollständigen Lageplan, einschließlich einem Tunnel unter der Schlossanlage.
Das ist natürlich ein Problem!
In der Tat. Die Polizei hat zwar eine Untersuchung durchgeführt, ist aber zu keinem Ergebnis gekommen.
Wie bisher alle Untersuchungen, bei denen es darum ging, Arsène Lupin zu verhaften!
Genau. Deswegen ha ich Herlock Sholmes Hilfe gebeten!

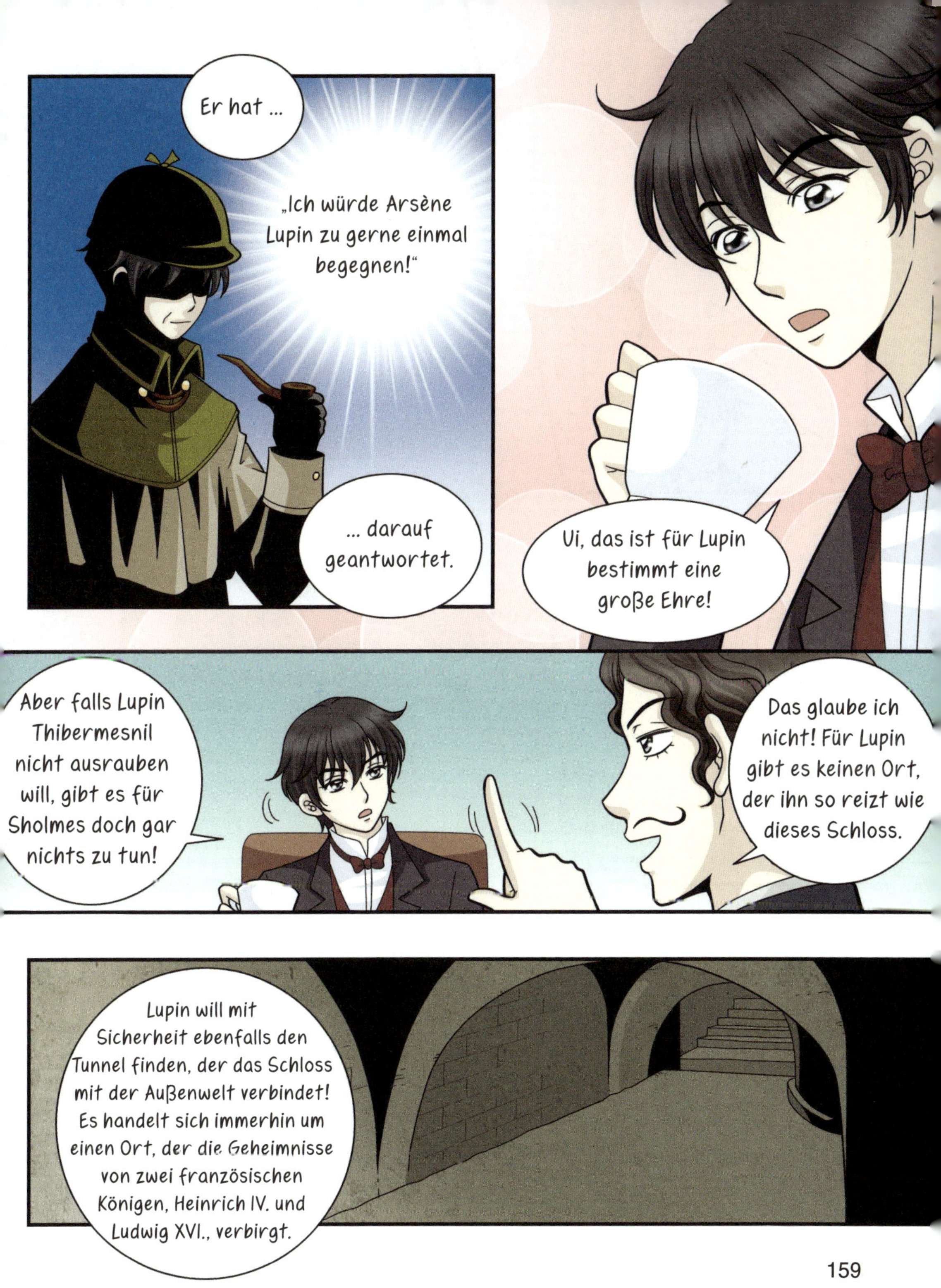
Er hat ...
„Ich würde Arsène Lupin zu gerne einmal begegnen!“
... darauf geantwortet.
Ui, das ist für Lupin bestimmt eine große Ehre!
Aber falls Lupin Thibermesnil nicht ausrauben will, gibt es für Sholmes doch gar nichts zu tun!
Das glaube ich nicht! Für Lupin gibt es keinen Ort, der ihn so reizt wie dieses Schloss.
Lupin will mit Sicherheit ebenfalls den Tunnel finden, der das Schloss mit der Außenwelt verbindet! Es handelt sich immerhin um einen Ort, der die Geheimnisse von zwei französischen Königen, Heinrich IV. und Ludwig XVI., verbirgt.

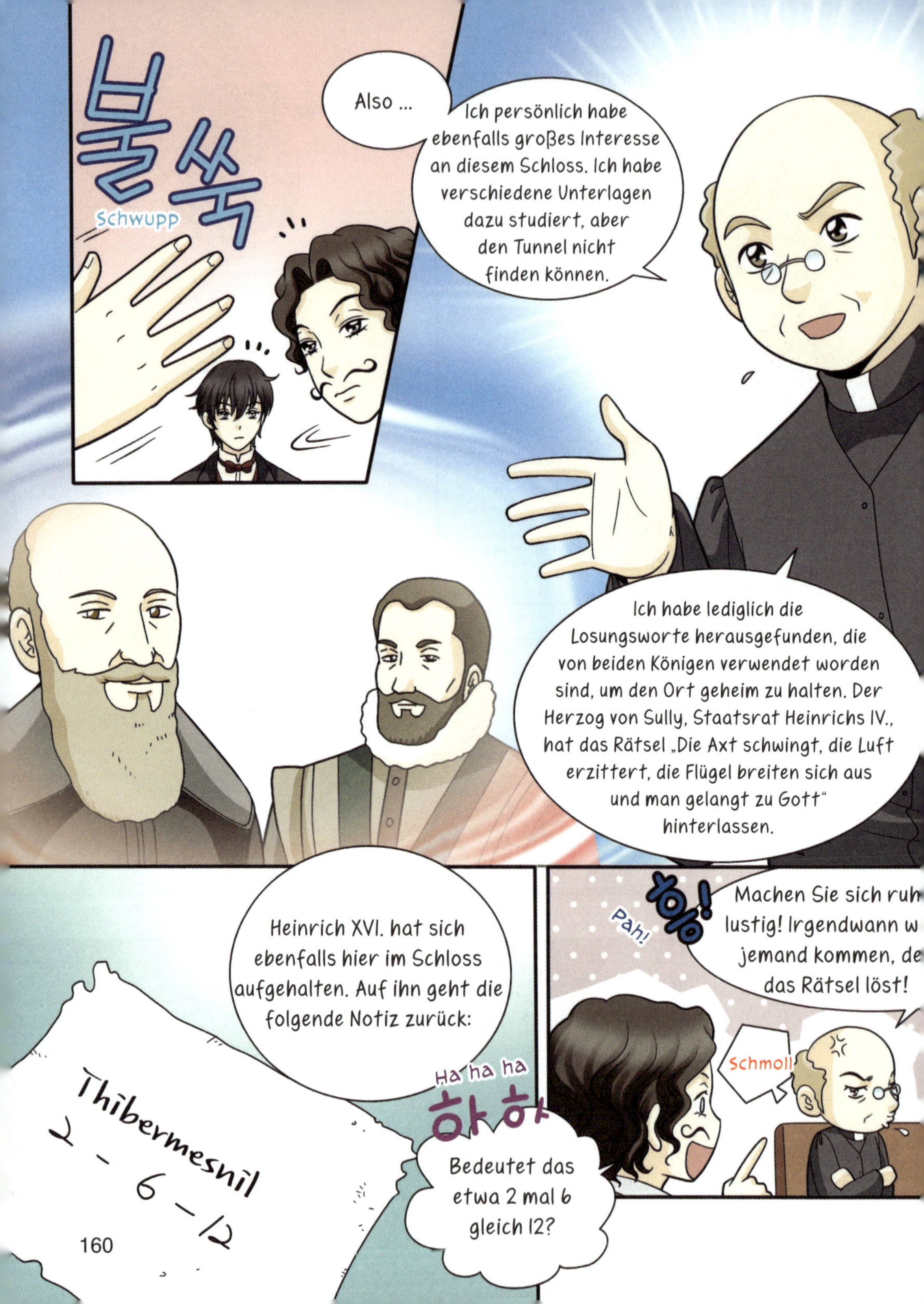

불쑥
Schwupp
Also ...
Ich persönlich habe ebenfalls großes Interesse an diesem Schloss. Ich habe verschiedene Unterlagen dazu studiert, aber den Tunnel nicht finden können.
Ich habe lediglich die Losungsworte herausgefunden, die von beiden Königen verwendet worden sind, um den Ort geheim zu halten. Der Herzog von Sully, Staatsrat Heinrichs IV., hat das Rätsel „Die Axt schwingt, die Luft erzittert, die Flügel breiten sich aus und man gelangt zu Gott“ hinterlassen.
Heinrich XVI. hat sich ebenfalls hier im Schloss aufgehalten. Auf ihn geht die folgende Notiz zurück:
Thibermesnil
2 - 6 - 12
Ha ha ha
Bedeutet das etwa 2 mal 6 gleich 12?
Pah!
Machen Sie sich ruh
lustig! Irgendwann w
jemand kommen, de
das Rätsel löst!
Schmoll

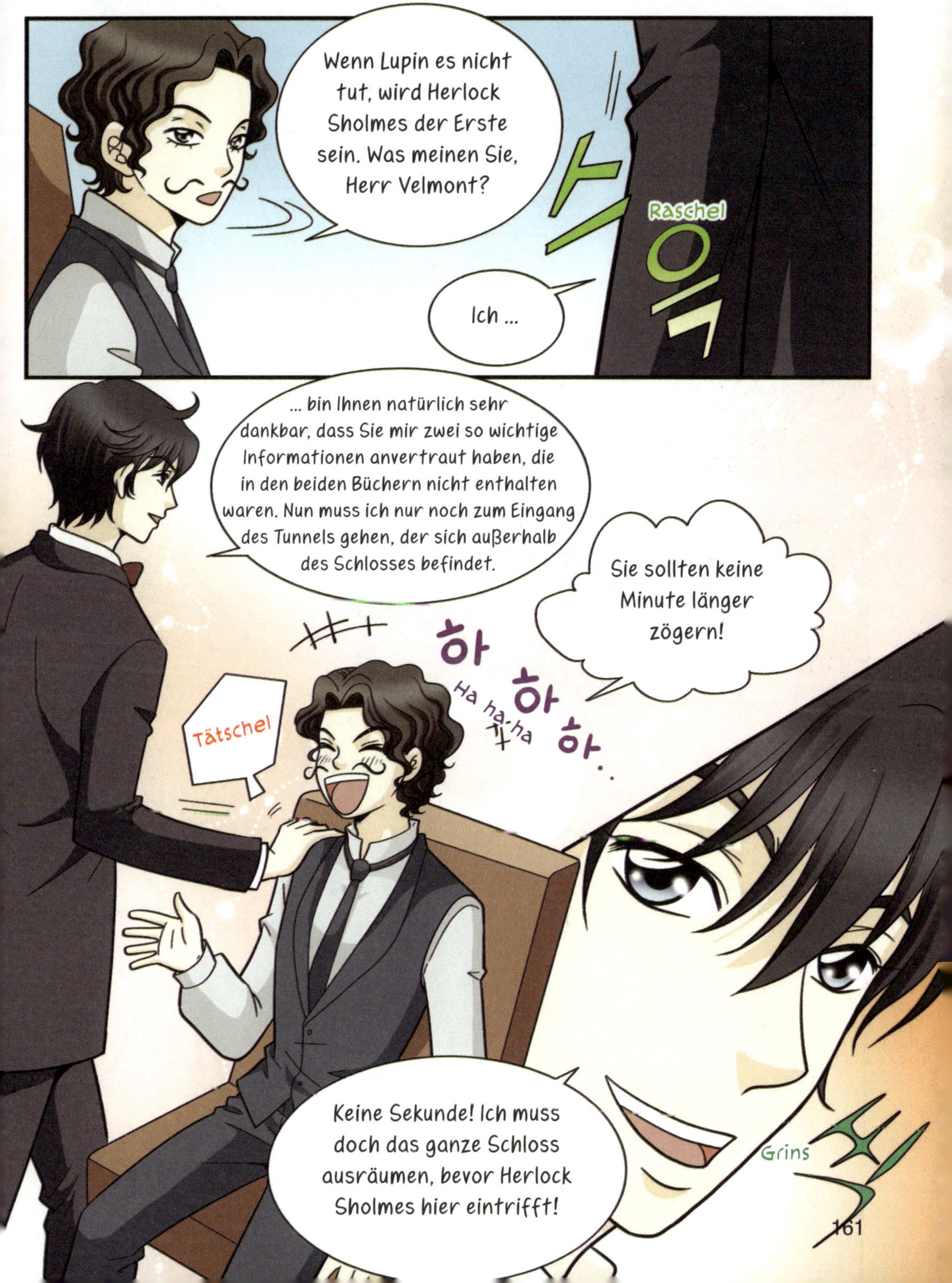
Wenn Lupin es nicht tut, wird Herlock Sholmes der Erste sein. Was meinen Sie, Herr Velmont?
Raschel
Ich ...
... bin Ihnen natürlich sehr dankbar, dass Sie mir zwei so wichtige Informationen anvertraut haben, die in den beiden Büchern nicht enthalten waren. Nun muss ich nur noch zum Eingang des Tunnels gehen, der sich außerhalb des Schlosses befindet.
Sie sollten keine Minute länger zögern!
Ha ha-ha
Tätschel
Keine Sekunde! Ich muss doch das ganze Schloss ausräumen, bevor Herlock Sholmes hier eintrifft!
Grins

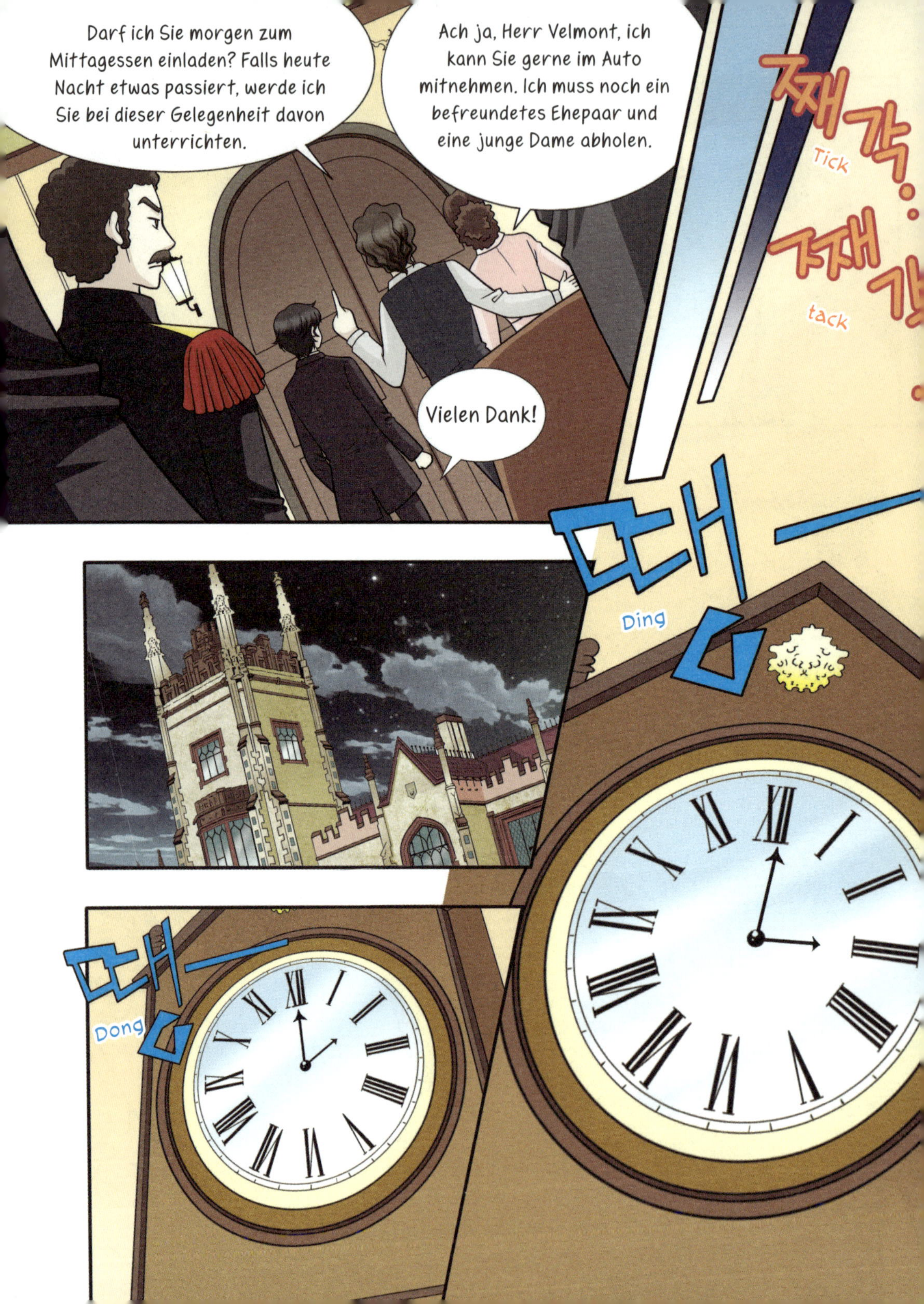
Darf ich Sie morgen zum Mittagessen einladen? Falls heute Nacht etwas passiert, werde ich Sie bei dieser Gelegenheit davon unterrichten.
Ach ja, Herr Velmont, ich kann Sie gerne im Auto mitnehmen. Ich muss noch ein befreundetes Ehepaar und eine junge Dame abholen.
Vielen Dank!
째깍
Tick
째깍
tack
떼
Ding
떼
Dong

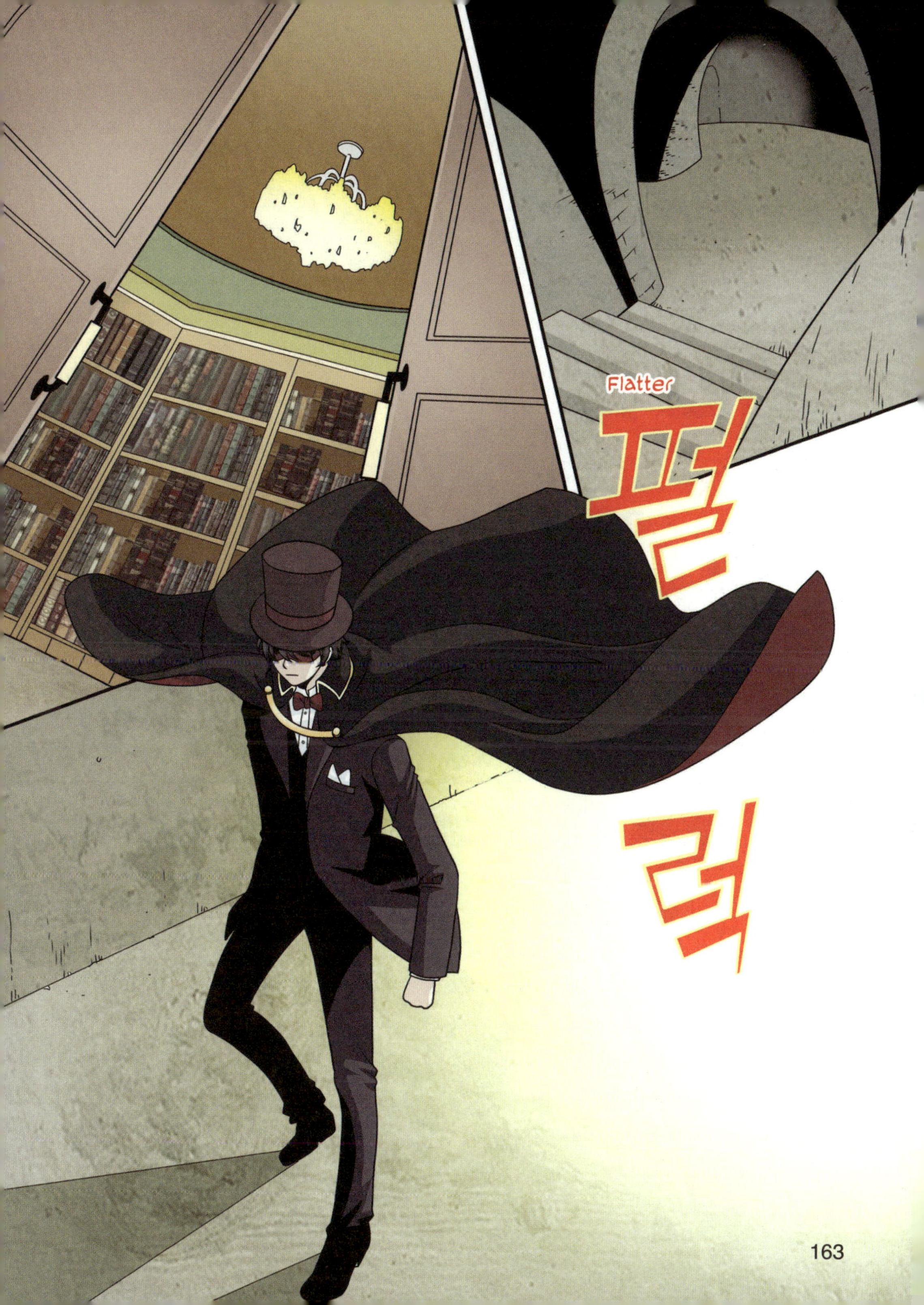
Flatter
펄럭

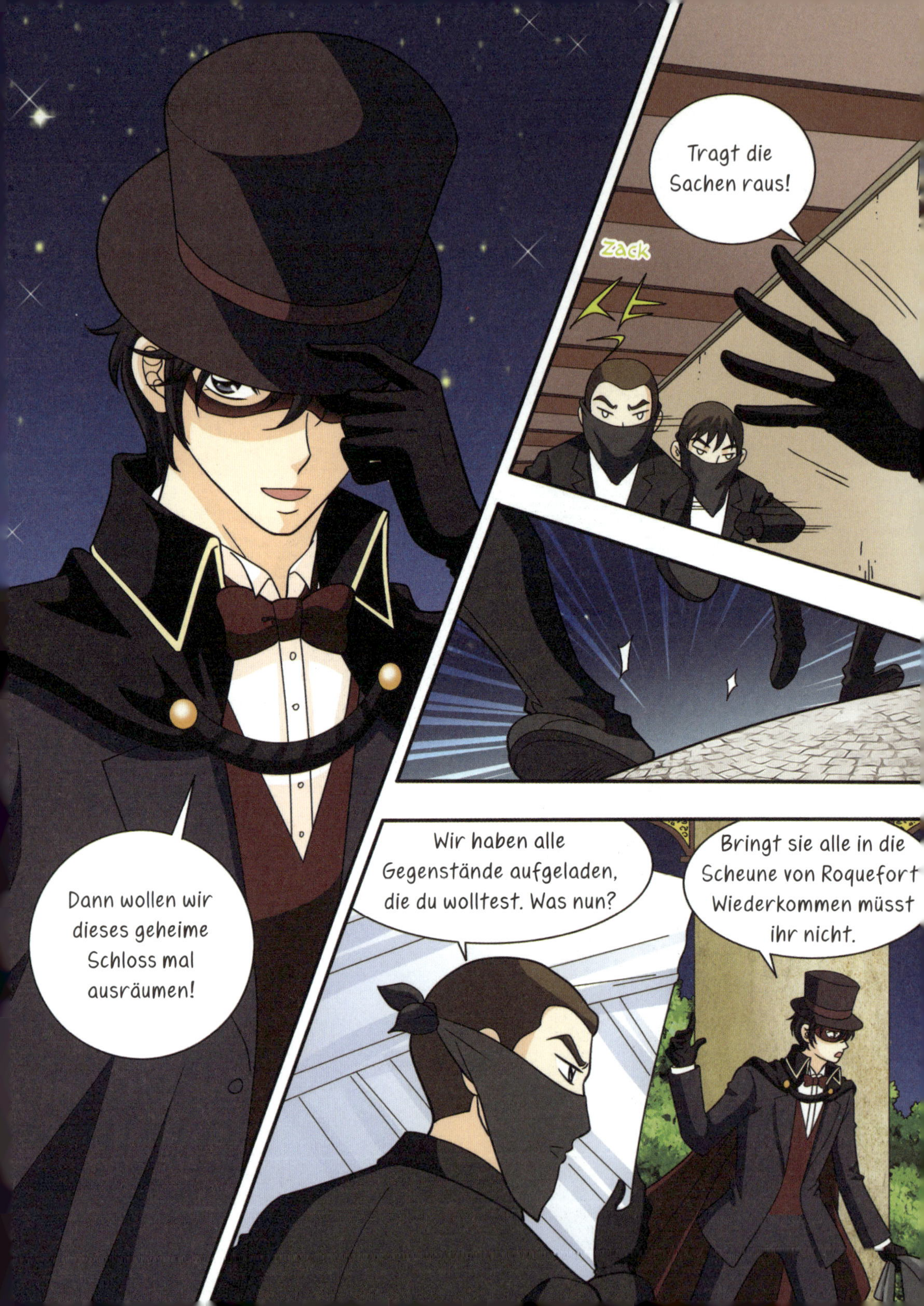
Dann wollen wir dieses geheime Schloss mal ausräumen!
Tragt die Sachen raus!
Zack
Wir haben alle Gegenstände aufgeladen, die du wolltest. Was nun?
Bringt sie alle in die Scheune von Roquefort Wiederkommen müsst ihr nicht.

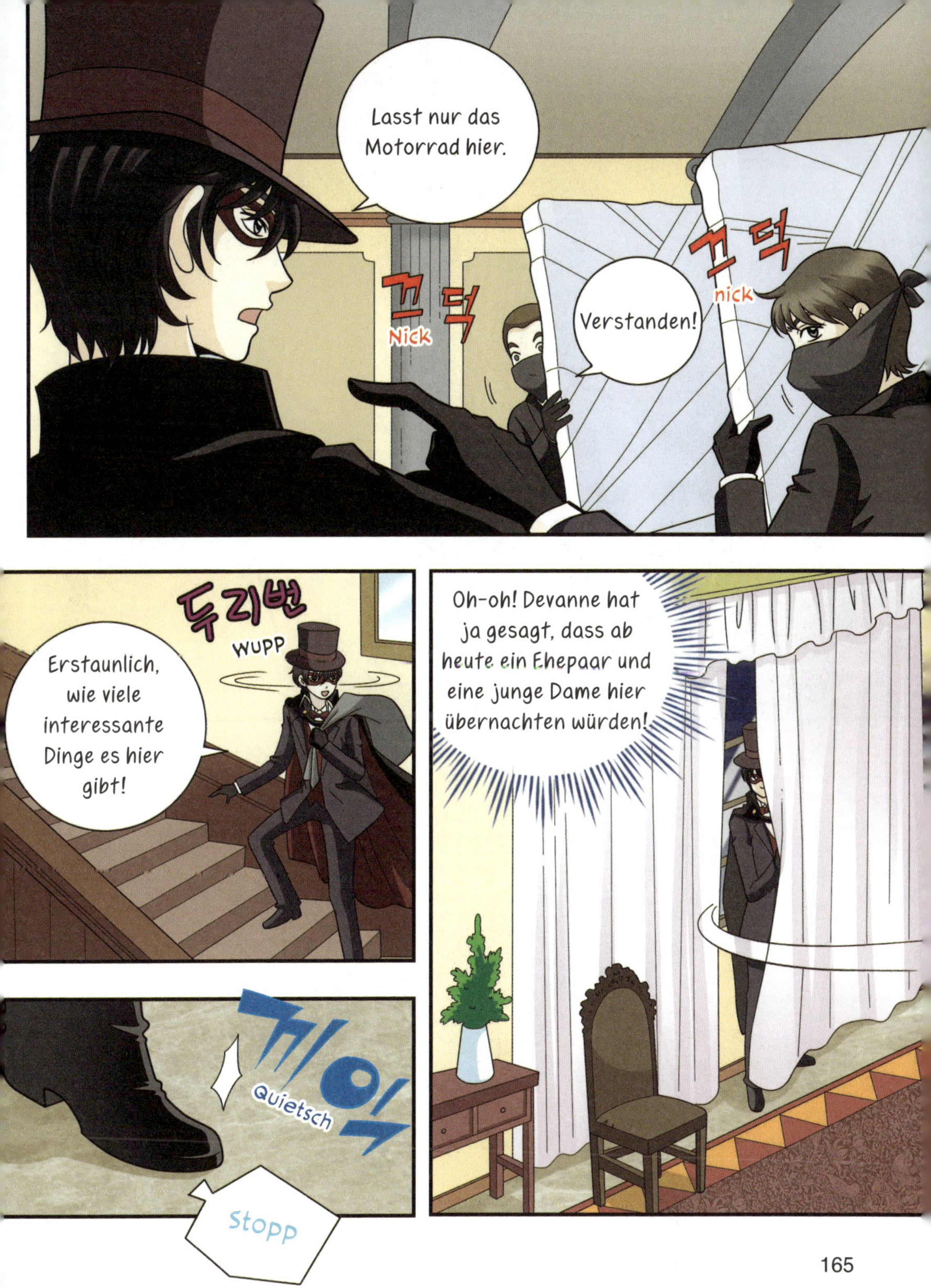

Lasst nur das Motorrad hier.
끄덕
Nick
Verstanden!
끄덕
nick
두리번
WUPP
Erstaunlich, wie viele interessante Dinge es hier gibt!
끼익
Quietsch
Stopp
Oh-oh! Devanne hat ja gesagt, dass ab heute ein Ehepaar und eine junge Dame hier übernachten würden!

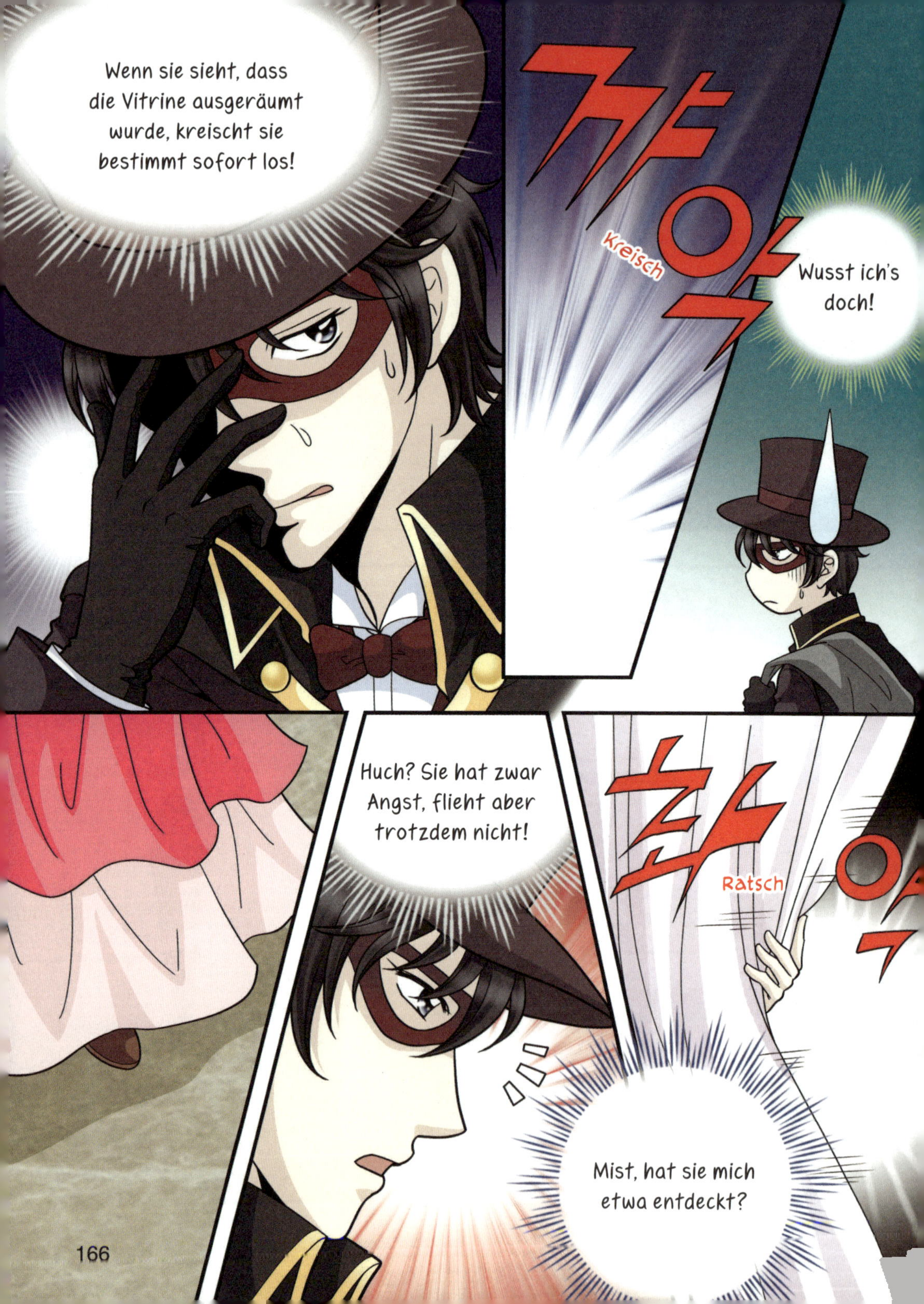
Wenn sie sieht, dass die Vitrine ausgeräumt wurde, kreischt sie bestimmt sofort los!
Kreisch
Wusst ich's doch!
Huch? Sie hat zwar Angst, flieht aber trotzdem nicht!
Ratsch
Mist, hat sie mich etwa entdeckt?

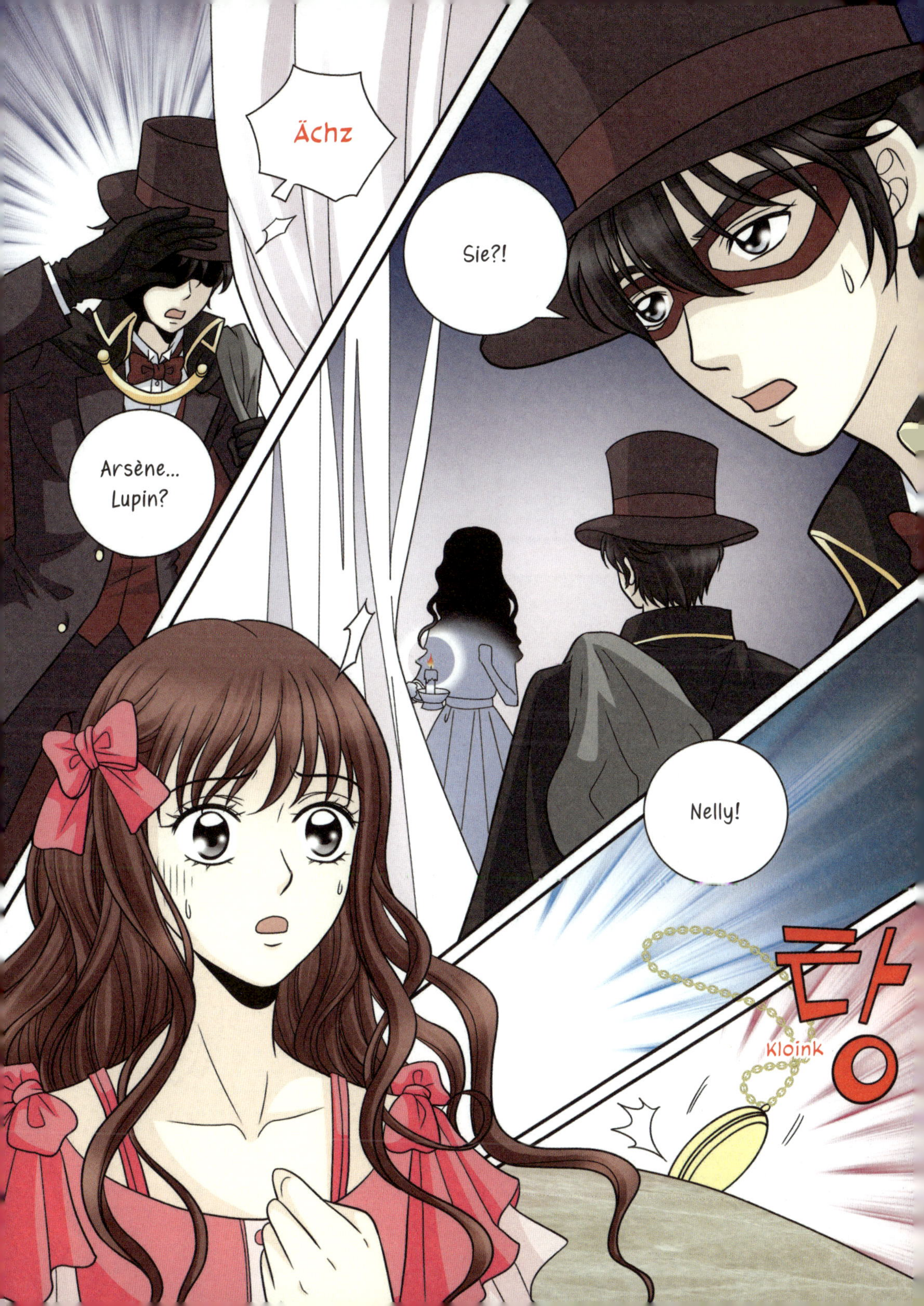
Ächz
Sie?!
Arsène... Lupin?
Nelly!
탕
Kloink

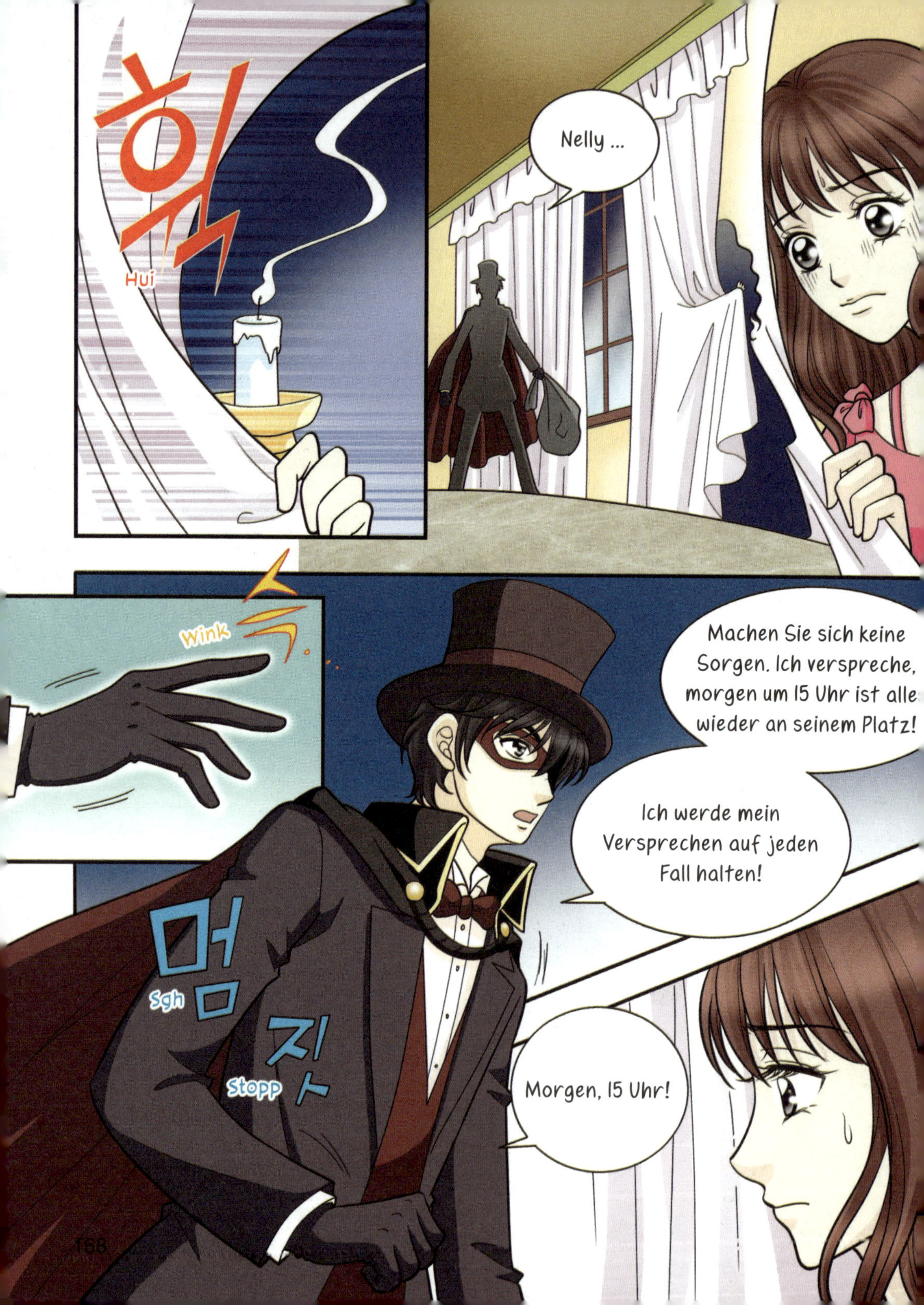

훠
Hui
Nelly ...
Wink
Machen Sie sich keine Sorgen. Ich verspreche, morgen um 15 Uhr ist alle wieder an seinem Platz!
Ich werde mein Versprechen auf jeden Fall halten!
멈
Sgh
짓
Stopp
Morgen, 15 Uhr!

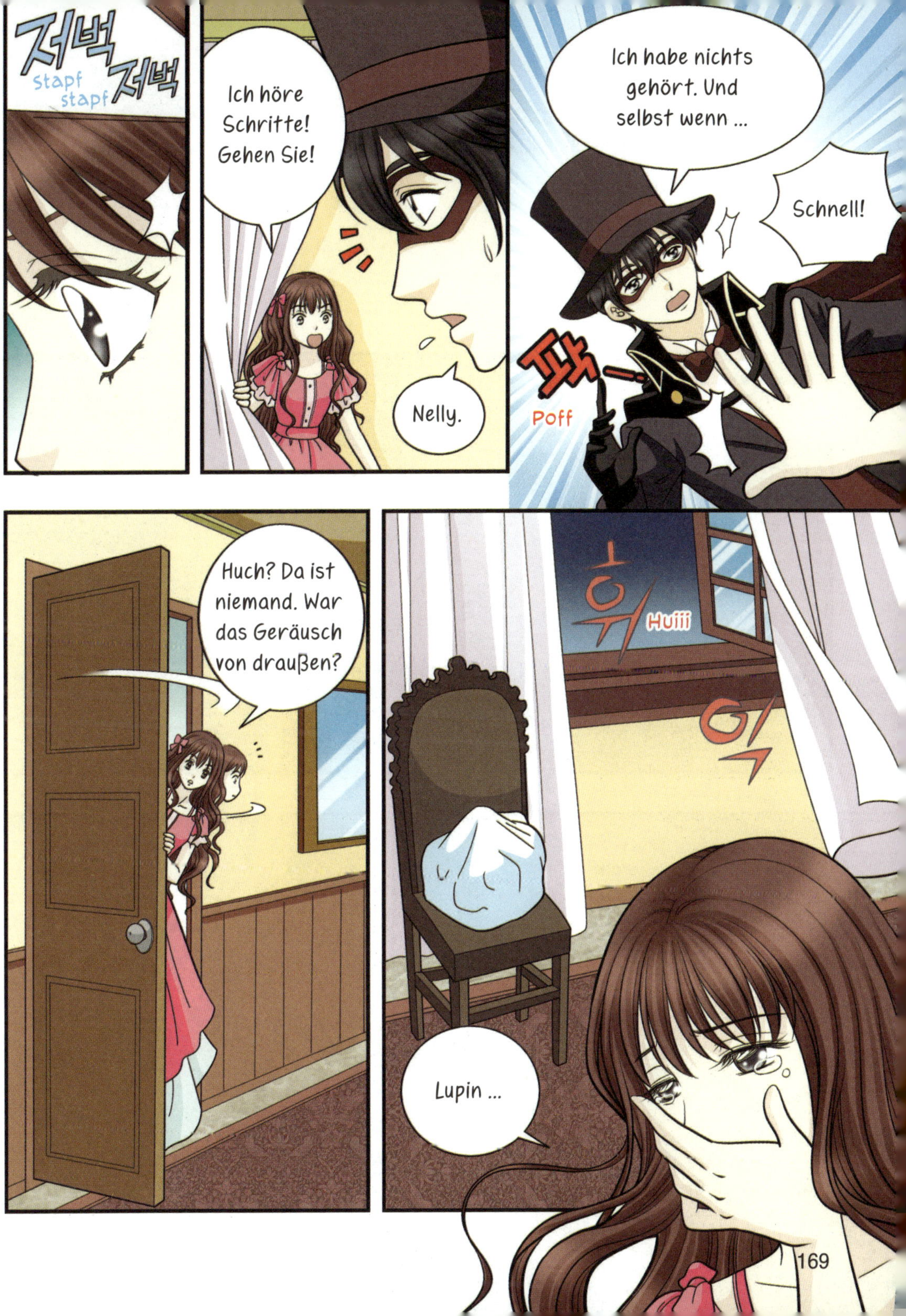

저벅 저벅
Stapf
stapf
Ich höre Schritte! Gehen Sie!
Nelly.
Ich habe nichts gehört. Und selbst wenn ...
Schnell!
Poff
Huch? Da ist niemand. War das Geräusch von draußen?
Huiii
Lupin ...

Fünfte Gaunerei

Herlock Sholmes kommt zu spät

2. Der Schatz kommt zurück

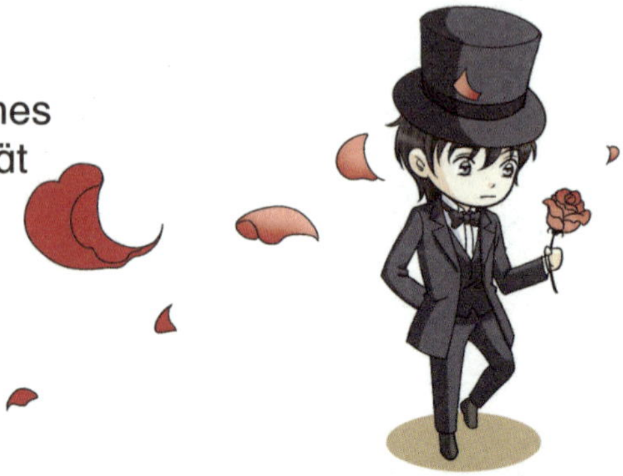

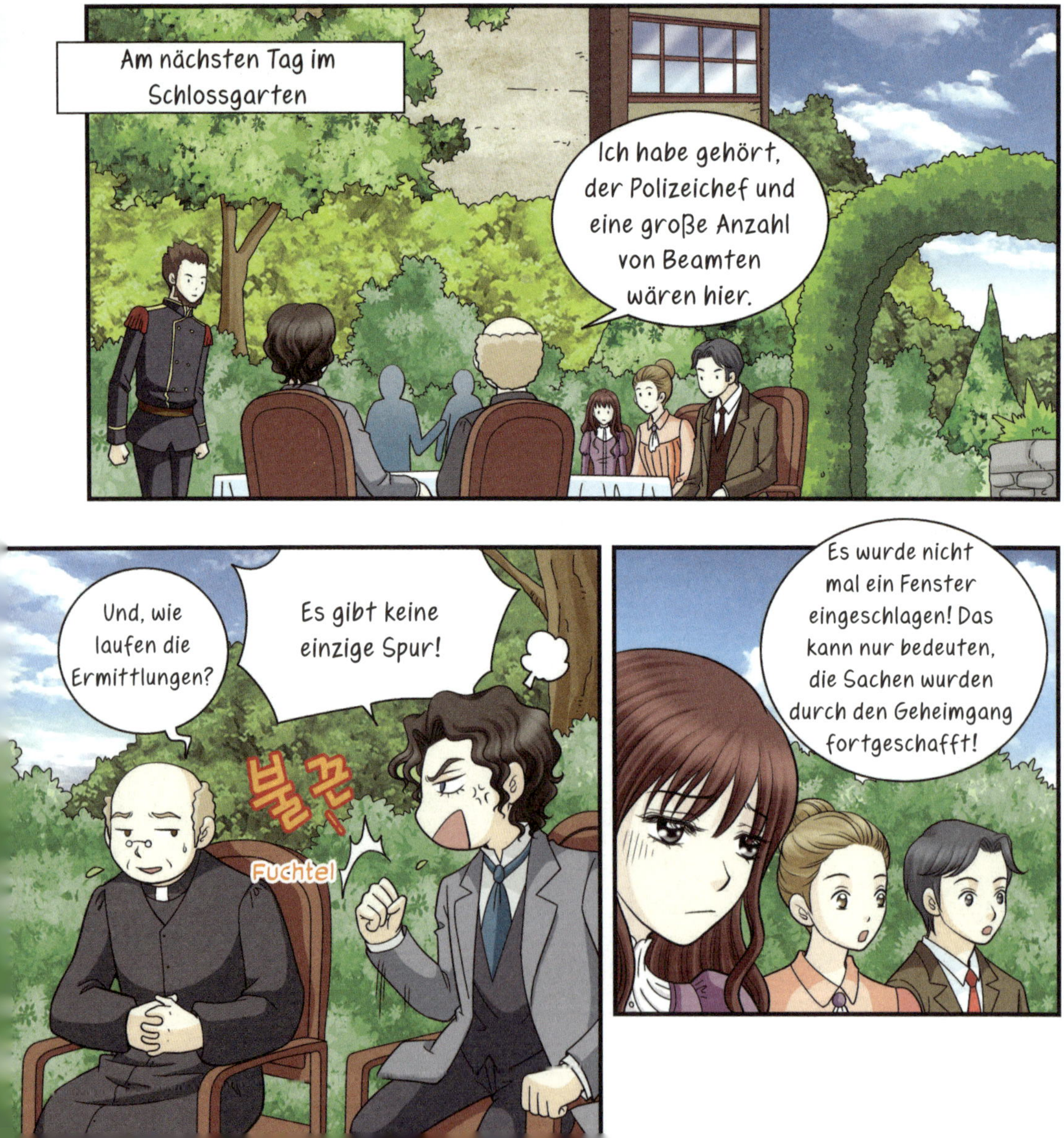

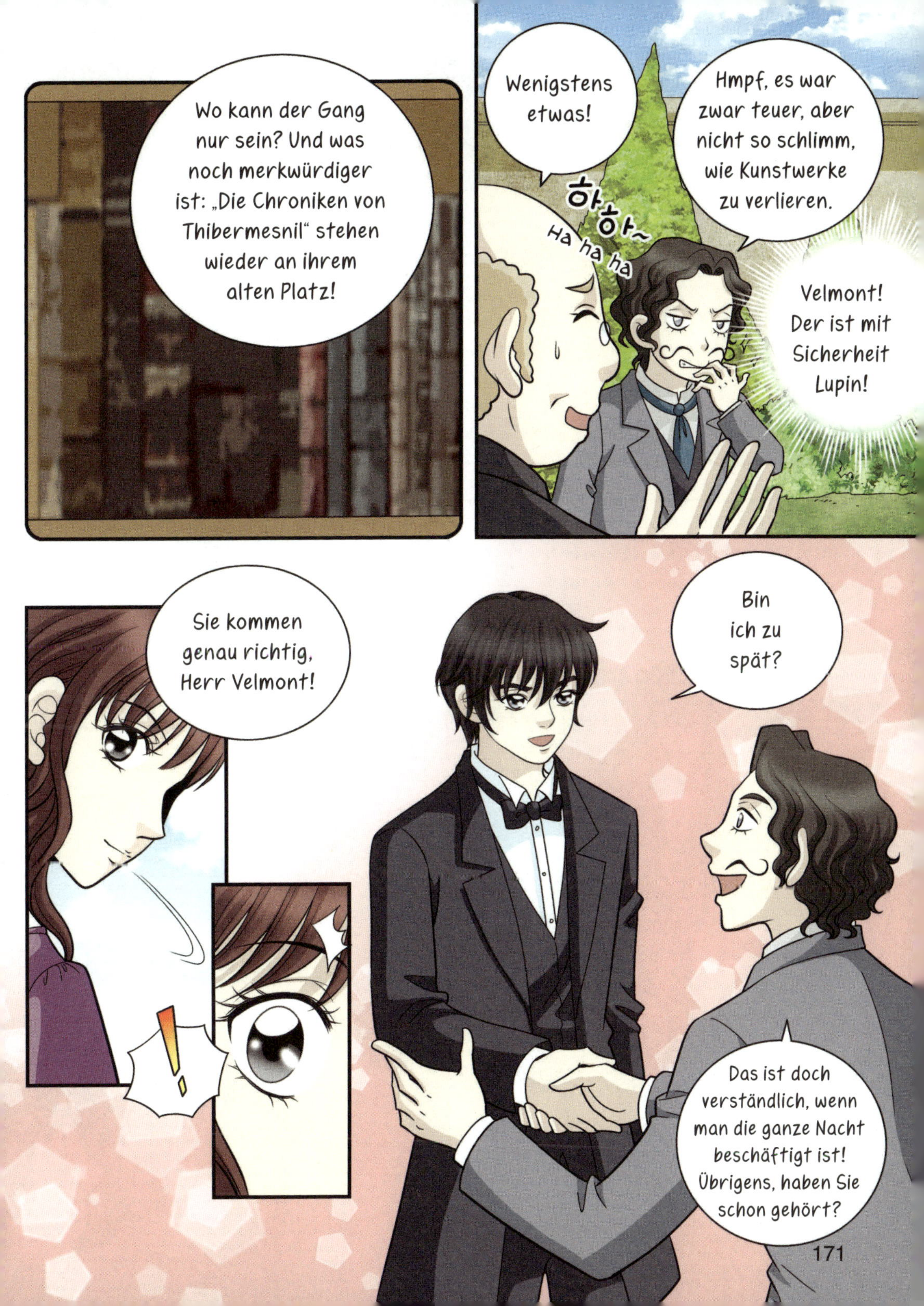
Wo kann der Gang nur sein? Und was noch merkwürdiger ist: „Die Chroniken von Thibermesnil“ stehen wieder an ihrem alten Platz!
Hmpf, es war zwar teuer, aber nicht so schlimm, wie Kunstwerke zu verlieren.
Wenigstens etwas!
하하~
Ha ha ha
Velmont! Der ist mit Sicherheit Lupin!
Bin ich zu spät?
Sie kommen genau richtig, Herr Velmont!
!
Das ist doch verständlich, wenn man die ganze Nacht beschäftigt ist! Übrigens, haben Sie schon gehört?

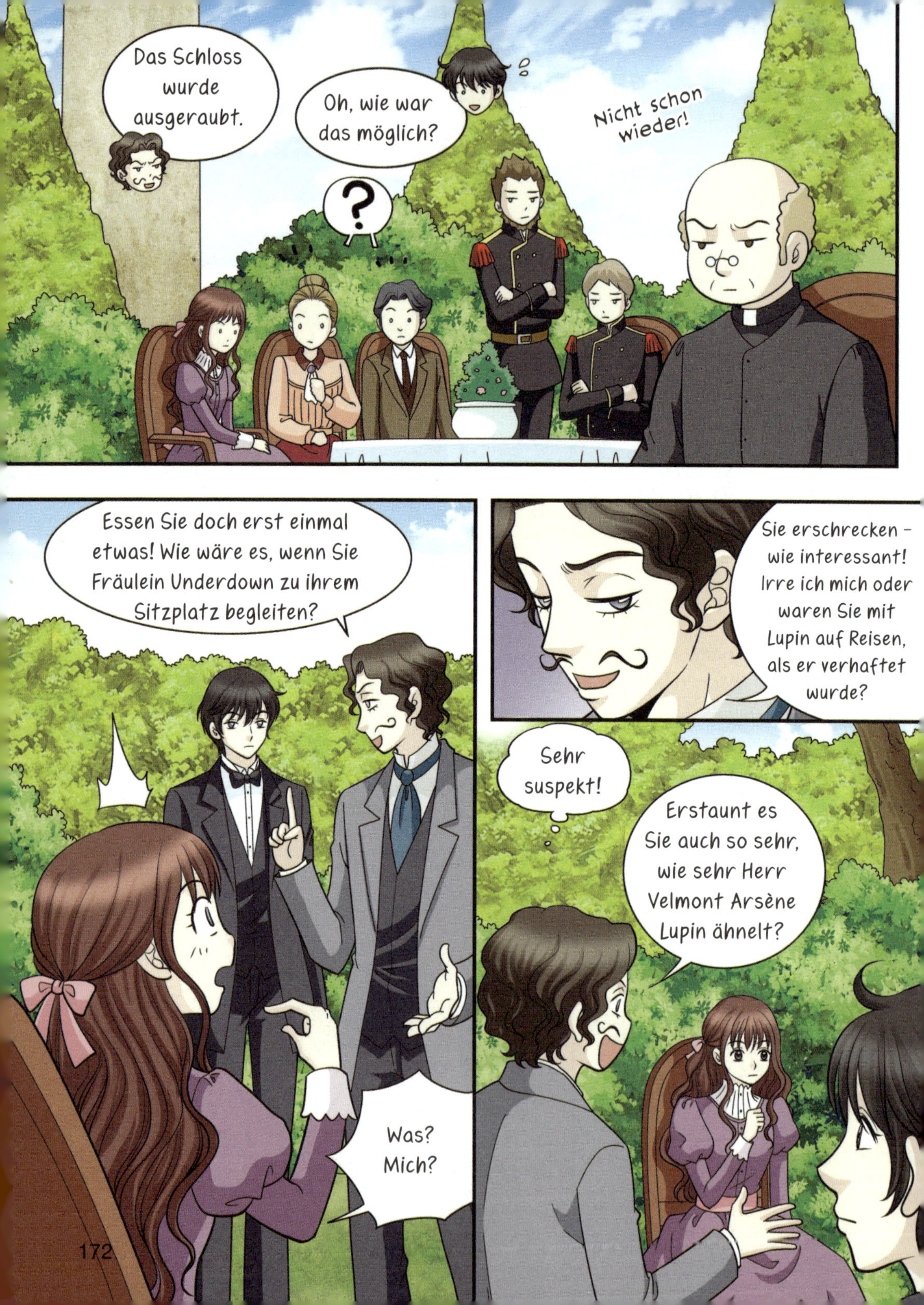
Das Schloss wurde ausgeraubt.
Oh, wie war das möglich?
?
Nicht schon wieder!
Essen Sie doch erst einmal etwas! Wie wäre es, wenn Sie Fräulein Underdown zu ihrem Sitzplatz begleiten?
Was? Mich?
Sie erschrecken – wie interessant! Irre ich mich oder waren Sie mit Lupin auf Reisen, als er verhaftet wurde?
Sehr suspekt!
Erstaunt es Sie auch so sehr, wie sehr Herr Velmont Arsène Lupin ähnelt?

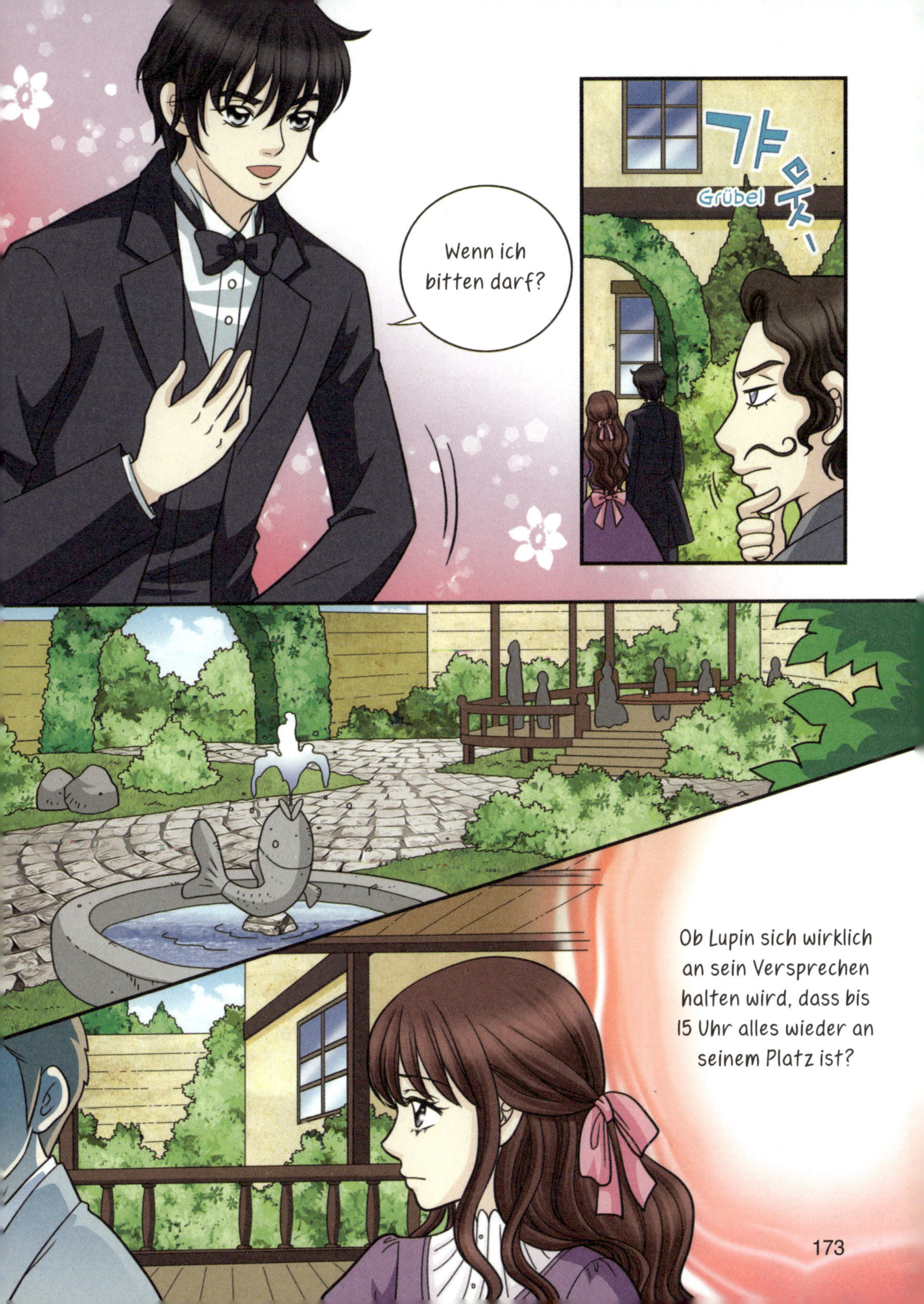
Wenn ich bitten darf?
가웃
Grübel
Ob Lupin sich wirklich an sein Versprechen halten wird, dass bis 15 Uhr alles wieder an seinem Platz ist?

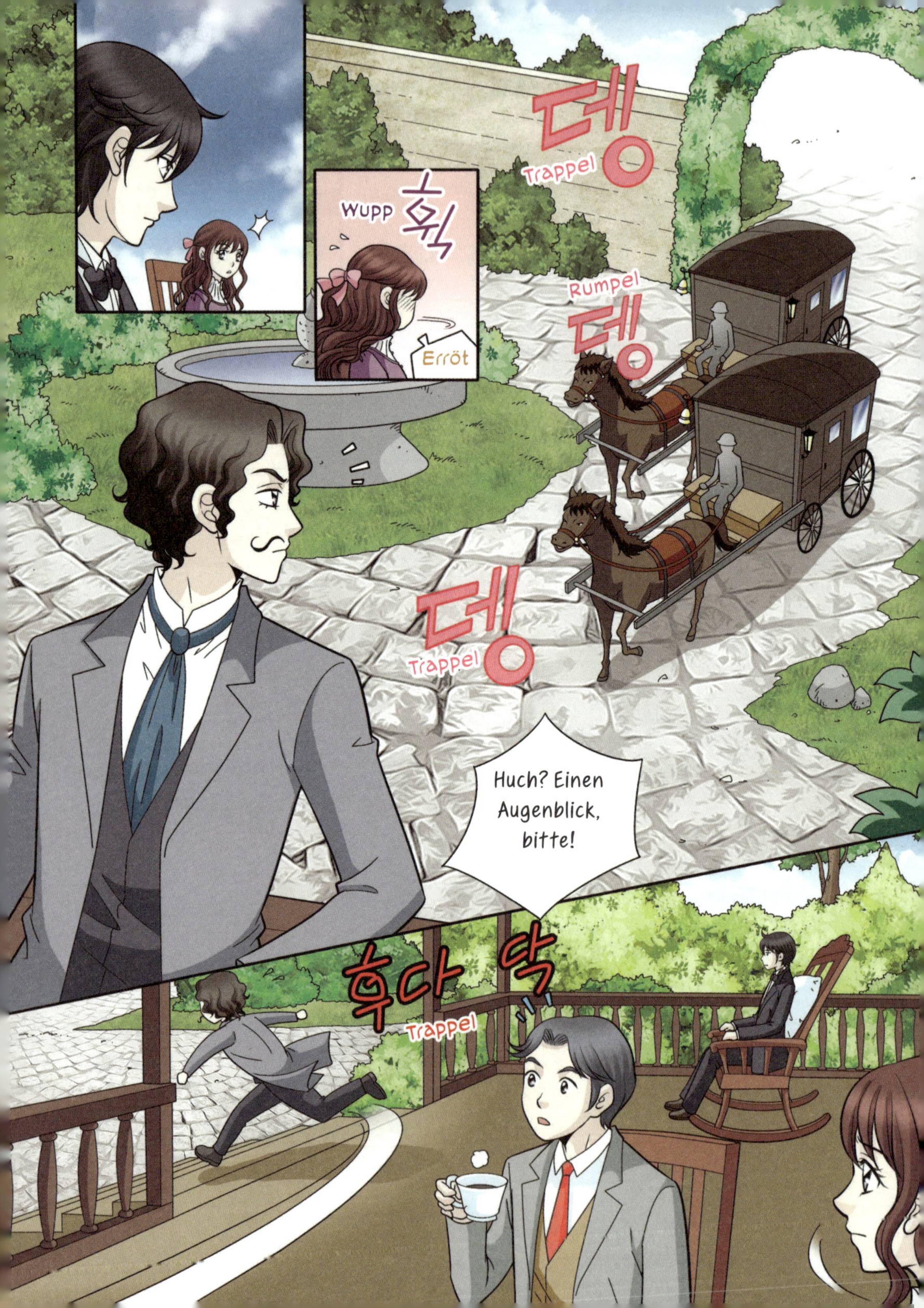

Wupp
확
Erröt
뎅
Trappel
Rumpel
뎅
뎅
Trappel
Huch? Einen Augenblick, bitte!
후다닥
Trappel

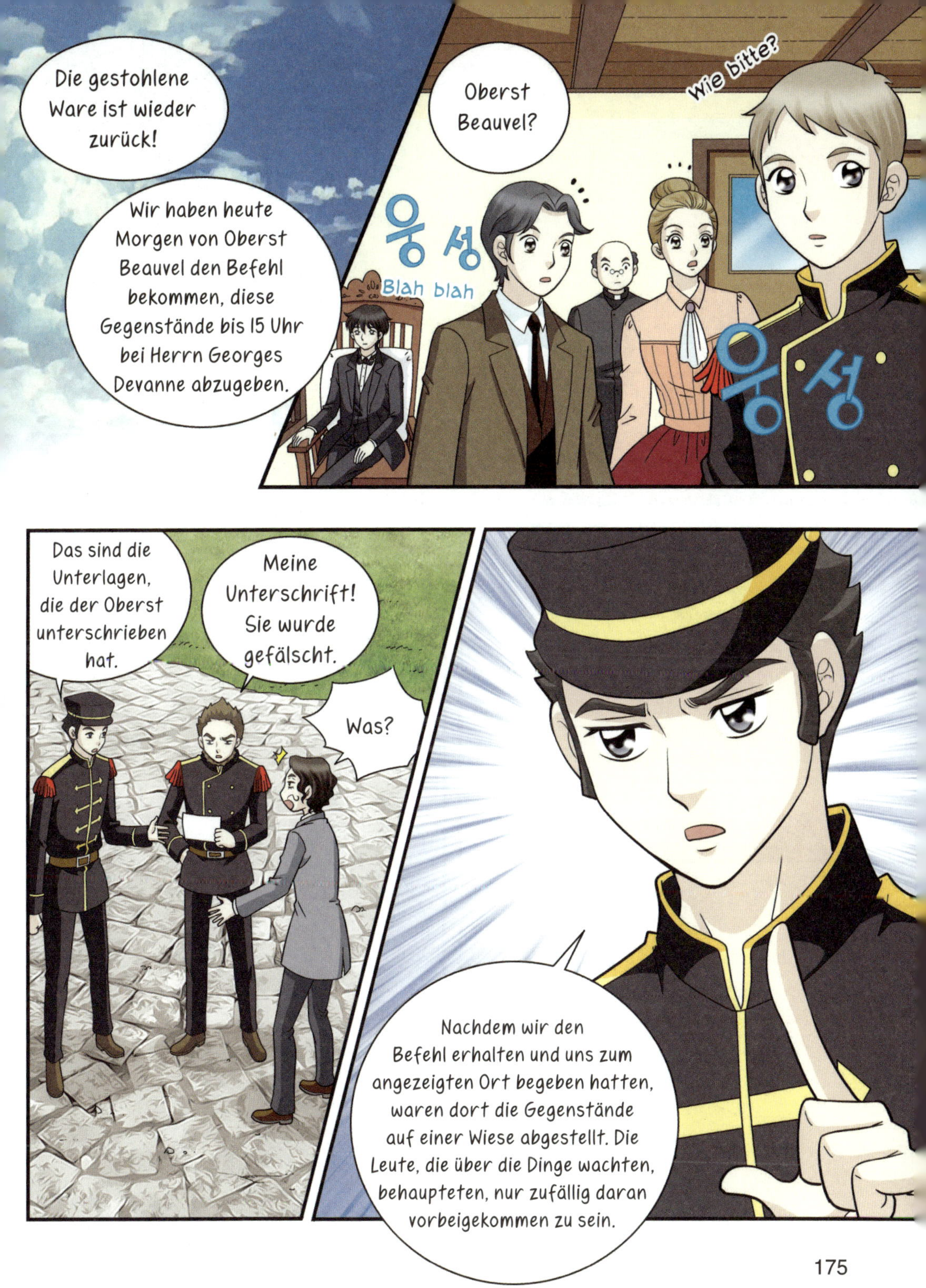
Die gestohlene Ware ist wieder zurück!
Wir haben heute Morgen von Oberst Beauvel den Befehl bekommen, diese Gegenstände bis 15 Uhr bei Herrn Georges Devanne abzugeben.
Oberst Beauvel?
Wie bitte?
웅성
Blah blah
웅성
Das sind die Unterlagen, die der Oberst unterschrieben hat.
Meine Unterschrift! Sie wurde gefälscht.
Was?
Nachdem wir den Befehl erhalten und uns zum angezeigten Ort begeben hatten, waren dort die Gegenstände auf einer Wiese abgestellt. Die Leute, die über die Dinge wachten, behaupteten, nur zufällig daran vorbeigekommen zu sein.

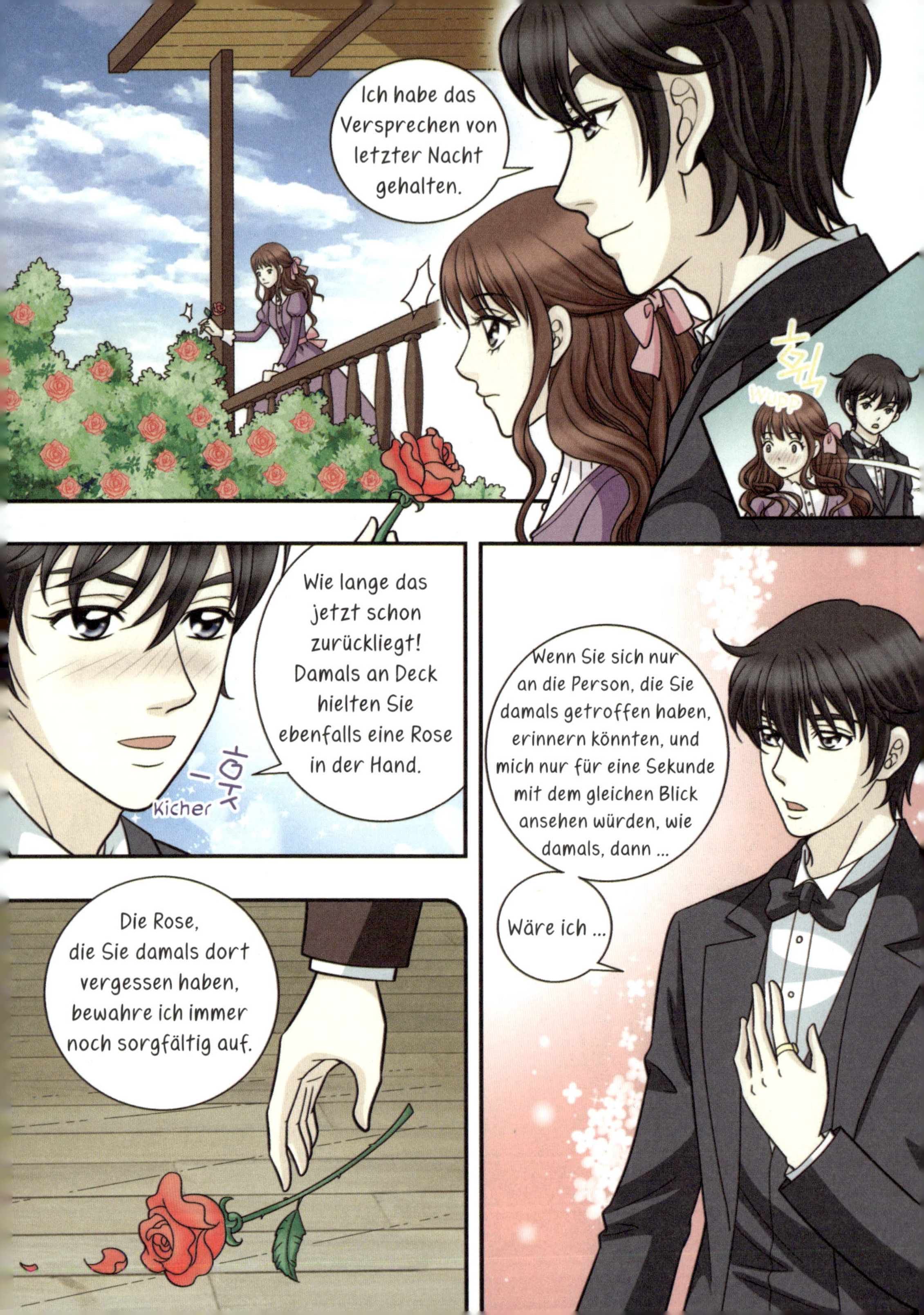
Ich habe das Versprechen von letzter Nacht gehalten.
Wupp
Wie lange das jetzt schon zurückliegt! Damals an Deck hielten Sie ebenfalls eine Rose in der Hand.
Kicher
Die Rose, die Sie damals dort vergessen haben, bewahre ich immer noch sorgfältig auf.
Wenn Sie sich nur an die Person, die Sie damals getroffen haben, erinnern könnten, und mich nur für eine Sekunde mit dem gleichen Blick ansehen würden, wie damals, dann ...
Wäre ich ...

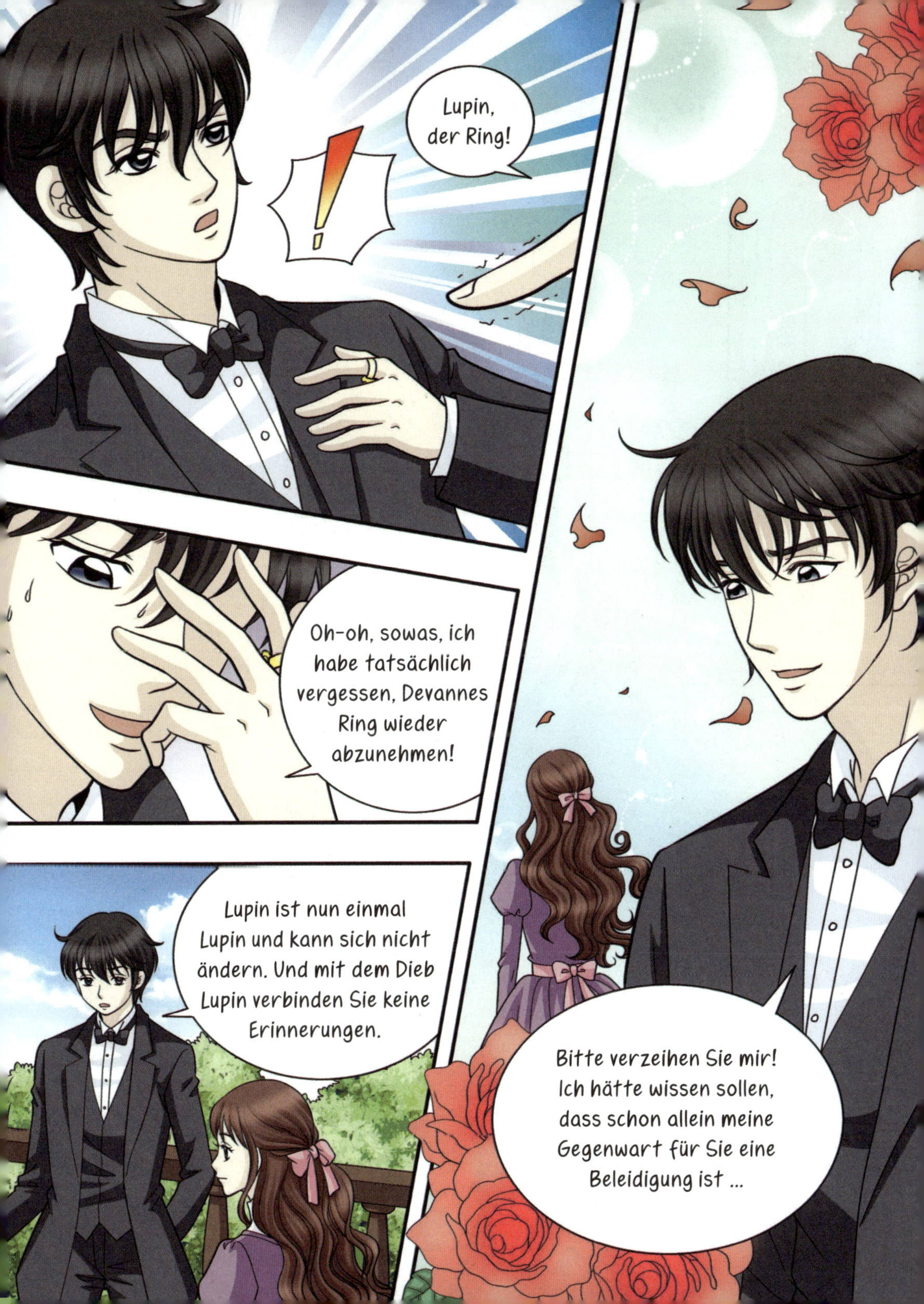
Lupin, der Ring!
!
Oh-oh, sowas, ich habe tatsächlich vergessen, Devannes Ring wieder abzunehmen!
Lupin ist nun einmal Lupin und kann sich nicht ändern. Und mit dem Dieb Lupin verbinden Sie keine Erinnerungen.
Bitte verzeihen Sie mir! Ich hätte wissen sollen, dass schon allein meine Gegenwart für Sie eine Beleidigung ist ...

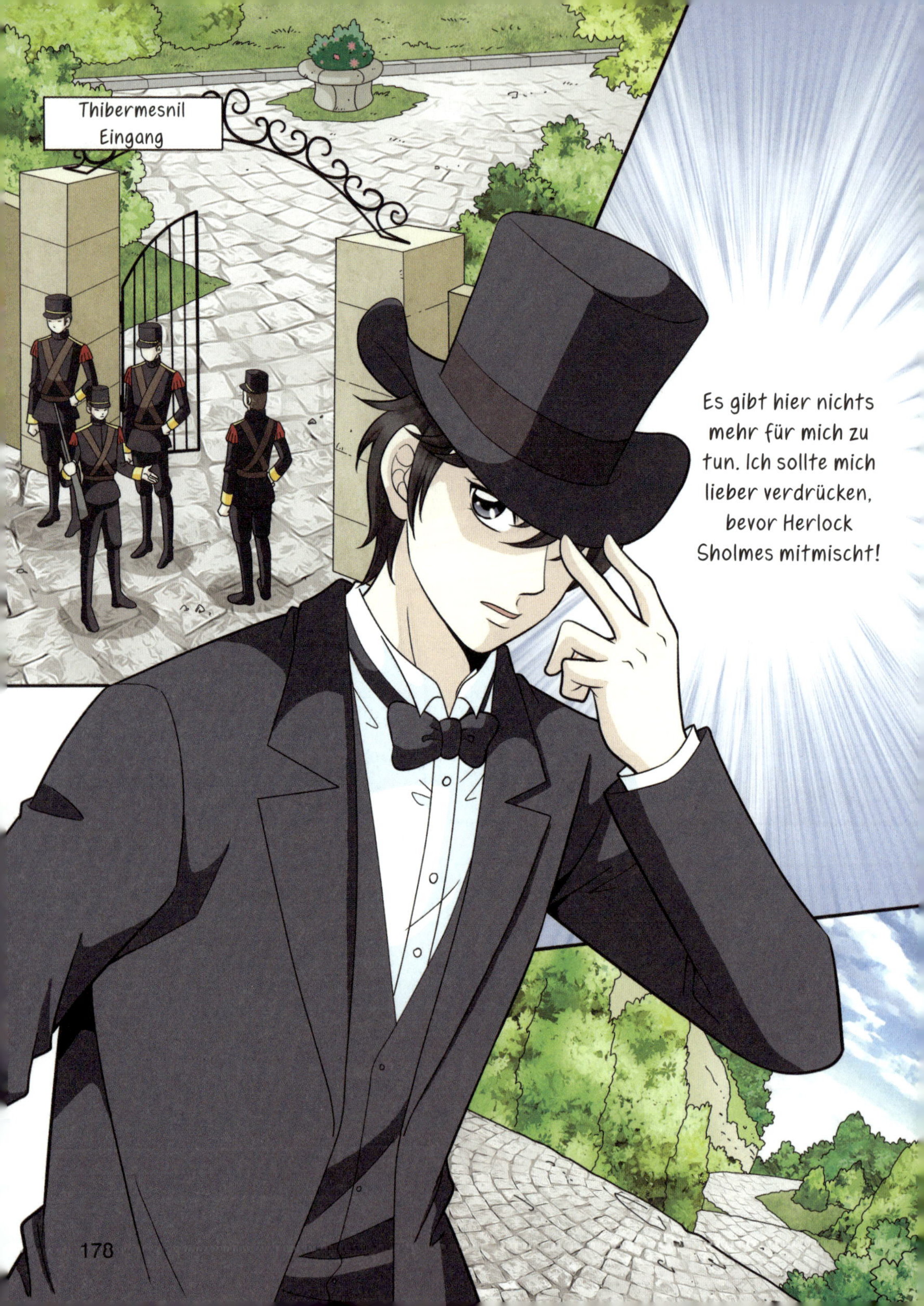

Thibermesnil
Eingang
Es gibt hier nichts mehr für mich zu tun. Ich sollte mich lieber verdrücken, bevor Herlock Sholmes mitmischt!

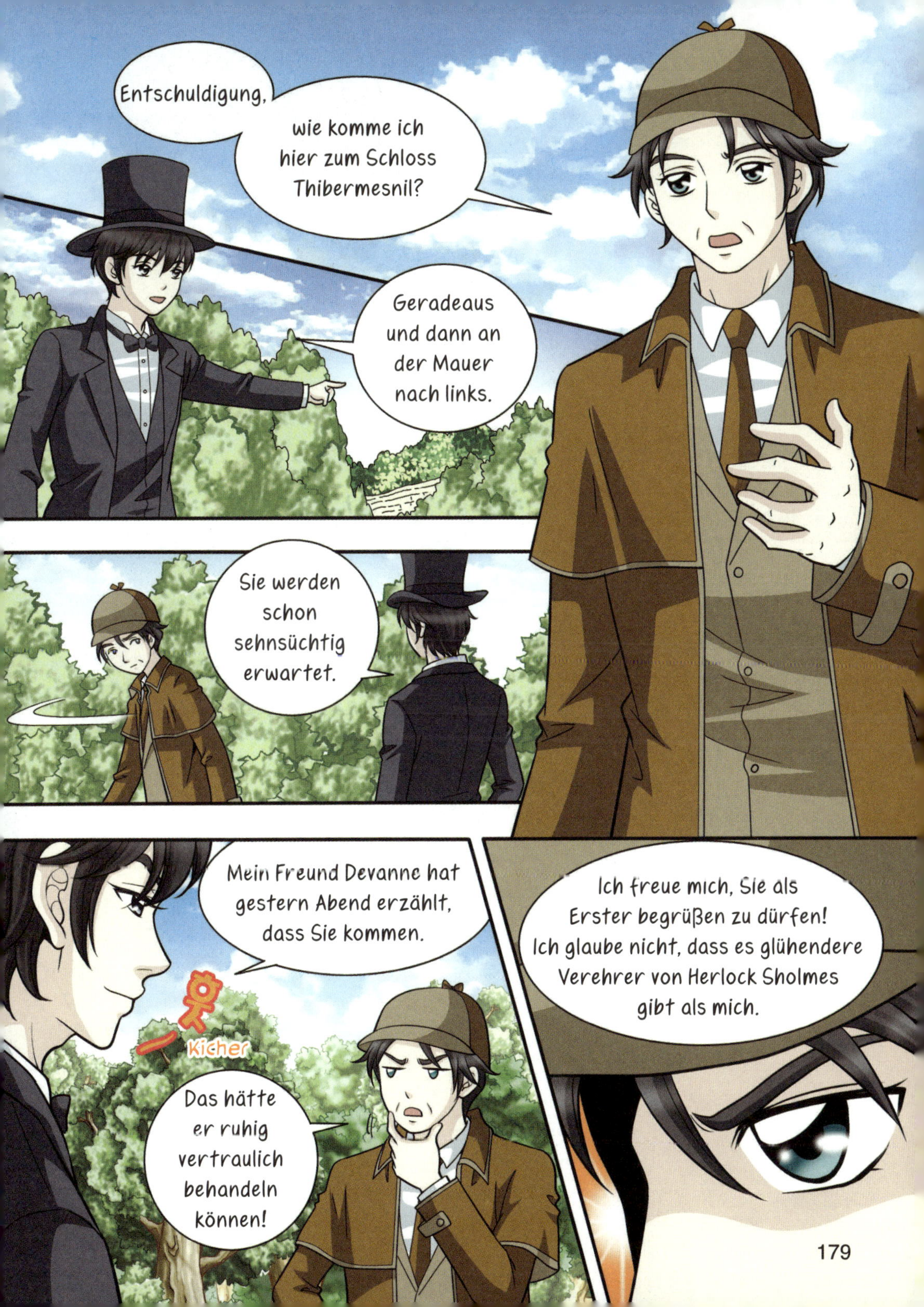
Entschuldigung,
wie komme ich hier zum Schloss Thibermesnil?
Geradeaus und dann an der Mauer nach links.
Sie werden schon sehnsüchtig erwartet.
Mein Freund Devanne hat gestern Abend erzählt, dass Sie kommen.
Kicher
Das hätte er ruhig vertraulich behandeln können!
Ich freue mich, Sie als Erster begrüßen zu dürfen! Ich glaube nicht, dass es glühendere Verehrer von Herlock Sholmes gibt als mich.

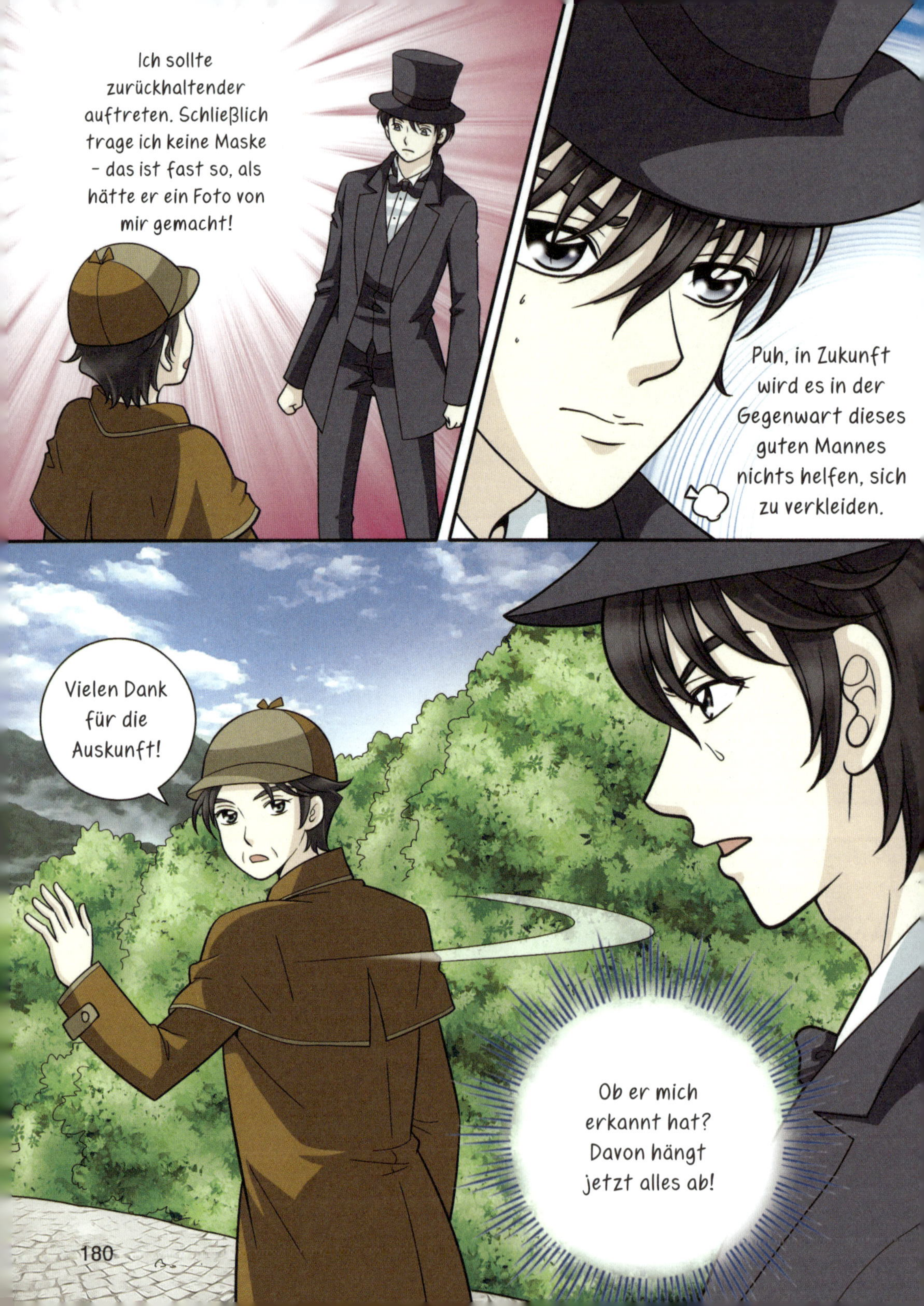
Ich sollte zurückhaltender auftreten. Schließlich trage ich keine Maske – das ist fast so, als hätte er ein Foto von mir gemacht!
Puh, in Zukunft wird es in der Gegenwart dieses guten Mannes nichts helfen, sich zu verkleiden.
Vielen Dank für die Auskunft!
Ob er mich erkannt hat? Davon hängt jetzt alles ab!

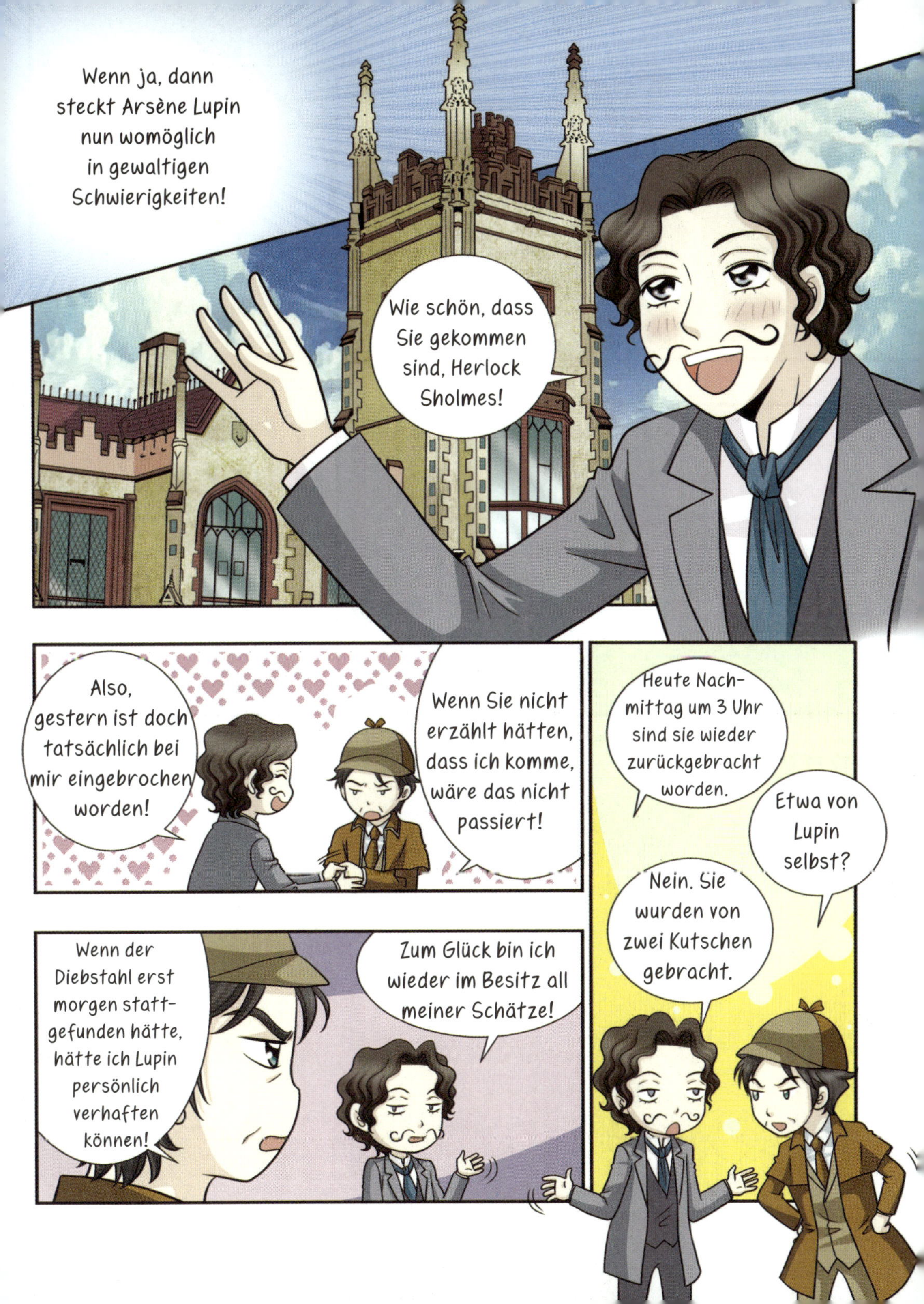

Wenn ja, dann steckt Arsène Lupin nun womöglich in gewaltigen Schwierigkeiten!
Wie schön, dass Sie gekommen sind, Herlock Sholmes!
Also, gestern ist doch tatsächlich bei mir eingebrochen worden!
Wenn Sie nicht erzählt hätten, dass ich komme, wäre das nicht passiert!
Heute Nachmittag um 3 Uhr sind sie wieder zurückgebracht worden.
Etwa von Lupin selbst?
Nein. Sie wurden von zwei Kutschen gebracht.
Wenn der Diebstahl erst morgen stattgefunden hätte, hätte ich Lupin persönlich verhaften können!
Zum Glück bin ich wieder im Besitz all meiner Schätze!

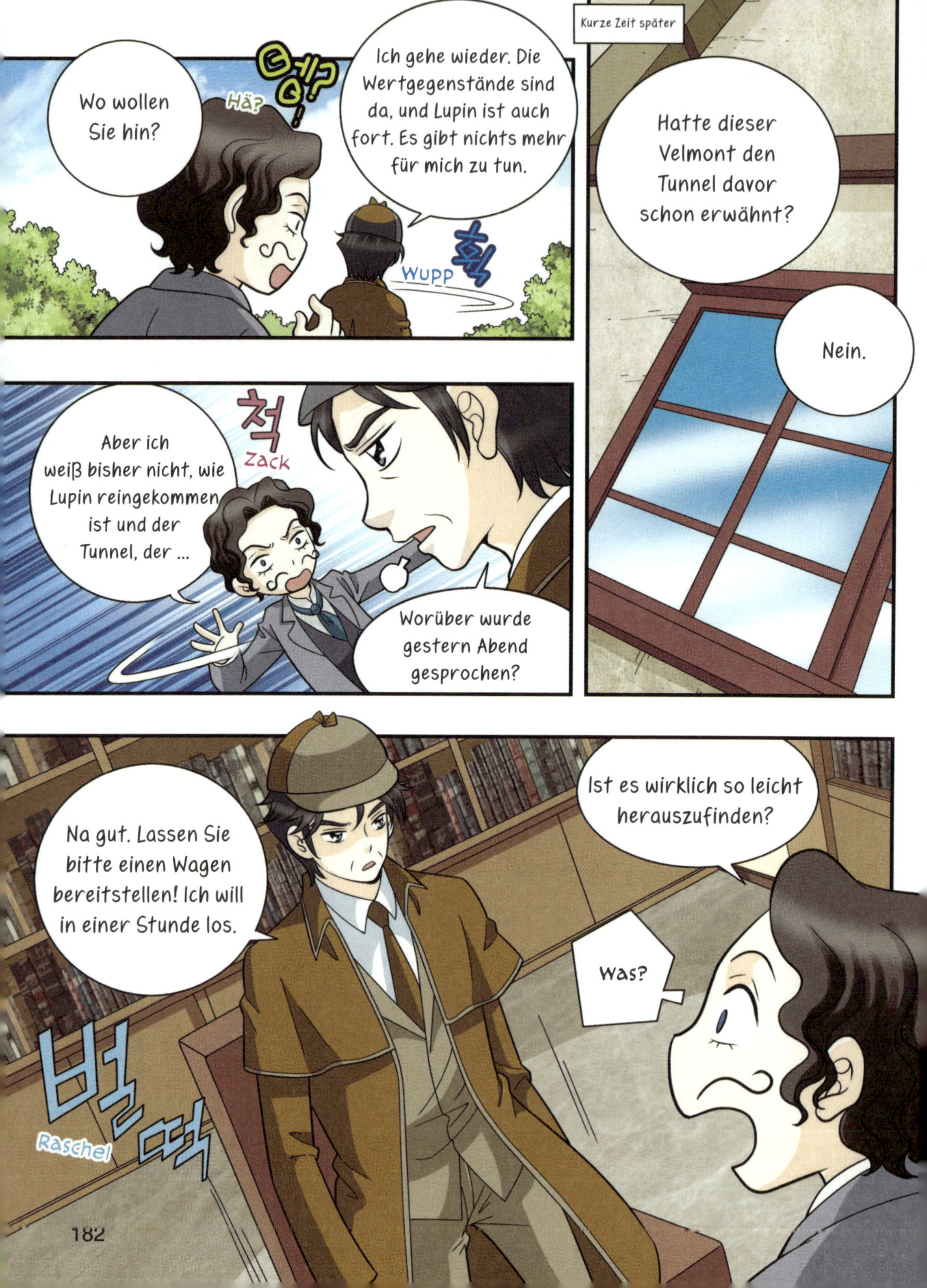
Wo wollen Sie hin?
Hä?
Ich gehe wieder. Die Wertgegenstände sind da, und Lupin ist auch fort. Es gibt nichts mehr für mich zu tun.
휙
Wupp
척
Zack
Aber ich weiß bisher nicht, wie Lupin reingekommen ist und der Tunnel, der ...
Worüber wurde gestern Abend gesprochen?
Kurze Zeit später
Hatte dieser Velmont den Tunnel davor schon erwähnt?
Nein.
Ist es wirklich so leicht herauszufinden?
Na gut. Lassen Sie bitte einen Wagen bereitstellen! Ich will in einer Stunde los.
Was?
벌떡
Raschel

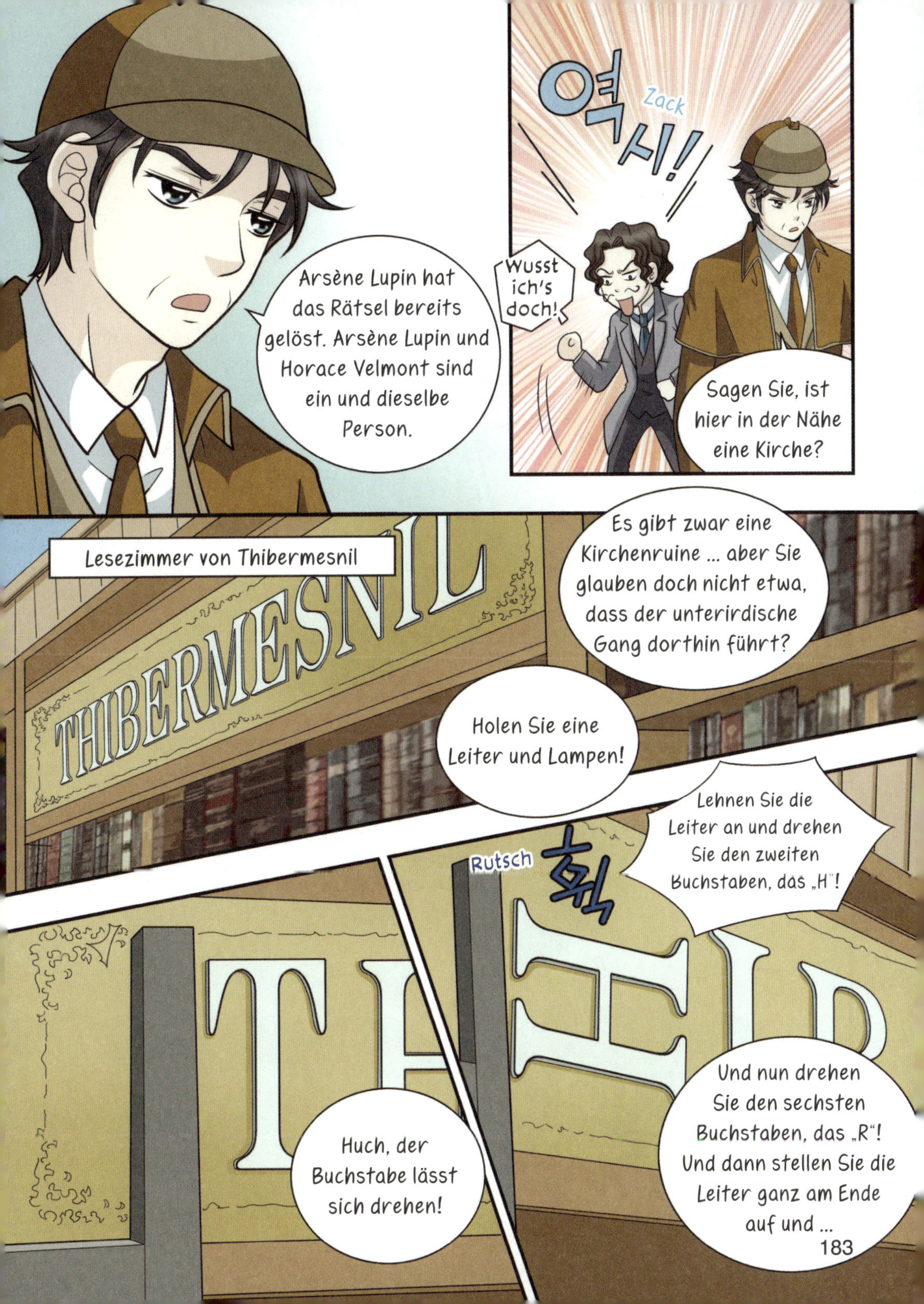

Arsène Lupin hat das Rätsel bereits gelöst. Arsène Lupin und Horace Velmont sind ein und dieselbe Person.
역시!
Zack
Wusst ich's doch!
Sagen Sie, ist hier in der Nähe eine Kirche?
Lesezimmer von Thibermesnil
THIBERMESNIL
Es gibt zwar eine Kirchenruine ... aber Sie glauben doch nicht etwa, dass der unterirdische Gang dorthin führt?
Holen Sie eine Leiter und Lampen!
Lehnen Sie die Leiter an und drehen Sie den zweiten Buchstaben, das „H"!
Rutsch
Huch, der Buchstabe lässt sich drehen!
Und nun drehen Sie den sechsten Buchstaben, das „R"! Und dann stellen Sie die Leiter ganz am Ende auf und ...

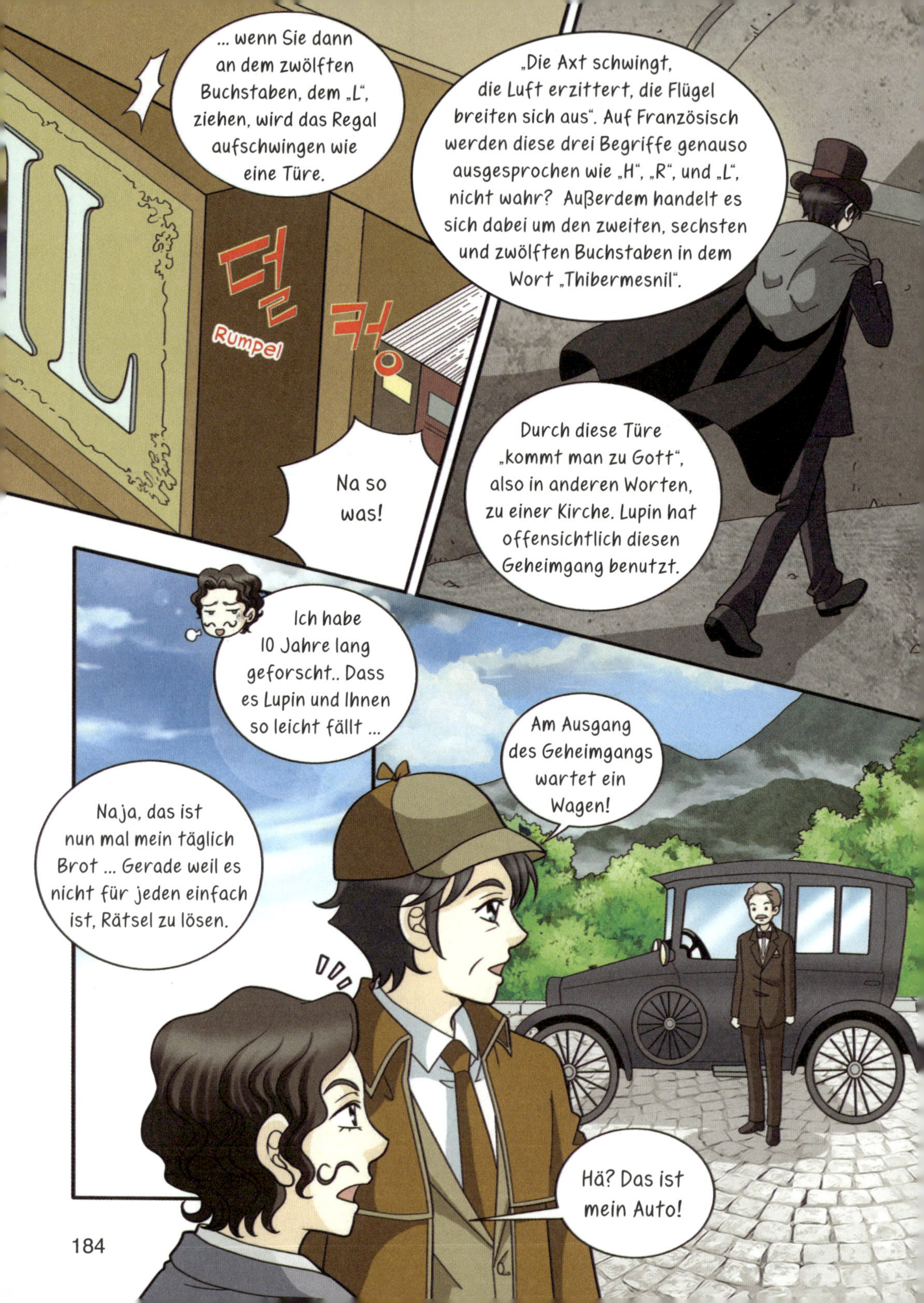

... wenn Sie dann an dem zwölften Buchstaben, dem „L“, ziehen, wird das Regal aufschwingen wie eine Türe.
덜컹
Rumpel
Na so was!
„Die Axt schwingt, die Luft erzittert, die Flügel breiten sich aus“. Auf Französisch werden diese drei Begriffe genauso ausgesprochen wie „H“, „R“, und „L“, nicht wahr? Außerdem handelt es sich dabei um den zweiten, sechsten und zwölften Buchstaben in dem Wort „Thibermesnil“.
Durch diese Türe „kommt man zu Gott“, also in anderen Worten, zu einer Kirche. Lupin hat offensichtlich diesen Geheimgang benutzt.
Ich habe 10 Jahre lang geforscht.. Dass es Lupin und Ihnen so leicht fällt ...
Am Ausgang des Geheimgangs wartet ein Wagen!
Naja, das ist nun mal mein täglich Brot ... Gerade weil es nicht für jeden einfach ist, Rätsel zu lösen.
Hä? Das ist mein Auto!

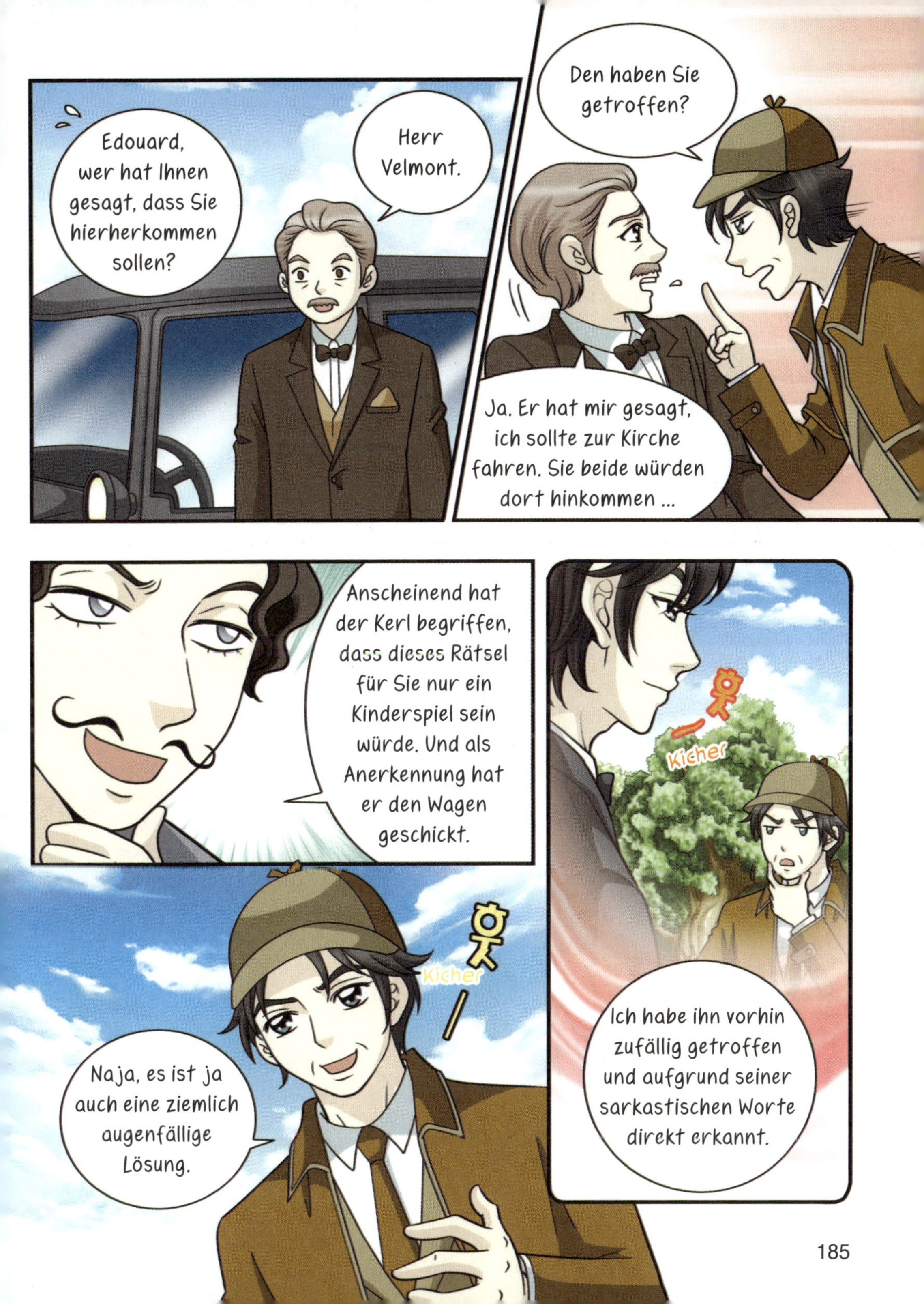
Edouard, wer hat Ihnen gesagt, dass Sie hierherkommen sollen?
Herr Velmont.
Den haben Sie getroffen?
Ja. Er hat mir gesagt, ich sollte zur Kirche fahren. Sie beide würden dort hinkommen ...
Anscheinend hat der Kerl begriffen, dass dieses Rätsel für Sie nur ein Kinderspiel sein würde. Und als Anerkennung hat er den Wagen geschickt.
Kicher
Naja, es ist ja auch eine ziemlich augenfällige Lösung.
Kicher
Ich habe ihn vorhin zufällig getroffen und aufgrund seiner sarkastischen Worte direkt erkannt.

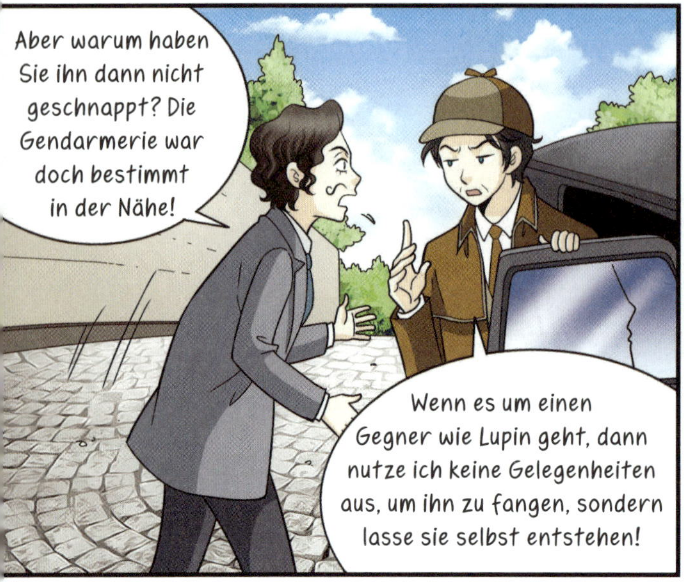
Aber warum haben Sie ihn dann nicht geschnappt? Die Gendarmerie war doch bestimmt in der Nähe!
Wenn es um einen Gegner wie Lupin geht, dann nutze ich keine Gelegenheiten aus, um ihn zu fangen, sondern lasse sie selbst entstehen!

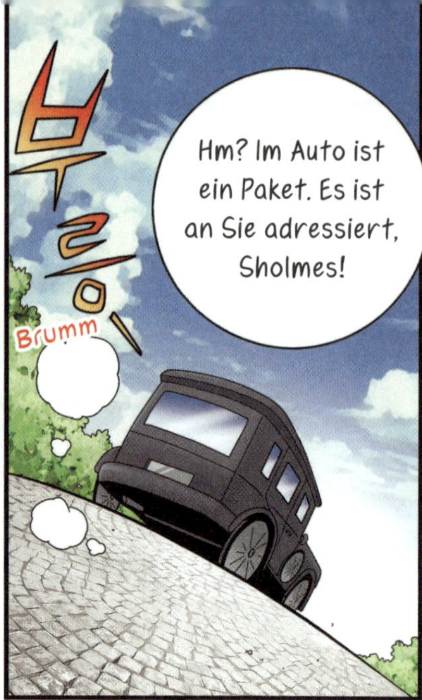
Brumm
Hm? Im Auto ist ein Paket. Es ist an Sie adressiert, Sholmes!

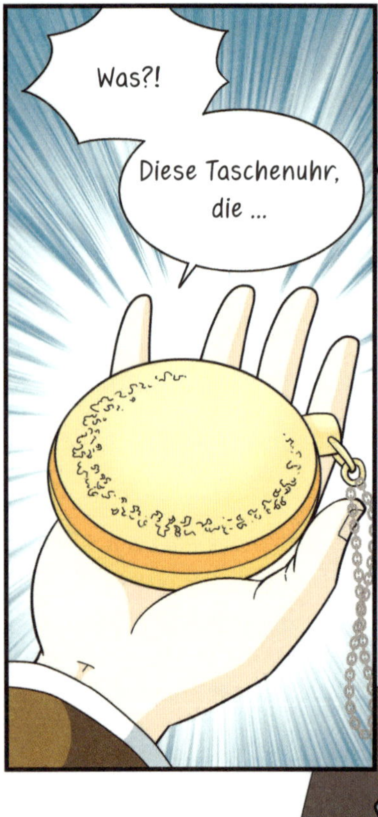
Was?!
Diese Taschenuhr, die ...

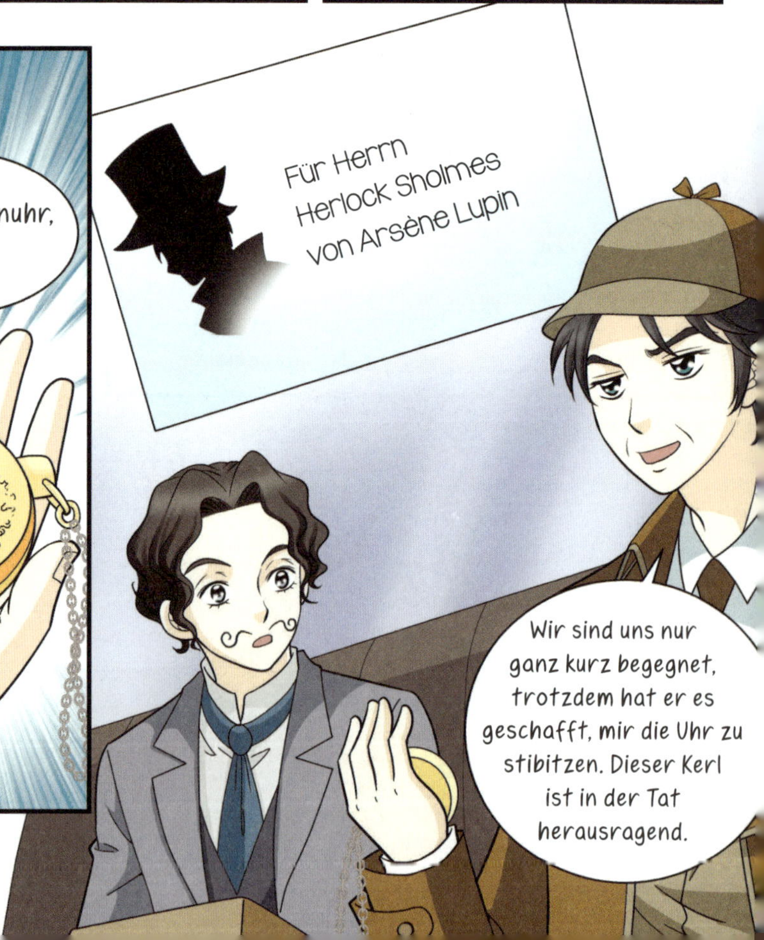
Für Herrn Herlock Sholmes von Arsène Lupin
Wir sind uns nur ganz kurz begegnet, trotzdem hat er es geschafft, mir die Uhr zu stibitzen. Dieser Kerl ist in der Tat herausragend.

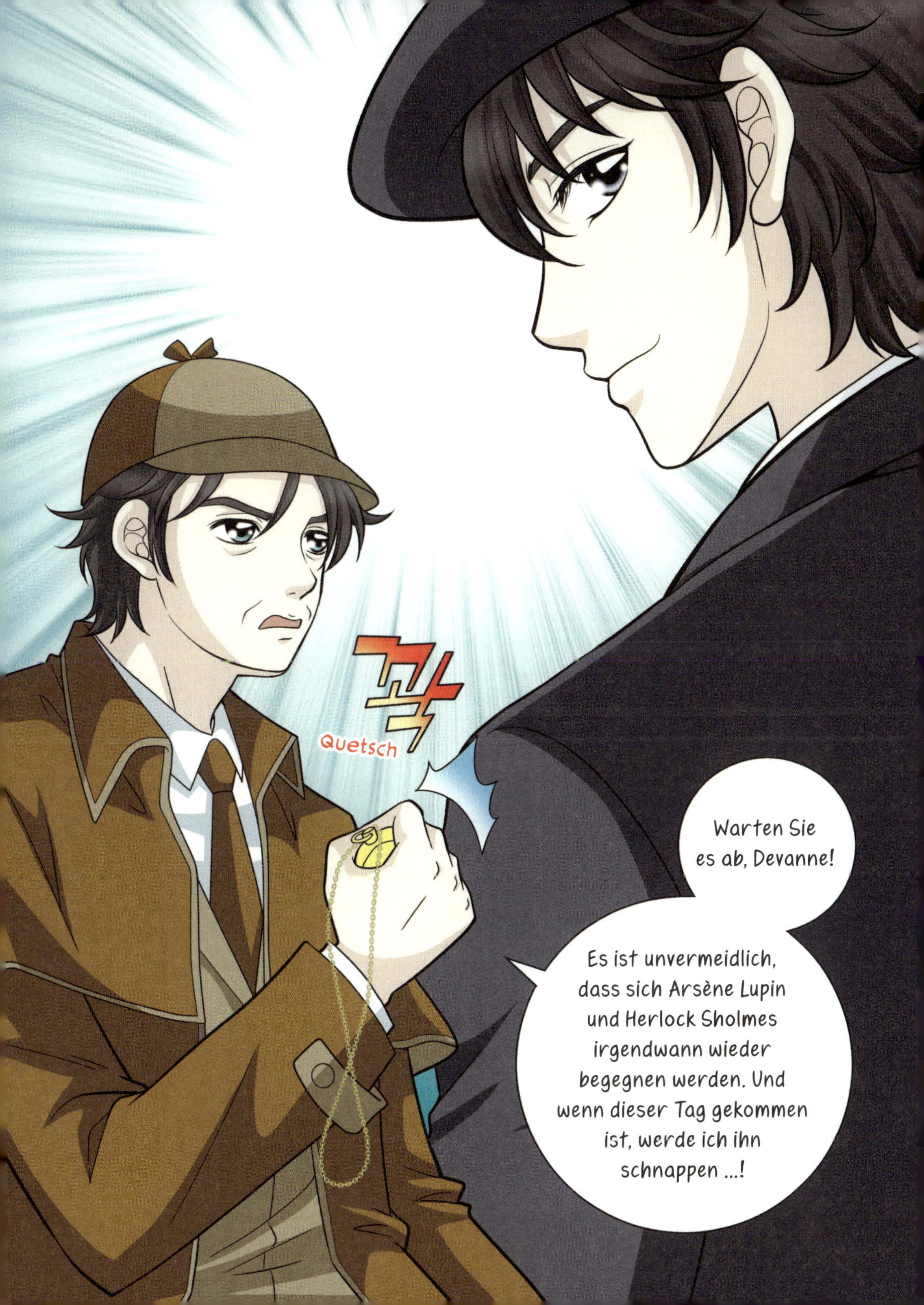
Quetsch
Warten Sie es ab, Devanne!
Es ist unvermeidlich, dass sich Arsène Lupin und Herlock Sholmes irgendwann wieder begegnen werden. Und wenn dieser Tag gekommen ist, werde ich ihn schnappen ...!

Über den Autor

Maurice Leblanc

Maurice Leblanc wurde am 11.11.1864 im französischen Rouen geboren. Er wuchs in einer wohlhabenden Familie auf und bewunderte den Schriftsteller Gustave Flaubert. Als er circa 21 Jahre alt war, bat ihn sein Vater, das Familienunternehmen zu übernehmen, doch er lehnte ab und ging stattdessen nach Paris, um seinen Traum, Schriftsteller zu werden, zu verwirklichen.

Mit 27 Jahren veröffentlichte Leblanc, der inzwischen Journalist geworden war, verschiedene Fortsetzungsromane in der Zeitung. Beeinflusst durch Guy de Maupassant begann er auch einen psychologischen Roman, der verglichen mit dem guten Echo der Kritiker aber nur wenig Erfolg bei den Lesern hatte. 1905 veröffentlichte die Zeitschrift „Je sais tout“ die Kurzgeschichte „Arsène Lupin wird verhaftet“, die eine große Leserresonanz hervorrief. Angefangen mit der 1907 veröffentlichten Kurzgeschichtensammlung „Arsène Lupin, der Gentleman-Dieb“ zogen die Taten Lupins, der gleichzeitig als Dieb und Gentleman auftritt, eine begeisterte Leserschaft in ihren Bann.

Mit der „Arsène-Lupin-Serie“, wurde Leblanc weltberühmt und in Anerkennung seine literarischen Leistungen mit der höchsten Auszeichnung Frankreichs, der Ehrenlegion, geehrt. Zu seinen bekanntesten Werken gehören „Arsène Lupin und der Schatz der Könige von Frankreich“, „Arsène Lupin - 813“, „Der Kristallstöpsel“ und „Die Dame mit den grünen Augen“.

Leblanc arbeitete noch fast 30 Jahre lang mit Leidenschaft an der Lupin-Serie, bis er 1941 an einer Lungenentzündung starb.

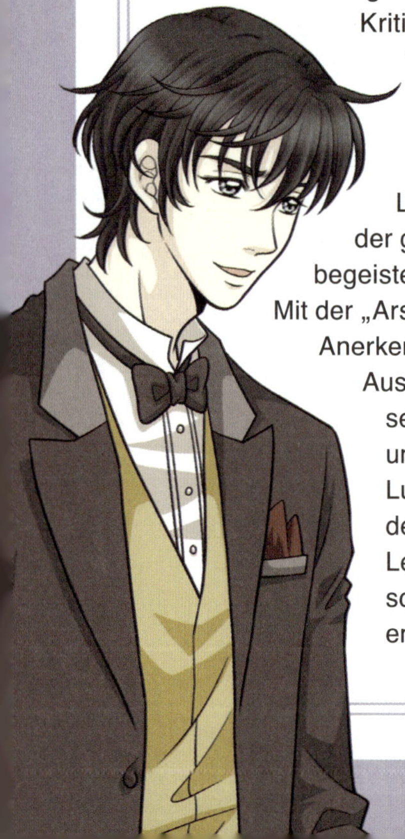

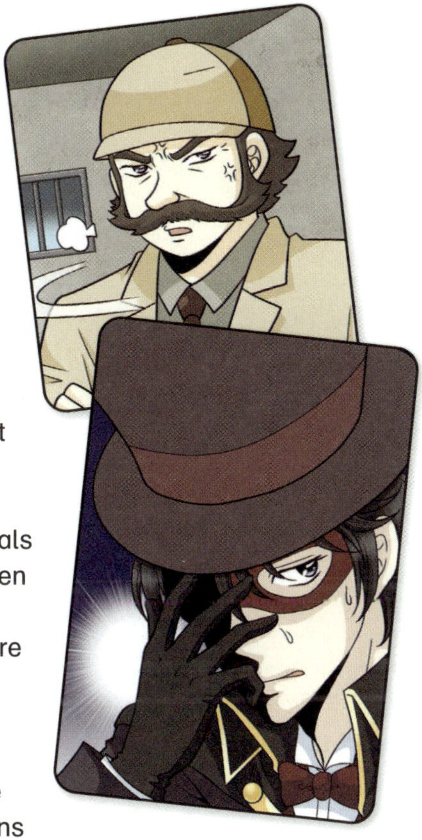

Dieses Buch „Arsène Lupin, der Gentleman-Dieb“ enthält mehrere Kurzgeschichten aus der „Arsène Lupin“-Serie. Die Hauptperson der Serie hat dabei durch ihre erfrischende Andersartigkeit und ihr Charisma einen wichtigen Beitrag zur Welt der Kriminalgeschichten geliefert.
Der Verwandlungskünstler Lupin ist sowohl Gentleman, Räuber, Betrüger als auch Abenteurer zugleich. Auf der einen Seite steigt er heimlich in die Häuser der Adligen ein und entwendet kostbare Gegenstände, aber auf der anderen wirkt er als verlässlicher Beschützer für die Armen und Gerechten, Frauen und Kinder. Offenbar hat damals viele Leser vor allem die Sorglosigkeit Lupins begeistert, mit der er aus der gesellschaftlichen Ordnung ausbricht. Diese Faszination lässt sich erklären: Dadurch, dass der Täter die Hauptperson der Geschichte ist, das Vorgehen bei seinen Taten selbst erklärt, aber gelegentlich dabei auch an sich zweifelt und für sein Verhalten schämt, präsentiert sich Lupin völlig anders als die Hauptfiguren der meisten anderen Kriminalgeschichten.
Die Geschichten von „Arsène Lupin, der Gentleman-Dieb“ wurden sowohl als Film, Theaterstück als auch als Musical adaptiert und erfreuen sich nach wie vor großer Beliebtheit.